"야 이놈아,
성경에 다
쓰여있다"

"야 이놈아, 성경에 다 쓰여있다"

발 행 일 | 2008년 7월 15일 초판 발행
2008년 9월 25일 초판 2쇄 발행

지 은 이 | 정 재 헌
발 행 인 | 정 우 택
펴 낸 곳 | 예아름미디어
서울시 중구 을지로 3가 326 상지빌딩 1005호
전 화 | 02) 2275-0924
팩 스 | 02) 2275-0925
출판등록 | 2006년 2월 13일 제318-2006-000016호
홈페이지 | www.jemedia.net
카 페 | cafe.naver.com/allinbible
이 메 일 | thefusionblu@naver.com

ISBN 978-89-958048-5-8 03230

값 13,000원

"야 이놈아, 성경에 다 쓰여있다"

예아름미디어

시작하는 글

왜 "야 이놈아, 성경에 다 쓰여 있다"인가?

처음 생각한 제목은 '마태복음의 명사들(The Nouns in the Gospel of Matthew)' 이었습니다. 책이 거의 완성될 때까지도 그 제목을 고수하고 있었습니다. 그러던 어느 날 아버지께서 원고를 보시더니 본문(p.275)에서 기막힌 제목을 발견했다고 하셨습니다. 무엇인지 여쭈니, "야 이놈아, 여기 다 쓰여 있다"라는 것이었습니다.

어머니와 누나 그리고 저는 그 제목이 건방지게 들리고, 내용은 없는데 제목으로 한 권이라도 더 팔아보려고 하는 책처럼 보인다며 고개를 설레설레 저었습니다. 교회의 장로(기독교 대한 감리회)이신 어머니는 "신학을 공부하지도 않았고 나이도 26살 밖에 되지 않은 풋내기가 쓴 책에 너무 자극적인 제목을 붙일 수는 없다"고 펄쩍 뛰셨습니다. 하지만 같은 교회 장로이신 아버지의 생각은 달랐습니다.

"자, 들어봐. 먼저, 이 말은 네가 한 말이 아니라 이 책에서 나오는 복음을 전하는 할아버지가 자식 같은 사람에게 하는 말이야. 그리고 '여기 다 쓰여 있다'는 것은 네 책에 다 쓰여 있다는 것처럼 들리지만 사실은 성경에 다 쓰여 있다는 말이지."

그때까지만 해도 언론계에서 뼈가 굵으신 아버지의 기발한 착상정도로 생각해서 그리 신경 쓰지 않았습니다. 기독교서적이기에 제목에도 신중해야 한다고 생각했기 때문입니다. 그런데 날이 갈수록 이 제목에 있는 많은 의미들이 떠올랐습니다. 그러다가 이 제목이 무척 심오한 메시지를 담고 있다고 신중하게 결론지었습니다.

"물질에 대한 병적 관심과 풍요, 각종 사상의 난무로 인해 하나님의 말씀이 무관심당하거나 인간의 소원이나 철학과 혼합되고 있다. 이 시대에 우리에게 무엇보다 필요한 것은 하나님을 아는 지식과 하나님의 말씀이 중심이 되는 생각과 행동을 회복하는 것이다."

수없이 다양한 문제와 위험 속에 사는 오늘의 성도들에게 하나님께서 하실 만한 가장 첫째 되는 말씀은 "긍정적으로 생각하라"가 아닐 것입니다. 하나님의 말씀이 아닌 자기암시로 위로를 받는다는 발상 자체가 성경과 거리가 있습니다. "바르게 행동하라"도 아닐 것입니다. 먼저 무엇이 바른 것인지 알아야 바르게 행동할 수 있기 때문입니다. 지금 우리에게 필요한 것은 무엇이 하나님의 뜻인지 말씀을 통해 깨달아 아는 것입니다. 그 다음에야 말씀대로 행할 수 있을 것입니다. 그래서 차라리 하나님께서는 이렇게 말씀하실 지도 모릅니다.

"야 이놈아, 성경에 다 쓰여 있다."

사랑과 자비, 지혜와 유머가 풍부하신 우리 아버지, 존귀하신 만유의 왕 하나님은 가장 애정에 찬 목소리로 그분의 말씀과 그리스도를 삶의 중심으로 삼을 것을 이야기하실 것입니다.

책을 쓰게 하신 하나님의 은혜

저는 어린 시절부터 부모님을 좇아 교회에 나가 수없이 예수님에 대해 들었으나 예수님이 누구인지 알지 못했습니다. 고등학교를 졸업하고 유학의 길에 올라 홀로된 장소에서 하나님께 대한 사모함이 생겼으나 여전히 하나님을 알지 못하고 죄 가운데 살았습니다. 그 뒤 약 일 년간 홀로 유럽을 자전거로 여행하며 하나님의 손길을 가까이 체험했습니다. 여행 후 육군에 입대했습니다. 저는 꿈에도 몰랐습니다. 그곳이 하나님을 만나고 깊이 사귀는 장소가 될 줄은.

그리스도의 빛이 없던 시간들
그 어둠 가운데서 은밀히 사랑했던 죄
그러나 그리스도의 빛이 비추었고
죄악의 추악함과 불의함이 드러났도다.
주님은 죄를 사랑하던 이가 죄를 미워하게 하셨다.
이제는 거룩한 빛 안에서 그리스도를 즐거워하네.

제 자신이 얼마나 큰 죄인인지 깨닫고 영혼 깊이 신음케 하신 성령님. 그러나 그분은 그리스도께서 얼마나 자비롭고 은혜로우신지도 깨닫게 해주셨습니다. 이 책을 쓰게 하신 하나님의 은혜를 찬양합니다. 한 때 죽었던 죄인이 오늘 살아서 하나님을 찬양할 수 있다니 얼마나 큰 감사며 찬송거리입니까. 죄인의 찬양을 들으시는 하나님이시기에 더욱 사모하는 마음을 가지고 그분의 나라를 위하여 힘쓸 것을, 아니, 모든 소유와 모든 시간을 기쁜 마음으로 기꺼이 드릴 것을 다짐하게 됩니다.

탈고의 점을 찍은 펜을 놓았을 때 제 나이 만 스물여섯이었습니다. 스물여섯이면 어린 나이라고 생각할 수도 있지만 헬라 제국의 알렉산더 대왕은 스물여섯에 세계를 호령하고 있었습니다. 예수님은 본격적인 공생애 사역을 준비하시는 기간이었습니다. 안중근 의사는 나라를 바로잡기 위해 학교를 세워 인재를 양성하다 얼마 뒤 의병운동에 참가했습니다. 그러니 젊음이여! 스물여섯은 어느 회사에 취직할 수 있을 것인지 만을 고민하기에는 너무 아까운 나이입니다.

오늘날 젊은 우리들의 숭고한 꿈은 어디로 갔는지 찾을 수 없고, 이상은 사라진 것 같습니다. 대신 졸업과 취직, 이성 친구, 더 즐거운 삶… 이런 고민만 가득한 것 같습니다. 하지만 그리스도인은 달라야 합니다. 그리스도인은 하나님의 나라에서 꿈보다 위대한 소망과 확신을 찾고 예수 그리스도에게서 이상보다 위대한 진리와 능력을 발견할 수 있습니다. 스물여섯, 아니, 우리의 젊은 날! 하나님을 아는 지식을 쌓고 그분을 위해 열정을 쏟아야 할 시기입니다. 그렇지 않으면 부끄러운 젊음입니다. 물론 성경에 그렇게 직접적으로 쓰여 있지는 않습니다. 하지만 가슴이 뜨거운 사람들, 나를 사랑하신 주님을 위해 자기의 가장 좋은 것을 드리기 원하는 사람들은 나이에 관계없이 주님을 위해 모든 마음과 시간과 노력을 쏟을 것입니다. 삼백 데나리온이나 되는 향유라도 아끼지 않고 그분의 발등 위에다 부을 것입니다.

"너는 청년의 때 곧 곤고한 날이 이르기 전, 나는 아무 낙이 없다고 할 해가 가깝기 전에 너의 창조자를 기억하라 전도서 12장 1절"

하지만 항상 어디에나 그런 모습을 험담하고 트집을 잡는 관객이 있기 마련입니다. 가룟 유다가 마리아에게 한 것처럼 말입니다(요12:1~8). 그러나 하나님을 사랑하는 정상적인 그리스도인이라면 스물여섯의 나이에 내일 일을 걱정하며 무엇을 먹을까 마실까 입을까 하는 것이 너무나 죄송스럽습니다. 더 많이 하나님께 드리지 못해서, 더 많이 그분의 말씀대로 하지 못해서. 그래서 저도 고민했습니다. 어떻게 내게 있는 것들로 하나님을 찬양할 수 있을까? 어떻게 하나님께 영광을 돌리고 하나님의 사람들에게 유익이 될 수 있을까?

그러던 어느 날 마태복음을 묵상하는 가운데 특별히 명사들(nouns)이 눈에 들어와 그것에 집중했습니다. 그리고 하나님께서는 놀라운 것들을 깨닫게 해주셨습니다. 제 스스로는 결코 생각할 수도 없고 입에 담지도 못할 것들이었습니다. 저는 이것이 젊은 날 스물여섯에 하나님을 위해 할 수 있는 것이라고 생각했습니다.

이 책은 군대에서 '짬짬이' 쓰이고 제대 두 달 후에 출간되었습니다. 하나님께서 글쓰기에 소명을 주셨을 때 그분은 군대를 글쓰기에 가장 좋은 환경으로 만들어주셨습니다. 그뿐 아니라 군 생활 가운데 풍성한 소재와 영감의 재료들도 주셨습니다. 우리가 준비되어 있는 한, 하나님의 뜻이 무엇이든 순종하고자 하는 마음이 있는 한, 하나님은 군대든 감옥이든 어떤 곳이든 그분의 뜻을 이루시기에 가장 좋은 환경으로 바꾸어 주십니다(행28:16). 불후의 기독교 고전인 존 번연(John Bunyan)의 천로역정(The Pilgrim's Progress)은 감옥에서 쓰였습니다. 믿는 자 안에 거하시며 하나님의 뜻을 이루시는 성령님께 인생의 통수권을 넘겨드릴 때 스스로는 할 수 없는 놀라운 일들이 일어나는 것을 보게 될 것입니다.

하나님은 스물여섯에 제가 하나님을 위해 할 수 있는 일을 가르쳐주셨습니다. 그 일은 스물여섯에서 그치지 않을 것입니다. 하나님의 나라를 위해 일하는 것, 하나님과 그의 백성을 섬기는 것 그리고 하나님께서 나 같은 죄인을 사용하신다는 것을 느끼는 것처럼 위대하고 감격스러운 사실은 없다는 것을 알게 되었기 때문입니다.

하나님께 쓰임 받는 삶, 하나님께 지시를 받는 삶, 하나님의 일꾼으로 사는 삶, 하나님의 기업에서 일하는 삶, 하나님의 군대에서 훈련을 받고 전쟁을 준비하여 승리하는 삶, 우리가 그런 삶을 더욱 사모하고 하나님께 간구하기를 바랍니다.

이 책에서 첫째로 염두에 두고 있는 대상은 한국의 기독청년들입니다. 그들은 한국 기독교의 미래일 뿐더러 한국의 미래도 되기 때문입니다. 마태복음 1~7장의 본문을 가지고 청년들의 지적 그리고 영적 성장과 더욱 경건한 삶으로의 변화를 유도할 것입니다.

끝으로 부족한 생각을 감히 책으로 낼 수 있도록 인도해 주신 하나님께 가장 큰 감사와 영광을 올려드립니다. 인내심을 갖고 긴 원고를 읽어주시고 조언해주신 모든 분들께도 감사드립니다. 책의 제작에 도움을 주신 분들께도 감사드립니다. 어린아이와 같은 저이기에 두렵고 떨리는 마음이 심히 큽니다. 이 책을 통하여 그리스도를 높이고 하나님의 말씀의 무한히 소중함을 알리기 원합니다. 그럼 이제 커튼을 걷고 이야기를 시작하겠습니다.

2008년 7월

을지로 사무실에서

CONTENTS

2부 • 산에 올라가 앉으시니

3부 • 은밀한 중에 보시는 아버지

4부 • 그리스도인의 사는 법

CONTENTS

9부 • 사람보다 크신 하나님

21세기 초의 한국기독교

10부 • 키를 놓치고 길을 잃다

마태복음의 명사들(nouns)

아브라함과 다윗의 자손 예수 그리스도의 세계라 마태복음 1장 1절

마태복음 1:1-4:22

1부 가장 흥미로운 인물들

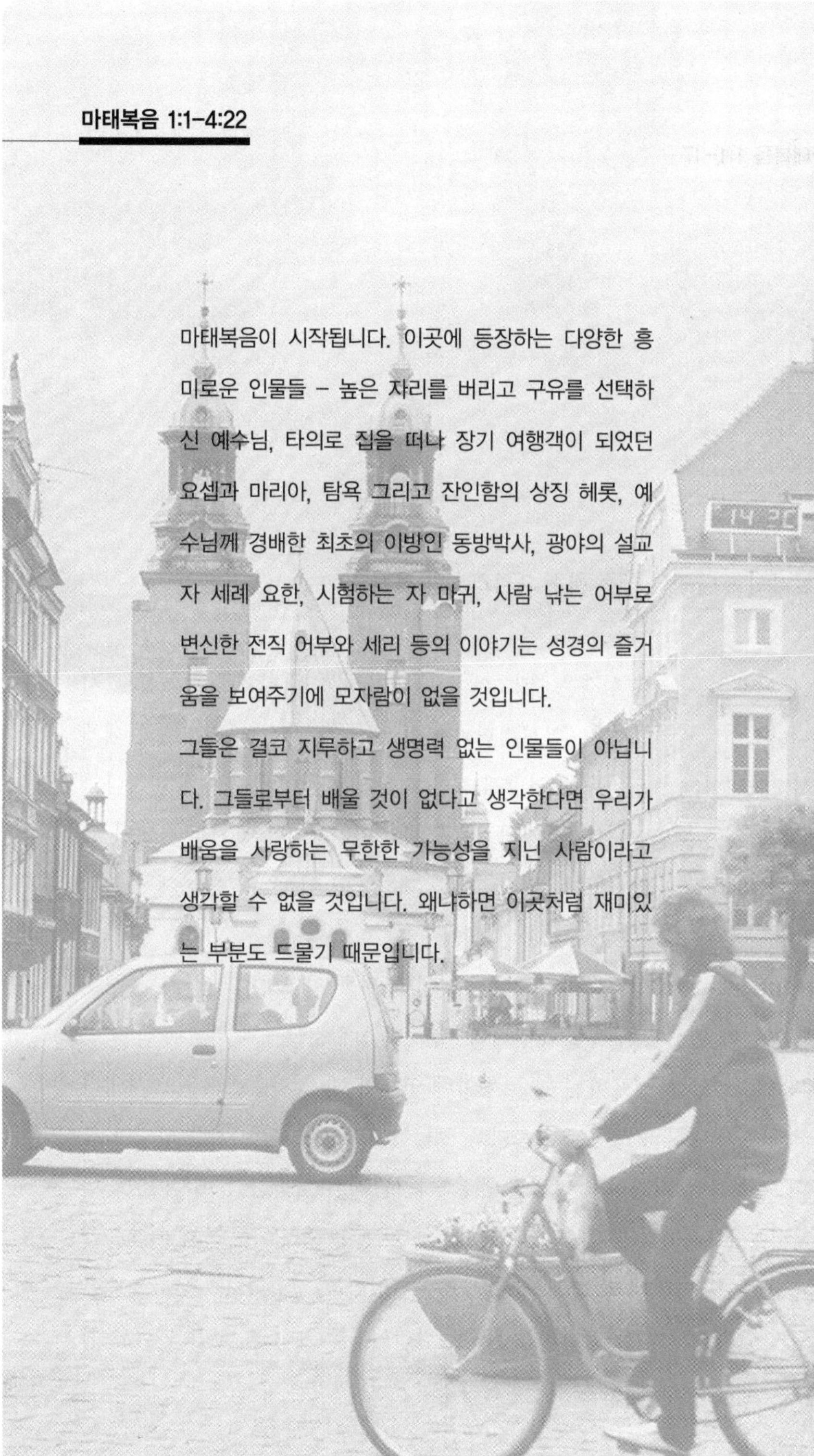

마태복음이 시작됩니다. 이곳에 등장하는 다양한 흥미로운 인물들 – 높은 자리를 버리고 구유를 선택하신 예수님, 타의로 집을 떠나 장기 여행객이 되었던 요셉과 마리아, 탐욕 그리고 잔인함의 상징 헤롯, 예수님께 경배한 최초의 이방인 동방박사, 광야의 설교자 세례 요한, 시험하는 자 마귀, 사람 낚는 어부로 변신한 전직 어부와 세리 등의 이야기는 성경의 즐거움을 보여주기에 모자람이 없을 것입니다.

그들은 결코 지루하고 생명력 없는 인물들이 아닙니다. 그들로부터 배울 것이 없다고 생각한다면 우리가 배움을 사랑하는 무한한 가능성을 지닌 사람이라고 생각할 수 없을 것입니다. 왜냐하면 이곳처럼 재미있는 부분도 드물기 때문입니다.

1 유명한 사람

| 마태복음 1:1-17 |

1 아브라함과 다윗의 자손 **예수 그리스도**의 **세계**라.

예수 그리스도 _ 구약 성경은 "태초에 하나님이 천지를 창조하시니라"로 시작합니다(창1:1). 신약 성경은 "아브라함과 다윗의 자손 예수 그리스도의 세계라"로 시작합니다(마1:1). 마태는 어떻게 책을 시작하는 것이 좋을지 고민하다가 결국 이렇게 운을 띄웠습니다. 신약의 첫 구절은 먼저 구약에서 가장 유명한 두 사람을 언급하고 그 다음 그토록 기다려왔던 메시아의 이름을 분명하게 밝히고 있습니다.

유대인들에게 이 문장은 "태초에 하나님이 천지를 창조하시니라"보다 더욱 눈을 뗄 수 없게 만드는 구절일 것입니다. 유대인들에게 그들의 시초로 삼는 아브라함과 이스라엘을 대표하는 왕 다윗이란 언제나 가장 자랑스러운 역사입니다. 그러니 로마 치하의 상황에서는 더욱 그들이 그리웠을 것입니다. 하지만 유대인들이 무엇보다 기다리고 바라던 것은 하나님께서 약속하신 메시아였습니다. 그래서 '아브라함, 다윗 그리고 다윗의 자손 예수 그리스도'라는 이름들을 보고 유대인들은 마태의 책을 손에서 놓을 수 없었을 것입니다. 유대 청중은 '왜 예수가 그리스도인가'를 밝히는 다큐멘터리의 시작에서 손에 땀을 쥐고 침을 삼키며 진지하게 마태의 증언에 귀를 기울이고 있습니다.

그런데 꼭 유대인들만이 이 장면에서 호기심을 느끼는 것은 아닙니다. 온 세상 사람들이 관심을 갖게 됩니다. 왜 그럴까요? 바로 한 사람의 이름 때문입니다. 그 이름은 무엇입니까? 예수입니다. 대체 예수라는 그 이름이 얼마나 대단하다는 것인지?

모든 사람이 이해하기 쉽게 이야기하면 이 세상에 예수보다 유명한 사람이 없기 때문이라 하겠습니다. 예수는 스스로를 인자(Son of man)라고 즐겨 불렀습니다. 인간 예수에 대해서 말한다면 세상의 어느 불신자와도 이야기할 수 있을 것입니다.

예수의 명성에 대한 가까운 증거가 있습니다. 여러분이 서점에 가서 어느 한 사람의 이름을 제목으로 삼아 출판한 책들의 숫자를 살펴본다면 단연 예수라는 이름이 들어간 책이 압도적으로 많다는 것을 발견할 것입니다. 유구한 인류 역사 가운데 내로라하는 유명한 인사들이 많았습니다. 천하를 통일하고 불로장생을 찾다 일반인과 일반으로 죽은 진시황제, 젊은 나이에 세계를 제패한 뒤 젊은 나이에 죽은 알렉산더 대왕, 한글을 창제한 세종대왕, 임진왜란의 명장 이순신 장군, 대한 독립만세를 외친 유관순 열사 등 역사상 유명한 사람들의 이름을 모두 언급하는 것은 유명하지 않은 사람들을 다 언급하는 일만큼이나 어려운 일입니다.

또 유명하긴 한데 히틀러나 스탈린처럼 악명으로 유명한 이들도 있습니다. 여하튼 수많은 위인과 악인이 자기의 이름을 후대에 남기고 세상을 떠났고 오늘에도 우리는 그들을 기억하고 있습니다. 그런데 그중 가장 유명한 사람을 꼽으면 단연 예수가 뽑히는 것입니다. 그 이유를 말씀드리겠습니다.

한 사람이 유명하게 되는 것은 다수의 사람들이 그를 사랑하기 때문입니다. 드물게 그를 특별히 증오하기 때문인 경우도 있습니다. 그런데 재미있는 것은 예수의 경우 그는 세상의 이름난 어느 누구보다 더 큰 사랑과 존경을 받으면서 동시에 누구보다 더 큰 미움과 공격을 받고 있다는 것입니다. 그래서 서점에 가면 예수를 사랑하는 책들과 미워하는 책들을 함께 발견할 수 있습니다(물론 사랑하는 책들이 훨씬 많습니다). 자, 생각해봅시다. 공자가, 나폴레옹이, 그 누가 예수만큼 많은 사랑과 미움을 동시에 받고 있습니까? 또 생각해봅시다. 유비나 칭기즈칸이나 빅토리아 여왕이나, 그 누가 예수만큼 깊은 사랑을 받고 있습니까? 예수를 사랑하는 사람들은 어느 위인을 '존경하듯' 사랑하는 것이 아니라 '목숨을 내어줄 만큼' 사랑합니다. 세상 어느 유명한 사람이 후대 사람들로부터 그와 같은 실재적인 사랑을 받는다는 말입니까?

가장 정성스럽고 충성스러운 사랑을 받음과 동시에 그가 받는 엄청난 비난과 미움의 강도는 핵폭탄보다 무시무시하고 무기의 종류 또한 다양합니다. 예수의 실존성에 대한 공격, 예수의 가르침에 대한 공격, 교회에 대한 물리적, 사회적 공격, 이단과 사이비의 공격 등…. 그 뿐입니까? 무기의 종류나 공격 방법도 다양하지만 역사상 유례없이 '2000년간 그치지 않는 공격'을 받고 있다는 것을 생각해보십시오. 세상에 2000년간 그치지 않은 전쟁이 있습니까?

또 전쟁의 전략에도 큰 차이가 있는데 예수는 오른편 뺨을 치는 이에게 왼편도 돌려 대고 속옷을 빼앗으려는 자에게 겉옷도 주는 원수를 사랑하는 전략으로 전쟁에 임했습니다. 그러나 예수를 공격하는 이들은 시대 상황 및 대중적 인기의 우위를 점한 채 치밀하고 적극적인 공격으로 전쟁에 임했습니다. 그 전쟁에 참가한 사람들의 신분 또한 각양각색이었습니다. 철학자나 과학자처럼 특별한 학식을 가진 무리부터 평범한 사람들까지. 만약 여러분이 핵폭탄보다 무시무시한 증오를 당대 최고의 지식인과 일반 시민으로부터 2000년 동안이나 받으면서도 기세가 약해지기는커녕 더 널리 퍼져 오늘에도 위대한 변화를 불러일으키고 있는 사람을 알고 있다면 부디 제게도 그 이름을 알려주셔서 그런 사람을 모르고 죽는 일생일대의 비극을 제가 겪지 않게 해주시기 바랍니다.

가장 유명한 사람 예수에 대하여 정리하면;

1. 서점에 가서 한 사람의 이름이 제목으로 출판된 책들을 찾아보면 예수라는

이름이 들어간 것이 가장 많습니다. 또 예수를 사랑하는 책들과 미워하는 책들이 함께 있습니다. 이로 보아 예수는 세상에서 가장 유명한 사람으로 꼽을 수 있습니다.

2. 후대인들로부터 받는 사랑과 존경의 깊이를 비교할 때 예수가 받는 것은 가히 절대적입니다. 그것은 자발적으로 목숨을 다해 예수를 첫째로 섬기고 예수를 따라 남을 섬기는 삶을 결심하고 오늘도 살아계신 예수의 도우심으로 삶을 살아가는 모습으로 증명됩니다.

3. 예수는 가장 많은 사람들에게 가장 강력한 공격을 가장 다양한 방법으로 가장 오랫동안 받아왔는데 오늘에도 건재할 뿐 아니라 오히려 그의 이름은 더욱 더 멀리 퍼져나가고 있습니다. 만약 그가 거짓이라면 어느 정도의 공격과 시간에 그의 이름이 진작 사라졌을 것입니다. 각 개인은 예수의 편에 서느냐 아니면 반대의 편에 서느냐 하는 결정을 내려야 합니다. 어느 편에 서는 것이 현명한지는 역사가 말해주고 있습니다. 그러나 이 책 역시 그 점을 확실하게 이해하게 되는 데 도움을 줄 것입니다.

4. 예수는 2000년 전부터 오늘날까지 수많은 사람들의 인생을 새롭게 바꾸어 가장 좋은 길로 인도하고 있습니다. 이것은 위에서 이야기한 1. 2. 3.에 대한 기초가 되는 이유입니다.

왜 예수가 가장 유명한 인물인지에 대해 위의 네 가지보다 훨씬 더 많은 이유들이 있지만 그것을 일일이 다 쓴다면 온 세상이라도 그것을 기록한 책을 담기에 부족할 것입니다(요21:25). 그러니 예수에 대해 관심을 가질 필요와 가치가 있습니다. 아니, 그것처럼 가치 있는 일도 세상에 없을 것입니다.

세계 _ 이 단락에서 우리는 예수 그리스도께서 어떻게 이 땅에 인간으로 오시게 되었는지를 살펴볼 것입니다. 한 마디로 말하면 그것은 영원부터 계획하신 하나님의 뜻이었습니다. 그럼 구체적으로 그리고 역사적으로 성경 어느 곳에서 그것을 이야기합니까? 하나님은 예수님이 오시기 약 2000년 전에 아브라함에게 이런 약속을 하셨습니다.

"네 씨로 말미암아 천하 만민이 복을 받으리니 이는 네가 나의 말을 준행하였음이니라 창세기 22장 18절"

그로부터 약 1000년 뒤 다윗에게는 이런 언약을 주셨습니다.

"내가 네 몸에서 날 자식을 네 뒤에 세워 그 나라를 견고케 하리라 저는 내 이름을 위하여 집을 건축할 것이요 나는 그 나라 위를 영원히 견고케 하리라 사무엘하 7장 12, 13절"

이것은 일차적으로 솔로몬을 가리키지만 더 넓게는 예수 그리스도의 오심과 그의 사역에 대해 이야기합니다. 그런데 성경에 나타난 그리스도에 대한 최초의 언약은 아브라함보다 훨씬 이전인 최초의 인류 아담과 하와의 때에 주어졌습니다.

"여자의 후손은 네 머리를 상하게 할 것이요 너(뱀)는 그의 발꿈치를 상하게 할 것이니라 창세기 3장 15절"

하나님은 아담의 범죄로부터 들어온 죄와 그 대가인 사망(롬6:23) 아래 놓인 인류를 위하여 메시아(구원자)를 준비하기로 하셨습니다. 죄와 사망의 그늘에서 신음하며 살아야 하는 사람들에게 참 자유와 하나님과 교제하는 기쁨을 회복시키기 위해서 이러한 약속이 주어진 것입니다. 나아가 하나님의 나라가 이 땅에서 확장되고, 하나님께로 돌아오는 이들에게 새 하늘과 새 땅의 기업을 나누어 주시기 위해 메시아를 준비하셨습니다. 선함과 은혜의 경륜이 탁월하신 하나님은 이 계획으로 그리스도를 믿는 모든 이들을 영화롭게 하시기로 하셨습니다. 그러나 이 계획의 가장 큰 목적은 하나님께서 영광을 받으시는 것이었습니다(엡 2:7).

하나님은 에덴동산에서 아담과 하와와 함께 교제하시며 기뻐하셨습니다. 성경은 하나님께서 사람에 대해 얼마나 관심이 많으셨는지 확실하게 이야기하고 있습니다.

"하나님이 이르시되 우리의 형상을 따라 우리의 모양대로 우리가 사람을 만들고 창세기 1장 26절"

하나님의 말씀인 성경은 온 우주의 피조물 중 오직 사람만이 하나님의 형상대로 지음을 받았다고 밝히고 있습니다. 성경 어느 구절에서 천사가 하나님의 형상을 따라 지음 받았다고 말합니까(히1:14)? 하나님께서는 인간을 천사보다 더 존귀한 존재로 여기십니다(히2:7,고전6:3). 눈에 보이는 세계와 보이지 않는 세계를 통틀어 하나님께서 가장 존귀하게 지으신 피조물은 인간이었습니다. 이것은 지나친 생각이 아닙니다. 하나님의 형상을 따라 지음을 받은 피조물은 인간뿐이기 때문입니다. 이 시대에는 소유, 외모, 재능, 열정, 성취 등으로 사람의 가치가 평가되지만 원래는 그렇지 않았습니다. 모든 것을 마음의 기쁘신 뜻대로 역사하시는 하나님은 사람이 아직 선이나 악을 행하지도 않은 때에 주권적인 은혜로 복을 주셨습니다.

"하나님이 그들에게 복을 주시며(Then God blessed them) 창세기 1장 28절"

하나님은 왜 그런 친절을 베푸신 것일까요? 여러분은 여러분이 사랑하는 어느 사람에게 얼마나 이런 말을 자주 합니까.

"네게 주고 싶어서 주는 거야. 대가를 바라는 것이 아니야."

사람을 사랑하시는 하나님은 대가 없이 복을 주셨습니다. 대가 없는 복이라고 그것이 별 볼일 없는, 줘도 아깝지 않은 그런 축복이라고 생각한다면 크게 잘못 생각하는 것입니다. 그 복의 가치는 복의 수여자(giver)와 상관이 있습니다. 그럼 누가 우리에게 주신 것입니까? 지극히 선하시고 능력이 무한하신 창조주 하나님이십니다. 그런데 그게 다는 아닙니다.

"그들에게 이르시되 생육하고(be fruitful) 번성하여(multiply) 땅에 충만하라(fill the earth), 땅을 정복하라(govern it). 바다의 물고기와 하늘의 새와 땅에 움직이는 모든 생물을 다스리라(reign over) 하시니라 창세기 1장 28절"

하나님은 그분의 손으로 만드신 땅을 다스릴 권세마저 사람에게 위임하셨습니다(시8:6). 그 세상은 사람이 만든 것이 아닙니다. 하나님께서 지으신 것입니다. 사람은 그런 것을 만들 능력이 없습니다. 천사도 마귀도 그런 능력이 없습니다. 오직 하나님께만 그런 능력이 있으십니다. 하나님은 지으셨지만 그것을 다스릴 권세를 사람에게 주셨습니다.

자기의 형상을 따라 지으시고, 조건 없이 복을 주시고, 자기가 만든 소중한(보시기에 좋았더라 – 창1:21) 창조물에 대한 권세를 사람에게 위임하신 하나님. 하나님으로부터 이런 특권적인 친절과 사랑을 받은 피조물은 오직 사람뿐입니다. 이제 왜 하나님께서 하늘이나 태양이나 달 혹은 나무나 돌, 금 따위의 피조물을 숭배하는 행위를 지극히 미워하시는지 아셨으리라 생각합니다. 이것들은 하나님께서 인간을 위해 주신 것들인데 주신 분이 아니라 주신 것을 숭배하고 있으니 하나님께서 개탄하시고 진노하실 만도 합니다.

하나님은 빛보다, 하늘과 땅과 바다보다, 모든 채소와 나무보다, 해와 달과 별보다, 새와 물고기, 짐승들보다 사람을 더욱 기뻐하셨습니다. 창세기 1장 4,10,12,18,21,25절에는 창조 후에 '보시기에 좋았더라' 고 하셨지만 '보시기에 심히 좋았더라' 고 하시며 만족하신 것은 결국 인간을 창조하신 뒤 지으신 모든 것을 보실 때였습니다(창1:31). 하나님은 아무리 아름다운 세상이라도 인간이 없었을 때 '심히' 좋아하시지는 않았습니다. 하나님의 형상을 따라 지음 받은 인간도 아무리 삶이 풍요하고 화려해도 하나님이 없으면 '심히' 좋을 수 없습니다. 인간은 하나님이 필요합니다. 절대적으로.

하나님은 사람의 어떤 조건을 보고 심히 즐거워하신 것이 아닙니다. 사람의 존재 그 자체를 심히 즐거워하신 하나님이셨습니다. 그러나 이것은 인간의 '타락 이전의 일' 이었습니다. 그 후 범죄 가운데 있는 인류는 존재만으로 하나님의 기뻐하심을 입을 수 없게 되었습니다. 오히려 하나님의 맹렬한 진노 아래에 있게 되었습니다(엡2:3). 그것은 바로 하나님과 사람의 사이를 가로막는 죄 때문입니다(사59:2). 죄는 하나님의 친절은커녕 공의의 진노를 불러올 뿐입니다. 정결하고 거룩하시며 무흠하신 하나님 앞에 죄는 더럽고 가증한 것입니다. 하나님의 공의는 티끌 같은 죄라도 모른 체 하지 못하고 그에 대한 대가인 사망(롬6:23)을 요구합니다. 그대는 심령 가장 깊숙한 곳으로부터 그대가 죽을 수밖에 없는 죄인이라는 사실을 깨달은 사람입니까?

"하나님으로부터 가장 사랑을 받던 어느 피조물이 죄로 인하여 하나님의 맹렬한 진노 아래 놓였다!"

…

"여호와 하나님이 여자에게 이르시되 네가 어찌하여 이렇게 하였느냐 여자가 이르되 뱀이 나를 꾀므로 내가 먹었나이다 창세기 3장 13절"

…

그래서 예수 그리스도가 이 땅에 오셔야 했던 것입니다. 아니, 사실 그리스도께는 인간에 대한 의무가 없었는데 하나님의 큰 사랑과 자비의 계획에 기꺼이 순종하신 것입니다.

그렇습니다. 그리스도는 바로 우리를 위해 이 땅에 오신 것입니다. 우리는 죄로 망가진 하나님과의 관계를 회복해야 합니다. 이것은 사람의 능력으로, 선행으로 할 수 있는 것이 아닙니다. 현대사회에서 최고로 잘나가는 돈으로도 할 수 없습니다. 그러나 성경은 우리에게 유일한 소망과 확실한 믿음을 가져다줍니다.

"이제는 율법 외에 하나님의 한 의가 나타났으니 율법과 선지자들에게 증거를 받은 것이라 곧 예수 그리스도를 믿음으로 말미암아 모든 믿는 자에게 미치는 하나님의 의니 차별이 없느니라 로마서 3장 21,22절"

누구든지 하나님께서 보내신 그리스도를 믿는 사람은 그리스도의 십자가 죽음과 피가 그의(믿는 자의) 죄에 대한 대가(그것은 죽음)를 완전히 지불하기 때문에 하나님의 공의를 충족시키게 됩니다. 그럼 하나님은 죄를 지었으나 하나님께서 제시하신 그리스도를 믿은 사람을 "죄 없는 의인"이라고 불러주십니다. 그리스도께서 획득한 의가 그리스도를 믿는 그 사람의 의가 되는 것입니다. 그의 머리

위에 있던 하나님의 맹렬한 진노는 그리스도를 믿고 영접하는 순간 티 하나 없이 걷히게 됩니다. 더욱이 하나님은 독생자 예수 그리스도를 믿는 자를 자기의 자녀들로 삼으십니다(요1:12). 그리고 그 자녀 – 전에는 누구보다 죄인이었고 불신자였던 그에게 하나님의 기업인 천국을 상속하게 하십니다. 이것은 죄인이 하나님의 가계에 속하게 되어 그 집안의 일원으로서 누리는 모든 특권들을 누리게 되는 축복과 영광으로 피조세계에 획기적인, 그야말로 충격적이고 감히 상상할 수도 없는, 그러나 사실이며 지극히 감격스러운 뉴스였습니다! 이 기적적인 일은 오늘날에도 계속 일어나고 있습니다. 오늘 여러분은 어떻습니까? 그리스도께로 나아왔습니까? 아니면 '나와는 상관없는 이야기' 로 여기고 있습니까?

만약 그리스도께로 이 순간 나아왔다면, 혹은 이미 나아온 사람이라면 잠깐 하나님께 깊은 감사의 기도를 올려드리는 것은 어떨까요? 그러나 너무 쉽게 '나아왔다' 라고 하지는 마십시오. 구세주 그리스도밖에 멸망의 심판에서 그대를 구원할 자가 없음을 확실히 깨달은 뒤에야 '나아갈 필요' 를 얻게 될 것입니다. 이런 죄인됨의 깨달음 없이 다른 이유나 사정으로 기독교 신앙을 가지고 있는 것은 아주 중요하고 기본이 되는 과정을 건너뛰는 것입니다.

대표자(representative) 원리

타락 이전의 아담과 하와는 하나님의 크신 사랑과 은혜를 받으며 그분과 교제하였습니다. 그런데 뱀의 간계로 인하여 인간은 범죄하게 되었습니다. 한 사람을 통하여 죄가 세상에 들어왔고 죄를 통하여 사망이 들어왔습니다. 사망은 아담이 지은 죄와 똑같은 죄를 짓지 않은 사람들마저 지배하였습니다(롬5:12,14). 이것을 '대표자 원리' 라고 하겠습니다. 이것은 중요합니다. 인류의 대표로 삼은 아담과 하와가 죄를 범하였기에 죄의 영향이 온 인류에 미치게 된 것입니다. 죄는 인간에게 두려움을 느끼게 했고 하나님과의 교제를 부담스러운 것으로 여기게 만들었습니다(창3:10). 그런데 인간만이 죄의 피해자는 아닙니다. 인간의 타락은 다른 피조물들에게도 영향을 미쳤습니다. 그것은 아담과 하와가 인류의 대표였지만 사람은 지상의 피조물의 대표였기 때문입니다. 그래서 다른 모든 피조세계까지도 신음하며 해산의 고통을 겪게 되었습니다(롬8:22).

아담과 하와 이후의 후손들은 타락 이전과 같은 평안과 안식과 권세를 누릴 수 없었습니다. 하나님의 공의는 죄를 범한 인류에게 죄의 대가를 요구하게 했습니다. 그러나 하나님의 사랑은 죄를 범한 인류가 치러야 할 대가를 대신 치르고(대속하고) 떠나간 인간을 다시 하나님께로 돌이킬 방법을 마련하게 했습니다. 그래서 하나님은 성부 예수 그리스도를 인간의 모습, 즉 인류의 대표자로 보내시기로 하셨습니다. 지극히 작은 피조물에 불과한 사람을 사랑하신 하나님은 자기 아들이라도 아끼지 않고 내어주셨습니다(롬8:32). 아무것도 내세울 것이 없는 우리들에 대한 사랑으로 그분이 하신 일(엡2:4)은 어느 다른 누구도 영향을 미칠 수 없는(사55:11) 오직 그분의 뜻으로 결정하신 일이었고 그 이유는 바로 오늘 우리가 하나님을 더 사랑하는 마음을 갖고(엡1:6) 그분의 은혜를 찬양하도록 하기 위함이었습니다(엡2:7).

이제 본격적으로 예수 그리스도와 인간을 두 주인공으로 하는, 하나님이 각본, 감독하신 역사라 하는 장편 영화를 감상할 것입니다. 하나님께서 어떻게 역사(history - His Story)를 주관하시면서 그리스도의 오심을 보존하시고 성취시키셨는지도 보게 될 것입니다.

2 **아브라함**이 **이삭**을 낳고 이삭은 **야곱**을 낳고 야곱은 **유다**와 그의 형제를 낳
고 3 유다는 **다말**에게서 베레스와 세라를 낳고 베레스는 헤스론을 낳고 헤스론
은 람을 낳고 4 람은 아미나답을 낳고 아미나답은 나손을 낳고 나손은 살몬을 낳
고 5 살몬은 **라합**에게서 보아스를 낳고 **보아스**는 **룻**에게서 오벳을 낳고 오벳은
이새를 낳고

아브라함 _ 믿음의 조상 아브라함은 갈대아 우르(오늘날의 이라크 남동쪽 지역)를 떠나 메소포타미아 북부지역에 있는 하란에 거할 때 하나님의 음성을 듣고 본토 친척 아비집을 떠나 가나안 땅으로 이주했습니다. 그는 하나님으로부터 "땅의 모든 족속이 너로 말미암아 복을 얻을 것이라(창12:3)"는 약속을 받았습니다. 75세에는 자손에 대한 언약을 받았는데 25년 뒤인 100세에 이삭을 얻음으로 성취되었습니다. 하나님으로부터 이삭을 번제로 바치라는 시험을 받았을 때 순종하여 하나님의 인정을 받았습니다(창22:12). 성경은 그를 "믿음으로 의롭다 함을 받은 자"라고 말합니다(창15:6, 롬4:19~22).

이삭 _ 아브라함에게 자식이 없었을 때(당시는 아브람이었음) 하나님은 자녀를 약속하셨습니다. 이삭이 바로 그 약속의 자녀였습니다. 늙은 아브라함이 하나님의 명령에 순종하여 이삭을 번제물로 바치려할 때 이삭은 건장한 청년이었으나 기꺼이 순종했습니다. 그는 리브가에게서 쌍둥이 아들 에서와 야곱을 낳았습니다.

야곱 _ 육적인 장자는 에서였지만 하나님은 동생 야곱을 영적인 장자로 택하셨습니다(롬9:11). 야곱은 사냥에서 돌아온 허기진 에서에게 빵과 죽을 주고 '장자의 명분'을 얻어냈습니다. 또, 이삭을 속여 장자의 축복을 받아냈습니다. 그러나 이런 기질은 훗날 야곱에게 여러 가지 시련을 불러왔습니다. 야곱의 자녀들은 이스라엘 12지파의 근간을 이루었습니다.

유다 _ 그중 넷째인 유다가 그리스도의 가계로 선택되었습니다(창49:10). 유다에게는 세 아들이 있었습니다. 그는 첫째 아들인 엘을 다말과 혼인시켰습니다. 그런데 훗날 다말이 낳은 아들은 엘의 것이 아니었습니다.

다말 _ 다말이 낳은 쌍둥이 아들 베레스와 세라는 그녀의 시아버지인 유다의 아들이었습니다! 그러나 우리는 다말을 욕하기 전에 성경의 증언을 들어보아야 합니다. 사실 다말은 어찌 보면 피해자였습니다. 유다의 장자이자 그녀의 남편이었던 엘은 하나님으로부터 죽임을 당했습니다. 그것은 다말과 관계없이 엘 그 사람이 여호와 목전에 악했기 때문이었습니다(창38:7). 엘이 자식 없이 죽자 당시 법률에 따라 엘의 동생인 오난이 형의 후사를 낳아주어야 하는 의무를 이행해야 했습니다. 하지만 오난 역시 여호와 목전에 악한 자였기에 하나님께서 죽이셨습니다. 결국 유다의 마지막 남은 아들 셀라가 다말에게 후사를 낳아주어야 할 의무를 지게 되었습니다. 그러나 다말에게 무슨 문제가 있는 것으로 여긴 유다는 셀라가 아직 어리다는 이유로 기다리라는 말과 함께 다말을 친정으로 돌려보냅니다.

시간이 흘러 셀라가 장성하였습니다. 그러나 유다는 셀라를 주기를 꺼려하였습니다. 유다 가문을 잇기 원했던 다말은 창녀로 가장하여 당시 아내를 잃은 유다에게 다가갔습니다. 유다는 그의 도장과 끈과 지팡이를 다말에게 맡기고 동침했는데 다말이 임신하게 되었습니다. 세달 정도 지난 뒤 유다는 다말이 임신했다는 사실을 듣게 되었습니다. 그는 창녀와 같은 짓을 한 다말을 끌어내 태워 죽이라고 했습니다. 끌려가던 다말은 유다의 도장과 끈과 지팡이를 그에게 보여주며 말했습니다.

"보소서. 이것이 누구의 것입니까!"

유다는 셀라를 주지 않았던 자신의 잘못을 뉘우치고 다시는 다말과 가까이 하지 않았습니다. 다말은 두 아기를 낳았습니다. 그녀는 누구든지 죄가 없는 이가 먼저 돌로 치라고 하셨던(요8:7) 예수님의 계보에 오르는 영광을 차지했습니다. 그렇다고 다말의 방법을 칭찬하는 것은 아닙니다. 하나님께서 죄를 승인하신다는 것도 아닙니다. 다만 하나님께서는 인간의 실수와 허물까지도 그분의 역사의 성취를 위하여 사용하신다는 점을 배울 수 있는 것입니다. '나 같은 죄인' 도 하나님의 계획에 쓰임 받을 수 있습니다. 쓰임 받을 뿐 아니라 구원도 받을 수 있습니다. 이것은 얼마나 행복한 일입니까. 여러분은 이런 행복을 느끼며 사십니까?

라합 _ 이스라엘 백성은 출애굽한 뒤 가나안 땅의 여리고 성을 정복하려고 두 정탐꾼을 보냈습니다. 그들은 여리고의 기생인 라합을 만나 생명을 건졌습니다. 라합은 이스라엘의 하나님께서 그의 백성들에 대해 하신 일들을 소문으로 듣고 하나님을 경외하던 사람이었습니다. 그 믿음은 여리고 성이 하나님의 백성들을 막을 수 없다는 것을 깨닫게 했습니다. 그래서 두 정탐꾼을 숨겨준 것입니다. 두 정탐꾼 중 하나인 유다 지파의 살몬은 후에 그녀와 결혼하여 보아스를 낳았습니다. 그녀의 믿음은 그리스도의 계보에 오르는 영광을 얻게 하였습니다.

율법은 이방 여인과의 결혼을 금했고 사회적으로도 그녀는 기생이었으나 그녀를 통해 우리는 하나님의 구원은 민족, 직업, 신분 등의 외적인 조건과 관계없이 오직 믿음으로 얻는다는 것을 다시 한 번 생각하게 됩니다. 하나님은 외모가 아닌 중심에 믿음을 소유한 이들을 자녀로 삼으십니다.

보아스, 룻 _ 보아스는 사사시대의 인물로 베들레헴의 부유했던 농가출신입니다. 룻은 사해 남동쪽에 위치한 모압의 여인입니다. 훗날 룻의 장인 장모가 되는 엘리멜렉과 나오미는 유다 베들레헴의 흉년을 피해 두 아들과 함께 모압 지방으로 가서 살았습니다. 그곳에서 엘리멜렉이 죽고 두 아들도 결혼식을 치룹니다. 첫째 말론은 룻을 신부로 맞이합니다. 그런데 거주한지 10년째에 말론이 죽어 룻은 과부가 되었고 시어머니인 나오미를 따라서 이스라엘의 베들레헴으로 갑니다. 룻은 생계를 꾸리기 위해 밭에서 이삭 줍는 일을 시작했는데 우연히(룻2:3) 시아버지인 엘리멜렉의 친족 보아스에게 속한 밭에 이르러 그곳에서 일하게 됩니다. 결국 보아스는 룻을 아내로 맞이하여 오벳을 낳았고 효부 룻과 보아스는 그리스도의 계보에 오르게 됩니다.

6 이새는 **다윗 왕**을 낳으니라 다윗은 **우리야의 아내**에게서 **솔로몬**을 낳고 7
솔로몬은 **르호보암**을 낳고 르호보암은 아비야를 낳고 아비야는 아사를 낳고 8
아사는 여호사밧을 낳고 여호사밧은 요람을 낳고 요람은 웃시야를 낳고

다윗 왕, 우리야의 아내 _ 사무엘하 11장에 나오는 기록에 의하면 다윗 왕은 우리야의 아내인 밧세바의 목욕하는 모습을 보고 마음이 반하여 그녀를 궁으로 불러 동침하였습니다. 이 사건으로 그녀는 임신하였고 다윗은 인간적인 수를 써서 우리야가 밧세바와 동침하도록 하려 했으나 두 번이나 실패하여 충신 우리야를 전쟁터에서 죽도록 만들었습니다. 어떻게 이리도 추악한 관계 속에서도 그리스도의 계보가 이어지는 것일까요(먼저 관련 성경 본문을 읽어보시기를 바랍니다). 그것은 첫째로 하나님의 약속에 대한 신실하심 때문이고 둘째로 다윗이 간곡히 회개하였기 때문(시51편)입니다.

누구도 절대로 원치 않았던 실수를 할 수 있습니다.
문제는 더욱 커져만 가고
자신은 용서받지 못할 영원한 저주를 받은 자라고 생각이 듭니다.
그래서 죽어버리고 싶은 마음이 들지도 모릅니다.
그러나 회개하십시오.
하나님은 간음과 살인으로 얼룩졌었던 어느 사람에게도
이런 칭호를 아끼지 않으셨습니다.
"내 마음에 합한 사람이라(행13:22)."
나아가 그리스도의 혈통적 조상이 되게 하셨습니다.
자신과 타인에게 행했던 죄악에 애통하십시오.
그러나 추락한 그대로 머물러 있지는 마십시오.
그리스도께서 담당하지 못하실 죄는 없기 때문입니다.
그분의 크신 자비 앞으로 나오기만 하십시오.

다시 돌아오십시오. 다시 돌아오십시오.

하나님께서 그리스도를 보내신 것은 바로

'나 같은 죄인' 을 '하나님의 자녀' 로 삼으시기 위해서였습니다.

우리는 다 양 같아서 그릇 행하여 각기 제 길로 갔지만

여호와는 우리의 죄악을 그리스도에게 담당시키셨습니다(사53:6).

솔로몬 _ 밧세바의 둘째 아들로 인간적으로는 역사상 가장 뛰어난 왕이었습니다(대하1:12). 700명의 후궁과 300명의 첩을 두었는데 이것이 솔로몬을 하나님으로부터 떠나게 하는 계기가 되었습니다. 솔로몬이 늙어감에 아내들은 이방신들을 섬기도록 솔로몬을 부추겼습니다. 우상숭배에 빠진 솔로몬에게 하나님은 경고하셨지만(왕상11:10) 솔로몬은 듣지 않았습니다. 이에 하나님은 이스라엘이 분열되어 갈라지리라는 말씀을 하셨습니다(왕상11:11).

르호보암 _ 솔로몬의 아들인 르호보암 때에 이스라엘은 북 이스라엘과 남 유다로 갈라져 남북 대치상태를 유지하게 되었습니다. 혹독한 부역에 반발한 유다와 베냐민을 제외한 10지파가 북이스라엘을 건국한 것입니다. 그도 아버지를 따라 이방여인들과 결혼했고, 아버지보다 더욱 적극적으로 우상숭배를 하여 하나님의 진노를 샀습니다. 그는 산당과 우상과 아세라 신상을 세웠고 산당에는 남자 창기들까지 있었습니다. 하나님께서 이스라엘 자손 앞에서 쫓아내신 이교도들의 행위를 본받아 한 것입니다. 결국 하나님은 애굽을 사용하시어 범죄하는 유다를 치셨습니다. 여호와의 성전과 왕궁의 모든 귀한 보물들과 솔로몬이 만든 금방패마저 애굽에게 빼앗기게 되었습니다. 하나님께서 허락하신 이 땅의 영화와 부귀, 권력은 하나님의 말씀에 순종하지 않을 때 꿈에서 깨듯 한순간에 사라지는 법입니다. 그래서 세상을 잡으려 하지 말고 하나님의 말씀을 붙들어야 하는 것입니다. 하나님은 우리가 하나님보다 더 숭배하는 그것(우상)을 빼앗아 가실 것입니다. 차라리 빼앗기는 편이 인간에게 복입니다. 그렇지 않고 우리

가 계속 우상숭배 가운데 빠져있다면 얼마나 더 큰 환란을 겪게 되겠습니까. 그러니 스스로 자기 마음 중심에 무엇이 놓여 있는지 살펴봐야 합니다. 하나님입니까? 아니면 다른 무엇입니까? 하늘입니까? 땅입니까?

르호보암과 백성들의 악행에도 불구하고 하나님은 아브라함과 다윗과의 약속을 기억하여 메시아에 대한 계획을 취소하거나 변경하지 않으셨습니다. 그러나 르호보암은 나라의 보물들을 모두 빼앗기고 백성들은 그치지 않는 북 왕조와 남 왕조의 전쟁의 틈바구니에서 신음했습니다. 여기서 우리는 '반드시' 하나님의 뜻이 이루어지지만 죄의 대가와 피해가 '반드시' 있음을 알게 됩니다. 하나님의 공의는 죄에 대한 값을 지불하도록 요구합니다. 만일 당신이 그리스도인이라면 당신의 모든 죄에 대한 빚은 예수 그리스도로 인하여 지불되었습니다. 완전히. 하나도 남김없이. 그래서 하나님께서는 죄인이었던 당신을 죄 없는 자로 여기십니다. 즉, 모든 죄를 용서하시는 것입니다. 그것은 당신에게 그럴만한 선한 공로가 있어서가 아니라 그리스도께서 인류를 위하여 하신 일 때문입니다.

그러나 이것도 기억해야 합니다. 우리가 세상을 살며 다시 죄를 선택한다면 그 피해와 영향력으로 인한 깊은 영과 육의 고통을 체험하게 될 것입니다. 우상숭배를 하는 왕과 백성들의 역사 가운데서도 결국 하나님의 뜻대로 그리스도는 이 땅에 오셨습니다. 그러나 죄에 거했던 사람들은 죄의 피해와 영향 아래 신음하며 비극적인 고통을 당하였습니다(사3:10,11). 그러다 결국에는 멸망하여 앗수르로, 바벨론으로 포로신세가 되어 끌려갔습니다.

누군가 "나는 교회에 오래 다녔고 봉사도 많이 하며 예수님을 믿는다. 구원받은 내가 죄를 지어도 하나님께서는 그 죄마저 모든 것을 합력하는데 사용하시어 선(롬8:28)을 이루실 것이다. 그러니 나의 죄가 선하게 사용될 수 있는 것이다"라고 생각하여 죄를 미워하지 않고 자신의 죄를 옹호하는 숨은 마음이 있다면 르호보암과 백성들을 기억하십시오. 물론 하나님께서는 세상에서 일어나는 모든 일을 자신의 기쁘신 뜻의 성취를 위하여 진행하고 계십니다. 그래서 하나님께서 계획하신 모든 사람들(엡1:5)에 대한 구원은 하나님의 뜻대로 이루어질 것입니다(요6:39). 그러나 어떤 사람이든(믿음으로 구원받은 백성이든) 죄를 선택한다면 그 피해가 이 땅에 사는 그를 괴롭게 할 것입니다. 죄에 대해 안심하는 마음은 자기 자신과 주변 사람들 모두에게 죄의 피해와 악영향을 끼칩니다.

그리스도인인 우리가 그리스도인으로서(성경에 나타난 그리스도의 가르침을 따르는 사람으로서) 보지 말아야 할 것들을 보았을 때(가령 음란한 것들), 하지 말아야 할 말들을 했을 때(가령 거친 욕설과 험담) 그리고 하지 말아야 할 행동들을 했을 때(가령 거짓말과 도둑질, 간음 등) 우리의 영이 얼마나 괴로워하며 신음하는지 모릅니다. 전에는 음란물이든 간음이든, 욕설과 험담이든, 거짓말이든 거리끼지 않았었는데 그리스도를 영접한 신자 안에 거하시는 성령님으로 인하여 우리의 마음이 무척 괴롭고 후회스러워지는 것입니다.[1]

죄의 파괴력에 대해서 음란의 경우를 예로 들면, 처음에는 보기만 하던 것이 시간이 지남에 실생활에서 그렇게 이루고픈 충동이 육신을 입은 인간(신자든 불신자든)에게 들게 됩니다. 그래서 그렇게 죄가 인도하는 데로 계속 따라가면 결국 자기 자신과 주변 사람들을 멸망과 파멸로 빠뜨리게 됩니다. 죄의 피해와 영향력은 자기뿐 아니라 타인에게도 짙게 미치고 쌍방에게 잘 아물지 않는 상처와 어두운 기억을 심어줍니다. 죄의 피해는 엄청나게 고통스럽고 파괴적인 것입니다. 평생 마음을 아프게 할 수도 있습니다. 그러니 적극적으로 죄를 미워하고 멀리해야 합니다. 결코 누구도 그리스도에 대한 믿음이 있다는 주장을 너울로 쓰고 의도적으로, 계속적으로 죄 가운데 거할 수는 없는 것입니다. 그리스도는 모든 회개하는 죄인을 용서하십니다. 하지만 그는 분명히 아십니다. 믿음이

---

[1] 그러나 이런 경우라면 회개로 이어지는데 유익하여 오히려 그의 믿음이 커지는 결과를 낳을 수도 있습니다. 이것을 두고 "죄가 더한 곳에 은혜가 더욱 넘쳤다(롬5:20)"고 합니다. 그러나 이것은 하나님의 지혜와 은혜, 섭리 가운데 이루어지는 것이지 인간이 인위적으로 은혜를 넘치게 하기 위해 죄를 짓자고 할 수는 없는 것입니다(롬6:1,2). 그것은 하나님을 시험하는 죄입니다.
"스스로 속이지 말라 하나님은 업신여김을 받지 아니하시나니 사람이 무엇으로 심든지 그대로 거두리라 자기의 육체를 위하여 심는 자는 육체로부터 썩어질 것을 거두고 성령을 위하여 심는 자는 성령으로부터 영생을 거두리라 갈라디아서 6장 7,8절"

있다하나 불신자의 삶을 사는 어느 불신자가 자기 양이 아니라는 사실을(요 8:47,51,59).

"너희는 스스로 씻으며 스스로 깨끗하게 하여 내 목전에서 너희 악한 행실을 버리며 행악을 그치고 이사야 16장 17절"

하나님께서 이 세상에서 베푸시는 불신자에 대한 징계와 성도에 대한 징계의 차이

불신자와 신자에 대한 징계의 차이를 말하기 전에 먼저 불신자와 신자가 어떻게 구분되는지 간단히 살펴보겠습니다. 불신자와 신자의 차이는 다른 것에 있는 것이 아니라 '그리스도를 향한 마음 중심의 믿음'에 있습니다. 쉽게 말해, 예수 그리스도를 믿는 사람은 신자, 믿지 않는 사람은 불신자입니다. 때로 어느 불신자는 어느 그리스도인을 무척 부끄럽게 할 만큼 인격이 훌륭하고, 어느 그리스도인은 주님의 얼굴을 무척 부끄럽게 할 만큼 품행이 좋지 못합니다(삼하 12:14). 그러나 우리의 구원이 행위가 아닌 그리스도를 향한 사모하고 의지하는 믿음에 있기에 그리스도인은 다시금 회개하고 하나님의 변함없는 용서를 누리게 됩니다(삼하12:13).

불신자와 신자의 차이를 만들기 시작하여 상이한 길을 걸어가게 하고 결국 전혀 다른 결과를 가져오는 것은 '그리스도에 대한 믿음'에 있습니다. 그러니 불신자 여러분께는 이 말씀이 필요할 것입니다.

"주 예수를 믿으라 그리하면 너와 네 집이 구원을 받으리라 사도행전 16장 31절"

그리고 신자 여러분, 구원은 여러분에게서 난 것이 아니니 자랑치 말고(엡2:9) 오직 하나님을 찬양하고 감사하며 기쁜 마음으로 그리스도를 닮아가는 삶을 사는데 힘써야 할 것입니다.

자, 그럼 이제 처음 질문으로 돌아가 불신자와 신자 사이의 하나님의 징계에 대해서 살펴보겠습니다. 먼저 모든 징계에 대한 공통점은 모든 허물이 하나님이 아닌 인간에게 있다는 점입니다. 그래서 그가 신자이든 불신자이든 죄에 대한 징계를 받는다는 것도 공통점입니다. 하나님은 공의로우십니다. 잘못이 없는 것을 책망하거나 심판하시지 않습니다. 가장 정당하고 의로운 판결을 내리십니다. 그러나 분명한 차이점이 있습니다. 불신자들은 자기가 죄인이라는 사실을 여간해서는 알지 못합니다. 불신자는 '어떻게 해야 피해를 입지 않을까' 라고 고민할 뿐입니다. 그래서 하나님께 회개하지 않습니다. 다만 후회할 따름입니다. 그리고 그가 그리스도께로 나오지 않는 이상 그의 죄는 하나님께 하나도 기억되지 않는 것이 없이 기억되게 됩니다. 그것은 영원한 저주와 멸망의 종착역을 향해 정신없이 달려가는 것과 다름이 없습니다.

그러나 그리스도를 의지하는 참된 신자는 그가 받는 징계가 하나님으로부터 온 것이라는 것을 알고 그것을 '자녀를 사랑하는 아버지의 회초리' 로 여깁니다. 그 마음은 회개로 이어지고 결국 그가 범한 허물과 그에 대한 징계는 그의 신앙과 내면을 더욱 단련시켜 하나님께 합당한 사람으로 만드는 도구가 되어줍니다. 그렇습니다. 죄를 범한 성도들에 대한 징계는 멸망을 위한 것이 아니라 고침과 성숙을 위한 연단의 도구가 됩니다. 그래서 사도 바울은 하나님을 사랑하는 모든 성도들을 향해 이런 말을 한 것입니다.

"우리는 하나님께서 모든 일을 하나님을 사랑하는 사람, 즉 하나님의 목적을 위해 부름을 입은 사람들의 선을 위하여 하신다는 것을 알고 있습니다. 쉬운성경 로마서 8장 28절"

9 웃시야는 요담을 낳고 요담은 아하스를 낳고 아하스는 히스기야를 낳고 10
히스기야는 므낫세를 낳고 므낫세는 아몬을 낳고 아몬은 요시야를 낳고 11 **바벨
론으로 이거할 때**에 **요시야**는 **여고냐**와 그의 형제를 낳으니라

바벨론으로 이거할 때 _ B.C. 586년 바벨론(신바빌로니아)왕 느부갓네살의 십

구 년에 바벨론 왕의 신하 시위대 장관 느부사라단은 예루살렘을 침략하여 성전과 왕궁을 불사르고 성벽을 헐었으며 많은 무리를 바벨론으로 사로잡아 갔습니다. 가장 가난한 사람들은 폐허가 된 그 땅에 남겨두어 포도밭을 가꾸고 농사를 짓게 했습니다. 남 유다는 나라를 잃었습니다. 하나님의 언약을 받은 자신들이 어떻게 경건치 못한 이방인들에 의해 멸망할 수 있는지 의아했을지도 모릅니다. 그러나 유다의 멸망에 대한 경고는 선지자들을 통해 이미 오래전부터 여러 차례 주어졌었습니다. 중요한 것은 이스라엘이라는 민족 자체가 아니라 하나님의 말씀을 지키는 것입니다. 중요한 것은 교회에 다닌다는 것 자체가 아니라 예수님을 믿고 믿음 안에서 말씀을 따라 하루하루를 사는 것입니다.

요시야, 여고냐 _ 우상숭배와 악행으로 가득했던 아버지 요담과 다르게 요시야는 좌우로 치우치지 않고 하나님을 전심으로 섬긴 왕입니다. 그는 철저한 종교개혁을 시행했습니다. 그러나 그의 악한 아들 여고냐(여호야긴)는 바벨론의 느부갓네살로부터 공격을 받고 포로 신세가 되어 바벨론으로 끌려갑니다. 이제 남 유다의 지도는 역사에서 사라졌습니다. 왕이란 칭호도 사라졌습니다.

12 **바벨론으로 이거한 후**에 여고냐는 스알디엘을 낳고 스알디엘은 **스룹바벨**을 낳고 13 스룹바벨은 아비훗을 낳고 아비훗은 엘리아김을 낳고 엘리아김은 아소르를 낳고 14 아소르는 사독을 낳고 사독은 아킴을 낳고 아킴은 엘리웃을 낳고

스룹바벨 _ 더 이상 독립국 유다는 없습니다. B.C. 722년 앗수르에게 망한 북 이스라엘 왕국에 이어 B.C. 586년 바벨론에 의해 남 유다도 망했습니다. 하나님의 언약을 받았던 이스라엘, 그러나 이제 바벨론의 한 속국일 뿐입니다. 그러나 B.C. 539년경 바사의 고레스 왕에 의해 바벨론이 망하고 다음해 고레스는 포로들에게 본토귀환령을 내립니다. 이에 스룹바벨은 총독의 자격으로 일단의 유대인들과 함께 예루살렘으로 돌아갑니다. 그는 제사장 예수아와 함께 예배를

부흥시키고 성전 건축에 들어갔습니다. 학개와 스가랴 선지자의 격려로 B.C. 516년경 성전 건축을 완공합니다. 이것을 제 2성전 혹은 스룹바벨 성전이라고 합니다.

하나님은 지독한 우상숭배와 범죄로 하나님께 죄를 범한 이스라엘을 흩으셨지만 곧 다시 품으로 모으셨습니다. 징계의 목적은 고통속의 신음이 아니라 부르시는 하나님께로 돌이키게 함입니다. 그리스도인이 하나님의 지시를 따르지 않고 성경의 명백한 가르침을 듣기 싫어하여 순종하지 않을 때 우리에게도 이런 징계가 일어날 수 있습니다. 하나님께로 돌이키지 않으려 고집을 부린다면 더 크고 힘든 징계가 올 것입니다. 그리스도인은 하나님의 자녀이기 때문입니다.

"주께서 그 사랑하시는 자를 징계하시고 그가 받아들이시는 아들마다 채찍질 하심이라 히브리서 12장 6절"

그분은 우리의 구원을 완성하실 것입니다. 하지만 그 과정에서 순종하지 않는다면 얼마나 우리에게 고통스러운 과정과 소모적인 낭비가 발생할지 생각해 보아야 합니다. 그러나 순종한다면 그 과정이 이 세상에서 가장 즐겁고, 설레며, 능력 있고 보람찬 시간이 될 것입니다.

15 엘리웃은 엘르아살을 낳고 엘르아살은 맛단을 낳고 맛단은 야곱을 낳고 16
야곱은 마리아의 남편 요셉을 낳았으니 마리아에게서 그리스도라 칭하는 예수
가 **나시니라** 17 그런즉 **모든 대** 수가 아브라함부터 다윗까지 열네 대요 다윗부
터 바벨론으로 이거할 때까지 열네 대요 바벨론으로 이거한 후부터 그리스도까
지 열네 대러라

나시니라

족장 시대의 주인공 아브라함, 이삭, 야곱

12지파의 애굽 이주와

400년 뒤 모세가 주도한 출애굽과 광야 여정

여호수아의 가나안 정탐과 정복

사사들의 통치

통일 왕국 시대의 유명한 왕들

남북 분열 왕국 시대의 우상숭배와 죄악

그리고 끊이지 않는 외세의 침략

분열된 두 왕국의 멸망과 포로

바벨론 포로기 그러나 곧 이어진 본토 귀환

그리고 예루살렘 성전 및 성벽의 재건

그 뒤 400년 이상의 신구약 중간시대[1]

헬라의 알렉산더 대왕의 이스라엘 점령

프톨레마이오스와 셀레우코스 왕조의 지배

마카비 혁명을 통한 유대 왕조의 회복

그러나 로마의 폼페이우스에 의한 나라의 상실

에서의 후손인 헤롯 가문의 유대 땅 통치

그리고

마리아에게서 그리스도라 칭하는 예수가 나시니라

모든 대 _ B.C. 2060년경 아브라함이 이삭을 낳는 때부터 그리스도가 태어나는 B.C. 4년까지는 2050년 이상의 시간이 걸렸습니다. 그동안 얼마나 많은 우여곡절이 있었는지는 앞에서 보았습니다. 역사의 톱니바퀴는 그리스도의 오시는 날(초림)을 향해 정연하게 돌아갔습니다. 백성들의 끝없는 우상숭배와 범죄, 불평과 불만으로 하나님께서 인류구원의 약속인 그리스도를 보내심을 취소하시지는 않을까 가슴 졸였습니다. 바벨론 포로기에는 나라자체가 사라져 바퀴의

[1] 신구약 중간사에 대해서는 부록 참조

틈새에 균열이 생기지 않을까 걱정했습니다. 그러나 신실하신 하나님은 인류를 향한 그분의 사랑과 친절을 인내와 섭리로 나타내셨습니다.

기독교가 유대인이나 서양인의 종교라는 생각은 하나님 보시기에 얼마나 잘못된 것인지요. 하나님께서 인류 구원에 대한 청사진과 언약을 주신 것은 이스라엘의 때가 아니라 최초의 인간인 아담과 하와의 때입니다(창3:15). 하나님은 이스라엘 민족을 통해 복음을 세계로 전하시기로 하셨습니다. 유대인으로 나신 예수님과 그가 임명한 사도들을 통해 복음은 세계로 퍼져나갔으며 오늘날 한국에서도 많은 열매를 맺고 있습니다. 그리스도의 오심을 위한 하나님의 열심과 역사를 주관하시는 섭리는 어느 사람들만을 위함이 아니요 온 인류를 위함입니다. 예수 그리스도는 범세계적인 하나님의 구원 계획이자 구원의 방주입니다. 그리스도가 십자가에서 죽으심으로 유대인과 이방인 사이의 장벽은 허물어졌습니다(엡2:14). 그리스도 안에 있으면 누구나 동일한 영적인 특권을 누리게 됩니다(엡1:3). 더 이상 인류는 유대인과 이방인으로 나뉘지 않습니다. 그리스도 안에 있으면 유대인이나 이방인이나 동일합니다. 하지만 오늘날 인류는 여전히 두 부류로 나뉘어 있습니다. 그리스도 안에 있는 구원받은 사람들과 그리스도 밖에 있는 잃어버린 불신자들로. 그러나 그리스도는 모든 개인에게 열려 있는 구원의 초청입니다.

누가복음 3장 23~38절에도 예수님의 족보가 나옵니다. 마태복음은 아브라함에서 예수님으로 이어지는 족보이고 누가복음은 예수님으로부터 아담으로 이어지고 나아가 하나님에게까지 이르고 있습니다. 마태복음은 유대 청중을 의식하여 아브라함으로 시작하나 헬라인(그리스인)인 누가는 예수님을 인류의 시초인 아담까지 연결하여 온 인류와 관련이 있는 사람으로 말하고 있습니다. 마태는 족보를 통하여 유대 청중과 그리스도이신 예수님과의 관계를 부각시키고 있습니다. 청중은 이 책이 먼 옛날 누구의 이야기가 아니라 바로 오늘 자신과 관련된 이야기임을 조금씩 느끼고 있습니다.

2 사람의 최선 하나님의 최선

| 마태복음 1:18-25 |

18 예수 **그리스도의 나심**은 이러하니라 그 모친 마리아가 요셉과 **정혼**하고 동거하기 전에 **성령**으로 **잉태**된 것이 나타났더니

그리스도의 나심 _ 인류 역사에 구세주가 직접 개입하는 순간입니다. 하나님의 일은 시간이 걸릴 수 있지만 분명히 정한 때가 있습니다. 2000년 전에 구원의 주로 오신 예수님께서 심판의 주로 다시 오시는 것도 하나님께서 정하신 때가 있습니다. 여러분의 삶에 그리스도가 남이 아닌 여러분의 그리스도로 오신 때를 맞았습니까?

앞장에서 우리는 하나님께서 인간을 자기의 형상대로 지으셨고, 세상을 다스릴 권세를 주셨으며, 인간의 창조가 끝난 뒤 심히 좋아하셨다는 것을 살펴보았습니다. 무지하고 연약한 인간의 범죄에도 불구하고 그분은 타락한 인류에게 구원자에 대한 언약을 주셨습니다. 그러나 역사의 모든 장소와 모든 시간 가운데 인간은 죄악을 그치지 않았습니다. 그 마음의 뜻대로 일을 이루시며, 거짓이 없으시고 미쁘신 하나님께서는 제멋대로인 이들을 달래기도 하시고 징계도 하시면서 신실하게 언약을 보존하시고 성취하셨습니다. 인간의 악함이 빚어낸 역

사의 위기마저도 하나님의 뜻을 이루는데 사용되었습니다. 세상에서 일어나는 모든 일은 하나님의 시간표에 따라 하나님의 뜻을 이루고 있을 따름입니다(롬 8:28). 그러다가 2000년 전 유대 베들레헴에서 아기 예수님이 태어나셨습니다. 전장에서 언약에 대한 하나님의 신실하심에 대해 살펴보았으니 여기서는 그리스도의 인간으로 오심, 즉 성육신에 대해 살펴보겠습니다.

그리스도(기름부음 받은 자. 히브리어로는 메시아)는 어떠한 분입니까? 성자 예수님은 본질적으로 하나님이십니다(빌2:6). 그분은 성부 하나님과 연합되어 있으며, 동시에 구별된 주체이십니다(요1:1). 또, 그분은 우주 만물의 창조주이십니다(요1:3). 하늘과 땅에서 보이는 것들과 보이지 않는 모든 것들이 그분에 의해 창조되었고 또 그분을 위해 창조되었습니다(골1:16). 그분은 모든 피조세계를 붙들고 계십니다. 그는 빛(요8:12)과 생명(요14:6)이십니다.

우리가 기도할 때 예수님 앞에 붙이는 형용사(존귀하신, 찬양받기 합당하신, 영광받으실, 왕이신, 높으신, 위대하신, 자비로우신, 은혜가 풍성하신)와 달리, 성육신은 오직 한 사람에게만 합당한 그런 형용사들과는 거리가 먼 사건이었습니다.

"그분은 하나님과 똑같이 높은 분이셨지만, 결코 높은 자리에 있기를 원하지 않으셨습니다. 오히려 높은 자리를 버리시고, 낮은 곳으로 임하셨습니다. 사람의 모습으로 이 땅에 오시고 종과 같이 겸손한 모습을 취하셨습니다. 쉬운성경 빌립보서 2장 6,7절"

창조주이시자 생명을 주시고 또 보존하시는 주님께서 피조물인 인간의 옷을 입었고 왕이신 주님께서 종의 형체를 취하셨습니다. 인간의 몸을 입으신 그는 신성(deity)과 인성(human nature)을 동시에 지니셨습니다. 그러나 하나님에게 어울리는 영광과 권능의 권리는 제쳐놓으셨습니다. 이제 하나님이시며 동시에 인간이신 예수님은 시간, 장소 등의 제약을 받는 인간과 똑같이 되었습니다. 예수 그리스도는 인간의 족보를 통하여 태어나셨고(마1:1~17), 인간과 똑같이 자라고 일하셨습니다(막6:3). 인간의 본성으로 인하여 배고픔을 느끼셨고(마4:1), 십자가 위에서 목말라 하셨습니다(요19:28). 오래 걸으시면 피곤함을 느끼셨습니다

(요4:6). 성전에서 매매하는 자들에게는 노를 쏟으셨습니다(마21:12). 죽은 나사로를 살리시기 전에(요11:35) 그리고 예루살렘 성을 볼 때(눅19:41) 눈물을 흘리셨습니다. 겟세마네 동산에서는 베드로와 야고보, 요한에게 매우 괴로운 심정을 털어놓으셨습니다(마26:38). 그리고 십자가에 달려 육체적 고통 가운데서 죽으신 것까지 그는 완전한 사람이었습니다. 그래서 그는 인간의 대표자(representative)가 될 자격을 얻었습니다.

유일한 죄 없는 인간, 흠 없는 어린양 예수님. 그는 성령을 통해 잉태되었습니다. 혈통적으로는 이스라엘 다윗의 가문에서 났지만(마1:6, 눅3:31) 영적으로는 성령을 통하여 나셨습니다. 인류의 첫 대표자 아담의 범죄로 모든 인류가 죄 아래 가두어졌던 것을 기억하십니까(롬5:14)? 하나님께서 아담을 인류의 대표로 정하셨기 때문입니다. 그러나 사랑과 지혜가 풍성하신 하나님은 죄 아래 신음하는 인류를 구원하기 위해 예수 그리스도를 인간의 대표로 보내셨습니다. 그래서 그리스도가 인간의 몸으로 오신 것(성육신하신 것)입니다.

인류의 대표자 아담의 범죄가 우리의 범죄가 되었듯 다시 오신 인류의 대표자 그리스도의 의(righteousness)가 우리의 의가 되어 우리에게 생명을 얻게 하는 것은 하나님의 지극히 깊고 길고 높고 넓은 사랑(엡3:19)의 지혜였습니다.

"그런 즉 한 범죄로 많은 사람이 정죄에 이른 것같이 의의 한 행동으로 말미암아 많은 사람이 의롭다 하심을 받아 생명에 이르렀느니라 로마서 5장 18절"

그리스도의 죽음과 부활을 믿는 모든 이들은 그리스도께서 대신하여 죽으신 죽음과 부활을 자기의 것으로 인정받게 됩니다. 그분의 죽음은 그분을 믿는 자의 죄와 옛 삶에 대한 죽음이 되었고, 그분의 살으심은 믿는 자의 부활과 새 삶이 되었습니다.

"그러므로 우리가 그의 죽으심과 합하여 세례를 받음으로 그와 함께 장사되었나니 이는 아버지의 영광으로 말미암아 그리스도를 죽은 자 가운데서 살리심과 같이 우리로 또한 새 생명 가운데서 행하게 하려 함이라 로마서 6장 4절"

인간을 대표하기 위해 인간으로 오신 주님을 이해했다면 이제 성육신과 그리스도에 대한 우리의 신뢰의 확신에 대해 생각해보기 원합니다. 이것을 설명하기 위해 두 가지 예를 들겠습니다.

1. 평소 건강하던 한 사람이 어느 날 큰 질병에 걸렸습니다. 그는 질병의 아픔과 두려움이 무엇인지 체험하였습니다. 그래서 그의 가슴에 세상 모든 아픈 사람들에 대한 깊은 동정심이 자라나기 시작했습니다. 훗날 그는 건강을 회복하게 됩니다. 전에는 아픈 이들을 봐도 아무렇지 않았는데 아파 보니 아픈 자의 심정을 알게 되었습니다.

2. 세계를 여행하던 어느 그리스도인이 외국의 한 한인 교회에 갔는데 아무도 관심을 보여 주지 않았습니다. 그는 여러 가지 직책을 맡아 열심히 교회를 섬기는 사람이었는데 외국에서 그런 냉랭한 무관심을 받으니 모(母)교회 내 소외되고 외로운 사람의 쓸쓸함을 알게 되었습니다. 그래서 그 뒤로 외로운 신자들에게 관심과 사랑을 쏟는 사람이 되었습니다.

예를 든 두 사람은 모두 건강하고, 즐거운 상태에서 아프고, 외로운 이들을 동정한 것이 아니라 그들과 똑같이 아프고, 외로운 상태에서 그들의 심정을 느끼고 헤아리게 된 것입니다. 그리스도도 높고 귀한 보좌에서 마음의 감동과 아픔 없이 우리를 동정한 것이 아니라 우리와 똑같은 상태에서 우리의 모든 기쁨과 즐거움, 두려움과 좌절 그리고 유혹과 시험을 몸소 체험하신 것입니다.

"그가 시험을 받아 고난을 당하셨은즉 시험 받는 자들을 능히 도우실 수 있느니라 히브리서 2장 18절"

아파본 사람이 아픈 사람의 심정을 알고, 아픈 사람도 아파 본 사람에게 속내를 털어놓기가 쉽습니다. 우리의 모든 어려움과 슬픔, 두려움을 체험으로 아시는 주님께 우리는 모든 도움을 간구할 수 있습니다. 영광과 찬양받기에 합당하신 그리스도께서 이 땅에 오셨을 때는 사람들의 멸시를 받았습니다. 그러나 우리의 아픔과 슬픔, 괴로움과 고통을 체험적으로 아시기 위해 그분은 냉대와 오해 그리고 박해도 마다하지 않으셨습니다. 이사야 53장은 이야기합니다.

1. **그는 멸시를 받아서 사람에게 싫어 버린바 되었으며** – 모든 사람이 당신을 버린다 해도 버림받음의 아픔을 누구보다도 잘 아시는 주님은 당신을 버리지 않으십니다. 사람은 변합니다. 당신을 그렇게 지지하던 어느 사람이 어느 날 앞장서서 당신을 대적하는 것을 볼 날도 있습니다. 하지만 주님은 변하시지 않습니다. 또, 약한 자에 대해서, 사정이 딱한 이에 대해서 마음이 불붙는 듯 하십니다. 해가 서쪽에서 뜨는 것을 기다리는 것이 주님이 변하시는 것을 기다리는 편보다 확실할 것입니다.

2. **간고를 많이 겪었으며 질고를 아는 자라** – 그는 아픔과 고통을 많이 겪으셨습니다. 그래서 아픔과 고통 가운데 있는 당신을 위로하실 수 있습니다. 사람에게 말하기 두려운 어떤 것도 주님께 가져가 꺼내놓을 수 있습니다. 그분은 누구의 어떤 이야기라도 들어주시는 귀를 가지셨습니다. 그러니 주께 고백하십시오.

3. **멸시를 당하였고 우리도 그를 귀히 여기지 아니하였도다** – 사람들이 당신을 무시하며 대수롭지 않게 여긴다 하여도 그리스도 안에 있는 당신은 하나님께 참으로 존귀한 자입니다. 기억하십시오. 인간의 몸을 입고 오신 하나님이신 그리스도도 이 땅에서는 그런 무시를 당하였습니다.

4. **범죄자 중 하나로 헤아림을 입었음이라** – 구원자(saviour) 예수님을 두고 사람들은 말하기를 범죄자(sinner)라고 했습니다. 하지만 "실상은 그가 많은 사람의 죄를 지며 범죄자를 위하여 기도하였습니다. 그러니 우리의 죄를 가지고 주님 앞으로 나아갑시다. 그분께서 우리 죄를 짊어지시고 기도해주실 것입니다.

왜! 왜 그 높으신 영광의 하나님께서, 인간의 옷을 입고, 이 낮고 낮은 곳으로 오신 것입니까. 그로 인해 그분은 우리의 연약한 마음을 가장 잘 헤아릴 수 있게 되었습니다. 대체 우리가 무엇이기에 그분이 그런 모진 일을 당하고 자기 백성이라는 사람들로부터 버림받아 결국 십자가에 못 박혀 죽기까지 해야 했던 것입니까. 여러분, 그것은 자기의 독생자마저도 아끼지 않고 사람을 위해 내어 주신 하나님 아버지의 사랑 때문입니다. 그리고 그 사랑 때문에 오늘 우리가 은혜로 구원을 받아 하나님을 섬기고 있습니다. 그분의 이런 위대한 사랑은 창세전부터 하나님께서 예비하셨던 것입니다(엡1:4).

사람이 무엇이기에
주께서 그를 생각하시며
인자가 무엇이기에
주께서 그를 돌보시나이까(시8:4)

가난한 우리 부요케 하려고 부요하신 이 가난해지셨고
죽었던 우리 살리시기 위해 만왕의 왕 십자가에서 죽으셨네
그대는 이런 그리스도의 은혜를 아는가(고후8:9)

인자의 온 것은 섬김을 받으려 함이 아니라
도리어 섬기려 하고
자기 목숨을 많은 사람의 대속물로 주려 함이었다네(막10:45)

정혼 _ 당시 유대인의 결혼에는 아래와 같은 순서가 있습니다.

첫 번째 단계 – 결혼하는 당사자가 속한 두 집안의 동의가 있어야 합니다.

두 번째 단계 – 사람들 앞에서 공개적인 발표를 하면 정혼(약혼)이 성사됩니다. 이 기간에는 성적인 관계가 아직 허락되지 않았습니다. 결혼은 보통 정혼으로부터 1년 뒤에 합니다. 정혼은 죽음이나 이혼으로만 파기될 수 있었습니다.

"사람이 아내를 맞이하여 데려온 후에 그에게 수치 되는 일이 있음을 발견하

고 그를 기뻐하지 아니하면 이혼 증서를 써서 그의 손에 주고 그를 자기 집에서 내보낼 것이요 신명기 24장 1절"

세 번째 단계 – 두 사람은 결혼하여 함께 삶을 시작합니다.

신명기 24장 1절 말씀에 따라 요셉은 이혼할 충분한 법적, 도덕적 근거가 있었습니다. 아니면 신명기 22장 23,24절에 의거하여 간음죄를 쓴 여인을 돌로 쳐 죽일 수 있었습니다. 이 대목에서 유대 청중은 큰 도전을 받습니다. 처녀가 아이를 가졌다는 문제 해결에 대해 그들이 생각할 수 있는 방법은 위의 두 가지 중 하나인데 '성령으로 잉태' 되었다는 소리를 들었기 때문입니다.

성령으로 잉태 _ 상식과 과학 그리고 인간의 한계를 초월하는 부분이기 때문에 어느 사람들은 이 부분을 믿지 않습니다. 성령으로 잉태되는 것이 어떻게 가능한지 설명해보라고 할 것입니다. 받아들이기에 어려움이 있을 수도 있습니다. 먼저 한 가지 질문을 던지겠습니다.

"하나님은 죽은 사람을 살리는 것이 가능한가?"

많은 사람들이 하나님정도라면 죽은 사람도 살리는 능력이 있을 거라고 생각합니다. 생명을 주시는 이도, 다시 가져가시는 이도 하나님이니 숨이 끊어진 사람에게 다시 숨을 주는 것이 그분에게 전혀 어려울 것이 없을 것입니다. 죽은 사람을 살리는 것과 정자와 난자의 결합 없이 아이를 잉태케 하는 것 중 어느 것이 더 어려울까요? 하나님께는 둘 다 어려울 것이 없습니다. 그런데 정자와 난자가 만나 사람이 된다는 것이 놀랍지 않습니까? '성령(하나님의 영)으로 잉태'를 이야기하기 전에 먼저 이것도 얼마나 믿기 힘든 신비로운 일상적 이야기인지 모르겠습니다. 이것은 모든 사람들이 사실로 받아들입니다. 아주 작은 소금 알갱이 입자하나 크기의 물체인 난자와 복권 당첨보다 힘든 3억대 1의 경쟁을 이기고 난자를 차지한 정자 하나가 새 생명의 시작이 되어 부모에게 기쁨이 되는 아기로 태어난다니… 어찌 인간이 이런 것을 상상해낼 수나 있겠습니까.

이런 자연법칙을 정하시고 만드신 하나님을 기억하지 않고 하나님을 오히려 그런 법칙 속에 집어넣으려 하는 사람은 '성령으로 잉태'를 과학적, 이성적으로만 설명하려 할 것입니다. 하지만 하나님을 사랑하는 자에게는 믿음이 있습니다. 그 믿음의 근거는 하나님의 말씀인 성경의 증언에 있습니다.

"대저 하나님의 모든 말씀은 능치 못하심이 없느니라 누가복음 1장 37절" [1]

이제 '성령으로 잉태'는 사실인가 하는 질문에서 한 층 더 깊이 들어가 보겠습니다. "구약에서 가장 닮고 싶은 인물을 세 사람만 꼽으시오"라는 설문조사를 한다면 누가 뽑힐까요? 아마 아브라함, 모세, 다윗 정도일 것입니다. 그 중에서 아브라함의 이야기를 꺼내고자 합니다. 그에 대한 사도 바울의 평가는 '바랄 수 없는 중에 바라고 믿은 사람, 나이가 백세나 되어 거의 죽은 사람이나 다름없게 되고 사라도 나이가 많아 아기를 낳을 수 없다는 것을 알았지만 하나님의 능력과 약속을 믿을 뿐 아니라 그것을 이루실 줄을 확신한 사람, 그래서 하나님께 의로운 사람으로 여김을 받은 사람(롬4:17~22)' 입니다. 우리는 아브라함과 같은 믿음으로 하나님께서 성령으로 마리아를 잉태하게 하셨음을 믿을 수 있습니다.

예수님보다 300년 이상이나 이전에 살던 헬라제국의 알렉산더 대왕은 역사적 인물로 믿으면서 그보다 훨씬 더 많은 업적과 자료를 가지고 있는 예수님에 대해서는 왜 믿지 못합니까? 심지어 교회에 다니면서 예수님이 실존 인물인지 아닌지 확신이 없는 성도가 있습니다. 오늘과는 관계없는 과거의 위인 정도로 생각하는 성도도 있습니다. 아브라함과 같은 복의 근원, 믿음의 본이 되기 위해 우리는 2000년 전 이스라엘 땅에서 일어난 예수님과 관련된 성경에 기록된 모든 사건을 믿음으로 사실로써 바라보아야 합니다. 도마와 같이 "손의 못 자국을 보고 내 손을 그 옆구리에 넣어 보지 않고는 믿지 않겠노라"한다면 하나님께서 인류를 위해 남겨두신 성경과 당대의 증언들을 찾아볼 수 있습니다. 그런 노력

[1] 참고 : 마리아의 친족 엘리사벳 - 임신하지 못한다는 이가 임신 여섯 달이 됨(눅1:36).
경수가 끊어진 사라 - 월경을 마친 사라가 아이를 뱀(창18:11,21:2).
아비멜렉 집의 모든 태를 닫으심 - 하나님께서 아비멜렉 집안의 모든 여자들이 아이를 낳지 못하게 만드심(창20:18).

도 없이 못 믿겠다고 하는 것은 그에게 예수님에 대한 관심과 사랑이 없음을 스스로 보여주는 것입니다. 그는 "내가 왜 그런 수고를 해야 하느냐?"고 물을지 모릅니다. 하지만 하나님을 사랑하는 이들은 그런 수고가 즐겁고 기쁠 것입니다. 그리고 하나님도 그런 이들을 기뻐하십니다.

"나를 사랑하는 자들이 나의 사랑을 입으며 나를 간절히 찾는 자가 나를 만날 것이니라 잠언 8장 17절"

19 그 남편 요셉은 **의로운 사람**이라 저를 드러내지 아니하고 가만히 끊고자 하여

의로운 사람 _ 가만히 끊고자 했다는 것은 요셉 자신이 생각할 수 있었던 두 가지 방법 중 마리아의 앞날에 해(욕)가 되지 않을 이유를 들어 이혼 증서를 써 주기로 했다는 말입니다. '가만히' 라는 단어에는 마리아에 대한 변치 않는 사랑과 믿음 그리고 깊은 배려가 담겨져 있습니다. 의로운 사람은 사회가 허락하는 복수의 권리도 주장하지 않고 상대방에게 자기가 아는 가장 훌륭한 선을 베푸는 사람입니다. 성령님의 영감으로 마태복음을 기록한(딤후3:16) 마태는 이런 행위를 하는 자를 두고 의로운 사람으로 칭하고 있습니다. 여러분은 요셉과 같은 의로운 사람으로 살고 있습니까?

20 이 일을 생각할 때 주의 사자가 현몽하여 가로되 다윗의 자손 요셉아 **네 아내 마리아 데려오기를 무서워말라** 저에게 잉태된 자는 성령으로 된 것이라

네 아내 마리아 데려오기를 무서워말라 _ 그런데 하나님의 선택은 '당연한 권리' 였던 '돌' 도, '의로운 행위' 였던 '이혼증서' 도 아니었습니다. 그럼 무엇입니까? 마리아를 그대로 아내로 맞이하는 것이었습니다! 종종 하나님은 '우리가 생각하는 의로움' 보다 더 훌륭한 방법을 마련해 놓고 계십니다. 내가 아는 최선

이상의 것을 원한다면 하나님께 여쭙고 그의 지시를 따라야 할 것입니다.

그렇습니다. 하나님께서 갖고 계신 지도와 내 생각의 지도는 근본적으로 다른 것입니다. 성령님께서는 하나님의 지도를 따라 인도하시는 분입니다. 인간은 그 길을 전혀 스스로 알 수 없습니다. 하지만 성령님이 이끄시는 그 길로 순종할 수는 있습니다. 그러니 우리는 할 수 있는 일을 해야 합니다. 해도 이기지 못하는 것은 하지 않아야 합니다(눅14:31,32). 우리가 할 수 있는 것은 '순종'이고 해도 이길 수 없는 것은 '교만과 고집, 불신앙'입니다.

마리아는 예수님을 낳고 기르는 영광스런 역할을 얻었습니다. 하지만 사람들의 시선에는 그런 영광스러움이 없었습니다. 약혼한 여자인 마리아의 임신 사실을 눈치 챈 어느 사람들은 그녀에게 따가운 눈빛을 보내며 손가락질했을지도 모릅니다. 약간의 친분만 없었더라면, 평소에 행실이 좋지 않았더라면 당장이라도 소문을 냈을지 모릅니다. 하지만 오해와 불명예는 그 순간뿐이었고 진실과 명예는 2000년간이나 지속되어 오늘까지도 남편 요셉과 함께 순종하는 위대한 믿음의 본으로 기억되고 있습니다. 우리도 하나님의 시선을 의식하고 믿음으로 그분의 뜻에 순종한다면 오래오래 기억되는 사람이 될 것입니다. 그러니 하나님의 뜻에 순종하기를 망설이지 마시기 바랍니다.

21 아들을 낳으리니 이름을 **예수**라 하라 이는 그가 **자기 백성**을 저희 죄에서 구원할 자이심이라 하니라

예수 _ 예수라는 이름의 의미는 "하나님께서 구원하신다"입니다. 우리가 스스로를 죄와 그 대가에서 해방시킬 수 없기에 구세주가 이 문제를 해결하기 위해 우리에게 오신 것입니다.

유대 청중은 '자기 백성'과 '구원'이란 단어에서 책을 내려놓을 수 없는 어떤 느낌을 받았을 것입니다. 그리고 로마로부터의 해방과 독립된 강력한 왕국을 떠올렸을지 모릅니다. 하지만 마태는 죄에서 구원할 것이라고 했지 로마로부터

구원할 것이라고 하지 않았습니다. 결국 예수님께서는 죄의 사슬을 끊으십니다. 죽을 수밖에 없었던 죄인들은 그리스도의 죽으심과 살으심으로 말미암아 죄의 노예에서 해방되어 하나님의 자녀가 되었습니다. 만유의 주님은 자기에게 나아오는 모든 죄인들에게 구원을 베푸십니다.

자기 백성 _ 이스라엘 사람만을 나타내는 말이 아닙니다. 하나님은 민족적 편애가 없으십니다. 오히려 그분은 믿음을 기뻐하셔서 누구든지 그의 이름(예수 그리스도)을 부르는 자는 자기 백성으로 삼아 구원을 베푸시겠다고 말씀하십니다. 왜 이 복된 열린 초청, 아니, 영원한 죽음에서 피할 수 있는 절대적 필요의 초청에 응하지 않고 있습니까?

"누구든지 주의 이름을 부르는 자는 구원을 얻으리라 로마서 10장 13절"

22 이 모든 일의 된 것은 주께서 선지자로 하신 말씀을 이루려 하심이니 가라
사대 23 **보라** 처녀가 잉태하여 아들을 낳을 것이요 그 이름은 **임마누엘**이라 하
리라 하셨으니 이를 번역한즉 하나님이 우리와 함께 계시다 함이라

보라 _ 사람들이 처녀가 애를 낳았다는 소리를 들으면 사회적 비난을 퍼부을 것입니다. 하지만 이 모든 것을 계획하신 분은 그의 저서인 성경에서 "보라!" 하며 외치고 있습니다. 하나님의 계획에는 부끄러운 것이 없습니다. 그래서 그리스도를 의지하는 이들은 부끄러움을 당하지 않습니다(벧전2:6). 주님을 믿으십니까? 그러면 사람들 앞에서 그분을 시인해야 합니다. 또, 내가 구원받은 주님의 백성임을 숨기지 말아야 합니다. 사람들 앞에서 그리스도를 모른 체하면 그리스도께서 우리를 하나님 앞에서 모른 체하실 것입니다(마10:33). 사람들에게 잠깐 배척당하고 영혼을 영원히 보존하는 것이 잠깐 사람들에게 인정을 받고 하나님으로부터 영원히 버림받는 것보다 얼마나 현명한 일인지 모릅니다.

임마누엘 _ 히브리어 '임마누' 와 '엘' 은 각각 '우리와 함께 계시다', '하나님' 을 뜻합니다. 그러므로 '임마누엘' 은 '하나님께서 우리와 함께 계시다' 는 말이 됩니다.

하나님은 우리가 즐거울 때나 슬플 때나 우리와 함께 하십니다. 어리석고 연약한 우리는 하나님께서 나와 함께 하신다면 결코 내게 어려움이나 시련 등이 올 수 없다고 생각할 때가 종종 있습니다. 또 하나님께서 함께 하시기에 나는 언제나 세상에서 두각을 나타내고 사람들의 주목을 받을 것이라고 생각하기도 합니다. 그러나 성경을 보면 가장 하나님과 가깝게 동행한 인물들은 대부분 광야의 고독과 시련을 경험했던(광야 학교를 졸업한) 인물들입니다.

하나님은 우리의 기대에 따라 우리와 함께 하시는 것이 아니라 즐거울 때나 슬플 때나 함께 하여 주십니다. 때로 우리가 하나님을 의심하고 원망할 때도, 그분이 영원히 침묵하기로 작정한 듯 한 순간에서도 자비하신 그분은 신실하게 와 함께 하여 주십니다. 심지어 우리가 그분을 잊어버리고 세상을 헤매고 있을 때에도 그분은 기다려 주십니다.

성령으로 잉태되어 인간의 몸을 입고 오신 하나님 예수 그리스도! 가장 존귀하게 창조 되었으나 죄에 갇혀진 피조물 – 사람을 지극히 사랑하신 하나님께서는 사람과 함께 하시기 위해 결국 인간이 되어 낮고 낮은 이 땅으로 내려오신 것입니다. 사랑이란 '함께 하는 것' 이기 때문입니다. 또 사랑이란 '절망을 해결해주고 상대방을 기쁘게 하는 것' 이기 때문입니다. 오늘날에도 여전히 하나님은 하나님의 말씀을 통하여 신실하게 우리와 함께 하여 주십니다. 그뿐입니까? 모든 믿는 자에게 성령을 보내주심으로 삶의 모든 순간을 함께 하시고 계십니다. 그래서 자기의 유일무이한 저서인 마태복음을 어떻게 마무리할까 고민하던 마태에게 하나님은 이런 거룩한 영감을 주신 것입니다.

"볼찌어다, 내가 세상 끝날까지 너희와 항상 함께 있으리라 마태복음 28장 20절"

24 요셉이 **잠을 깨어 일어나서** 주의 사자의 **분부대로 행하여** 그 **아내를 데려왔으나** 25 아들을 낳기까지 동침치 아니하더니 낳으매 이름을 예수라 하니라

잠을 깨어 일어나서 _ 꿈속에서 천사의 음성을 들은 요셉. 하나님의 뜻이 무엇인지 알게 되었습니다. 우리도 살면서 하나님의 뜻이 무엇인지 알게 될 때가 있습니다. 어느 성경 구절이 가슴을 치거나 어느 사람의 한마디에 하나님의 살아 역사하심을 느껴 내가 해야 할 행동이 무엇인지 분명히 깨닫게 되는 때입니다.

분부대로 행하여 _ 하지만 무딘 마음으로 '그런가 보다' 하고 자기 계획(요셉의 경우는 가만히 끊는 것) 대로 행하는 경우가 있습니다. 하나님께서 기뻐하시는 일이지만 개인적 불편함, 시선의 두려움, 경제적, 시간적 부담 등으로 주님의 분부대로 행하지 않는 것입니다. 하지만 성경에서 '의로움' 을 인정받은 요셉은 '잠을 깨어 일어나서', '주의 사자의 분부대로 행하였' 습니다. 여러분은 요셉과 같은 의로움이 있습니까? 잠을 깨었다면 일어났습니까? 일어났다면 주님의 분부대로 행하고 있습니까?

아내를 데려와 _ '뭐라고? 내 아내가 아이를 가졌다고? 그런데 그게 성령으로 잉태한 아이라고? 천사가 그렇게 말했다고?'

아내 마리아의 말에 남편 요셉은 그것이 가능한 일인가하는 생각이 들었을 것입니다.

'사랑하는 신실한 마리아이기에 그녀가 다른 남자와 무슨 일이 있었다고는 결코 생각할 수 없다. 하지만 그럼 저 아이는 누구란 말인가. 정말 천사가 나타나 성령으로 잉태된 것이라고 말해주었다고? 내게 이런 일이 일어나다니. 700년 전 이사야 선지자가 이런 징조(사7:14)를 예언한 일이 있었다. 그런데 그 일이 내게?'

먼저 순종을 나타낸 것은 마리아였습니다. 그녀는 "주의 계집종이오니 말씀대로 내게 이루어지이다(눅1:38)"하며 하나님의 뜻에 대한 전적인 순종을 나타냈습니다. 사람들이 어떻게 생각할지, 뭐라고 이야기할지는 하나님께 대한 순종보다 중요하지 않았습니다. 다음은 요셉의 차례였습니다. 한 번도 처녀가 남자와의 관계없이 아기를 가졌다는 이야기는 듣지 못했습니다. 아니, 상상도 하지 못했습니다. 그래서 그의 믿음은 그의 경험보다 커야 했고 상식보다도 커야 했습니다. 평소 심지가 곧고 의로운 신앙을 소유했던 요셉은 순종했습니다. 자신의 지식보다 하나님의 말씀을 더 믿고 의지하지 않았으면 불가능했을 선택이었습니다. 이제 우리의 차례입니다. 우리는 결정해야 합니다. 주님은 우리의 반응에 주목하고 계십니다. 여러분은 하나님께 능치 못하심이 없음을 믿고 살고 있습니까? 하나님의 뜻이라면 여러분의 경험과 지식을 넘어 순종할 수 있겠습니까?

"마리아가 이르되 주의 여종이오니 말씀대로 내게 이루어지이다 누가복음 1장 38절"

3 극명한 대비

| 마태복음 2:1-12 |

1 **헤롯 왕** 때에 예수께서 유대 베들레헴에서 나시매 **동방으로부터 박사들**이
예루살렘에 이르러 말하되 2 유대인의 왕으로 나신 이가 어디 계시뇨 우리가 동
방에서 그의 별을 보고 그에게 경배하러 왔노라 하니 3 **헤롯 왕과 온 예루살렘이
듣고 소동**한지라

헤롯 왕 _ 그는 에서의 후손인 이두매(에돔)인이었는데 어떻게 유대인의 왕으로 등극했는지는 부록 신구약 중간사를 참조하시기 바랍니다. 헤롯은 B.C. 37년부터 B.C. 4년까지 통치하였고 로마를 힘입어 유대 땅의 왕이 되었기에 로마 제국의 앞잡이 노릇을 했습니다. 그러나 그에게는 어떻게 해서든 왕으로 있는 것이 중요했지 이스라엘을 망하게 하려는 의도는 없었습니다. 그래서 그는 로마의 비호 아래 이스라엘의 경제적, 문화적 성장을 이끌었습니다.

헤롯은 유대 왕조인 하스몬 왕조의 알렉산더 얀네우스 왕으로부터 이두매의 총독으로 임명되었던 안티파터의 후손입니다. 이두매 지역에는 이삭의 아들이자 야곱의 형인 에서의 후손들이 살고 있었습니다. 육적인 사람 에서는 영적인 사람 야곱에게 장자권을 빼앗기고 사해 남단에 위치한 산악지대 세일로 이주했습니다. 시간은 흐르고 흘러 B.C. 586년 남 유다가 망하고 백성들은 바벨론 제

국 여기저기로 끌려갔습니다. 그 뒤 에돔인들은 세일 산에서 내려와 서쪽에 있는 네게브 사막으로 민족 이동을 하여 정착합니다. 이곳이 이두매입니다. 바벨론에서 귀환한 유대인들은 불모지에 정착한 에돔인들을 추방하지 않았습니다. 그러나 하스몬 왕조 시몬의 아들인 요한 히루카누스 1세가 이두매를 정복했고 할례와 유대교 문화를 받아들이도록 강요했습니다. B.C. 103년 왕으로 등극한 알렉산더 얀네우스는 헤롯 왕의 할아버지가 되는 안티파터 1세를 이두매의 총독으로 세웠습니다. 총독 자리를 세습한 헤롯의 아버지 안티파터 2세는 로마를 통하여 유대의 총독 자리까지 얻었던 인물입니다. 그리고 헤롯은 처음에 유대의 총독으로 있다가 파르티아의 공격을 받고 로마로 피한 뒤 로마군을 이끌고 유대를 재점령하여 결국 로마로부터 유대인의 왕으로 임명되었습니다.

헤롯 왕은 불안과 질투에서 기인한 자신의 억측으로 많은 사람을 살해하였는데 친족이든 자식이든 유대인이든 불문하였습니다. 자기의 자리를 위협할 수 있는 사람은 모두 처형했습니다. 왕으로 나신 아기 예수님도 그의 위협을 받았습니다. 동시에 그는 여러 극장, 원형 경기장, 각종 기념비, 이방신의 제단들 등을 건축하기도 했는데 특히 지중해 연안의 가이사랴 항구를 건설한 것과 B.C. 20년 예루살렘 성전 재건 사역을 시작한 것이 주목할 만합니다. 로마 제국 내에서는 "이 성전을 보지 못한 자는 아름다움이 무엇인지 알지 못한다"는 소문이 있을 정도였다고 합니다. B.C. 20년 시작된 성전 보수, 재건 사역은 그가 죽은 뒤인 A.D. 63년에 완공됩니다. 헤롯 왕가 4대에 걸친, 83년의 대역사였습니다. 그러나 7년 뒤인 A.D. 70년 로마의 디도 장군에 의한 예루살렘 멸망 때 성전은 완전히 소실되어 지금은 그 터만 남아 있습니다.

동방으로부터 박사들 _ 별을 보는 지식을 소유했던 그들은 황금과 유황 그리고 몰약을 가져왔습니다. 그 정도의 사람들이라면 사회적 위치와 영향력은 대단했을 것입니다. 그들은 어떤 사람들이었을까요?

그들은 오늘날 이란 서부 지역, 고대 바벨론 지역에서 온 점성술사들이었을 것입니다. 바벨론 땅은 바벨탑으로 유명합니다. 온 인류가 하나의 언어를 사용하고 있었을 때 시날 평지에 사람들이 모여들어 하늘에 닿을 만한 탑을 쌓기로 했습니다. 그러나 이 일을 악하게 여기신 하나님께서 그들의 언어를 혼잡하게 하심으로 그들의 일을 막으셨습니다. 그리고 그곳을 바벨이라고 불렀습니다(창 11장). 이후로 바벨론은 모든 종교와 잡신이 모여드는 장소가 되었습니다. 이곳 사람들을 갈대아인이라고 부르기도 합니다. 그들은 일월성신(해와 달과 별)을 숭배했고, A.D. 7세기 초 아라비아의 마호메트가 창시한 회교(이슬람교)를 받아들여 오늘에 이르고 있습니다.

고대 오리엔트 왕국에서 바벨론 출신의 점성술사들은 대단한 영향력을 가지고 있었습니다. 그들은 점성술의 대가로 여겨졌고 그들의 예언에 따라 한 나라의 왕이 바뀔 수도 있었습니다. 로마의 11대 황제 도미티아누스(A.D. 51년 10월 24일~96년 9월 18일)는 어린 시절 점성술사들로부터 96년 9월 18일에 죽을 것이라는 예언을 들었습니다. 그리고 96년 9월 18일이 되었을 때 그는 점성술의 신봉자인 황실 근위 장교에 의해 암살당하게 됩니다. 이것은 황후에 의한 음모로 인한 것이긴 했으나 점성술사들의 예언을 빙자하여 왕을 바꿀 수도 있었습니다. 그런 점성가들이 작은 유대 땅 예루살렘의 탐욕스러운 왕 헤롯을 찾아와 말했습니다.

"유대인의 왕으로 나신 이가 어디 계십니까?"

헤롯 왕과 온 예루살렘이 듣고 소동 _ 만약 사기꾼 같은 뜨내기가 와서 유대인의 왕으로 나신 이가 어디 있느냐 했다면 단칼에 목을 베었을지도 모릅니다. 하지만 동방에서 온 박사들은 왕과 온 대중을 소동시킬 정도의 인사였습니다. 그런데 어떻게 이방인이 유대인의 왕을 알아보았을까요?

유대인들은 B.C. 586년 바벨론에 의해 나라가 망한 뒤 제국의 여기저기로 흩어졌습니다. 이방 지역에 퍼진 유대인들은 회당을 지었고 메시야를 간절히 갈망했습니다. 덕분에 이방 지역의 사람들도 유대인의 왕에 대해 듣게 되었을 것입니다. 또 다른 이유는, 동방의 박사(점성술사)들은 별을 보는 지식을 소유했고 사람들은 그들의 말을 꼭 이루어질 예언으로 받아들였습니다. 그래서 온 세상의 주인이신 하나님께서는 당시 가장 공신력 있는 존재였던 그들을 사용하시어(그들에게 왕의 별을 계시하셔서) 왕이신 예수님의 탄생을 공적으로 선포하게 하신 것입니다.

동방박사는 예수님께 경배 드린 최초의 이방인으로, 모든 열방이 예수님을 주(Lord)로 섬길 것을 보여주고 있습니다. 별을 따라 예수님을 찾고 경배했던 동방 박사처럼 오늘 우리는 말씀을 따라 예수님을 만나 경배합니다.

그런데 왕의 소동과 온 예루살렘의 소동은 서로 다른 동기에서 기인했습니다. 헤롯 왕의 소동은 자기 왕권의 위협에 대한 정치적 불안함으로 인한 소동이었습니다. 즉 자신의 지위와 그 지위가 주는 권력을 잃지 않을까 하는 두려움으로 인한 소동입니다. 반대로 대중의 소동은 기다리던 구세주(말3:1)가 나타나 로마에 이스라엘을 팔아먹은 헤롯 왕조와 오만한 로마 제국을 무너뜨리고 다윗의 때와 같은 이스라엘을 건설하리라는 기대에 찬 소동이었습니다.

예루살렘에 이르러 _ 별의 계시(마2:2)가 미흡했던 것일까요? 별이 실수해서 베들레헴이 아니라 예루살렘으로 가라고 지시했을까요? 아니면 동방박사들이 성급한 추측으로 수도 예루살렘으로 간 것이었을까요? 여하튼 이때 헤롯 왕과 동방박사의 만남은 베들레헴 유아살해사건의 씨앗이 됩니다. 베들레헴에서 예루살렘은 불과 8km 거리였습니다. 그들이 8km만 더 인내하고 별을 좇았어도 베들레헴의 유아들이 죽임을 당하지 않았을 수도 있었습니다(물론 역사에 가정은 없습니다).

좋은 일을 시작해서 열심히 헌신하다가 끝에 가서 신중하지 못한 생각과 행동을 함으로 비극을 야기하는 경우가 있습니다. 그러니 마지막까지 마음을 놓아서는 안 됩니다(전7:8). 구원 받은 우리는 천성에 도달할 때까지 하나님의 말씀을 따라 살아야 합니다. 불법이 성행함으로 사랑이 식어지는 시대에도 여전히 사랑의 불꽃을 활활 태워야 할 것입니다. 물질주의와 개인주의, 무신론은 천국을 바라보는 우리의 눈을 땅에 고정시키려고 합니다(골3:2). 그러나 말씀 가운데 진리가 주는 기쁨과 소망을 누려야 할 것입니다. 세상에서 우리의 위치가 어떻게 변하든 '그리스도에 대한 믿음'을 절대적으로 붙들어야 할 것입니다. 세상 지식이 아무리 늘어나도 성경에 기록된 '복음 그대로의 복음'을 끝까지 순수하게 사수해야 할 것입니다.

4 왕이 모든 **대제사장과 백성의 서기관**들을 모아 그리스도가 어디서 **나겠느냐** 물으니 5 가로되 **유대 베들레헴**이오니 이는 선지자로 이렇게 기록된 바 6 또 유대 땅 베들레헴아 너는 유대 고을 중에 가장 작지 아니하도다 네게서 한 다스리는 자가 나와서 내 백성 이스라엘의 목자가 되리라 하였음이니이다

대제사장과 백성의 서기관 _ 대제사장은 성막에서 제사의 일을 담당했던 레위 지파 제사장들 가운데 우두머리로 아론이 최초의 대제사장입니다. 성막 완공 후부터는 아론의 직계가 대제사장직을 이었습니다. 신구약 중간기를 거치면서 로마 지배 하에서 대제사장의 임명권은 총독에게로 넘어갔습니다. 그러다 보니 대제사장직이 정치적으로 이용되는 경우가 많았습니다. 예수님 당시 대제사장은 가야바(마26:57)로 그는 전직 대제사장인 안나스의 사위입니다.

서기관은 율법을 필사하거나 연구하여 가르치는 전문 율법학자입니다. 그들은 포로기 이후 율법을 기록하거나 율법을 가르치는 교사 역할을 했습니다. 서기관은 부모나 전문 교사를 통해 어려서부터 집중적으로 율법을 배웠습니다. 또 율법을 비롯한 각종 전승 사료를 해석하는 법, 종교 수칙, 재판 관련 법규 등도 배웠습니다. 40세가 되면 안수를 받고 정식 서기관 반열에 오르게 됩니다. 정식 서기관이 된 자는 전승을 해석하고 새로운 전승을 창출하며 종교적인 규약을 만들고 재판관의 일원으로 민형사상의 재판에도 참여하는 등 명실상부하게 유대 최고의 지위를 누렸습니다. 이들은 신약 시대에 율법교사로도 불렸고

특정 종파에 속해야 한다는 원칙은 없지만 바리새파에 속하는 사람들이 많았습니다.❶

헤롯과 대제사장의 관계

그들에 대한 사전적 설명은 앞서 드렸습니다. 여기서는 헤롯과 대제사장을 통하여 우리의 신앙생활의 유익을 위해 무엇을 배울 수 있는지 말씀드리겠습니다. 헤롯은 욕심에 대해, 유대 종교지도자들은 교만에 대해 좋은 경고를 줍니다.

1. 먼저 헤롯은 우리의 인간적인 모습을 보여줍니다. 사람의 주목을 바라고 남들로부터 홀로 중요한 사람으로 보이고 싶은 욕심이 우리 안에도 있습니다. 자기의 왕위를 지키기 위해 수많은 무고한 생명을 취하였던 헤롯처럼 혹 우리도 자기의 인기와 권력을 위해 많은 이들에게 피해와 아픔을 주고 있지는 않습니까? 헤롯이라고 헤롯이 아니라 누구든 그런 욕심에 사로잡혀 살고 있다면 그는 헤롯과 같은 사람입니다. 교회에 다니나 마음속에 하나님이 없고 사람에게서 받는 관심과 인정에만 온통 주목하고 있다면 그는 헤롯과 같은 사람입니다.

2. 다음은 유대 종교지도자들입니다. 성경에 박식하고 율법에 정통했던 그들은 그리스도가 어디에서 나는지 알았지만 그토록 기다리던 그리스도가 태어난 사실은 전혀 모르고 있었습니다. 하나님을 안다는 안도감과 자부심이 오히려 그들의 하나님께 대한 사모함과 신뢰를 약하게 했습니다. 또 뒤늦게나마 동방박사의 방문으로 그리스도가 태어나신 것을 알게 되었음에도 불구하고 동방박사를 따라 베들레헴으로 가서 함께 경배하지 않은 것도 그리스도에 대한 그들의 '사랑 없음'을 확연히 보여줍니다. 영적으로 무지했고 지적으로 교만했던 그들을 보며 살았다 하나 죽은 신앙(계3:1)이 무엇인지 깨닫게 됩니다. 우리가 예수

❶ 가스펠서브. 「라이프 성경사전」 생명의 말씀사. p.516. 2006

그리스도를 믿는다고, 성경과 신학을 안다고 외치나 실생활에서 그분을 찾고 섬기지 않는다면 사실상 그분과 관계가 없는 삶인 것입니다. 예수님을 믿는다는 것은 종이에 기록된 글자를 믿는 것이 아니라 '예수라는 인물'을 믿고 따르며 그와 연합하여 그가 내 안에서 사시는 것입니다. 종교행위로 가득한 어느 사람의 삶에 그리스도가 드러나지 않는다면 그는 예수님을 대적했던 유대 종교지도자와 같은 사람입니다.

유대 베들레헴 _ 경전(구약성경)을 연구하는데 열심이 있던 대제사장과 서기관들은 메시아가 태어날 장소를 알고 있었습니다(미5:2). 그뿐 아니라 메시아가 사탄의 세력을 진멸할 여자의 후손으로 오시리라는 것도(창3:15), 다윗의 후손으로 올 것이라는 것도(삼하7:16,13), 나귀 새끼를 탈 것이라는 것도(슥9:9), 그들은 익히 읽어 알고 있었습니다.

메시아에 대한 많은 지식을 가졌던 그들이 왜 훗날 예수님을 못 박는 주역이 되었을까요? 그들 중 진리의 말씀을 자신의 편의와 이익보다 높은 위치에 두었던 사람들은 예수님을 그리스도로 시인하고 따랐을 것입니다. 하지만 자기를 위한 종교 생활을 하던 자들은 예수님을 그리스도로 인정하려 들지 않았습니다.

메시아를 갈망했고, 경전에서 말하는 메시아가 예수님임을 알게 되었음에도 종교 지도자들은 개인적인 감정으로 예수님을 미워했습니다. 그토록 기다리던 메시아 예수님을 왜 미워하여 죽게 했습니까.[2] 그것은 예수님의 인기가 자기보다 더 크다고 질투한 것과 예수님께서 그들의 잘못된 삶을 혹독하게 책망하신 것으로 인한 앙심 때문입니다.

'개인적인 감정'은 '분명한 사실'보다 종종 한 사람에게 더 큰 영향력을 행사하기도 합니다. 이 명제를 불신자에게 적용하면, 특별한 이유 없이 예수 그리스

[2] 물론 하나님께서 인간을 죄와 사망의 권세로부터 해방시키고 구원하고자 계획하셨기에 독생자 예수님은 인간의 몸으로 이 땅에 오셨고 친히 십자가에서 죽으셨습니다. 하지만 예수님을 못 박아 죽이는 역할에 유대 종교지도자들이 중점적으로 사용되었습니다. 하나님께서 그들에게 그런 역할을 맡기신 것이 아니라 마음이 완악하고 형식적인 종교생활을 하던 그들이 스스로 자연스럽게 그런 역할을 자청한 것입니다.

도와 그리스도인을 미워하는 사람은 아무리 역사적, 과학적 증거가 환희 빛을 비춘다 해도 그가 예수 그리스도를 인정하게 만들 수 없습니다. 그러나 이것은 당연하기도 합니다. 구원은 하나님께 있는 것이지 역사적 증명에 있는 것이 아닙니다. 그리스도인이 되는 것은 성령님의 역사이지 지적인 동의나 감동 혹은 역사적 발견이 아닙니다.

신자에게 이 명제를 적용하면, '하나님' 보다 '자기' 가 크거나 찔리는 말씀을 듣기 싫어한다면 아무리 신앙생활을 오래 해도 예수님을 질투하고 결국에 그분을 십자가에 못 박을 수도 있습니다. 대제사장과 서기관들은 2000년 전에만 있던 것이 아닙니다. 또 "나는 절대로 그와 같지 않으리라"고 장담할 수도 없습니다. 예수님의 수제자 베드로도 그렇게 장담했었지만 넘어진 경험이 있었습니다(마26:35,75). 그래서 우리는 세례 요한의 고백을 자기의 것으로 삼아야 합니다.

"그는 흥하여야 하겠고 나는 쇠하여야 하리라 요한복음 3장 30절"

7 이에 헤롯이 **가만히** 박사들을 불러 별이 나타난 때를 자세히 묻고 8 베들레헴으로 보내며 이르되 가서 아기에 대하여 자세히 알아보고 찾거든 **내게 고하여** 나도 가서 그에게 경배하게 하라

가만히 _ 1장 19절에 기록된 요셉의 '가만히(그 남편 요셉은 의로운 사람이라 저를 드러내지 아니하고 가만히 끊고자 하여)' 와 헤롯의 '가만히' 는 천지 차이입니다. 요셉의 '가만히' 는 의롭다함을 받았는데 헤롯의 가만히는 그렇지 못했습니다. 하나는 상대방의 생명을 건져주기 위한 '가만히' 였고 다른 하나는 심기를 불편하게 하는 존재의 생명을 없애버리기 위한 '가만히' 였습니다. 아무리 사람이 '가만히' 무엇을 해도 주께서 그의 마음속 깊은 동기까지 다 헤아리고 계십니다. 그러니 '가만히' 선을 행하고 '가만히' 주만 바랄 따름입니다.

내게 고하여 _ 긴장이 증폭되고 있습니다. 아기를 찾아 왕에게 고하면 잔인한

헤롯 왕이 무슨 짓을 할지 모르기 때문입니다. 독자들은 박사들이 아기를 찾으러 가는 장면과 결국 찾는 부분에서 위대한 만유의 구세주를 찾는 기쁨과 헤롯 왕의 악한 음모에 대한 두려움을 동시에 느낌으로 극도의 긴장감에 휩싸일 것입니다.

9 박사들이 **왕의 말**을 듣고 갈쌔 **동방에서 보던 그 별이 문득 앞서 인도하여** 가다가 아기 있는 곳 위에 머물러 섰는지라 10 저희가 별을 보고 **가장 크게 기뻐하고 기뻐하더라**

왕의 말 _ 헤롯 왕은 동방박사들에게 베들레헴이 아니라 다른 어느 장소에서 유대인의 왕이 날 것이라고 거짓말을 한 뒤 자기의 신복을 명하여 베들레헴을 뒤져 왕으로 난 아이를 찾아 죽이도록 할 수도 있었습니다. 하지만 그의 주도면밀함은 확실하게 그 아이를 찾아내 죽이기 위해 별을 보는 능력을 소유한 동방박사들로 하여금 아이를 찾도록 유도하였습니다. 그래서 거짓말을 한 것입니다.

"어서 베들레헴으로 가시오. 가서 왕으로 나신 아이를 찾거든 내게 꼭 고하십시오. 나도 가서 그를 경배할 테니까."

악한 동기에서 기인한 그의 거짓말은 헤롯의 군대가 아닌 동방박사가 베들레헴으로 가도록 했습니다. 그의 치밀함이 오히려 아기 예수가 안전히 태어나는 것을 도운 것입니다. 불과 8km밖에 되지 않는 거리에 있던 헤롯과 아기 예수! 상황의 주도권은 사탄의 세력에게 있는 듯 보이지만 승리는 언제나 하나님의 것입니다. 하나님의 백성들이여, 세상을 두려워하지 말고 오직 역사의 주인이신 하나님을 다 같이 찬양하는 것이 어떨까요.

동방에서 보던 그 별이 문득 앞서 인도하여 _ 하나님께서 우리 구원받은 죄인들 각자에게 주신 '사명'은 우리가 가야할 목적지를 가르쳐주고 그 길을 가는 내내 길을 밝히는 빛이 되어 줍니다. 사명 없는 그리스도인이란 결코 있을 수 없습니다. 하나님은 우리를 부르시며 각자에게 이전부터 예비하신, 해야 할 선한 일들을 맡기셨고(엡2:10) 그에 필요한 은사도 주셨습니다(엡4:7). 그래서 우리는 기대를 갖고 살 수 있습니다. '하나님께서 내게 맡기신 일은 무엇일까!' 하는 기대. 세상 사람은 가질 수 없는 기대. 세상 무엇으로도 살 수 없는 기대. 영원하신 하나님께서 허락하신 기대! 하나님의 뜻을 좇아 살지 않는 것이야말로 어리석지 않습니까? 세상의 수많은 사람들 중에 단 한 사람의 배우자를 만나듯 세상의 많은 일들 중 하나님께서 우리 각자에게 맡기신 역할은 무엇일까 생각하면 가슴이 심히 두근거립니다.

가장 크게 기뻐하고 기뻐하더라 _ 박사들은 예수님을 만난 기쁨을 표현하려니 어떤 수식어로도 감당할 수 없었습니다. 그래서 "가장 크게"라는 최상급에 "기뻐하고 기뻐하더라"라는 반복법을 사용한 것입니다. 여러분이 예수 그리스도를 만난다면 여러분은 가장 크게 기뻐하고 기뻐할 것입니다. 그래서 이렇게 외칠 것입니다.

"나 주님을 만났던 그날, 가장 크게 기뻐하고 기뻐하였다!"

11 **집**에 들어가 아기와 그 모친 마리아의 함께 있는 것을 보고 **엎드려** 아기께 경배하고 보배 합을 열어 **황금과 유향과 몰약**을 예물로 드리니라

집 _ 마구간에서 나신 기록은 누가복음 2장 7절에 있습니다. 크리스마스 시즌이면 마구간에 아기 예수가 누워있고 동방박사 셋이 경배하는 그림이나 조각품을 보기가 쉬운데 성경은 그렇지 않습니다. 동방박사는 집으로 갔고 집 안에 모친 마리아와 아기 예수가 계셨습니다.

정리하면, 로마 황제 아우구스투스(옥타비아누스 Gaius Julius Caesar Octavianus 통치 : B.C. 27~A.D. 14)가 제국 내 모든 식민지와 속국에 내린 호적신고명령에 따라

요셉과 마리아는 갈릴리 나사렛에서 고향인 베들레헴으로 호적을 하러 갑니다(눅2:1~4). 베들레헴에 도착했지만 방이 없어서 사관의 구유에서 아기 예수를 낳습니다(눅2:7 – 전승에 의하면 이곳은 동굴에 있는 가축들의 잠자리였다고 합니다). 베들레헴의 목자들은 천사의 지시에 따라 사관 구유에서 아기 예수를 찾아 하나님께 영광을 돌리고 찬송합니다. 요셉과 마리아는 태어난 지 8일째에 받는 할례를 아기 예수께 행합니다(눅2:21~23). 마리아는 모세의 율법을 따라 남자 아기를 난 산모의 33일간의 정결기간(레12:4)을 보내고, 결례(purification)를 하기 위해 세 식구는 예루살렘으로 갑니다(눅2:22). 성전에서 시므온이라는 의롭고 경건한 사람이 아기 예수를 안고 하나님을 찬송합니다(눅2:28). 또, 아셀지파의 안나라 하는 여선지자도 하나님께 감사하고 아기 예수께 영광을 돌립니다(눅2:38). 베들레헴으로 다시 돌아온 요셉과 마리아 그리고 아기 예수는 어느 집을 구해 머물고 있었던 것 같습니다. 이때에 동방박사들이 아기 예수를 찾아와 경배했습니다(마2:11). 동방박사들은 베들레헴에 오기 전에 예루살렘에서 헤롯 왕을 만나 "유대의 왕으로 나신 이가 어디 계십니까"하고 물은 뒤였습니다. 간사한 헤롯은 이에 베들레헴이라 답하고 왕으로 나신 이를 찾거든 자기에게 말해 달라고 했습니다. 동방박사는 베들레헴에서 아기 예수를 찾아 경배한 뒤 꿈에서 천사의 지시를 받았습니다.

"꿈에 헤롯에게로 돌아가지 말라 지시하심을 받아 다른 길로 고국에 돌아가니라 마태복음 2장 12절"

헤롯은 동방박사들이 늦어지는 것을 무척이나 초조하게 기다렸습니다.

'베들레헴에서 돌아올 때가 한참 지났는데 왜 이렇게 그들이 늦는 것일까'

동방박사가 떠난 뒤 천사는 요셉에게도 나타났습니다. 그리고 지시했습니다.

"헤롯이 아기를 찾아 죽이려 하니 일어나 아기와 그의 모친을 데리고 애굽으로 피하여 내가 네게 이르기까지 거기 있으라 마태복음 2장 13절"

그래서 요셉은 그 밤에 짐을 싸서 아기 예수와 모친 마리아를 데리고 애굽을 향해 떠났습니다. 예루살렘에서는 빈틈없는 헤롯이 벌써 사람을 보내 동방박사의 발자국을 추적하도록 했습니다. 그러나 동방박사가 이미 베들레헴을 떠나 고국으로 돌아갔다는 정보에 머리 회전이 빠른 헤롯은 자기가 속은 줄 알고 매우 분하게 여기며 군대를 베들레헴으로 보냈습니다. 그러나 유대의 왕이라도 당시 로마의 속국인 처지였기 때문에 마음대로 군권은 사용할 수 없었습니다. 군대를 운용하는 것은 로마의 허락이 있어야 했습니다. 당시 총독부 관청과 관저는 예루살렘 북서쪽 105km 거리, 지중해에 인접한 가이사랴에 있었고, 예루살렘에는 천부장과 천명의 군인이 주둔하고 있었습니다. 시간적 여유가 없던 헤롯은 일단 천부장을 설득하여 자기의 뜻대로 하고 보고는 나중에 올리기로 했을 것입니다. 로마로부터 큰 신임을 받고 있던 헤롯이기에 그 정도는 황제가 이해해줄 것이라고 생각했을지도 모릅니다. 그러나 노련하고 교활한 헤롯은 일단 군권을 발휘하여 왕으로 나신 아기 예수를 살해한 뒤에 황제에게 "베들레헴에서 로마 황제에 반대하는, 자칭 왕이라 하는 무리들의 강력한 저항이 있어서 급히 군권을 사용할 수밖에 없었습니다"라고 거짓보고를 할 계획을 가지고 있었을 가능성이 더 높습니다.

칠흑 같은 밤길을 걸으며 애굽으로 떠나는 요셉일가
칠흑 같은 어둠을 헤치며 베들레헴으로 달리는 헤롯의 군대
베들레헴에 드리운 짙은 죽음의 그림자
칼로 아이들을 베며 양심도 함께 베어버린 군대
휘도는 바람처럼 들려오는 여자들의 애곡하는 소리
애굽과 가까워지는 요셉 일가의 초조한 발소리
역사의 주관자 하나님께 순종한 요셉과 마리아
역사의 주관자 하나님께 대항한 헤롯과 군대

그대는 어느 편에 서겠는가?
그리스도를 모시는 길에? 아니면 그리스도를 위협하는 길에?

무엇이 좋은 대답인지는 살아 있는 동안 역사에게 묻고

세상을 떠나는 순간 죽음에게 물을 수 있다네

엎드려 _ '나는 모태 신앙인데', '우리 가문은 몇 대째 예수를 믿고 있어', '난 이 교회에서 수십 년간 있었어.'

하지만 주께 엎드리는 것은 외적으로 드러나는 기록으로 가능하게 되는 것이 아닙니다. 대제사장과 서기관들의 종교적 경력이란 그야말로 화려하고 감탄할 만한 것이었습니다. 그들은 태어날 때부터 여호와 신앙을 갖고, 원칙적으로는 대를 이어 제사장직을 수행하며 평생을 성전과 회당에서 일했습니다.

동방박사들에게는 그들과 같은 종교적 경력이 전혀 없었습니다. 하지만 동방박사는 아기 예수를 보자 그 앞에 '엎드렸습니다'. 중요한 것은 '과거'가 아닌 '오늘'이고, '부모님'이나 '가까운 타인'이 아닌 바로 '자기 자신'입니다. 위대할수록 무거운 종교적 경력과 그것이 주는 은은한 우월감의 옷을 벗어던지고 다만 주 앞에 엎드려 경배합시다. 여러분은 지금 주님 앞에 엎드렸습니까?

"이 말씀을 하실 때에 무리 중에서 한 여자가 음성을 높여 이르되 당신을 밴 태와 당신을 먹인 젖이 복이 있나이다 하니 예수께서 이르시되 오히려 하나님의 말씀을 듣고 지키는 자가 복이 있느니라 하시니라 누가복음 11장 27,28절"

황금과 유향과 몰약 _ 동방박사들은 멀리서 아주 귀한 물건들을 가지고 왔습니다. 그들은 비싼 대가를 치렀습니다. 그 물건들의 값어치는 왕에게나 어울릴 만한 큰 것이었습니다. 그들은 시간과 힘을 투자해 멀리서부터 예수님을 만나러 왔으며 가장 귀한 예물을 드렸습니다. 우리도 우리의 물질과 시간과 에너지를 주님께 예물로 드려야 합니다. 그렇지 않으면서 외치는 주님을 향한 사랑의 고백은 참으로 공허한 것입니다. 사람도 어느 사람이 돈과 시간과 힘을 쓰지 않고 입으로만 사랑을 말할 때 그 사람을 믿지 못하는데 하물며 하나님께서 그런 공허한 죽은 고백(약2:26)에 속으시겠습니까?

우리가 가진 가장 좋은 것을 드려도 아깝지 않은 분 예수 그리스도. 우리가 받은 구원의 은혜, 하나님과 교제할 수 있는 은혜는 싸구려가 아니라 목숨과도 바꿀 수 없는 고귀한 것입니다. 그것은 성육신하신 존귀한 그리스도의 육체적 죽음으로 발생한 은혜입니다. 우리와 하나님의 사이를 가로막았던 죄의 장막을 가르고 의로움의 옷을 입혀주심으로 하나님과의 교제의 길을 회복시키신 그리스도의 공로를 기억하십니까? 우리를 위한 그의 선한 친절과 호의 그리고 죽음에까지 닿은 희생의 삶(아가페)을? 그러니 이번 주일 예배에 정성스러운 마음으로 나아갑시다. 하나님께 예배드림이 얼마나 귀한 일인지 생각해봅시다. 또 주님의 품안에서 형제자매가 교제를 나누는 것이 온 우주에서 가장 특별한 일이며 얼마나 그들을 위하여 내게 아낄 것이 없는 지도 생각해봅시다.

"여호와의 이름에 합당한 영광을 그에게 돌릴지어다 제물을 들고 그 앞에 들어갈지어다 아름답고 거룩한 것으로 여호와께 경배할지어다 역대상 16장 29절"

4 누가 하나님을 이기리오

| 마태복음 2:13-23 |

13 저희가 떠난 후에 주의 사자가 요셉에게 현몽하여 가로되 헤롯이 아기를
찾아 죽이려 하니 일어나 아기와 그의 모친을 데리고 **애굽**으로 피하여 내가 네
게 이르기까지 거기 있으라 하시니 14 요셉이 일어나서 밤에 아기와 그의 모친
을 데리고 애굽으로 떠나가 15 헤롯이 죽기까지 거기 있었으니 이는 주께서 선
지자로 말씀하신바 애굽에서 내 아들을 불렀다 함을 이루려 하심이니라

애굽 _ 알렉산더 대왕이 이룩한 헬라제국의 지류 왕국인 프톨레마이오스 왕조는 B.C. 304년 애굽(이집트)의 알렉산드리아를 수도로 정하고 시작되었습니다. 이 왕조는 근친결혼을 통하여 왕조를 이어가는 특징이 있었습니다. B.C. 51년 클레오파트라 7세는 남동생인 프톨레마이오스 13세와 결혼하여 애굽을 공동으로 통치했습니다. 그러나 그녀에게 남편은 왕이 아니라 남동생으로만 보였기에 두 사람 사이에는 시끄러운 분쟁이 그치지 않았습니다. 결국 그녀는 왕위에서 쫓겨나게 됩니다.

지중해의 패권자인 로마제국의 두 장군인 카이사르(줄리어스 시저)와 폼페이우스는 서로 권력을 다투고 있었습니다. 유럽 정복에 나섰던 카이사르는 B.C. 49

년 "주사위는 이미 던져졌다"는 유명한 말을 하고 로마로 진격했습니다. 결국 폼페이우스는 카이사르에게 패해 애굽의 알렉산드리아로 도망쳤습니다. 대세를 파악한 애굽의 클레오파트라는 자객을 보내어 폼페이우스를 암살했습니다. 폼페이우스를 추격하여 애굽에 도착한 카이사르는 클레오파트라를 만나게 되었습니다.

클레오파트라는 카이사르를 자기의 사랑의 노예로 만들었습니다. 폼페이우스를 잡으러 온 카이사르가 결국 클레오파트라에게 잡혀버린 것입니다. 카이사르는 클레오파트라를 도와 그녀의 남편이자 남동생이던 애굽의 왕 프톨레마이오스 13세가 칩거하던 알렉산드리아 성을 공격했습니다. 당시 유대의 총독이던 안티파터는 한때 자기의 정치 생명의 은인이었던 폼페이우스를 제압한 카이사르의 환심을 사기 위해 유대의 군대를 거느리고 와서 성을 함락하는데 도움을 주었습니다. 이에 큰 고마움을 느낀 카이사르는 안티파터 가문에게 유대 총독직의 세습을 약속합니다.

그렇게 해서 B.C. 47년, 클레오파트라 7세는 고대 이집트 프톨레마이오스 왕조의 마지막 통치자로 등극합니다. 클레오파트라와 카이사르는 사랑에 빠지고 카이사리온(프톨레마이오스 15세)이라는 아들을 하나 낳았습니다. 클레오파트라는 그녀의 아들이 카이사르를 이어 로마 제국과 애굽을 다스리는 날을 꿈꿨습니다.

그러나 카이사르의 무한한 권력에 위험을 느끼던 정적들이 B.C. 44년 카이사르를 암살하는 일이 발생합니다. 그가 죽은 뒤 그의 양자였던 옥타비아누스, 그의 보좌관이었던 안토니우스 그리고 레피두스가 삼두정치를 이어 갑니다. 각각 유럽과 아시아를 나누어 통치하던 옥타비아누스와 안토니우스 대장군은 정략결혼을 통해 옥타비아누스의 누이인 옥타비아를 안토니우스가 아내로 맞이했습니다.

B.C. 37년 동방원정에 힘을 기울이던 안토니우스는 길리기아의 수도 다소(Tarsus – 터키 남동부에 위치. 당시 아테네와 함께 지중해 제일가는 교육도시로 바울의 출생지)에서 클레오파트라를 만나게 됩니다. 안토니우스는 그의 대장이었던 카이사

르의 여인 클레오파트라에게 정신을 완전히 빼앗기게 됩니다. 안토니우스는 클레오파트라의 사랑이 필요하게 되었고 카이사르라는 보호자를 잃어버렸던 클레오파트라는 안토니우스의 권력이 필요했습니다. 안토니우스는 아내이자 옥타비아누스의 누이였던 옥타비아를 버리고 클레오파트라와 결혼을 올립니다. 이에 옥타비아누스와의 일전이 불가피하게 되었습니다. B.C. 31년 악티움 해전에서 옥타비아누스에게 패한 안토니우스는 애굽으로 도망하여 다음해 자결하고 클레오파트라도 알렉산드리아에서 독사로 가슴을 물게 하여 자살했다고 합니다. 그 뒤로 애굽은 로마의 지배하에 들어가게 됩니다. 이로써 프톨레마이오스 왕가는 역사의 뒤안길로 사라집니다.

예수님의 가족들이 애굽으로 피난한 때는 애굽이 로마의 속국인 상태였습니다. 동방박사의 선물은 예수님께 영광을 돌리는데 사용되었고 이후에는 예수님의 가족들이 애굽 생활을 하는데 현실적인 도움을 주었을 것입니다. 황금, 유향, 몰약은 가지고 이동하는데 어려움이 없었습니다. 저 멀리 동방에서 온 세 가지 귀한 선물들은 유대 땅 베들레헴에서 더 나아가 애굽까지 갔습니다.

하나님께 드린 우리의 귀한 시간, 물질, 에너지는 그분께 영광이 될 뿐 아니라 나아가 사람들이 여러 가지 도움을 얻는데도 사용될 것입니다. 이것이야 말로 하나님을 사랑하고 이웃을 내 몸처럼 아끼는 일이 아니겠습니까? 그러니 우리의 시간과 물질과 은사를 하나님의 나라를 위해 사용해야 합니다.

16 이에 헤롯이 박사들에게 속은 줄을 알고 **심히 노하여 사람을 보내어** 베들
레헴과 그 모든 지경 안에 있는 사내아이를 박사들에게 자세히 알아본 그때를
표준 하여 두 살부터 그 아래로 **다 죽이니** 17 이는 선지자 예레미야로 말씀하신
바 18 라마에서 슬퍼하며 크게 통곡하는 소리가 들리니 라헬이 그 자식을 위하
여 애곡하는 것이라 그가 자식이 없음으로 위로받기를 거절하였도다 함이 이루
어졌느니라

심히 노하여 _ 헤롯은 유대인의 왕으로 나신 이가 자기의 왕위를 빼앗지 않을까 두려웠습니다. 그는 예수님께서 이 땅에 오신 이유를 완전히 착각했습니다. 예수님은 헤롯의 왕관에 관심이 없으셨습니다. 헤롯의 오해처럼 그의 왕위를 빼앗기 위해 오신 것이 아니었습니다. 도리어 헤롯의 삶의 주인이 되기 위해 오셨던 것입니다. 헤롯에게도 영원한 삶을 주기 위해서!

오늘날 어떤 사람들은 예수님이 자기의 삶을 빼앗아가지 않을까 두려워합니다. 하지만 그것은 인생 최대의 오해라고 할 수 있습니다. 사실은, 그는 우리에게 진정한 자유와 평화 그리고 쉼과 기쁨을 주러 오신 것입니다. 그러니 자기의 죄를 고백하고 예수님께 나아오십시오. 그분은 우리 삶의 공간에 참으로 아름답고 값진 것들로 풍성하게 채워주실 것입니다(엡1:3).

사람을 보내어 _ 어떤 지도자를 만나느냐에 따라 내 손이 피를 흘리는데 혹은 생명을 살리는데 쓰이게 됩니다. 주께서 기뻐하시지 않을 일이거든 재물, 권력, 명예, 지위를 잃더라도 그 자리를 떠나는 것이 축복입니다. 악인의 꾀를 좇아 악인의 길에 들어서면 결국 악인의 자리에 앉는 것만 남습니다(시1:1). 그리고 악인의 결국은 사망입니다(약1:15).

예수님을 선생(마23:8)으로 모셔 그의 가르침을 따른다면 그분은 가장 좋은 일에 우리들을 사용하실 것입니다. 검사나 판사, 육군본부에서 일하는 군인, 대기업의 직원을 보면 자긍심이 대단합니다. 자기가 속한 곳이 주는 자부심 때문입니다. 그들은 좋은 환경에서 좋은 보수를 받고 세상 두려움 없이 그저 열심히 일합니다. 우리가 예수님께 배우고 그분의 지시에 따라 살 때 우리는 세상에서 얻는 썩어 없어질 자긍심보다 더욱 우월한 바닥나지 않는 소망과 변치 않는 평강을 누리게 됩니다. 하나님께서 인쇄하신 여러분의 명함에 하나님의 자녀 및 일꾼이라고 쓰여 있다는 것이 얼마나 기쁘고 감사한 일입니까. 그리스도로 인해 무한히 부요해진 여러분이 왜 세상을 부러워하겠습니까. 왜 사람을 찬양하겠습니까. 가장 위대하신 지도자, 선한 목자 그리스도만 찬양할 것입니다.

다 죽이니 _ 2장 4절의 대제사장과 서기관들은 베들레헴의 남자아기들이 다 죽을 때 어디에 있었을까요? 또, 그들의 양심은 어디에 있었을까요? 그들은 헤롯의 악함을 충분히 보았습니다. 그의 욕심과 교만, 거짓말과 살인을! 그런데도 여전히 헤롯의 곁에 붙어 그의 눈치를 살피고 있다면 그들은 신앙 지도자로서의 자격을 완전히 잃은 것입니다. 입술로 무슨 말을 한들 자기의 안위가 양심과 율법보다 더 중요하다는 행위의 고백보다 크지 못합니다. 하나님을 가장 가까이서 직업적으로 섬기는 사람들이 베들레헴 유아 살인사건에 간접적으로 동조하고 예수 그리스도를 십자가에 못 박는데 직접적으로 기여했다니 참으로 아이러니입니다. 아기 예수 살인 모의에 수동적으로 관여한 그들이 결국 성인 예수 살인 모의를 적극적으로 주도한 것입니다. 사회적인 지위를 잃는 것은 하나님의 자녀에게 영구적인 손해는 아닙니다. 하지만 양심과 신앙을 잃는 것은 모든 것을 잃는 것입니다.

신앙생활을 오래 한 분들은 이 사실을 기억해야 합니다. 종교적인 자긍심(pride)이 성경을 전통보다 아래에 놓았고, 예수님을 십자가에 못 박았다는 것을. 매일 새벽기도에 나가시는 여러분, 그 기도가 '자기 의' 가 되지 않도록 극히 마음을 조심해야 합니다. "OO자매는 매일 새벽기도 나오는 대단한 사람이야" 라는 평가를 달콤하게 여기는 마음의 감각을 찍어버리십시오. 교회에서 많은 직분을 맡아 봉사하는 여러분, 그 봉사가 '자기 의' 가 되어서는 안 될 것입니다. '자기 의' 로 하는 것에는 상급이 없기 때문입니다. 이름 있는 신학교에 다니는 여러분, 유명한 교회에 나가는 여러분, '간판(외모)' 이 '자랑' 이 되지 않도록 지극히 조심히 마음을 살펴야 합니다. 자랑(pride)은 교만과 욕심의 돌을 우리의 손에 쥐어주는데 그 돌이 예수님의 손목에 못을 박는데 사용되지 않도록 주의하십시오. 우리 안에 은밀히 자리를 잡고 있는 자기 의, 자긍심, 자고함을 죽이지 않으면 그것들이 주님의 손목과 발목에 못을 박으려할지도 모릅니다. 그러니 하나님을 아는 지식이 늘어날수록, 주변에 끼치는 영향력이 커질수록, 더욱 하나님 앞에 무릎을 꿇어야 합니다.

누가 하나님을 이기리오

"여자의 후손은 네 머리를 상하게 할 것이요 너는 그의 발꿈치를 상하게 할 것이니라 창세기 3장 15절"

메시아의 오심을 막으려는 사탄은 메시아의 발꿈치를 상하게 하기 위해 타성에 젖은 종교지도자들의 죽은 신앙과 양심이 미치지 못하는 지식, 헤롯의 질투와 치밀함 그리고 잔인성을 사용하였습니다. 그러나 불과 8km 거리에서 메시아가 무사히 보존됨으로 결국 실패하였습니다. 돌이켜보면 얼마나 많은 이들이 메시아의 오심을 해하려는 곳에 사용되었는지 모릅니다. 이스라엘의 첫 번째 왕 사울은 다윗을 죽이려 했었습니다. 남 유다 왕 아하시야의 어머니 아달랴(왕하11:1)가 다윗의 왕가를 진멸하려 한 일을 기억합니까? 또 의로운 요셉이 아니었으면 마리아도 돌에 맞아 죽었을 것입니다. 양심에 화인 맞은 헤롯은 얼마나 악독한 흉계를 꾸몄습니까(마2:16)?

그러나 그렇게 되지 않았습니다. 사탄이 상황적 우위를 점한 것 같았지만 승리는 언제나 역사의 주권자 하나님의 것이었습니다. 사탄의 악한 궤계마저 실은 하나님의 백성의 유익과 하나님의 뜻을 이루는데 사용되는 것입니다. 그러니 여러분은 성경의 진리에 대해 다른 마음이나 생각을 품어 하나님을 대적하는 입장에 사용되지 마시고, 하나님께 순종하여 선한 역사를 이루는 역할에 쓰임 받으시기를 바랍니다. 여러분 중 누가 그리스도를 사랑하든, 거부하든, 하나님의 말씀에 순종하든, 다른 생각을 품든 하나님의 뜻이 이루어집니다. 그러니 그분 앞에 경외심으로 무릎을 꿇고 '오직 너희 하나님 여호와를 친근히(수23:8)' 하는 역할을 자청하시기 바랍니다.

19 헤롯이 죽은 후에 주의 사자가 애굽에서 요셉에게 현몽하여 가로되 20 일어나 아기와 그 모친을 데리고 이스라엘 땅으로 가라 아기의 목숨을 찾던 자들이 죽었느니라 하시니 21 요셉이 일어나 아기와 그 모친을 데리고 이스라엘 땅으로 들어 오니라 22 그러나 **아켈라오**가 그 부친 헤롯을 이어 유대의 임금 됨을

듣고 거기로 가기를 무서워하더니 꿈에 지시하심을 받아 갈릴리 지방으로 떠나가 23 **나사렛**이란 동네에 와서 사니 이는 선지자로 하신 말씀에 나사렛 사람이라 칭하리라 하심을 이루려 함이러라

아켈라오 _ 헤롯 왕의 뒤를 이어 B.C. 4년부터 A.D. 6년까지 유대 땅을 다스린 헤롯 왕의 세 아들 중 하나입니다. 로마로부터 왕의 칭호를 받은 헤롯과 달리 헤롯 아켈라오와 헤롯 안티파스 그리고 헤롯 빌립 2세는 분봉왕이란 칭호를 받습니다. 이것은 그들의 정치, 외교적 수완이 헤롯 왕에 미치지 못했기 때문입니다. 헤롯이 죽은 뒤 로마는 이스라엘 땅을 세 부분으로 나누어 유대와 사마리아 그리고 이두매는 아켈라오에게, 갈릴리와 베레아는 안티파스에게, 갈릴리 북동부 드라고닛은 빌립에게 주었습니다. 아켈라오는 통치를 시작하며 3,000명의 유력한 인사들을 처형했습니다. 잔인한 독재정치를 펼친 결과 9년 뒤 폐위당하고 갈리아(오늘날 프랑스 남동부, 북이탈리아 지역으로 야만인들이 살던 지역)의 한 지방 관리로 축출되었습니다. 그 후 유대지역은 로마에서 직접 파송된 총독에 의해 통치됩니다.

나사렛 _ 나사렛은 갈릴리 남부 산간 지방 해발 약 400m의 분지에 위치합니다. 예수님께서 30년간 사신 지역입니다. 예수님께서 본격적으로 사역을 시작하실 때 회당에서 가르치셨는데 회당에 있는 자들이 이방인에 대한 구원의 말씀을 듣고 분이 가득하여 예수님을 동네 밖으로 내어 쫓아 산 낭떠러지에서 밀쳐내고자 했던 곳이기도 합니다. 나사렛 사람들은 이방인들과 교류가 많았습니다. 수배자들이나 망명객들이 피신처로 삼기 위채 몰려들었다고 합니다(행5:37). 그래서 나사렛은 세상의 여러 소식이 모이는 장소였습니다. 또, 독립적인 성향이 강해 타 유대인들로부터 업신여김을 받기도 했습니다.

요한복음 1장 45,46절에 빌립과 나다나엘의 대화가 나옵니다. 빌립은 나다나엘을 찾아 대망하던 메시아를 만났노라며 흥분된 목소리로 말합니다.

"이봐 나다나엘, 드디어 만났네. 내가 만났다고. 모세가 율법에 기록하였고 여러 선지자들이 이야기한 그이를 말이야. 그는 바로 요셉의 아들 나사렛 예수라네!"

하지만 나다나엘은 어이가 없다는 얼굴로 대답했습니다.

"이봐 친구. 나사렛에서 무슨 선한 사람이 나온다는 말인가?"

그러나 빌립은 지지 않고 대꾸했습니다.

"그럼 와서 보시게나."

나다나엘의 증언에서 나사렛 사람들에 대한 당대의 인식을 살펴볼 수 있습니다. 그런데 그의 생각과 다르게 나사렛에서 가장 선한 것이 났습니다.

"서울에서 무슨 선한 것이 나느냐? 그 가문에서 무슨 선한 것이 나느냐? 그 사람 인생에서 무슨 선한 것이 나느냐?"

하지만 하나님은 선한 것을 내고도 남으십니다.

5 천국으로의 기회

| 마태복음 3:1-10 |

1 그때에 세례 요한이 이르러 유대 광야에서 전파하여 가로되 2 **회개하라 천국이 가까왔느니라** 하였으니 3 저는 선지자 이사야로 말씀하신 자라 일렀으되 광야에 외치는 자의 소리가 있어 가로되 **너희는** 주의 길을 예비하라 그의 첩경을 평탄케 하라 하였느니라 4 이 요한은 **약대 털옷**을 입고 허리에 가죽 띠를 띠고 음식은 메뚜기와 석청이었더라.

회개하라 천국이 가까왔느니라 _ 주의 사자를 예고한 구약의 마지막 선지자 말라기는 예언했습니다.

"그가 아비의 마음을 자녀에게로 돌이키게 하고 자녀들의 마음을 그들의 아비에게로 돌이키게 하리라 돌이키지 아니하면 두렵건대 내가 와서 저주로 그 땅을 칠까 하노라 말라기 4장 6절"

여기서 경고한 저주를 면하는 유일한 해결책은 마음 중심의 회개였습니다. 말라기 당시의 이스라엘 백성들은 하나님을 원망하고 하나님의 사랑을 의심하며 하나님을 부담스럽게 여겼습니다. 제사장의 마음에 하나님이 없었고 제사를 귀찮게 여겼으며 부정한 제물을 가지고 왔습니다. 형식적인 제사로 예배에 대한 감격이 사라져 타성에 젖어들었습니다. 하나님을 두려워하지 않아 율법을 지키는 것도, 회개도 소용이 없다고 했습니다. 교만한 사람이 복이 있고 악한 사람이 성공한다고 생각했습니다. '온전한 회개'는 말라기로부터 4세기 반이나 지난 세례 요한의 때까지 이루어지지 않았고 하나님은 요한을 보내어 회개할 것을 촉구하셨습니다.

세례 요한의 설교는 강력했습니다. 그의 설교는 군중 편에서의 설교가 아니라 하나님 편에서의 설교였습니다. 인간의 사심에 의해 희석된 설교가 아닌 말씀 그대로의 말씀을 전했습니다. 사람을 구원하는 것은 하나님의 말씀입니다. 인간의 지혜로운 말이 아닙니다. 인간의 이성에 가장 합당한 말이라도 구원의 능력은 없습니다. 세상의 언어에는 구원이 없습니다.

21세기의 청중들이여, 설교자에게 인본적 지혜와 간지러운 세상의 언어를 부탁하지 마십시오. 설교자에게 "그런 설교를 하라"고 강요하는 것은 잘못입니다. 그러니 기대하지도 마십시오. 그런 메시지는 여러분에게 구원을 가져다주지 못할 것이기 때문입니다. 이것은 듣는 이나 말하는 이 모두에게 얼마나 큰 낭비입니까. 그래서 세례 요한은 하나님의 언어를 사용했습니다. 예수님은 그를 선지자로 인정하셨습니다(마11:13). 즉, 요한의 말은 하나님의 계시의 말씀이었습니다. 그런 요한이 외쳤습니다. "회개하라! 천국이 가까웠느니라!"

"회개하여 천국에 가겠는가? 아니면 그렇게 하지 않고 지옥에 가겠는가?" 이것이 세례 요한의 메시지였습니다. 오늘도 세례 요한은 동일하게 외치고 있습니다. 그대가 멸망에 합당한 죄인임을 깨달아 오직 그리스도 외에는 구원이 없음을 인정하고 주님 앞에 무릎을 꿇어 영생의 천국에 가시겠습니까? 아니면 그대로 멸망의 지옥으로 가시겠습니까?

"돌이키지 아니하면 두렵건대 내가 와서 저주로 그 땅을 칠까 하노라 하시니라 말라기 4장 6절"

세례 요한의 핵심 메시지

주의 길을 예비하는 사자인 그의 메시지는 크게 "회개하라. 천국이 가까이 왔다. 회개에 합당한 열매를 맺으라. 그렇지 않으면 찍혀 불에 던지우리라", "나는 물로 세례를 준다. 하지만 내 뒤에 오시는 이는 성령과 불로 세례를 주실 것이다" 이렇게 두 가지로 생각해볼 수 있습니다. 이것이 그의 핵심 메시지였습니다. 그는 이 메시지를 중점적으로 전달했습니다. 많은 사람들이 그의 강력한 개혁의 메시지를 거부하지 않고 받아들인 것은 세례 요한이라는 인물의 살아온 삶(태어남 - 눅1장, 약대 털옷, 가죽 띠, 메뚜기와 석청 - 마3:4)에 대해 알았고, 또 주의 길을 예비하는 선지자라는 인식(마14:5) 때문이었습니다. 세례 요한의 파격적인 메시지는 종교적 자긍심에 사로잡힌 많은 사람들의 심기를 불편하게 하기에 충분했지만 사람들은 그가 그런 메시지를 전하기에 합당한 자라고 생각했습니다.

저는 이 부분에서, 하나님을 사랑하고 그의 말씀에 열심이 있는 그리스도인들에게 '하나님께서 내게 주시는 능력의 핵심 메시지' 를 찾고 구체화 시켜 그것으로 하나님의 나라에 유익을 끼칠 것을 제안합니다. 많은 성경 말씀(메시지) 가운데 어느 부분을 이야기할 때 특별히 더 힘이 실리는 부분이 있습니다. '그것' 을 전할 때 더욱 하나님의 능력이 더해지는 '그것' 이 있습니다. '그것' 은 우리의 관심, 지식, 경험, 성향, 갈망 등과 무관하지 않습니다. '그것' 은 개인마다 다르며 개인적 사명, 비전 등과도 관련이 무척 큽니다. 하나님은 하나님의 나라와 백성들을 위해 '그것' 에 특별히 더 힘을 실어주십니다. 물론 이것은 성경의 전체적인 이해와 하나님과의 친밀함 그리고 그분의 인도하심 가운데 일어날 것입니다.

세례 요한의 핵심 메시지는 "회개하라. 그리고 그에 합당한 열매를 맺으라. 내 뒤에 오시는 이는 능력이 많으신 이로 성령으로 세례를 줄 것이다" 였습니다.

예수 그리스도의 종 야고보는 "행동으로 믿음을 보여라" 였습니다.

사도 요한은 "예수님은 성육신하신 하나님이시다. 하나님은 사랑이시다. 서로 사랑하라" 였습니다.

솔로몬의 전도서는 “세상 모든 것을 경험하고 깨달은 지혜자가 말한다. 하나님을 경외하고 그의 명령을 지키라. 이것이 인간의 본분이다”였습니다.

하나님께서 여러분에게 삶의 과정을 통해 주시는 핵심 메시지는 무엇입니까? 그리스도와 그의 복음을 메시지의 중심에 놓으십시오. 불신자들에게는 구원의 복음을 전하고 신자들에게는 그리스도께 대한 더 깊은 신뢰를 일으키는 귀한 일을 감당할 수 있을 것입니다. 그럴 때 우리 주변의 사람들은 언제나 풍성한 유익을 얻게 됩니다. 그럼 우리 자신도 놀라운 기쁨에 사로잡히게 됩니다.

약대 털옷 _ 옷자락을 길게 내리고 모임의 중요한 자리에 앉는 것을 좋아했던 당시의 많은 종교 지도자들과는 분명히 무언가 다른 요한이었습니다. 석, 박사 학위와 무슨 무슨 위원장 타이틀로 도배된 빽빽한 명함을 자랑하는 사람들과는 분명히 다른 요한이었습니다. 그가 ‘선지자’로서 사람들과 예수님의 인정을 받은 것은 하나님 편에서 말씀을 선포한 것뿐 아니라 ‘그렇게 살았기 때문’입니다! 그는 주의 길을 예비하는 것이 자신의 소명임을 깨달았고 실제로도 그런 삶을 살았습니다. 요한은 헤롯 안티파스(안디바)가 그의 동생 헤롯 빌립의 아내 헤로디아를 아내로 취한 일을 책망하였는데 요한이 하나님께서 가르치신 의보다 권력과 부에서 매력을 느꼈다면 요한 자신을 두려워했던 헤롯 안티파스와 결탁하여 종교, 정치 세계의 높은 자리를 충분히 차지할 수 있었을 것입니다.

하나님의 말씀을 생각으로만이 아니라 삶으로 지키며 사는 사람은 세상에 대해 부하고 하나님께 대해 가난한 삶을 사는 사람들의 양심을 찌르는 힘이 있습니다.

“헤롯이 요한을 의롭고 거룩한 사람으로 알고 두려워하여 보호하며 또 그의 말을 들을 때에 크게 번민을 느끼면서도 달게 들음 이러라 마가복음 6장 20절”

우리는 신실한 삶과 하나님의 말씀을 가지고 불신자들에게 그런 번민을 느끼게 하고 있습니까? ‘예수 믿는 사람’이라면서 삶이 전혀 ‘예수 믿는 사람’ 답지 못함을 볼 때 불신자들은 실망하고 상처받습니다. 그래서 사실은 '예수'가 싫은 것이 아니라 '예수 믿는 사람'이 싫은 것입니다. 그러다보니 '예수'도 싫어진 것입니다. 아, 우리는 주님의 마음에 얼마나 큰 상처를 내고 있는 것입니까. 나로 인하여 주변사람들이 '교회와 예수'를 비난하고 있다면 진지한 자기점검과 강력한 자기개혁이 필요합니다.

우리 삶에 그리스도의 향기가 풍길 때 불신자들은 우리를 통하여 하나님의 살아 역사하심을 보게 되고 진리를 향한 양심의 호소를 듣게 될 것입니다. 진실이 담긴 책망은 달게 들릴 것이고 자신을 되돌아보게 될 것입니다. 하나님께 순종하는 삶은 하나님을 알지 못하는 사람들의 마음에 회개의 파장을 일으킵니다. 우리는 불신자의 마음에 그런 파장을 일으키는 건강한 그리스도인의 삶을 살고 있습니까? 아니면 신자와 불신자들을 실족시키는 어그러진 그리스도인의 삶을 살고 있습니까? 잠깐 책 읽는 것을 멈추고 깊이 돌이켜보는 것은 어떻습니까.

5 이때에 예루살렘과 온 유대와 요단강 사방에서 **다** 그에게 나아와 6 자기들의 죄를 자복하고 요단강에서 그에게 서례를 받더니

다 _ 세례요한의 회개하라는 메시지가 당시 사회적으로 얼마나 큰 주목을 받았는지를 보여줍니다. 광야에서 외친 메시지가 종교, 정치, 문화의 중심지였던 예루살렘에까지 파장이 미쳤다는 것은 백성들이 그를 이사야와 말라기가 예언한 선지자로 인정했기 때문입니다. 요나의 메시지를 듣고 회개한 니느웨 백성처럼 온 유대와 요단강 사방에서 세례 요한에게 나아와 자기들의 죄를 자복하고 세례를 받았습니다. 출생부터 세간의 주목을 받았던 요한(눅1:66)은 그 주목에 합당한 자로 자랐습니다. 실로 큰 인물이 이스라엘 땅에서 태어난 것입니다. 예수님은 그를 사람이 난 자 중에서 가장 큰 자라고 하셨습니다(마11:11).

대중들은 말라기 선지자 이후 4세기 반 이상 침묵한 선지자의 소리가 요한을

통해 다시 전파되고 있다는 개인적 확신이나 소문을 듣고 요한을 찾아 요단강으로 갔습니다. 성경을 깊이 묵상하던 사람들은 주의 길을 예비하는 자가 요한임을 믿었습니다(사40:3,말3:1). 요한의 확고한 메시지와 신실한 삶은 죄를 자복하고 하나님께로 방향을 전환하는 부흥의 시작을 가져왔습니다. 하나님의 위대한 일은 신앙고백과 삶의 고백이 일치하고 은혜가 충만한 한두 사람에 의해 시작되는 경우가 많습니다. 그들을 도구로 하나님께서 큰일을 이루시는 것입니다. 신앙의 위인들을 생각해보면 알 수 있습니다.

우리의 젊은 날 그리고 앞으로 남은 모든 날에 우리가 통로가 되어 하나님의 뜻과 열망을 이 땅 널리 펼치는 인생을 살게 되기를 바랍니다. 은혜를 사모하고 말씀과 성령으로 충만함을 입는다면 이 위대한 역사는 가능할 것입니다.

7 요한이 **많은 바리새인과 사두개인**이 세례 베푸는 데 오는 것을 보고 이르되 독사의 자식들아 누가 너희를 가르쳐 임박한 진노를 피하라 하더냐 8 그러므로 회개에 **합당한 열매**를 맺고 9 **속으로** 아브라함이 우리 조상이라고 생각지 말라 내가 너희에게 이르노니 하나님이 능히 이 돌들로도 아브라함의 자손이 되게 하시리라

많은 바리새인과 사두개인 _ 요한에 대한 대중의 큰 관심과 메시지의 강렬함은 많은 종교, 정치 지도자들까지 요단강으로 불러 모았습니다. 그중에는 단순한 호기심으로 온 사람도, 인기인에게 다가가 자기의 인기를 높여 보려는 사람도, 아니면 비웃음을 던지러 온 사람도 있었을 것입니다. 이런저런 이유지만 일단 세례 요한에게 왔고 "회개하라"는 메시지는 동일하게 들었습니다. 그 후 선택은 각기 달랐습니다.

선택에는 언제나 책임이 수반된다는 사실을 알고 계십니까? 하나님 앞에서 불신앙과 고집을 택하는 것은 간음과 살인과 거짓말과 도둑질보다 더 악한 것입니다. 후자는 회개함으로 용서를 받을 수 있지만 전자는 결코 회개하는 법이

없기 때문입니다. 그러니 오늘 우리는 회개함을 선택하는 것이 좋습니다. 회개하지 않는 선택에 대한 책임을 어느 인간이 스스로 감당할 수 있겠습니까? 하나님을 믿지 않는 여러분, 저는 그보다 더 무서운 책임을 지게 되는 일을 전혀 생각할 수가 없습니다.

합당한 열매 _ NLT 성경은 이것을 "Prove by the way you live that you have repented of your sins and turned to God"이라고 번역했습니다. 나의 죄를 회개하고 하나님께 돌아선 것을 살아가는 모습, 방법, 태도, 행위, 선택, 반응 등으로 증명하라는 번역입니다. 이것은 사도 바울이 아그립바 왕 앞에서 변론을 펼칠 때 했던 말과도 동일합니다.

"아그립바 왕이여 그러므로 하늘에서 보이신 것을 내가 거스르지 아니하고 먼저 다메섹과 예루살렘에 있는 사람과 유대 온 땅과 이방인에게까지 회개하고 하나님께로 돌아와서 회개에 합당한 일을 하라 전하므로 사도행전 26장 19,20절"

NIV 성경은 바울의 변론을 "I preached that they should repent and turn to God and prove their repentance by their deeds 나는 그들에게 회개하고 하나님께 돌아와 그들의 행동으로 회개를 증명해야 한다고 설교했습니다"라고 번역했습니다.

하나님은 회개한 우리를 용서하셨습니다. 이제 우리의 몫이 있습니다. 회개에 합당한 일을 하는 것입니다. 우리의 회개를 삶의 행위로 증명하는 것입니다(행26:20). 우리의 모든 죄를 사하시기에 그리스도는 충분하십니다. 우리의 회개를 그분은 들으십니다. 그런데 회개에는 '합당한 열매'가 요구됩니다. 다시 말하면, 회개에 합당한 열매가 없는 회개는 진정한 회개가 되지 못하는 것입니다.[1]

독사의 자식들이라는 충격적인 말을 들은 바리새인과 사두개인에게도 회개

[1] 회개(悔改)는 '뉘우칠 회'에 '고칠 개'로 이루어진 단어입니다.

의 기회가 주어졌습니다. 그들에게 참다운 회개란 "오, 요한이여. 나는 오늘 나의 죄를 회개합니다. 그리고 하나님을 위해서 살겠습니다. 지금까지 내가 잘못한 것을 뉘우칩니다"라는 '입술의 고백' 뿐 아니라 지금 자신이 잘못 사용하고 있는 권력과 권리를 내려놓기로 '결심하고 그렇게 사는 것' 이었습니다. 그래야 회개에 합당한 좋은 열매를 맺을 것입니다.

열매란 변화입니다. 예수님의 사랑과 격려 그리고 진리의 말씀과 은혜를 힘입어 하나님께서 원치 않으시는 부분들을 잘라내는 것이 변화의 시작입니다. 내려놓는 것은 우리의 몫입니다.[1] 이끄시고 이루시는 것은 하나님의 몫입니다. 하나님께 나아가려는 우리의 발목을 잡고 양심을 아프게 하는 것들을 과감히 자르고 내려놓아야 합니다. 그때 '삶의 변화' 라는 회개의 합당한 열매가 열릴 것입니다. 그러면 하늘의 아버지와 우리 주 그리스도는 기뻐하시며 이렇게 말씀하실 것입니다.

"내가 내 자녀들이 진리 안에서 행한다 함을 듣는 것보다 더 기쁜 일이 없도다 요한삼서 1장 4절"

속으로 _ 그들이 가졌던 종교적, 민족적 우월감을 꼬집는 요한입니다. 바리새인과 사두개인은, 아니 유대인들은 하나님으로부터 율법을 수여받은 선민이라는 것만으로 구원을 얻을 것이라는 생각을 가지고 있었습니다. 하지만 구원받은 믿음의 백성이 되는 것은 좋은 가문이나 힘 있는 정치, 종교집단에 속했다고 되는 것이 아닙니다. 총파업과 대규모 시위나 집회로도 구원을 얻어낼 수 없습니다. 구원은 어느 민족이나 가문, 다수의 집단에 있는 것이 아니라 개개인에게 있는 것이기 때문입니다(롬9:6, 요1:12).

유대인이라고 자동적으로 구원을 받는 것이 아니었습니다. 마찬가지로 교회에 등록되었다고, 신상명세서의 종교 칸에 기독교라고 쓴다고 구원을 받는 것

[1] 이것은 말씀을 통한 성령님의 질책과 깨닫게 하심으로 가능합니다.

이 아닙니다.

유대인들은 선민이라는 자기 우월감을 가지고 있었습니다. 자기 우월감은 열등감만큼이나 결국에 가서 사람을 깜짝 놀라게 하는 힘이 있습니다. 사실이 아닌 것을 사실화하기 때문에 결국에 그게 거짓말이었다는 것을 인정할 수밖에 없는 상황이 왔을 때 깜짝 놀라며 여리고 성처럼 무너지게 되는 것입니다.

교회에 오래 다녔다고, 교회에서 봉사를 많이 한다고, 몇 대째 이어지는 기독교 가문이라고, 아버지가 목사님이라고 죄를 지어도 괜찮겠다고 생각하지 마십시오. 다시 말씀드리지만 그렇게 생각하지 마십시오. 가방끈 긴 신학생이라도 마찬가지입니다. 좀 더 봐주시겠다고 생각하지도 마십시오. 하나님은 편애가 없으십니다(골3:25). 배경에 대한 차별도 없으십니다(골3:11). 칭찬 받을 일에는 칭찬이, 책망 받을 일에는 책망이 있을 따름입니다. 여러분의 하루하루는 하나님께서 보시기에 어떻습니까? 스스로를 속일 수 없습니다. 여러분의 하루하루가 바로 하나님의 법정이 여러분을 평가하는 기준이 됩니다. 왜냐하면 그것이 바로 여러분이기 때문입니다.

종교적 자긍심과 교만한 착각 때문에 하나님의 은혜를 볼 수 있는 시력이 점점 감퇴된다는 사실을 알고 있습니까? 교만은 하나님의 은혜와 반대방향으로 달리는 고속열차입니다. 그런데 한 성도의 불성실함의 악영향은 그 한 사람에게만 국한되는 것이 아닙니다. 자, 저기 저 사람들을 보십시오. 당신의 자긍하는 믿음 때문에 교회를 떠나는 신자들! 사려 없는 당신의 입술에 상처받고 실족한 불신자들! 당신은 당신이 불신자보다 훨씬 뛰어나고, 다른 성도보다도 더 낫다고 여기십니까? 그렇다면 기억하십시오. 하나님께서 결산하시는 날 '많이 맡긴 자에게는 많이 찾을 것' 입니다(눅12:48). 또, 하나님은 능히 돌들로도 아브라함의 자손, 즉 믿음의 백성이 되게 하실 수 있으십니다. 그러면 타인을 실족시키는 교만한 크리스천 당신은 대체 무엇을 자랑할 수 있다는 말입니까. 하나님을 경외하고 말과 행동을 조심하며 겸손히 하나님의 말씀에 순종할 따름이라고 말하는 것 외에 무슨 고백을 할 수 있다는 말입니까. 하나님 보시기에 바른 생각과 마음과 말과 행동으로 살지 않고서도 나중(마19:30) 되지 않을 자신이 있는 사람이 어디에 있다는 것입니까.

10 이미 도끼가 나무뿌리에 놓였으니 좋은 열매 맺지 아니하는 나무마다 찍어 **불에 던지우리라**

불에 던지우리라 _ 어느 불신자는 이 구절을 보고 기분이 상할지도 모릅니다. 성도 중에도 그런 사람이 있을지 모릅니다. 하지만 이것은 협박이 아닙니다. 사실입니다. 회개에 합당한 좋은 열매를 맺지 않고 옛 본성대로 사는 종교인들에게 하신 경고입니다. 동시에 이것은 회개하고 좋은 열매를 맺으라는 뜨겁고 간절한 호소입니다.

좋은 말로는 절대로 듣지 않는 사람들이 있습니다. 이미 마음이 너무 깊은 잠에 빠져 있기 때문에 적당한 말로는 깨어날 수 없는 지경에 이른 사람들입니다. 세례 요한은 하나님의 마음으로 그들에게 외쳤습니다. "좋은 열매를 맺어야 살 것이다" 나쁜 열매는 그들의 삶에 불행과 거짓, 위선, 불안 그리고 결국에는 사망을 선사할 것이기 때문입니다. 그러니 방향을, 마음의 중심을 주님께로 전환하라는 것입니다. 오랜 시간 종교적 타성에 젖어 있던 사람이 변화되기 위해서는 대수술이 필요했습니다. "독사의 자식들, 도끼, 나무뿌리, 찍어 불에 던지우리라" 정도의 말이 아니고서는 그들의 눈도 깜빡이게 할 수 없었습니다.

어려운 말이라도 실로 그런 말이 필요한 사람에게 그런 말을 하는 사람이 더 용기 있고 정직한 사람이라고 할 수 있지 않겠습니까? 하지만 이 시대에는 믿을 수 없는 사람들이 믿을 만한 사람 행세를 하도 많이 해서 세상은 요지경이 되었습니다. 이단은 열심으로 불신자와 그리스도인들을 미혹합니다. 교회 안에서도 어느 성도는 하나님과 성경을 부인하는 사람처럼 말하고 행동하고 있습니다. 교회의 세속화는 먼저 그리스도의 몸인 교회를 식물인간으로 만들고, 세상이

암흑 속에서 신음할 때 어떤 힘도 쓰지 못하게 만듭니다. 바른 신앙의 사람을 눈여겨 찾아보면 간신히 몇 발견하는 시대가 도래하는 것은 아닌지요. 우리는 '하나님께서 찾으시는 그 사람' 의 삶을 살아야 합니다. 모든 절망과 불행 중 다행은 하나님의 말씀이 우리에게 어둠을 밝히는 빛이 되어준다는 것입니다. 그러니 수천 년간 인간을 구원의 길로 안전하게 인도한 성경을 읽으십시오. 세상의 교묘함과 유혹 그리고 걱정에 의하여 신앙을 잃어버리는 비상사태를 맞이하고 싶지 않다면 성경을 읽고 그에 따라 살아야 합니다. 그러면 우리는 도끼에 찍혀 불 속으로 던져지는 엄청난 절망과 위험으로부터 안전할뿐더러 하나님께서 기뻐하시는 열매들을 맺으며 살게 될 것입니다. 진실로, 여러분은 안전하십니까? 하나님의 말씀의 안내를 따라 가고 계십니까? 말씀이 아닌 인간중심의 기독교는 머지않은 때에 우리에게 실패와 좌절 그리고 재앙 같은 고통을 가져올 것입니다.

6 세례 요한과 예수님의 배턴터치

| 마태복음 3:11-17 |

11 나는 너희로 회개케 하기 위하여 물로 **세례**를 주거니와 내 뒤에 오시는 이
는 나보다 능력이 많으시니 나는 그의 신을 들기도 감당치 못하겠노라 그는 성
령과 불로 너희에게 세례를 주실 것이요 12 손에 키를 들고 자기의 타작마당을
정하게 하사 **알곡**은 모아 곡간에 들이고 **쭉정이**는 꺼지지 않는 불에 태우시리라

세례 _ 요한이 물로 베풀었던 회개의 세례와 예수님이 베푸실 성령의 세례를 비교해 보겠습니다. 요한의 세례는 자기 죄를 뉘우치고 하나님의 뜻대로 살겠다고 고백하는 외적인 증표입니다. 요한의 회개케 하는 물세례는 사람들로 그리스도를 받아들이고 순종하게 준비시키는 일을 했습니다. 이 세례는 회개 즉 죄로부터 돌아서는 의지를 내포합니다. 이것은 영적인 변화의 시작입니다.

요한 뒤에 오시는 이(메시아)가 성령과 불로 세례를 주신다고 한 것은 그리스도를 믿는 모든 사람 안에 성령이 거하게 될 것을 말합니다. 성령의 세례란 우리가 그리스도를 주님으로 영접할 때 하나님께서 우리에게 성령을 보내주시는 것을 말합니다.

성령에 대하여

여러분이 그리스도를 구주로 고백하고 영접하였다면 성령님은 여러분 안에 거하고 계십니다(고전12:3). 그리스도를 믿는 자라면 누구나 성령의 내재 가운데 살고 있는 것입니다. "누구든지 그리스도의 영이 없으면 그리스도의 사람이 아니라(롬8:9)"고 했습니다. 여러분은 그리스도를 주인으로, 구주로 모신 그리스도의 사람입니까? 그분을 사모하고 그분의 요구들에 순종하고픈 갈망이 있습니까? 주 안에서 가족이 된 다른 모든 성도들을 향한 사랑이 있습니까? 그렇다고 할 수 있다면 하나님의 영인 성령께서 여러분 안에 거하시기 때문입니다.

어떤 특별한 경험이나 노력으로 성령이 우리 안에 거하시도록 하려는 것은 이미 자기가 가지고 있는 것을 모르고 계속 찾는 사람과 같습니다. 그리스도를 믿었을 때 우리 안에 오신 성령은 불과 같이 우리의 내면을 정결케 하시고 변화시키십니다. 그래서 변화된 삶을 살도록 이끌어주십니다.

"너희도 진리의 말씀 곧 너희의 구원의 복음을 듣고 그 안에서 또한 믿어 약속의 성령으로 인치심을 받았으니 에베소서 1장 13절"

거듭남에 대하여

"진실로 진실로 네게 이르노니 사람이 거듭나지 아니하면 하나님의 나라를 볼 수 없느니라 요한복음 3장 3절"

'거듭남' 은 위로부터 다시 태어나는 것(born again, rebirth)을 말합니다. 죄로 인하여 영적으로 죽었던(하나님과 단절되었던) 사람이 그리스도의 대신 죽으심과 부활로 인하여 영적으로 산 자로 다시 태어나게 되는 하나님의 은혜의 결과가 거듭남입니다. 이것은 근본적인, 전적인 변화(transformation)입니다. 하나님의 재창조 사역의 능력이 그에게 임하여 새로운 피조물이 되는 것입니다(고후5:17). 하나님의 나라는 영으로 거듭난 사람들의 것입니다. 하나님과의 화목, 하나님의 공급하시는 힘, 그리스도 안에서 누리는 모든 신령한 축복(엡1:3) 등이 거듭난 사람에게 주어집니다.

거듭남은 입에서 불이 나간다거나, 주체할 수 없이 몸이 흔들린다거나 하는 특별한 체험을 할 때 이루어지는 것이 아닙니다. 그리스도를 구주로 영접한 사람, 구원의 믿음을 소유한 사람은 이미 거듭난 사람입니다. 그러니 그리스도를 주로 시인하면서 성령을 받지 못했다고 하거나(고전12:3) 성령을 받고 거듭나지 못했다(요3:5)고 하는 것은 오류입니다.

성령의 세례, 성령의 충만, 성령의 열매, 성령의 은사

예수님의 성령 세례는 우리가 그리스도를 영접할 때 우리 안에 성령이 거하시게 되는 사건을 말합니다. 이후로 성령은 우리 안에 거하시며 지속적으로 활동하십니다.

그 뒤로 신자 안에서 일하시는 성령의 모든 사역은 성령의 충만함과 관련이 있습니다. 신자가 성령의 뜻을 좇아 살고(갈5:16) 성령의 인격과 의지에 순종할 때 성령께서 신자를 가득 채우시게 되며 이런 상태를 성령의 충만이라고 할 수 있습니다. 에베소서 5장 18절을 보면 성령 충만의 방법에 대해 좀 더 명확하게 알 수 있습니다. 술에 취하는 방법은 취할 때가지 술을 마시는 것입니다. 성령의 충만을 입는 방법은 성령을 주시는 분에게로 가서 그가 주시는 성령을 마시고 또 마시는 것입니다.

"예수께서 서서 외쳐 이르시되 누구든지 목마르거든 내게로 와서 마시라 나를 믿는 자는 성경에 이름과 같이 그 배에서 생수의 강이 흘러나리라 하시니 이는 그를 믿는 자들이 받을 성령을 가리켜 말씀하신 것이라 요한복음 7장 37~39절"

말씀으로 주님을 만나고 배우며, 기도로 주님과 대화하고, 예배로 주님을 찬양하고, 교제 가운데 주님으로 기뻐하고, 봉사로 주님을 섬기고, 자기를 부인함으로 주를 드러내고… 이것이 성령의 충만을 입는 도구들입니다. 성령께서 근심하실 생각과 마음과 행동을 멀리하고 기뻐하실 생각과 마음과 행동을 하는 것은 성령의 충만을 입는 자세입니다. 그런데 이런 도구들과 자세는 신자의 마땅하고 기본이 되는 것이 아닙니까. 이렇듯 성령의 충만은 극적이고 매우 특별한, 이따금씩 일어나는 희귀한 사건이 아니라 일상적이고 지속적이며 매일매일 일어나야 하는 사건으로 그리스도인의 생활에 가장 중심이 되는 요소입니다.

성령의 충만 가운데 있는 사람은 능력 있게 하나님의 일을 감당하게 되고(고전4:20) 성령의 열매를 지속적으로 맺으며(갈5:22,23) 내면이 강건하게 됩니다(엡3:16). 하나님은 하나님께서 축복하시는 일에 성령의 충만을 입은 사람들을 사용하십니다.

성령의 은사는 동일한 주님께서, 모든 믿는 자들에게, 교회와 성도들의 유익이라는 동일한 목적으로, 각기 다르게 베푸신 다양한 선물(엡4:7)입니다. 이것은 주님의 뜻대로 알맞게 각자에게 주어지는 것이기에 무엇이 더 우월하다고 하거나 열등하다고 할 수 없습니다(참조 고전12장,롬12장).

성령 세례의 두 가지 특징

1. 우리는 그리스도에 대해 듣고 믿었습니다. 성령으로 거듭난 새 피조물이 되었습니다. 그리스도의 보혈로 죄가 모두 씻긴 우리는 하나님으로부터 '의롭다 하심'을 얻게 되었습니다. 이것을 칭의(justification)라고 합니다. 죄인이 그리스도의 공로로 의로운 자라고 하나님으로부터 인정을 받는 것입니다. 의롭게 된 죄인은 하나님의 자녀가 되는 특권을 얻습니다. 자녀가 되었기에 천국의 기업을 약속 받습니다.

칭의는 우리의 행위와는 전혀 관계가 없었습니다. 오히려 행위로만 보면 죄와 허물로 죽었던 우리이지만(엡2:1) 하나님의 전적인 은혜로 인하여 그리스도에 대한 믿음을 갖게 된 우리는 칭의(의롭다 하심)를 얻게 되었습니다. 이런 칭의의 근거는 우리에게 있지 않고 그리스도께 있습니다. 한 번 칭의를 받으면 그 효과가 계속됩니다. 구약에서는 죄를 지었을 때마다 동물을 잡았지만 그리스도는 십자가에서 한 번 죽으심으로 영원한 효력을 발휘하는 제사를 완성하셨습니다(히10:12). 그래서 때로 우리가 잠시 죄에 넘어져도 우리의 궁극적 구원에 영향을 미치지는 못합니다. 때로 하나님께 드리는 신앙의 질이 평소보다 떨어져도 그리스도의 공로에 근거한 우리들에 대한 하나님의 사랑은 변함이 없습니다. 우리는 확실한 구원과 천국의 소망을 받았습니다.

2. 그러나 그것이 다는 아닙니다. 만약 여러분이 칭의를 받았다고 마치 다 이룬 것처럼, 다 끝난 것처럼 생각한다면 큰 오산입니다. 이것은 여러분의 구원에 두 번째 조건이 있다는 말은 아닙니다. 죄 사함, 칭의, 양자 됨, 천국의 기업… 이 모든 것이 그리스도 안에 있는 여러분에게 주어졌습니다. 여러분의 어떤 공로나 실수도 그것에 영향을 미치지는 못합니다. 위에서 밝혔듯 그런 축복들의 근거가 그리스도의 행하신 일에 있기 때문입니다. 그럼 왜 다 이룬 것처럼 생각하지는 말라고 한 것입니까? 그리스도인으로서 세상에 사는 동안 해야 할 일들이 있기 때문입니다.

두 번째는 성화(sanctification)적 측면의 성령의 역사입니다. 성령으로 우리는 거듭났고, 그리스도의 은혜의 공로로 의롭게 되었습니다. 하나님은 우리를 자녀로 맞이하시고 천국을 약속하셨습니다. 이제 성령은 믿는 자 안에 거하시며 더 성숙한 그리스도인이 되게 도우십니다(마5:48). 그리스도의 장성한 분량이 충만한 데까지 자라도록 인도하십니다(엡4:13). 죽음을 맞이할 때까지 그 사역은 계속 됩니다. 이것이 성화적 측면의 성령의 역사입니다. 성화란 그리스도를 닮아가는 것입니다. 성령의 요구(desire)를 따라서 사는 삶입니다(갈5:17). 그러니 성령을 직속상관으로 모시고, 삶의 지휘권을 그분께 넘겨드릴 때 성화가 진행됩니다.

칭의로 인하여 새로운 피조물이 되었다면 성화로 인하여 끊임없이 옛사람을 벗고 새사람을 입게 됩니다(엡4:24). 칭의는 하나님께서 우리를 위해 하시는 것이고 성화는 하나님께서 우리 안에서 하시는 것입니다. 칭의가 전적으로 그리스도께 달렸다면 성화는 신자와 성령님의 동행에 달렸습니다. 그래서 신자 혼자서 노력한다고 성화될 수 없고, 또 신자의 노력 없이 성령께서 다 해주시기를 기다린다고 저절로 성화되는 것도 아닙니다. 한 사람이 다른 사람에게 아무리 전화를 걸어도 상대방이 전화를 받지 않으면 통화는 이루어질 수 없는 것과 같습니다. 성령께서 우리에게 거룩하게 하는 전화를 하실 때 우리가 받지 않으면 성화를 일으키는 지혜로운 대화가 어떻게 이루어지겠습니까.

성화의 이유와 유익

칭의 없이는 성화가 있을 수 없습니다. 표준국어대사전에 의하면 성화란 '신의 은총으로 의롭게 된 사람이 성령으로 신성한 인격을 완성함' 이라고 쓰여 있습니다. '하나님의 은혜로 칭의를 얻은 성도가 성령과 동행하며 그리스도를 닮아가는 과정' 이 성화입니다. 성화를 이루려면 먼저 칭의가 있어야 합니다. 하지만 칭의가 그리스도인의 전부는 아닙니다. 칭의를 받고 성화에 무관심한 신자 덕분에 많은 불신자와 다른 신자들이 실족하게 되고 예수님의 지상명령(막16:15)에 불필요한 어려움을 겪게 됩니다.

한 생명이 태어나 걸음마를 배우고, 말하고 쓰는 법을 배우고, 청년이 되고, 책임감 있는 성숙한 사회인이 되듯이 그리스도로 인하여 하나님께 사랑받는 새로운 피조물로 태어난(거듭난) 성도는 성령의 인도하심을 따라 지극히 사모하는 마음으로 더 온전하고 성숙한 그리스도인이 되기 위하여, 즉 성화를 위하여 나아가야 합니다. 하나님의 말씀의 충만함과 성도의 사랑의 교제 가운데 선하고 의롭고 진실한 삶으로 어두운 세상을 밝혀야 합니다(엡5:9). 그것이 하나님께 영광을 돌려드리는 길입니다. 그것이 칭의 된 자의 합당한 삶입니다. 그것이 바로 우리가 새로운 피조물인 그리스도인이 된 이유입니다(엡1:4). 성화에 무관심한 그리스도인 한 사람은 교회 전체의 발전에 해를 끼칩니다. 하지만 성화에 힘을 기울일 때 자신과 타인 그리고 교회와 하나님의 나라 전체에 유익이 됩니다. 예수님의 제자가 되시겠습니까? 아니면 군중이 되시겠습니까? 성화의 길로 가는 우리의 하루하루 삶이 가장 정직한 대답을 해줄 것입니다.

"형제들아 나는 아직 내가 잡은 줄로 여기지 아니하고 오직 한 일 즉 뒤에 있는 것은 잊어버리고 앞에 있는 것을 잡으려고 푯대를 향하여 그리스도 예수 안에서 하나님이 위에서 부르신 부름의 상을 위하여 달려가노라 빌립보서 3장 13,14절"

성화의 노래

칭의는 인간이 건드릴 수 없는 전적인 하나님의 영역입니다.
성화는 하나님께서 각각의 그리스도인들과 한 팀을 이루어
발 묶어 달리기를 하시는 영역입니다.
더 성숙한 그리스도인이 되기 위한 노력은 자유입니다.
기도와 말씀 묵상 및 연구, 예배와 교제 그리고 봉사 등을 통하여
아이가 음식을 먹고 몸이 자라듯
우리는 더 온전하고 성숙한 그리스도인으로 자라게 됩니다.
더 성숙한 그리스도인이 되기 위한 노력은 자유입니다.
누구는 의롭게 된 것에만 만족하여 머물고 있으나
어떤 이는 작은 예수가 되려고 부단히 노력하고 있습니다.
누구는 세상일에 휩쓸리며 간신히 신앙의 끈을 붙잡고 있는데
어떤 이는 하나님의 능력을 들고나가 세상을 거룩하게 변화시키고 있습니다.
더 나은 내일을 사모하는 이들이 오늘의 가치를 압니다.
더 좋은 미래를 추구하는 이들은 오늘 자기 몸의 안위에 연연하지 않습니다.
그들은 결코 시간과 힘을 헛되이 사용하는 일이 없습니다.
그대 마음속에 하나님께서 주시는 상에 대한 소망이 있습니까?
세상 즐거움과 그대 자신에 대한 사랑보다 더 큰 소망입니까?
그렇다면 그대에게서 놀라운 미래를 기대할 수 있습니다.
그리스도 안에서 우리의 선한 경주는 주님을 영접하였을 때 시작되었습니다.
이 경주는 이 땅의 삶이 마감하는 날 끝날 것입니다.
그대가 그리스도인이라면 그대는 이 경주에 참여하고 있는 것입니다.
참여하지 않을 수는 없습니다. 멈출 수도 없습니다.
열심히 경주한 것에는 칭찬과 영광의 상이,
그렇지 않은 것에는 책망이 있을 것입니다.
그러니 인생을 조금도 낭비하는 일이 없기를 바랍니다.
먼저 출발했으나 나중 될 사람이 많기 때문입니다.
그리스도인이 가야할 길은 좁고 험한 길입니다.
잠깐 딴짓하고 망설이는 순간, 비틀거리고 넘어질 수 있으니 깨어 있으십시오.
그리고 온 힘을 다해 중단 없이 신앙의 진보를 향해 전진하십시오.
이것이 하나님께서 주시는 상을 기대하는 그리스도인의 사는 법입니다.

알곡, 쭉정이 _ 중요한 것은 예수님께 내가 알곡으로 분류되느냐 그렇지 않으면 가라지(쭉정이)로 되느냐는 것입니다. 세례 요한은 11절에서 구원의 세례를 베푸시는 예수님을 말했는데 12절에서는 심판자 예수님에 대해 말하고 있습니다. 알곡에게는 예수님이 구원자가 되시나 쭉정이에게는 심판자가 되십니다. 그리스도를 알고, 믿으며, 신뢰하여 구원에 이르고 그리스도를 알려하지 않고, 믿지 않으며, 거절하다가 심판에 이릅니다. 귀 있는 자는 들으십시오. 그리스도의 양들(요10:27)은 들으십시오.

13 이때에 예수께서 **갈릴리로서 요단강에 이르러** 요한에게 세례를 받으려 하
신대 14 요한이 말려 가로되 내가 당신에게 세례를 받아야 할 터인데 당신이 내
게로 오시나이까 15 예수께서 대답하여 가라사대 이제 허락하사 우리가 이와 같
이 하여 모든 의를 이루는 것이 합당하니라 하신대 이에 요한이 허락하는지라

갈릴리로서 요단강에 이르러 _ 세례 요한에 대한 소문은 온 유대와 요단강 사방에서 더 나아가 갈릴리에까지 이르렀습니다. 나사렛에서 살던 예수님은 A.D. 26년경 요단강으로 가서 세례 요한에게 세례를 받으십니다.

14절은 세례 요한의 겸손한 모습을 보여줍니다. 그런데 오늘날은 일단 높은 자리를 선호하는 시대입니다. 자기의 능력이 모자라더라도 어떻게든 높은 자리를 차지하고 보자는 식입니다. 하지만 신앙인은 잠시 초라한 자리로 보내져도 그곳에서 하나님의 뜻을 발견하여 풍성한 삶을 사는 행복을 누릴 수 있습니다. 사람들 간의 심한 갈등과 분열은 서로 성향이 달라 섞일 수 없는 경우에 생기기도 하지만, 자리싸움 즉 자기가 원하는 높은 자리를 차지하지 못하자 자기가 머리될 수 있는 파벌을 만드는 것 때문에 생기는 경우도 많습니다.

자기의 사명에 충실했던 세례 요한. 다른 사람이 잘 되는 것을 시기하지 않고 하나님의 의를 이루기 위해 협력했던 세례 요한. 당시 큰 명성을 누리던 그는 자기보다 나이도 조금 어리고 이름도 알려지지 않았던 청년 예수에게 겸손했던

인물로 실로 세상에서도 큰 자였습니다.

16 예수께서 세례를 받으시고 곧 물에서 올라오실새 하늘이 열리고 하나님의
성령이 비둘기같이 자기 위에 임하심을 보더니 17 하늘로서 소리가 있어 말씀하
시되 이는 **내 사랑하는 아들이요 내 기뻐하는 자**라 하시니라

내 사랑하는 아들이요 내 기뻐하는 자 _ 당시 광야의 선지자로 세인들로부터 인정을 받던 세례 요한은 사람들로 하여금 그리스도의 출현을 기대하게 했습니다. 그리고 기다리던 그리스도와 세례 요한의 만남이 요단 강가에서 이루어졌고 하나님께서는 천국 문을 열어 공개적으로 말씀하셨습니다.

"여기 예수라 하는 이 사람이 내가 너희에게 약속했던 소망의 메시아다. 이제 너희에게 왔노라."

예수님은 하나님의 사랑하시고 기뻐하시는 아들이십니다. 예수님의 십자가 죽음이 표현하는 사랑은 평생을 두고 찬양 드리기에도 부족함이 없는 것입니다. 세상에서의 삶을 마감하는 날까지 주가 주시는 사랑을 깨닫는 순간들도 멈추지 않을 것입니다. 그분의 사랑은 우리 삶의 영원한 주제이자 가장 아름다운 노래가 될 것입니다. 가장 감동적인 이야기가 될 것입니다. 가장 감격적인 체험이 될 것입니다. 그분의 한없는 사랑이 사망에 매였던 우리를 자유케 하고, 보잘 것 없는 우리를 존귀하게 만들었으니까요. 정말입니까? 우리가 존귀하게 되었습니까? 어떻게 그렇게 되었습니까? 그리스도를 믿음으로 우리는 하나님의 자녀가 되는 자격을 얻게 되었습니다(요1:12, 엡1:5). 그리스도는 우리 믿는 자들의 장자가 되셨습니다(롬8:29).

그리스도께서 세례 요한에게 세례를 받으셨을 때 천국 문이 열리며 하나님의 음성이 울려 퍼졌습니다.

"이는 내 사랑하는 아들이요 내 기뻐하는 자니라."

여러분이 그리스도를 주인으로 받아들이기로 결심했을 때 천국과 이 땅에 하

나님의 음성이 울려 퍼졌습니다.

"이는 내 사랑하는 자녀요, 내 기뻐하는 자니라(눅15:32)."

세례 요한은 여기까지 자기의 사명을 다하고 앞으로 나오는 이야기는 예수님이 주인공으로 등장합니다. 지금까지는 준비였습니다. 이제 기다리고 기다렸던 메시아의 이야기가 본격적으로 시작됩니다.

7 기록하였으되!

| 마태복음 4:1-11 |

1 **그때에** 예수께서 **성령에게 이끌리어 마귀에게 시험**을 받으러 **광야**로 가사 2
십 일을 밤낮으로 금식하신 후에 **주리신지라**

그때에 _ 요단강에서 요한에게 세례를 받고나서

성령에게 이끌리어 마귀에게 시험 _ 성령은 광야 생활 사십 일을 예수님을 준비시키고 사탄에게 승리케 하는 일로 사용하셨고, 마귀는 광야 사십 일을 에덴동산의 아담 이후로 처음 만나는 완전하고 흠 없는 인간인 예수님을 아담의 때처럼 타락시키기 위한 기회로 사용하려 했습니다.

죄의 저주를 불러온 에덴동산에서 있었던 뱀의 시험이 두 번째 아담(인류의 대표)으로 오신 인자 예수님을 찾아온 것입니다. 인류의 운명이 다시 '대표자 원리'에 의해 예수 그리스도의 손에 맡겨졌습니다. 그분의 승리는 인류의 승리와 기쁨이 될 것이고 그분의 실패는 인류의 절망스런 실패가 될 것입니다.

광야 _ 유대 광야는 예루살렘 정동으로부터 사해까지 닿아 있는 20km거리의 지역입니다. 이곳은 구원자인 메시아와 그의 길을 예비하는 선지자 엘리야의 출현 장소로 사람들의 기대를 모으던 곳이었습니다.

"외치는 자의 소리여 가로되 너희는 광야에서 여호와의 길을 예비하라 이사야 40장 3절"

이사야 선지자는 하나님께서 보내실 메시아의 길을 예비하는 사람이 유대 광야에서 등장할 것을 예고하였습니다. 유대 광야에서 가까운 사해와 요단강 남단에서 세례 요한이 먼저 등장하여 사람들에게 물세례를 베풀며 외쳤습니다. "회개하라! 천국이 가까이 왔다!" 그는 회개할 것을 주문했습니다. 그리고 "내 뒤에 오실 분은 나보다 능력이 훨씬 크시다. 나는 그리스도가 아니고 내 뒤에 오실 그분이 그리스도시다" 하며 예수님의 사역의 터를 닦았습니다. 예수님은 세례 요한이 사역하던 유대 광야 근처의 요단강에서 세례를 받으신 뒤 성령에게 이끌리어 유대 광야로 가서 마귀의 시험을 만나게 됩니다.

주리신지라 _ 인자이신 예수님께서 느끼시는 이 주림은 우리가 하루 이틀 굶고 느끼는 허기가 아닌 40일을 먹지 않고 느끼는 허기입니다(히4:15).

예수님께서 유혹을 받으신 곳은 홀로 외롭고 배고픈 장소였습니다. 마귀는 우리의 마음이 연약해질만한 상황에서 유혹의 그물을 던집니다. 외롭고 지칠 때, 큰 결정을 내려야 할 때, 미래가 불안하게 느껴질 때 등 우리가 약할 때에 찾아와 우리를 유혹합니다. 반대로 우리가 강할 때나 의롭게 보일 때, 일이 잘 풀릴 때는 교만이라는 더욱 강력한 유혹의 미끼를 던집니다. 그러니 우리는 깨어 경계해야 합니다. 일이 안 될 때에는 낙심하지 않도록, 일이 잘 될 때에는 교만하지 않도록.

"여러분 가운데 고난당하는 사람이 있다면 기도하십시오. 즐거운 사람이 있다면 찬송하십시오 쉬운성경 야고보서 5장 13절"

3 **시험하는 자**가 예수께 나아와서 가로되 네가 **만일 하나님의 아들이어든** 명하여 이 **돌들이 떡덩이**가 되게 하라

시험하는 자 _ 마귀 혹은 사단(사탄)이라고 하는 그의 특징은 인간이 죄를 짓게 만들고 그것을 공의의 하나님께 참소하는 것입니다. 사탄은 시험하는 자요(살전3:5) 미혹하는 자(계20:1)입니다. 하와가 사탄의 첫 시험을 받았습니다. 사탄은 인간 타락의 원인을 제공하였습니다. 뱀으로 나타났던 사탄은 하와에게 죽지 않을 것이라는 거짓말을 했습니다(창3:4, 창5:5). 그것은 사탄이 바로 거짓의 아비이기 때문입니다(요8:44).

사탄과 그의 세력들(엡6:12)은 사람들이 하나님과 그의 나라를 대적하도록 힘을 사용합니다(엡2:2). 그들은 인간이 가진 하나님에 대한 관심을 세상에 대한 관심으로 돌려놓기 위해 온갖 노력을 기울입니다.[1]

그러나 사탄의 모든 일은 하나님의 주권 하에서만 제한적으로 이루어집니다(욥1:12) 이것은 하나님께서 사랑하시는 자들이 하나님의 은혜를 더욱 갈구하고 하나님 안에 거하도록 하기 위함입니다. 사탄은 하나님의 이런 의도와 다르게(사10:7) 자기의 악한 인격과 교만을 따라 하나님의 백성들을 미혹시키고 불신자들을 하나님께로 나아가지 못하도록 세상에 묶어둡니다. 성경에서는 예수님이 다시 오시는 날(재림)에 사탄과 그의 세력 그리고 그의 백성들(다시 말하면 하나님의 구원의 증표인 성령이 없는 모든 이들 – 엡2:2)에게 멸망의 심판이 진행된다는 것을 확실하게 여러 곳에서 밝히고 있습니다.

인류 역사를 지켜본 영들

한국 사회에서 어르신을 공경하는 이유 중 하나는 세상을 오래 살며 얻은 풍성한 경험과 지식으로 그들이 얻은 지혜 때문일 것입니다. 나이가 많다고 항상 지혜가 더 풍성한 것은 아니지만 더 많은 체험과 지식이 더 깊은 깨달음을 줄 수 있다고 할 수 있습니다.

---

[1] 그리스도인이 하나님의 나라를 위해 온 정성과 희생, 사랑을 다 하듯 그들도 모든 가능한 거짓과 탐심, 분노 등을 사용하여 세상 나라를 높이고 하나님 나라를 낮추려 합니다.

그런데 이런 식으로 치면, 거룩하시고 전능하신 하나님과 은혜와 자비의 예수님 그리고 지혜와 능력의 성령님을 제외하고, 또 하나님의 편에 서 있는 영들 중 어떤 이들을 제외하고는 사탄의 교묘한 궤계와 능력을 능가하는 존재는 없을 것입니다. 특히 인간 중에서는 더욱 그렇습니다. 왜 인간은 스스로의 힘으로는 사탄을 상대할 수 없는 것입니까? 오늘날 살아 있는 모든 불신자와 신자들 중 사탄보다 많은 것을 보고 들은 이가 없기 때문입니다.

우리가 말씀의 기록으로만 알고 있는 에덴동산을 사탄은 눈으로 보고 몸으로 경험했습니다. 아담과 하와가 어떻게 생겼고 어떤 말들을 하며 살았는지도 보았습니다. 선악을 알게 하는 나무의 열매가 얼마나 탐스럽게 생겼는지도 잘 압니다. 사탄은 아담과 하와가 에덴에서 추방되는 것도 목도했을 것입니다. 이뿐만이 아닙니다. 가인의 범죄를 지켜보고 세상 문화로 사람들을 노예화하여 방주를 짓는 노아를 비웃게 만들었으며 아브람이 자기 세력권에 있는 우상의 도시 갈대아의 우르를 떠나는 것도 보았습니다. 시간이 흐르고 흘러 하나님의 거룩한 분이 왔을 때 광야에서 그를 세 가지로 시험하였으며, 광야에서 넘어뜨리지 못한 하나님의 어린양이 십자가에 달리셨을 때 스스로 위로하였을지 모릅니다. 하지만 그가 자신의 뜻이 이루어졌다고 생각한 그 순간, 그리스도의 십자가 죽음이 이루어진 순간, 거룩한 성전의 휘장이 위에서 아래로 갈라진 순간(마 27:51), 사탄은 힘을 잃고 두려워 떨 수밖에 없었습니다. 사망의 권세가 끊어졌습니다. 그리스도께서 부활하신 것입니다. 이제 누구든지 예수 그리스도의 이름을 믿는 자에게는 더 이상 죄와 사망이 주인노릇을 할 수 없게 되었습니다. 그리스도의 십자가가 패배라는 생각은 뿌리째 흔들리고 바위들이 터지듯이 깨어졌습니다.

교회를 무너뜨리는 가장 좋은 방법

유대인들은 그리스도의 구원의 도를 훼방하기 위해 제자들의 복음 전파를 막으려 했습니다. 그러나 오히려 복음은 예루살렘으로, 유대로, 사마리아로, 시리아와 터키, 로마로 멀리멀리 퍼져갔습니다. 이어 로마의 황제는 기독교를 박해하기 시작했으나 오히려 초기 그리스도인들의 신앙을 정금과 같이 정결하고 견고하게 하는데 유익하게 하였습니다. 그러다가 결국 4세기에 로마가 기독교국가가 되었습니다. 사도 바울이 이 소식을 들었다면 어떠했을까요?

사탄의 끈질긴 본성은 교회를 무너뜨리기 위한 새로운 계획을 고안했습니다. 회심하지 않고 개종하는, 즉 말씀을 통해 성령님께서 주시는 철저한 회개와 확고한 영접이 없이 교회에 출석하는 이들로 교회에 누룩을 넣은 것입니다. 이교도들은 그리스도인의 옷을 입고 마음이 변화되지 않은 채로(롬2:29) 교회에 들어왔습니다. 비국교도로서 당하는 정치적, 세속적 불이익을 피하기 위해서 입니다. 이교도들은 '옛사람' 을 그대로 가지고 교회로 들어왔습니다(엡4:22). 그들은 자기가 죄인임을 알지 못했습니다. 자기가 죄인인 것을 생각해볼 틈도 없었습니다. 교회의 세속화는 필연적이었습니다. 하나님을 찬양하기 위해서가 아니라, 구세주를 의지하기 위해서가 아니라 자기의 이익을 위해 교회로 왔기 때문입니다.

"교회를 위해 유리한 상황이 전개되었으나, 또한 이에 대한 대가를 지불하지 않으면 안되었다. 콘스탄티누스는 마치 그의 수하의 국가 관리들을 다루듯이 감독들을 지휘하였으며, 순수한 종교적 문제에 있어서도 그의 지시와 명령에 대한 무조건적인 복종을 기대하였다. 또한 이제 국가의 지원을 받는 교회에 일반 대중들이 쏟아져 들어왔다. 콘스탄티누스 이전에는 교회가 확신을 가진 신자들로만 구성되어 있었다. 그러나 이제 정치적 야망에 불타고, 이교의 영향에 젖어 있으면서, 종교적 관심은 별로 없는 자들이 몰려들기 시작했던 것이다. 이러한 모습은 단지 교회의 신앙적 입장을 약화시키고 이교의 미신에 의해 오염시켰을 뿐만 아니라, 세속화와 정치적 목적들을 위해 종교를 잘못 이용하는 사태를 발생시켰다." [1]

우상숭배의 전통을 가지고 있던 이교도들로 인하여 결국 예수와 마리아의 상이 만들어졌습니다. 이후로 이교도들의 신은 기독교 성인으로 둔갑하여 교회를 더욱 우상숭배의 장소로 만들었습니다.

교회를 무너뜨리는, 다른 말로 하면, 타락시키는, 본연의 모습을 잃게 만드는, 그리스도의 몸으로서의 기능을 마비시키는 가장 좋은 방법은 불신자에게 신자의 옷을 입혀 교회를 가득 채우는 것입니다. 그리스도의 교회가 아닌 인간의 교회를 만드는 것입니다. 말씀의 의지가 아닌 인간의 의지로 교회를 세우는 것입니다. 아니면 적어도 그리스도의 뜻에 관심이 없는 이들이나 하나님의 일을 못마땅하게 여기는 이들로 교회를 채우는 것입니다. 오늘날, 성경에서 말하는 그리스도를 알지도, 구주로 의지하지도 않지만 교회에 나오니까 구원을 받는다고 생각하는 사람들이 있다면, 자기의 영광과 유익을 위해 기독교라는 '종교'를 택한 이들이 있다면, 자기의 신앙을 철저히 점검해보아야 할 것입니다. 모르고 잘못하는 것은 여전히 고침의 기회가 있기 때문입니다.

교회에 대한 공격을 이기는 무기

중세 시대, 라틴어로 된 성경을 자국의 언어로 번역한다면 그것이 아무리 좋고 선한 동기라고 해도 사형에 처해지는데 망설임이 없었습니다. 그러나 14세기 영국의 존 위클리프는 신약성경을 영어로 번역하였습니다. 15세기에는 보헤미아(오늘날 체코)의 얀 후스가 그러한 일을 하고 성경의 권위를 교황의 권위보다 우위라고 주장하다가 화형에 처해졌습니다. 그러나 이것은 다음 세기를 위한 준비였습니다. 16세기 마르틴 루터가 '오직 성경으로', '오직 믿음으로'라는 기치를 확고히 붙들 수 있는 신앙적 밑거름이 되었기 때문입니다.

사탄은 자기 뜻이 이루어졌다고 기뻐할 때에 곧 하나님의 뜻이 이루어지는

❶ 브루스 셸리. 박희석 역. 「현대인을 위한 교회사」 크리스챤다이제스트. p.128. 1993

것을 누누이 보았지만 그는 심판의 날 그를 따르는 이들과 함께 완전히 멸망당할 때까지는 계속 하나님을 대적할 것입니다. 그것이 그의 본성이기 때문입니다. 그런데 그의 지혜는 인간에게 있어 먹음직도 하고 보암직도 하고 지혜롭게 할 만큼 탐스럽기도 합니다(창3:6). 하늘에 있는 착한 천사와 악한 천사들은 우리가 알지 못하는 아주 오래 전부터 인간의 역사를 지켜보아왔으며 오늘도 지켜보고 있습니다(엡3:10). 그들은 무신론자 역사가나 과학자가 주장하는 창조설의 부인이 참인지 아닌지 알고 있습니다. 왜냐하면 그들은 보았을 것이기 때문입니다. 또 예수가 하나님의 아들이 아닌 그저 종교심 깊은 한 사람이라는 어느 신학자의 주장도 참인지 아닌지 알고 있습니다. 모든 것은 심판의 날, 주께서 다시 오실 때 모든 인간들도 알게 될 것입니다.❷

세상을 사는 동안 우리는 어떻게 사탄의 끊임없는 공격들을 막아내고 사탄의 세력이 점령한 땅들을 차지할 수 있을까요?

"마귀의 궤계를 능히 대적하기 위해 하나님의 전신갑주를 입으라 에베소서 6장 11절"

인간의 지혜로 싸우면 우리는 결코 이길 수 없습니다. 그러나 하나님의 무기들로 싸우면 어둠의 영은 결코 우리를 이길 수 없습니다. 인간의 지혜는 사탄에게 질 수밖에 없는 한계가 있지만 사탄의 지혜는 하나님의 전신갑주(엡6:17) 앞에 무너질 수밖에 없는 한계가 있습니다. 이것은 '내가 이길 수 없는 방법' 으로 승부하지 않고 '내가 이길 수 있는 방법' 으로 승부하는 지혜입니다. 쉬운 예를 들면, 영어를 잘하고 수학을 못하는 사람이 일자리를 구하려 할 때 수학 능력이

❷ 그러나 그리스도인들은 그렇지 않습니다. 우리는 인류의 미래에 대해서라면 분명히 알고 있는 바가 있습니다. 물론 지구 끝의 '때' 에 대해서는 오직 하나님 아버지만이 알고 계십니다(마24:36). 하지만 그 때가 어떠하리라는 것은 압니다. 하나님의 말씀이 증언하고 있기 때문입니다.
"모든 통치와 권세와 능력과 주권과 이 세상뿐 아니라 오는 세상에 일컫는 모든 이름 위에 뛰어나게 하시고 또 만물을 그의 발 아래에 복종하게 하시고 그(그리스도)를 만물 위에 교회의 머리로 삼으셨느니라 에베소서 1장 21,22절"
그러므로 우리는 모든 것을 주님의 발 아래 복종시킬 그 날을 즐거움으로 기다릴 따름입니다.

절대적으로 중요한 곳이 아니라 영어 능력을 중요하게 보는 회사에 입사원서를 넣는 것입니다.

사탄의 땅을 점령하고 사탄의 결박에 묶여있는 사람들을 구해낼 수 있는 무기는 철학과 과학, 표적과 이적도 아닙니다. 성경은 말합니다. "그것은 오직 말씀과 기도다(엡6:17,18)" 사탄이 본질적으로 이길 수 없는 것은 하나님의 말씀과 성도들의 기도입니다. 그러니 인간의 지혜와 능력을 의지하여 사탄에게 패배하지 말고, 하나님의 말씀과 기도를 의지하여 사탄의 왕국을 몰아내고 하나님의 나라를 확장시켜야 합니다.

바른 말씀과 올바른 기도로 무장하기 위해서는 성경의 가르침을 받아야 합니다. 기록된 것(성경)을 벗어나는 말씀과 기도는 사탄을 제대로 찌를 수 없습니다. 왜냐하면 그것이야 말로 사탄이 영향력 있는 그리스도인들로부터 가장 보고 싶어 하는 모습 중 하나이기 때문입니다. 그러니 신앙에 열심이 있는 그대여, 성경을 사랑하십시오. 성경을 읽으십시오. 성경을 공부하십시오. 성경 안에서 무한히 넓고 깊은 진리의 참 자유를 누리십시오(요8:32). 신앙의 열정에 신앙의 지식이 언제나 함께 자라도록 하십시오(잠19:2).

만일 하나님의 아들이어든 _ 미혹자인 사탄은 예수님께 If… then… 조건문으로 질문하고 있습니다. 사탄의 기막힌 무기 중 하나는 '의심' 입니다. '당장 눈에 보이는 증거' 를 보이지 못하면 의심해봐야 한다고 말합니다.

십자가 위에 매달리신 예수님께 대제사장들과 서기관들과 장로들은 "지금 십자가에서 내려올지어다 그리하면 우리가 믿겠노라(마7:42)"고 했습니다. 하지만 예수님은 어떤 반응도 하지 않으셨습니다. 그렇게 한다고 믿을 그들이 아니었고 그렇게 하는 것이 하나님의 뜻과 방법도 아니었기 때문입니다.

우리는 믿음이 필요합니다. 누군가 '만일 당신이 정말 구원을 받았거든 증거를 대보시오' 라고 한다면 여러분은 어떻게 하시겠습니까? 구원은 자기의 기분에 따라 받거나 못 받는 것이 아닙니다. 성경은 구원의 길을 분명하게 가르쳐주고 있습니다.

“누구든지 주의 이름을 부르는 자는 구원을 얻으리라 하였느니라 사도행전 2장 21절”

주께서 십자가에서 흘리신 피가 우리의 죄를 깨끗케 했고 주를 사랑하는 우리의 믿음을 그분께서 기쁘게 받으심과 우리를 그분의 뜻대로 연단시키시며 동시에 보존하심을 모두 이룰 것임을 믿고 예수님께 삶 전체를 맡기는 것만큼 의심이 필요 없는 일은 세상에 없습니다. 사탄은 이런 믿음에 상처를 주기 위해 굶주린 사자와 같이 날뛰고 있습니다. 성경은 그리스도의 보혈에 대해 ‘만일’을 말하지 않습니다. ‘만일 예수님의 보혈이 나를 구원하지 못하면 어쩌지?’ 하는 생각은 악한 영들이 사용하는 하나의 전술입니다. 진리의 말씀인 성경은 말합니다.

“너희는 그 은혜에 의하여 믿음으로 말미암아 구원을 받았으니 이것은 너희에게서 난 것이 아니요 하나님의 선물이라 에베소서 2장 8절”

돌들이 떡덩이 _ “돌로 떡을 만들다니 얼마나 독창적인 아이디어인가. 이스라엘의 경제를 부흥시킬 것이다. 그런 경제력으로 하나님의 일을 하면 하나님께서 기뻐하실 것이다!”

때로 우리는 하나님의 일에 세상의 방식을 적용하여 열매를 얻으려 합니다. 열매의 결실이 하나님이 아닌 인간에게 달렸다는 듯.

시간이 금보다도 비싼 시대가 왔습니다. 우리는 그런 시대에 살고 있습니다. 그래서 더 더욱 빠른 방법을 찾습니다. 시간과 함께 인간의 편의도 제1고려사항이 되어 ‘더 편리한 것’이 ‘더 선한 것’이 되었습니다. 가장 적은 시간에 가장 적은 힘으로 가장 많은 것을 하는 방법이 최선이 되었습니다. 그것은 효과적이고 지혜로울 수 있습니다. 하지만 효율성과 성취보다 먼저 중요한 것이 있습니다. 하나님께 순종하는 마음과 하나님께서 인정하시는 방법입니다. 효율성도 중요하지만 하나님의 뜻과 방법을 먼저 구해야 하는 법입니다.

“경기하는 자가 법대로 경기하지 아니하면 면류관을 얻지 못할 것이며 디모데후서 2장 5절”

만일 그렇지 않고 ‘전략’을 첫 번째로 앞세워 하나님의 나라를 이뤄가려 한다면 하나님의 은혜나 주권이 아니라 효율성이 하나님 나라의 헌법이 될 것입니다. ‘전략’은 뱀처럼 지혜롭게 한다는 측면에서 중요하지만 하나님과 인간에 대한 사랑이 없으면 모든 전략과 노력이 아무 소용없이 피곤하기만 한 것입니다. 또, 하나님께서 온 세상의 주권자시라는 인정과 그에 걸맞은 비둘기 같이 순결한 마음과 행위의 순종이 없으면 하나님과 상관없는 일을 벌이고 있을 뿐입니다. 우리는 하나님께서 인정하시는 방법으로 일하고 있습니까?

“여호와께서 집을 세우지 아니하시면 세우는 자의 수고가 헛되며 여호와께서 성을 지키지 아니하시면 파수꾼의 깨어 있음이 헛되도다 시편 127편 1절”

하나님의 나라는 ‘전략과 효율성’만으로 이루어지지 않습니다. 하나님께 대한 사랑과 순종이라면 돌들로도 하나님 나라의 뜻을 이루어지게 하실 수 있는 능력이 하나님께 있습니다. 그런데 우리는 왜 쉽고 가벼운 하나님의 방법(마11:30)을 놔두고 수고하고 무거운 짐을 지는 세상의 방법(마11:28)을 고집하는 것입니까.

사탄의 송신은 이렇습니다.

“너의 능력으로 하라. 그래. 하나님의 일을 위해 네 목숨을 걸어라. 너의 힘과 의지만 있으면 못 할 것이 없다. 굳이 하나님께서 그 일을 원하시는지 기도로 묻거나 말씀에 비추어 길을 시험해 볼 필요는 없다(행16:10). 시간이 없기 때문이다. 빨리 가서 네가 원하는 일을 시작하라. 가장 빠르게 해내야 하나님께서 너를 인정하실 것이고 가장 큰 성과를 내야 하나님께서 너를 기쁘게 받아주실 것이다. 중요한 것은 최상의 효율성이지 성령의 음성이 아니다. 혼동하지 말라. 마음 약해지지 말라. 네가 하나님을 믿는 것은 그가 네 입에 맛있고 큰 것을 넣어주시기를 바라기 때문이고 그는 그렇게 하실 것이다. 그러니 다섯 달란트를 남긴 사람이 두 달란트를 남긴 사람보다 하나님께 더 가치 있는 사람이다(마25

장–달란트비유참조). 대형 교회가 더 진리에 가까운 교회고 베스트셀러가 더 진리에 가까운 책이며 유명 목사가 더 진리를 말하는 목자다.[1] 그러니 이 혼란스러운 21세기에는, 오직 인기 있는 것을 믿으라. 그러면 틀림없을 것이다."

4 예수께서 대답하여 가라사대 기록 되었으되 사람이 떡으로만 살 것이 아니요 하나님의 입으로 나오는 모든 말씀으로 살 것이라 하였느니라 하시니

떡 _ 배고픈 사람에게 음식이란 가장 필요한 것입니다. 하지만 수십 일을 굶은 사람이 갑자기 허기를 채울 정도로 먹으면 급체하여 죽을 수도 있습니다.

육의 양식만 가지고 사는 것은 사는 것이 아닙니다. 영의 양식도 먹어야 합니다. 철을 따라 꼴을 먹이시는 목자 예수님 그분이 우리에게 주신 말씀은 세상 사람이 맛보지 못하는 특권적인 별미입니다. 세계성서공회(United Bible Societies)의 통계에 따르면 2007년 12월말까지 전 세계 6,500개 언어 중 2,454개 국어로 성경이 번역되었습니다. 성경전서가 번역된 언어는 438개, 신약전서만 번역된 것은 1,168개, 단편만은 848개입니다. 물론 여태까지 성경이 얼마나 많이 인쇄되고 복사되어 팔렸는지는 알 수 없습니다. 성서공회는 1816년부터 1975년 사이에 25억 권 정도 인쇄되었을 것이라고 추정하고 있습니다. 물론 이것은 인쇄의 역사일 경우고 필사 성경의 경우 지금으로부터 약 3500년 전 모세의 때까지 거슬러 올라갑니다. 구소련에서는 성경출판이 금지되어 손으로 썼는데 이렇게 쓴 성경의 가격은 두 달치 봉급에 해당했다고 합니다.

---

[1] 대형 교회, 베스트셀러, 유명 목사라는 이름 자체를 비판하는 것은 아닙니다. 다만 우리 안에 있는 외모(간판)를 성경과 내면보다 중요시 하는 마음을 비판하고 있는 것입니다. 그러나 그렇다고 대형 교회, 베스트셀러, 유명 목사를 옹호하는 것도 아닙니다. 믿는 자에게 인간의 옹호는 그렇게 중요한 것이 아닙니다. 성경의 지지와 하나님께 대한 사랑과 충성 그리고 선한 열매 맺는 삶이라면 하나님으로부터만 아니라 사람으로부터도 칭찬 받을 것입니다.
오늘날 성도들의 마음속, 즉 저와 여러분의 마음속에는 하나님과 성경에 대한 사랑과 신뢰, 충성이 더 큽니까? 아니면 '인기'를 더 신뢰합니까? 내 시간과 관심과 물질이 어디에 더 많이 들어가고 있는지 잘 점검해봅시다. 확실히 유행보다는 성경에 더 신뢰와 관심과 시간을 들인다고 자부한다면 저자를 비난해도 좋습니다. 그런 성도의 비난이라면 저는 사랑할 것입니다.

하나님의 말씀이 기록된 성경의 은혜란 목숨과 바꾸어도 모자람이 없는 것입니다. 값싼 은혜, 흔한 말씀이 아니라 목숨보다 귀한 은혜, 생명의 말씀입니다. 많은 선교사들이 말씀을 들고 전투적인 현장을 찾아가 평생 목숨을 내놓고 말씀을 전하는 것도 그 말씀의 가치가 자기 목숨보다 크다고 믿기에 가능한 것입니다.

오늘날 우리는 이렇게 위대한 말씀을 가까운 서점에서 부담 없는 가격으로 구입할 수 있습니다. 한국처럼 예쁘고 다양하게 성경을 만드는 나라도 없습니다. 말씀의 풍성한 환경을 허락하신 주님께 감사드리며 동시에 간절함과 감격을 잃어버리지 않도록 깨어서 살아가야겠습니다. 순수한 하나님의 말씀이 사람들의 가슴에 더욱 깊이 퍼져나갈 때 한국은 밝은 미래를 기대할 수 있습니다. 나의 사랑하는 성경책을 꺼내어 손에 쥐고 한번 훑어봅시다. 사랑스럽고 감격스럽지 않습니까? 우리가 말씀을 삶의 지침으로 삼아 우리 자신을 조각해 나아가는 한 우리는 위대한 승리의 삶을 살게 될 것입니다. 임마누엘의 하나님께서는 말씀으로 오늘도 우리 곁에서 동행하여 주십니다. 아멘.

5 이에 마귀가 예수를 거룩한 성으로 데려다가 성전 꼭대기에 세우고 6 가로
되 네가 만일 하나님의 아들이어든 뛰어내리라 **기록하였으되** 저가 너를 위하여
그 사자들을 명하시리니 저희가 손으로 너를 받들어 발이 돌에 부딪히지 않게
하리로다 하였느니라 7 예수께서 이르시되 또 기록되었으되 주 너의 하나님을
시험치 말라 하였느니라 하신대

기록하였으되 _ 여기서 마귀는 다시 하나님의 아들이신 예수님께 "정말 하나님의 아들이라면 ~해 보시오"라는 무례를 범하고 있습니다. 그의 질문은 무례하고, 어이가 없어 대답할 필요조차 없게 만들기도 하며, 끈질기기도 끈질긴 것입니다. 사람을 죄악으로 유혹하는 마귀의 죄는 하나님 앞에 너무나 가중한 일입니다. 마귀는 이미 운명이 정해진 자로 지옥 불에 던져질 것입니다. 그러니

그와 상종을 마십시오. 그를 닮은 것이라면 가장 작은 모양이라도 제거하십시오. 그런데 여기서 놀라운 것은 "기록하였으되" 하면서 마귀가 성경 구절을 인용하고 있다는 점입니다!

'거룩한 하나님의 말씀을 하나님을 대적하는 자인 마귀가 사용하고 있다고?'

그렇습니다. 어떠한 사실을 의도적으로 거짓으로 만들기 위한 가장 좋은 방법은 그 사람의 증언을 왜곡하는 것입니다. 그래서 사탄은 하나님의 말씀을 가지고 하나님의 의도를 왜곡하려고 한 것입니다. 성경 구절을 빌려 말한다고 모두가 선한 것은 아닙니다. 이기적인 목적으로 말씀을 사용할 수도 있습니다. 자기를 높이기 위해, 남들을 시험에 빠뜨리기 위해, 넘어뜨리기 위해 사용할 수도 있습니다. 하나님의 뜻이 담긴 성경을 왜곡하기 위해 성경 구절을 사용할 수도 있습니다. 이것은 잘못된 교리를 전하는 이단의 특징으로 하나님께 대한 범죄 중의 범죄입니다. 하나님의 뜻을 따라 사는 올바른 그리스도인들이라면 경계해야 할 이단에는 어떤 것들이 있는지 지식이 필요합니다.[1]

"사랑하는 자들아 영을 다 믿지 말고 오직 영들이 하나님께 속하였나 분별하라 많은 거짓 선지자가 세상에 나왔음이라 요한일서 4장 1절"

다시 한 번 성경에 대한 바른 지식을 가져야 할 이유를 깨닫게 됩니다. 성경에 관심이 없어서 하나님을 아는 지식이 빈약한 사람에게 사탄은 조용히 다가가 이렇게 말할 것입니다.

"기록되었으되…"

성경보다 베스트셀러 신앙서적을 더 좋아하는 신앙인

만일 여러분이 성경에는 무관심하면서 훌륭하게 마케팅 된 세련된 베스트셀러 기독교서적만 읽고 있다면 확실히 마귀에게는 조금 더 안심할 수 있는 상태

[1] 참조 인터넷 싸이트 : 현대종교, 교회와 신앙 등

에 있는 것입니다. 성경으로 만들어진 성경적인 신앙이 아니라 마케팅으로 만들어진 '고객(듣는 자) 중심의 골라 먹는 신앙'이 되기 쉽기 때문입니다. 그런 신자들로 구성된 교회를 생각해보십시오. 진리의 말씀의 능력과 하늘로부터 내려오는 지혜는 자취를 감추고 듣기 좋은 소리(부담스럽지 않을 정도로 찔리고 한없는 축복을 내려주는, 뭔가 영화처럼 대단하고 극적인)만 들으려 할 것입니다. 그런 교회가 세상과 사람을 살리는 교회가 될 수 있을까요? 하나님께 합당하고 기뻐하시는, 그래서 쓰임 받는 교회가 될 수 있을까요? 하나님께 부담스러운 짐이나 되지 않으면 좋겠습니다.

이것은 하나님의 말씀에 빈약한 신자들이 넘쳐나고, 그 신자들이 성경은 제쳐두고 누가누가 쓴 베스트셀러 기독교서적에 더 마음을 쓸 때 일어날 수 있는 일입니다. 그러나 성경을 제쳐놓고 하나님께서 찾으시는 그리스도인이 될 수 있다고 생각하십니까? 성경은 읽지 않고 잘 팔리는 기독교서적만 골라 읽으면 과연 하나님께서 원하시는 그리스도인으로 자라날 수 있을까요? 어느 날 밤 잠자리에서 번뜩 머리를 스치고 지나가는 생각처럼 갑작스레 다가온 이 질문을 믿음과 양심과 성경과 정직함의 눈으로 깊이 들여다보았습니다. 그리고 끄집어낸 대답은 "그럴 수 없다"였습니다. 여러분, 신앙의 중심을 '베스트셀러 기독교서적'에 두지 마시고 오직 '성경'에 두시기 바랍니다.

그렇습니다. 먼저 성경을 집어야 합니다. 사악한 지혜가 풍부한 마귀는 우리를 세상에 묶어서 그리스도께 나아가지 못하게 만드는 데 실패했다면 차선책으로 우리를 삶이 변화되지 않은 능력 없는 그리스도인, 하나님의 뜻을 분별하지 못하고 자기 생각대로 하나님을 믿는 그리스도인으로 머물게 하려 할 것입니다. 그것을 위한 가장 좋은 방법은 신자들이 그들의 삶의 지침서인 성경에 빈약하게 만드는 것입니다. 아니면 성경적으로 들리지만 하나님의 본의가 빠진 기독교적인 것들을 사용할 수도 있습니다.

성경이 아닌 사람의 말에 신뢰를 두는 크고작은 행동들 하나하나는 우리를 조금씩 변질로, 능력의 상실로 그리고 멸망으로 이끌어갈 것입니다. 우리는 이미 멀리 와 있습니다. 우리가 책상에 있는 베스트셀러들을 치우고 먼저 성경을 손에 쥐지 않는다면 사실 우리는 '깨어있는 성도(마24:42)' 가 아닙니다. 성경으로 분별력을 기르지 않고 더욱 '유행하는 신앙서적' 으로 신앙적 분별력을 키워가고 있는 여러분 기억하십시오. 유익한 책도 있지만 해로운 책도 많습니다. 물론 베스트셀러도 성경구절을 사용합니다. 그러나 이단(heresy)도, 사단(Satan)도 성경구절을 사용합니다. 베스트셀러의 '성경구절을' 확인하라는 것이 아닙니다. '성경을' 읽고 상고해야 한다는 것입니다. 모든 것이 혼탁한 이 시대에 죽지 않고 살기를 원하는 모든 그리스도인의 사는 비결, 그것은 하나님의 말씀을 등불로 삼는 것입니다.

너무 멀리는 가지 않는 신앙

"바로가 가로되 내가 너희를 보내리니 너희가 너희 하나님 여호와께 광야에서 희생을 드릴 것이나 너무 멀리는 가지 말라 출애굽기 8장 28절"

믿음이 있다고 한지가 오래인데도 삶이 변화되지 않은 그리스도인은 마귀에게 전혀 부담이 되지 않습니다.

"하나님을 믿기는 믿되 적당히 믿으라. 성경보다는 다른 더 재밌는 서적들을 봐라. 교회에는 가되 주일만 가면 되지 않느냐. 광적으로 믿지는 말라. 요즘 시대가 어떤 시대인데."

오히려 마귀의 입장에서는 교회에 스파이를 심어 놓는 것과 같은 효과를 얻는 것입니다. 사실 그 성도가 하는 일과 열매는 교회의 유익보다는 차라리 마귀의 소욕(desire)에 더 보탬이 되고 있습니다. 한 신자가 신앙적으로 계속 성장해 나가지 않는다면 사실은 마귀에게 유익을 주고 있는 셈입니다. 동시에 하나님의 나라와 교회 그리고 다른 성도들에게 피해를 주고 있는 것입니다. 자라나기를 거부하고 머물러 있으려고 하는 성도가 교회와 다른 성도들에게 던질 신앙의 열기를 식히는 말들과 실족시키는 행동들을 생각해 봐야 합니다. 그런 성도는 자기 합리화를 위해 이렇게 말할 수도 있습니다.

"좀 지나친 것이 아닙니까? 너무 멀리는 가지 마세요. 성경에 기록되었으되!"

그러나 자신이 어떤 동기와 목적으로 무슨 말이든 행동이든 하는 것인지 살펴보아야 할 것입니다. 과연 하나님께서 기뻐하실 동기와 목적입니까? 아니면 마귀가 공돈을 얻은 것처럼 흐뭇해 할 동기와 목적입니까?

성령 안에서, 성경 안에서 자람

아이가 자라려면 밥을 먹어야 하듯이 신앙이 자라려면 꾸준히 말씀을 먹어야 합니다(벧전2:2). 그러니 말씀을 읽고 깊이 묵상할 뿐 아니라 연구하고 삶으로 체험해야 합니다.❶ 그래서 나의 것으로 만들어야 합니다. 사도 바울은 하나님의 전신갑주 중 마귀에 대적하는 우리의 유일한 공격 무기가 바로 말씀임을 이야기했습니다.❷

"성령의 검 곧 하나님의 말씀을 가지라 에베소서 6장 17절"

성령의 충만함을 받는 것은(엡5:18) 성령의 검 곧 말씀의 충만함을 입는 것입니다. 하나님의 말씀에 빈약한 성도들이 가장 먼저 추구해야 할 것은 하나님을 아는 지식 즉 말씀입니다. 말씀으로 풍성해지지 않는다면 마귀가 우리를 주무르기에 아주 좋은 상태를 만들어주는 것입니다. 마귀가 성경을 2% 교묘하게 왜곡할 때 성경이 주는 분별력을 소유하지 못한 아직 미성숙한 성도는 그것을 온전한 진리로 믿게 될 것입니다. 어린 아이는 남의 말이면 곧이곧대로 믿습니다. 누가 그 아이에게 하나님의 마음과 하나님을 아는 지식을 가르쳐주겠습니까? 그렇지 않으면 그 아이는 이상한 것들을 배우게 될 것입니다. 사사로이 성경을

❶ 요즘 '체험'이라고 하면 '기적체험, 성령체험, 축복체험'의 뉘앙스가 강해서 '체험'이라는 말을 쓰기가 망설여집니다. 여기서는 그런 식의 체험을 말하고 있지 않습니다. 대신 삶에서 말씀을 체험하는 것을 말하고 있습니다. 아무리 좋은 말씀과 교리, 신조라도 믿음으로 경험하지 못한다면 사실 그것을 알지 못하는 것입니다. 말씀 안에서의 경험과 말씀의 삶에 적용은 매우 중요합니다.

❷ 에베소시 6장 18절의 기도도 공격무기인데 그에 상응하는 세속적인 무기가 없기에 전신갑주에는 포함이 되지 않은 것입니다.

해석하기 시작하는 사람에게 축적되는 지식은 훗날 많은 교회와 성도, 불신자를 잘못된 곳으로 인도할 것입니다.

성경을 매일 읽으십니까? 새신자에게 성경의 재미를 가르쳐주고 있습니까? 다른 성도들과 말씀의 은혜를 나누고 있습니까? 성경을 상고함으로 하나님께서 주시는 분별력을 키워나가고 있습니까? 이것이 없으면 우리는 마귀를 공격할 수 없고 오히려 공격을 당해 큰 해를 입을 것입니다.

시대적인 변명

이 시대는 사용자 중심의 서비스 시대입니다. 그래서 설교도 점점 듣는 이에게 맞추어지고 있습니다. '죄와 심판이 빠진 복음, 치유 · 능력 · 기적 · 축복의 왜곡된 복음'이 대세를 잡았고 신앙도 자아실현이나 자기만족의 도구 혹은 하나의 액세서리로 전락시킨 이들이 늘어가고 있습니다. 예수님으로부터 세상에서 가장 큰 자라고 인정을 받은 단호한 신앙인 세례 요한은 21세기에 완전히 추방되었습니다. 이제 하나님은 내가 무슨 행동을 해도 다 이해해주시는 맘씨 좋은 할아버지가 되었습니다. 왜냐하면 '그분은 사랑이기 때문'이랍니다. 하나님의 아들의 희생의 십자가는 뚝딱하면 뭐든 다 나오는 도깨비 방망이가 되었습니다. 오늘날 더 이상 성경은 기준이 아닙니다. 참고자료일 따름입니다. 하나님도 기준이 아닙니다. 그는 나의 위대한 산타할아버지입니다. 그럼 무엇이 기준입니까? '나'입니다.

"내 기분을 상하게 하지 마십시오. 성경도 중요하지만 내 의견이 더 중요합니다. 하나님께서 무엇을 원하시는지 이해는 하겠지만 최종 결정권자는 나입니다. 하나님이 나를 위해 있는 것이지 내가 하나님을 위해 있는 것입니까?"

그러나 지구에 단 열 명의 의인을 제외한 모든 사람이 위와 같은 믿음을 견지한다고 구원의 도가 다수에게 맞춰지는 것이 아닙니다. 시대와 다수에 관계없이 성경은 요동치 않는 진리의 기준으로 서 있습니다. 그러나 그대의 생각과 기준을 고집한다면 그대는 진리와 멀어지고 있는 것입니다. 다른 말로, 감은 눈으로 멸망을 향해 적극적으로 달려가고 있다는 것입니다.

물론 듣는 이들에게만 문제가 있는 것은 아닙니다. 구약의 선지자들은 언제나 백성들에 앞서 제사장들과 장로들을 책망했습니다. 그렇게 보면 말씀을 전하고 가르치는 이들에게 더 큰 책임이 있는 것입니다. 소비자 유치 경쟁에서 이기기 위해 세련된 마케팅을 하는 가전제품이나 책처럼 설교도 성도 유치경쟁에서 이기기 위해 대중의 편의에 대하여 열정적으로(어느 곳은 절대적으로) 서비스정신을 발휘하고 있습니다. 성도를 늘리기 위해 복음을 줄이고 있는 것입니다. 그런 설교라면 차라리 "태어나지 않는 것이 좋았을 것(마26:24)" 입니다.

성경의 울타리를 넘어서는 설교는 성도들을 기만하는 것입니다. 성도들이여, 성경적 분별력을 갖추어 설교자들이 하나님의 말씀 안에서 바른 설교를 하는지 분별하십시오. 그는 인간의 지혜로운 교훈으로 '하나님의 말씀' 을 대체하고 있습니까? 그는 강단에서 해박한 지식을 자랑하는데 더 신경을 쓰고 있습니까? 아니면 설교자 자신의 철학을 논하며 성도들의 귀한 시간을 낭비하고 있습니까? 성경적 근거 없는 과장된 이야기로 성도들에게 허영심을 심어주고 있습니까? 성경적 근거 없는 '해야 할 것, 하지 말 것' 으로 성도들의 자유를 침해하고 있습니까? 설교자는 하나님 앞에서 하나님의 말씀을 대언하는 자라는 사실을 우리는 잊었습니까?

"하지만 시대가 바뀌었습니다. 과거와는 다른 시대입니다. 그런데도 진리에 우리를 맞추어야 합니까? 어떤 설교자는 우리의 양심이 부담이나 스트레스를 받지 않도록 잘 맞추어주는데 그것이 그리도 큰 문제라는 말입니까?"

여러분의 행복과 여러분의 진리를 위해 대답합니다.

"그렇습니다. 시대는 항상 변하나 진리는 항상 그대로입니다. 꽃은 시들고 풀은 마르나 하나님의 말씀은 영원합니다(사40:8). 청중의 문화적 요소들은 고려사항이나 '말씀의 본 의도와 명령' 은 조금도 더하거나 뺄 수 없는 것입니다(계

22:18,19)."

우리는 시대의 변화를 인지하고 파악하여 지혜롭게 대처해야 할 것입니다. 하지만 진리는 변하지 않는다는 점을 강조하고자 합니다. 인간이 하나님의 진리에 맞추어야 하는 것이지 진리가 우리에게 맞추어지는 것이 아니라는 점도 바뀌지 않습니다. 여러분에게 무한하고 절대적인 유익을 주는 진리라는 지혜롭고 아름다운 여인을 계속 곁에 두고 싶다면 그녀에게 다가가 공손히 무릎을 꿇고 손을 내밀어야 합니다.

성도와 교회의 사고와 결정 그리고 행동의 중심은 하나님의 말씀입니다. 그 속에서 우리의 이성과 경험과 전통은 선하게 사용될 수 있습니다. 그러나 흔들리지 않는 말씀을 자기 뜻이나 편의대로 옮기려다가 실패와 타락과 멸망으로 떨어지는 것은 역사의 증언입니다. 듣는 자인 여러분이 귀에 간지럽게 잘 마케팅 되고 서비스 정신이 투철한 말씀을 기대하고 있다면 사도 바울의 경고의 말씀을 기억하십시오.

"때가 이르리니 사람이 바른 교훈을 받지 아니하며 귀가 가려워서 자기의 사욕을 따를 스승을 많이 두고 또 그 귀를 진리에서 돌이켜 허탄한 이야기를 따르리라 디모데후서 4장 3,4절"

그런 사람은 한 가지 더 이것을 기억하십시오. 인간의 편의에 맞춘 말씀에 익숙한 여러분이라면 마귀가 와서 여러분에게 "기록되었으되!" 하며 시험할 때 예수님처럼 분별력 있는 자세와 하나님의 말씀으로 마귀를 물리치지 못하고 도리어 당할 가능성이 크다는 것입니다.

그리고 전하는 자인 여러분이 말씀 묵상과 연구, 기도에 소홀할뿐더러 듣는 자의 인정과 칭찬에 목이 말라 하나님의 말씀을 말씀 그대로 전하지 않는다면 예수님과 솔로몬의 경고의 말씀을 기억하십시오.

"모든 사람이 너희를 칭찬하면 화가 있도다 그들의 조상들이 거짓 선지자들에게 이와 같이 하였느니라 누가복음 6장 26절"

"사람을 두려워하면 올무에 걸리게 되거니와 여호와를 의지하는 자는 안전하리라 잠언 29장 25절"

그러나 더욱이 하나님께서 에스겔에게 하신 이 경고를 기억하십시오.

"그러나 칼이 임함을 파수꾼이 보고도 나팔을 불지 아니하여 백성에게 경고하지 아니하므로 그 중의 한 사람이 그 임하는 칼에 제거 당하면 그는 자기 죄악으로 말미암아 제거되려니와 그 죄는 내가 파수꾼의 손에서 찾으리라 에스겔 33장 6절"

2% 변질된 산당 신앙

구약 분열 왕국 시대의 산당 제사를 기억하십니까(왕하12:3)? 산당은 예루살렘 성전 외에 여호와를 섬기던 비공식 예배처소였습니다. 이스라엘 민족이 가나안에 도착하기 전 가나안 족속은 산당(high place)에서 바알, 아세라 우상을 숭배하였고 여사제들과 음란한 예배의식을 행하였습니다. 그래서 하나님께서 모세에게 명하셨습니다.

"그 땅의 원주민을 너희 앞에서 다 몰아내고 그 새긴 석상과 부어 만든 우상을 다 깨뜨리며 산당을 다 헐고 민수기 33장 52절"

그러나 산당은 솔로몬 성전이 세워지기 전까지도 계속 '여호와 예배처소'로 사용되었고 성전이 세워진 뒤에도 그러했습니다. 백성들은 산당에서 하나님을 섬겼습니다. 직접적인 우상숭배는 아니니까 괜찮다고 생각했던 것일까요? 그러나 그곳은 우상숭배를 일으킬 가능성이 다분히 있었고 실제로 음행과 자식을 바치는 인신제사가 행해지기도 했습니다(겔16:16, 렘7:31).

우리의 신앙이 "나는 우상숭배를 하지는 않고 하나님을 믿으니까 내 편의대로 산당에서 예배해도 괜찮다"는 '산당 신앙'이 되어서는 안 될 것입니다. 이것은 기독교적인 모습을 이용하여 그리스도의 가르침과는 다른 삶을 살도록 하려는 마귀의 교묘한 술책입니다. 마귀는 우리의 편의와 사정을 봐준다며 진리를 우리의 합리성이나 효율성에 맞추라고 합니다. 2%만 진리를 뒤틀어도 얼마나 합리적으로 들리는지 모릅니다. 2%만 진리를 타협해도 얼마나 '쉬운 답'이 나오는지 모릅니다. 그러나 가장 무섭고 위험한 것은 '전혀 다른 소리'를 하는 사람보다 '2% 다른 소리'를 하는 사람입니다. 교묘한 위협입니다. 하지만 2%는 3%, 4%, 5% … 그리고 결국에는 진리의 검(sword)에 아무런 베는 능력도 없게 만들 것입니다. 그리스도인이 진리의 검의 위력을 상실하면 마귀와 그의 수하들은 "이때다"하고 달려들어 집어삼킬 것입니다. 하나님께서 주신 가장 날카롭고 강력한 무기, 그리스도의 복음을 타협해서는 안됩니다. 2%의 교묘함을 경계하십시오.

인격이 나쁘고 2%를 분별하지 못하는 사람은 차라리 덜 위험합니다. 사람들은 그의 말에 주목하지 않을 것입니다. 인격이 좋으나 성경적 기반이 약하여 2%를 분별하지 못하는 사람이 더 위험합니다. 사람들이 그의 목소리를 청종하기 때문입니다. 무지함으로 일어나는 복음의 훼손을 눈치채지 못하고 '사람이 좋아서' 그의 말을 따르는 것은 '예상치 못한, 의도하지 않은, 그러나 치명적이고 교묘한 위험'입니다. 말씀을 꾸준히 묵상하지 않고, 복음을 바르게 알지 못하는 사람의 영향력이란 사실 내리막으로 인도하는 것입니다. '사람이 좋다고, 사랑이 많다고' 그의 생각도 꼭 좋고 옳은 것은 아닙니다. 진리에 대해서는 '성격·사랑의 크기'로 분별되는 것이 아닙니다. 혼동하지 마십시오. 진리는 진리이지 인기 있는 사람이라고 그의 말하는 것이 자동으로 진리가 되는 것은 아닙니다. 분주하게 돌아가는 종교적인 계획들을 잠시 멈추고, 자신이 소유한 진리의 검이 날카로운지, 아니면 방망이처럼 되었는지 자문해보는 것은 어떨까요.

혹시 나는, 2%를 분별하기보다는 '주님의 이름과 사랑으로 일단 시작'하는 사람이 아닙니까? 영적인 지식의 지속적인 성장이 없이 남에게 영향력을 끼치는 것의 위험성을 아는 사람입니까? 어설프게 아는 것을 확신하고 고집하지는 않습니까(잠19:2)?

말씀의 충만과 성령 · 은혜와의 관계

우리는 말씀의 충만함을 입어야 합니다. 말씀으로 충만함을 입지 아니면 성령의 충만을 지속적으로 받을 수 없고 그러면 은혜의 충만함도 곧 그치게 될 것입니다. 말씀의 충만, 성령의 충만 그리고 은혜의 충만은 이렇게 셋이 연결되어 있습니다. 말씀, 성령 그리고 은혜의 충만함 가운데 살 때 우리는 2% 변질된 산당 신앙에서 벗어나 하나님께서 기뻐하시는 삶을 살게 될 것입니다. 분열 왕국 시대의 왕들 중 "여호와 보시기에 정직히 행했으나 오직 산당을 제하지 아니하였으므로 백성이 오히려 산당에서 분향하였더라(왕하12:2,3)"라는 평을 받았던 왕을 본받으시겠습니까? 아니면 "여호와 보시기에 정직히 행하여 여러 산당을 제하며 주상을 깨뜨리며 아세라 목상을 찍으며(왕하18:3,4)"라는 평을 받았던 왕을 본받으시겠습니까?

오늘부터 매일매일 꾸준히 하루 중 시간을 얼마 떼어 조용한 곳에서 사모하는 마음으로 하나님의 말씀에 집중해보시기 바랍니다. 하나님은 기쁘게 말씀의 풍성함을 허락하실 것입니다. 우리가 말씀의 충만함을 입는 것이 하나님의 기쁘신 뜻이기 때문입니다(골3:16). 말씀의 충만함은 지속적인 성령의 충만으로 이어질 것입니다. 그리고 성령으로 충만한 사람은 은혜를 사모하여 결국 은혜의 충만함을 입게 됩니다. 말씀과 성령, 은혜가 충만한 사람들이 두셋 모이면 부흥이 일어납니다(행11:24~27). 2% 변질된 산당 신앙은 결코 그들을 속이지 못할 것입니다.

하나님을 사랑하십니까? 그러면 마땅히 그 사랑을 진실하게 표현해야 할 것입니다. 그래서 우리는 주일만이 아니라 주중에도, 즉 365일, 24시간을 하나님께 드려야 합니다. 이것은 매 순간을 기도하는 마음으로, 말씀의 조명을 인식하며 살아야 한다는 것입니다. 말씀의 충만을 입기 원하십니까? 그러면 마땅히 그 열망을 보여주어야 합니다. 그래서 우리는 매일 성경을 읽고 묵상하며 연구해야 합니다. 말씀의 충만함을 사모하기 때문입니다.

"오직 우리 주 곧 구주 예수 그리스도의 은혜와 저를 아는 지식에서 자라 가라 영광이 이제와 영원한 날까지 저에게 있을찌어다 베드로후서 3장 18절"

말씀의 충만과 부흥과의 관계

부흥을 기대하십니까? 그렇다면 하나님의 말씀으로부터 시작해야 합니다. 감동적인 전자 기타와 드럼 연주 혹은 극적인 설교나 방언 기도로부터 부흥이 오는 것이 아닙니다. 부흥은 말씀 그대로의 말씀, 복음 그대로의 복음으로부터 시작됩니다. 변질되지 않은 말씀은 자연히 회개를 불러일으킵니다. 자기가 얼마나 죄인이지 성령의 도우심으로 자각하게 만듭니다. 성령의 빛을 비추심으로 자기가 죄인임을 철저하게 인식하는 것이 은혜의 시작입니다. 또, 말씀은 성경적인 신앙을 추구하게 만듭니다. 다시 말하면, 산당 신앙이 아닌 하나님이 명하신 방법을 따라 사는 신앙입니다. 그럼 성령께서 즐거워하시고 더욱 쉽고 편안하게 성령의 뜻대로 우리를 인도하실 수 있게 됩니다. 결국 성령님과 깊은 친밀함을 누리게 됩니다. 그러면 성령으로 충만한 상태에 들어가게 되며 그럴 때 "이제는 내가 사는 것이 아니요 내 안에 계신 그리스도께서 사시는 것입니다(갈 2:20)"라고 말하게 됩니다.

성령으로 충만한 상태라면 자연히 은혜를 지극히 사모하게 됩니다. 누구에게는 하나님의 말씀과 예배가 100원짜리지만 성령으로 충만한 사람, 즉 은혜를 사모하는 사람에게는 100억원과도 바꿀 수 없는 것이 됩니다. 그런 사람이 교회에 늘어나면 주변에 은혜의 영향력을 끼치게 되고 다른 신자들은 영적인 활력을 얻게 됩니다. 그럼 활력을 얻은 신자도 그 활력의 근원이신 하나님께로 돌아가려하게 되고, 하나님께로 돌아간다는 것은 성령의 지휘 아래 말씀이 제시하는 삶을 살기 원하고 실제로 그렇게 산다는 것입니다. 이것이 부흥의 시작이자 과정 그리고 결과라고 할 수 있습니다.

그렇습니다. 부흥은 말씀으로부터 시작됩니다. 다른 말로 그것을 '하나님과의 개인적인 친밀함' 이라고 할 수도 있을 것입니다. 왜냐하면 하나님의 말씀을 아는 것은 하나님을 아는 것이고 관계란 '서로 아는 것' 이기 때문입니다. 그리고 그 관계의 깊이는 '친밀함의 정도' 로 결정됩니다. 그러니 하나님과 친밀해지는 것이 부흥의 시작이라고 할 수도 있습니다. 단, 산당 신앙으로 '자기가 생각해낸 하나님, 만들어낸 하나님' 과 친해지는 것이 아니라 '말씀을 통하여 역사하시는 하나님' 과 내적으로 깊은 친밀함을 갖는 것입니다.❶

산당 신앙으로는 아무리 기도하고 예배드리고 봉사하고 교제해도 부흥이 일어날 수 없습니다. 왜냐하면 작은 쪽이 큰 쪽의 요구를 무시하고 둘의 온전한 관계가 지탱되지 못하듯 하나님의 요구가 담긴 말씀을 따라서 살지 않고서 크신 그분과의 관계를 어찌 온전히 유지하겠다고 생각하는 것입니까(사1:19,20). 지금 저는 불신자가 아닌, 하나님을 사랑한다고 고백하는 은혜의 구원을 받은 그리스도인들에게 이야기하고 있는 것입니다. 이 땅에서 완벽한 그리스도인(Perfect christian)이 될 수는 없을 것입니다. 하지만 하나님을 사랑하고 그분의 말씀을 따라 사는 진정한 그리스도인(Real christian)은 될 수 있습니다.

가시적이고 거국적인 부흥이 아니더라도 말씀이신 그리스도와 친밀함을 누리고 있는 성도는 사실 부흥을 일으키고 있는 것입니다. 그런 성도와 성도가 만나 교회에 부흥이 일어나고, 그런 교회와 교회가 만나 지역에 부흥이 일어나며, 그런 지역과 지역이 만나 나라 전체에 부흥이 일어날 것입니다. 이로보아 부흥은 나로부터 시작되는 것입니다. 그러니 우리 모두 부흥을 사모합시다. 하나님과의 깊은 관계, 성령님을 통하여 누리는 내적이고 인격적인 친밀함을 위해 기도합시다.

하나님을 사랑하는 여러분, 다시 강조해도 지나침이 없습니다. 부흥은 말씀입니다. 말씀은 하나님의 계획입니다. 하나님의 뜻입니다. 하나님의 능력입니다. 듣는 자의 유익을 위해 주신 최상품 포도나무입니다. 그리고 부흥은 말씀이

❶ 그러나 하루에 십분도 말씀에 투자하지 않으면서 "나는 저자의 말에 정말 공감해", "나는 잘 하고 있고 주님께 감사해"라고 말하지 않으시기 바랍니다. 대신 주님을 향한 부끄러움과 죄송함을 느끼시기 바랍니다.

신 하나님과의 관계입니다. 그러니 말씀으로 계시된 하나님과 개인적인 친밀함을 첫째로 추구하십시오(마22:37,38). 하나님과의 관계에 집중하십시오. 그것은 말씀의 충만으로, 성령의 충만으로 그리고 은혜의 충만으로 이어질 것이며 하나님께서 허락하시는 때에 위대한 부흥의 역사로 이어질 것입니다. 마지막 때에 귀하게 쓰임 받는 하나님의 일꾼이 되는 것보다 확실하게 가치 있는 일이 있습니까? 아무도 일할 수 없는 밤이 오기 전에(요9:4) 어서 가서 하나님께서 기뻐하실 일을 해야 하지 않겠습니까. 진정 그리스도인에게 느긋한 시간이 있겠습니까?

부흥의 밀알이 되십시오

어떻게 부흥의 밀알이 될 수 있습니까? 먼저 여러분 안에 하나님과 그의 자녀들을 향한 뜨거운 사랑이 있음에 하나님께 감사드립니다(엡1:15).

부흥의 밀알이 되는 것의 시작은 지금 자기의 삶을 말씀에서 요구하는 삶으로 변화시키는 것입니다. 쉽게 말하면 말씀이 요구하는 삶을 사는 것입니다. 부흥과 개혁의 중심에는 언제나 말씀 위에 자기를 부수는 역사가 있었고, 있으며, 있을 것입니다(대하34:14절 이하,느8장). 나의 기준과 생각과 고집이 완전히 죽고 애통하는 마음으로 말씀에 생명을 걸고 매달리는 때를 바라보십시오!

그리스도의 복음이 있는 곳에 성령님께서 역사하십니다. 그 성령님은 2000년 전이나, 16세기 루터 그리고 칼빈의 개혁 때나, 18세기 웨슬리와 위트필드의 때나, 1907년 평양 대부흥의 때나 동일하게 역사하셨던 같은 한 성령님이십니다. 그리스도께서 승천하신 뒤 믿는 이들에게 임하게 된 그 성령님(요16:7)은 모든 선한 개혁과 부흥에 대한 선명한 기억과 추억을 가지고 계신 분으로 오늘날 신자인 우리들 안에 거하시는 하나님이십니다. 성령님은 이 모든 위대한 순간들의 주인공이셨습니다. 그리고 이제 오늘입니다!

말씀이 요구하는 삶을 살고자 지극히 소원하는 자가 누구입니까? 로마서 1장

17절❶ 과 갈라디아서 2장 16절❷ 을 통하여 '오직 믿음으로' 라는 구원의 기치를 붙잡을 수 있었던 개혁자 마르틴 루터를 기억하십니까? 오직 믿음으로 구원의 그리스도를 만나고, 말씀을 따라 사는 것을 소원할 뿐 아니라 오늘날 실제로 그렇게 사는 자가 누구입니까? 하루의 모든 순간과 생각과 마음의 모든 공간이 오직 '나를 구원하신 그리스도의 나라' 로 가득 채워진 이가 누구입니까? 가장 크고 영원한 것을 위해 세상의 순간적인 즐거움들을 다 십자가에 못 박은 자가 누구입니까? 그러나 이 모든 것 이전에, 하나님의 말씀의 지극히 위대하심을 깨달아 경외함으로 그것을 주야로 묵상하는 자가 누구입니까? 하나님께서 그를 말씀을 통한 삶의 개혁과 부흥의 주역으로 위대하게 사용하실 것입니다. 성령님은 부흥을 아끼시는 분이 아닙니다. 그러나 우리가 말씀에 나타난 '우리의 삶에 대한 하나님의 요구들' 에 관심을 갖지 않고 아무리 큰 집회를 열어 기도와 회개 혹은 봉사를 한들 시끄러운 꽹과리와 같을 뿐이 아니겠습니까. 우리에게 찌끼가 가득하고 신앙과 영혼 그리고 삶이 세상에 혼탁하게 되었으며 선하지 못한 행위의 열매들을 맺어 하나님의 영광스럽고 거룩한 눈을 범한다면(사3:8) 우리의 믿음, 신앙, 구원, 사랑, 비전, 부흥에 대한 갈망 등이 하나님께 오히려 거북한 부담이 되는 일이 아니겠습니까(사1:11)? 그러니 우리의 생각과 마음, 말과 행동을 말씀의 바탕 위에 두어야 합니다. 알기만 하는 것으로는 되지 않기 때문입니다. 아는 것은 기초이자 시작입니다. 그래서 '먼저 알고', 그다음 아는 것을 '지켜야(따라 살아야)' 합니다.

신실한 신앙의 위인들을 사용하셨던 동일한 성령님께서 하나님께 삶 전체로 순종하고자 하는 여러분을 통해 역사하시어 위대한 일들을 이루시길 바랍니다. 이 위대한 역사는 우리가 말씀을 통해서 하나님으로부터 영적인 강건함과 만족

---

❶ "복음에는 하나님의 의가 나타나서 믿음으로 믿음에 이르게 하나니 기록된 바 오직 의인은 믿음으로 말미암아 살리라 함과 같으니라"

❷ "사람이 의롭게 되는 것은 율법의 행위에서 난 것이 아니요 오직 예수 그리스도를 믿음으로 말미암는 줄 아는 고로 우리도 그리스도 예수를 믿나니 이는 우리가 율법의 행위에서 아니고 그리스도를 믿음으로서 의롭다 함을 얻으려 함이라 율법의 행위로서는 의롭다 함을 얻을 육체가 없느니라"

을 얻어 성령으로 충만한 상태가 되는 것이 전제 및 선행되어야 할 것입니다.

하나님의 말씀이 왜곡된 열심처럼 위험한 것도 없습니다. 말씀 없이 기도하고, 말씀 없이 봉사하고, 말씀 없이 친교하고, 말씀 없이 예배한다면 부흥의 주역으로 쓰임 받을 수 없을 것입니다. 그것은 허공에 주먹을 휘두르는 것과 같습니다. '일단 출발하고 어디에 도착하는지 보자' 고 말하는 여행객과 같습니다. 손에 잡히는 대로 양념을 뿌리고 '무슨 맛이 나는지 보자' 고 하는 것입니다. 아, 얼마나 큰 시간과 물질과 에너지의 낭비가 있을지! 그는 말씀의 고갈로 영혼이 메마르게 될 것이며, 하나님과의 교통함에서 오는 영적인 힘의 공급을 얻지 못해 자기 힘으로 신앙생활을 하는 피곤함 가운데 살 것입니다. 새로움은 어느 순간 사라지고 권태감에 사로잡혀 '날로 새로운 은혜(고후4:16)' 를 더 이상 경험하지 못할 것입니다.

위대한 개혁과 부흥을 간절히 소원하는 여러분, 하나님의 말씀을 통하여 하나님께서 어떤 분이신지, 무엇을 요구하시는지 보십시오. 그러고 나서 하나님의 요구, 즉 말씀에 맞추어 여러분의 삶의 부분 부분들을 바꾸어 가십시오. 하나님의 자녀인 당신은 분명 놀라운 변화와 부흥을 보게 될 것입니다. 성령님은 먼저 당신 안에 부흥의 불씨를 놓을 것이고 그 불씨는 다른 성도들에게로, 교회로, 지역으로, 그리고 나라 전체로 퍼지게 될 것입니다. 성령님은 우리의 갈망보다 더 큰 갈망으로 그런 부흥을 기대하십니다. 오늘날, 성령의 사로잡힘 가운데서 위대한 역사에 사용받기를 원하는 사람이 누구입니까? 그렇다면 어서 성경, 하나님의 말씀으로 돌아가십시오.

8 마귀가 또 그를 데리고 지극히 높은 산으로 가서 천하만국과 그 영광을 보
여 9 가로되 **만일 내게 엎드려 경배하면** 이 모든 것을 네게 주리라 10 이에 예수
께서 말씀하시되 사탄아 물러가라 기록되었으되 주 너의 하나님께 경배하고 다
만 그를 섬기라 하였느니라 11 이에 마귀는 예수를 **떠나고** 천사들이 나아와서 수
종드니라

만일 내게 엎드려 경배하면 _ 사탄은 다시 조건을 달고 있습니다. 그 조건은 마귀에게 엎드려 경배하면 천하만국과 그 영광을 주겠다는 것입니다.[1] 힘도 안 들이고 시간도 얼마 걸리지 않게 세계를 얻을 수 있다는 '쉽고 빠른' 방법의 유혹이었습니다. 하지만 하나님은 십자가의 고난과 철저한 순종을 요구하셨습니다. 결국 모든 의를 이루신 예수님께 하나님은 천하만국과 영광을 주셨습니다(엡1:21,22).

마귀의 허세는 쉽고 빠릅니다. 하지만 그 길의 끝에 영혼의 파멸이 숨어 기다리고 있습니다. 하나님께 순종은 인내가 필요하나 그 끝에 의의 면류관이 기다리고 있습니다. 그러니 여러분, 쉽고 빠른 길을 제시하는 기독교를 경계하십시오. 손쉬운 구원, 손쉬운 신앙, 손쉬운 축복을 경계하십시오. 그것은 예수님을 시험한 마귀의 방법과 너무나 흡사합니다. 사탄은 합리적인 명분(배가 고프니 돌을 떡으로 만들어 먹는다)을 제시하여 하나님의 뜻을 왜곡했습니다.[2] 또 하나님께 영광보다는 사람의 주목과 인기(성전에서 떨어져 죽지 않음으로 메시아를 기다리는 유대인들로부터 신적 경배를 받음)를 얻는 길을 제시했습니다. 마지막으로 부귀와 영달(내게 절하면 천하만국과 영광을 주리라)로 그리스도를 유혹했습니다. 사탄은 이런 것들을 무척 쉽고 빠르게 이루어줄 것을 약속했습니다. 여러분이 매주 듣는 설교가 이와 유사한 점이 없기를 바랍니다. 여러분의 신앙의 소망과 기대가 이와 유사하지 않기를 바랍니다. 성경은 오히려 이렇게 말하기 때문입니다.

"한 사람이 두 주인을 섬기지 못할 것이니 혹 이를 미워하며 저를 사랑하거나 혹 이를 중히 여기며 저를 경히 여김이라 너희가 하나님과 재물을 겸하여 섬기지 못하느니라 마태복음 6장 24절"

"무릇 그리스도 예수 안에서 경건하게 살고자 하는 자는 핍박을 받으리라 디모데후서 3장 12절"

---

[1] 여기서 경배는 '~의 발에 입을 맞추다'는 뜻으로 존경심을 가지고 예배드리는 것을 말합니다.

[2] 그리스도는 세상에 구원을 전하고 하나님께 영광을 돌리기 위해 오셨습니다. 그리스도는 오직 하나님의 뜻을 따라 일하십니다. 사탄의 조언이나 조건에 따라 움직이지 않으십니다. 그리스도는 사탄보다 무한히 우월하시기 때문입니다.

“이 세상이나 세상에 있는 것들을 사랑하지 말라 누구든지 세상을 사랑하면 아버지의 사랑이 그 안에 있지 아니하니 요한일서 2장 15절”

“하나님께 충성되지 못한 여러분이여! 여러분은 세상을 사랑하는 것이 하나님을 미워하는 것이라는 사실을 모르십니까? 만일 세상과 벗하고 싶은 사람이 있다면, 그는 스스로 하나님과 원수가 될 것입니다 쉬운성경 야고보서 4장 4절”

떠나고 _ 그리스도는 아담과 달랐습니다. 아담의 실패는 우리에게 절망이 되었었지만 그리스도의 승리는 우리의 승리가 되었습니다. 그리스도는 우리의 신앙의 중심이십니다. 우리가 믿고 의지하는 그리스도는 승리하신 분이십니다. 우리가 그리스도를 떠나지 않는 이상 마귀는 우리를 ‘떠날 수밖에’ 없습니다. 그러니 그리스도의 교훈 밖으로 한 발자국도 넘어서지 마시기 바랍니다. 그곳에는 의심과 반목, 논쟁과 분열, 거짓과 허무의 지뢰가 도처에 깔려있습니다. 아무리 여러분 중 누가 스스로를 지혜롭고 뛰어나게 여겨도, 그리스도의 교훈 밖에 있는 지뢰는 충분히 그의 두 다리를 잘라버리고도 남을 파괴력을 지니고 있습니다.

“지나쳐 그리스도의 교훈 안에 거하지 아니하는 자는 다 하나님을 모시지 못하되 교훈 안에 거하는 그 사람은 아버지와 아들을 모시느니라 요한이서 1장 9절”

8 사람 낚는 어부

| 마태복음 4:12-22 |

12 예수께서 **요한의 잡힘**을 들으시고 갈릴리로 물러가셨다가 13 나사렛을 떠
나 스불론과 납달리 지경 해변에 있는 **가버나움**에 가서 사시니 14 이는 **선지자
이사야로 하신 말씀**을 이루려 하심이라 일렀으되 15 스불론 땅과 납달리 땅과
요단 강 저편 해변 길과 이방의 갈릴리여 16 흑암에 앉은 백성이 큰 빛을 보았고
사망의 땅과 그늘에 앉은 자들에게 빛이 비취었도다 하였느니라 17 이때부터 예
수께서 비로소 전파하여 가라사대 **회개하라 천국이 가까왔느니라** 하시더라.

요한의 잡힘 _ 갈릴리와 베레아의 분봉왕이던 헤롯 안티파스(안디바)가 자기의 동생인 헤롯 빌립 1세❶의 아내 헤로디아와 결혼한 것을 꾸짖은 일로 세례 요한은 옥에 갇히게 되었습니다. 세례 요한의 사역이 멈춘 뒤 예수님은 갈릴리로 가서 본격적인 사역을 시작합니다.

가버나움 _ '나훔의 마을'이란 뜻으로 갈릴리 호수 북서 해안의 성읍입니다. 예수님 당시 갈릴리 바다 주위로 30여개의 고기잡이 마을이 있었는데 가버나움

❶ 헤롯 빌립 1세는 헤롯 왕의 아들로 이두래와 드라고닛의 분봉왕이던 헤롯 빌립 2세의 이복 형제입니다.

이 가장 컸다고 합니다. 오늘날 텔 훔(TELL HUM)이 그 터로 알려져 있습니다. 당시 로마 세관이 있었고 로마 군대가 주둔하고 있는 큰 성읍이었습니다. 주민들은 어업, 농업, 제조업, 상업 등에 종사했습니다. 다메섹(다마스쿠스)으로 가는 길이 가까이 있고 북으로는 수리아(시리아), 남으로는 유대와 애굽으로 가는 길목에 위치하여 남과 북을 연결하는 상업의 관문으로 번영했습니다. 예수님은 이곳에서 어부 베드로, 안드레, 야고보, 요한과 세리 마태를 제자로 부르셨습니다. 예수님께서 갈릴리 사역의 본부(headquarters)로 삼은 곳입니다.

선지자 이사야로 하신 말씀 _ 북 이스라엘 왕 베가(B.C. 740~732년경 통치) 때에 앗수르 왕 디글랏 빌레셀이 길르앗, 갈릴리, 납달리 지방을 침범하여 땅을 취하고 그 백성들을 사로잡아 앗수르로 옮긴 일이 있었습니다. 베가는 군대장관 출신으로 친 앗수르파인 브가히야 왕을 살해하고 왕위를 찬탈한 북 이스라엘 18대 왕입니다. 그는 아람 왕 르신과 동맹을 맺고 반 앗수르 정책을 폈지만 결과적으로 앗수르의 침공을 받아 길르앗, 갈릴리, 납달리 지방의 많은 사람들이 앗수르에 포로로 잡혀가게 되었습니다. 그 후 북 이스라엘의 마지막 왕인 호세아는 베가를 쳐서 죽이고 대신 왕이 되었습니다. 이렇게 혼란스럽고 위태로운 상황가운데서 이사야 선지자는 예언했습니다.

"고통의 땅에 그늘이 걷힐 것이다. 옛날에는 여호와께서 스불론 땅과 납달리 땅으로 하여금 부끄러움을 당하게 하셨다. 하지만 앞으로는 지중해로 나가는 길과 요단 강 건너편, 그리고 북쪽으로는 이스라엘 백성이 아닌 외국인이 살고 있는 갈릴리까지, 이 모든 지역을 영광스럽게 하실 것이다. 어둠 속에 살던 백성이 큰 빛을 보고, 짙은 그늘의 땅에 살던 백성에게 환한 빛이 비칠 것이다. 쉬운성경 이사야 9장 1,2절"

유대 청중들은 이 구절을 익숙히 알고 있었습니다. 메시아를 기다리던 유대인들은 예수라는 청년의 등장에 주목하였습니다. 당시 선지자로 추앙받던 세례요한이 예수라는 청년을 하나님께서 보내신 메시아로 고백했기 때문입니다.

회개하라 천국이 가까왔느니라 _ 세례 요한도 이 말씀을 했고 예수님도 하셨습니다. 그 말씀의 유효성은 20세기가 지난 오늘에도 계속됩니다. 자신이 알고 있는 죄악된 것들로부터 돌아서고 마음 중심에 하나님을 두며 삶의 방향을 하나님께로 전환하는 것이 예수님을 따르고자 하는 사람의 마땅한 자세입니다. 예수님을 믿고 교회에 다닌다고 하는 그에게 자신의 죄인됨을 철저히 깨닫는 회개와 회개로 인한 삶의 변화가 없다면 대체 그는 여태껏 무엇을 한 것입니까? 아무것도 없는 것입니다.

18 갈릴리 해변에 다니시다가 두 형제 곧 베드로라 하는 시몬과 그 형제 안드레가 바다에 그물 던지는 것을 보시니 저희는 어부라 19 말씀하시되 **나를 따라오너라** 내가 너희로 **사람을 낚는 어부**가 되게 하리라 하시니 20 저희가 곧 그물을 버려두고 예수를 좇으니라

나를 따라오너라 _ 이 말은 구원으로의 초청입니다. 동시에 그리스도의 제자로의 초청입니다. 그분은 자기는 안하고 남에게는 강요하는 사람들과는 다릅니다. 그는 하나님을 따르고 사랑했습니다. 그리고 우리에게 "하나님을 따르고 사랑하라" 했습니다. 그는 먼저 목수라는 직업과 고향 나사렛을 떠났습니다. 그리고 제자들에게 "나를 따라오너라" 했습니다.

가장 벅찬 발걸음으로, 가장 축복된 자리로 나아가는 사람의 마음으로 그분을 따르십시오. 그러나 그 말이 우리가 대단히 고단한 어떤 일을 해야 한다는 말은 아닙니다. 현재의 삶의 방법과 관심, 목적과 과정을 예수님께로 방향 전환하면 됩니다. 선한 목자이신 예수님은 결코 그의 양들이 고통과 어둠 가운데서 신음하도록 놔두시지 않으십니다.

"내가 그들에게 영생을 주노니 영원히 멸망하지 않을 것이요 또 그들을 내 손에서 빼앗을 자가 없느니라 요한복음 10장 28절"

사람을 낚는 어부 _ 이것은 영원히 죽을 수밖에 없는 인간을 복음으로써 생명으로 인도하는 영광된 직무를 비유한 문학적 표현입니다. 어부와 전도자는 유사점이 있습니다. a. 할 수 있는 대로 많이 잡으려는 대망 b. 고기가 좋든지 나쁘든지 끌어냄같이 사람 또한 선하든 악하든 간에 인도함 c. 고기를 잡는 것은 사람이 아니고 그물인 것처럼 사람을 영생으로 인도하는 것은 사람이 아니고 성령(하나님)임. 그러나 어부는 산고기를 죽은 데로 잡아들이지만 전도자는 죄로 죽은 인간들을 생명으로 인도합니다.[1]

21 거기서 더 가시다가 다른 두 형제 곧 세베대의 아들 야고보와 그 형제 요한이 그 부친 세베대와 한가지로 배에서 그물 깁는 것을 보시고 부르시니 22 저희가 곧 **배와 부친**을 버려두고 예수를 좇으니라

배와 부친 _ 평생 해 온 일과 함께 살던 사람을 버려두고 예수를 좇은 야고보와 요한. 어떻게 그것이 가능했을까요? 사람들은 그런 야고보와 요한을 보고 너무 무모하고 무책임한 것 아니냐고 했었을 텐데 그들은 왜 그런 선택을 했을까요(오늘날이라면 인터넷 뉴스에 소개되어 수많은 '악플' 들이 달렸을 것입니다)?

먹고 사는 것과 사회적 시선에 대한 걱정이나 두려움보다 예수님을 아는 즐거움과 기대가 더 컸기 때문에 그와 같은 행동을 할 수 있었을 것입니다. 부모님께는 죄송하지만 일생일대의 기회를 놓칠 수는 없었나봅니다. 그들이 모든 것을 뒤로하고 예수님을 좇은 정확한 이유를 꼬집어 말하기는 어렵겠지만 분명히 알 수 있는 객관적인 사실이 하나 있습니다. 그들이 예수님을 좇은 뒤 무엇을 얻었는가 하는 부분입니다.

---

[1] 톰슨II성경편찬위원회. 「톰슨II주석성경」 기독지혜사. 신약 p.5. 2003

1. 베드로

안드레와 함께 갈릴리 호수(게네사렛 호수)에서 부르심을 받았습니다. 안드레는 세례 요한의 제자였는데 스승의 말을 듣고 예수님을 따라갔던 사람입니다(요 1:37). 안드레는 먼저 예수님을 만난 뒤 그의 형인 베드로(시몬)를 예수님께 데리고 갔습니다.

갈릴리 호수에서 동생 안드레와 함께 고기 잡기를 마치고 그물을 씻고 있을 때 베드로와 안드레는 예수님을 다시 만나게 되었습니다(눅5:1,2). 그들은 예수님이 어떤 분이신지 알아보고 모든 것을 뒤로하고 예수님을 좇았습니다. 하지만 베드로는 결혼한 몸이었고 장모님은 열병으로 앓아누워 계셨습니다(마8:14). 이럴 때 남자가 집을 떠난다는 것은 얼마나 무책임한 일입니까. 예수님을 만났을 때는 오로지 예수님 생각에 그분을 따라갔지만 시간이 지날수록 집 생각도 나고 특히 편찮으신 장모님 생각에 베드로는 마음이 많이 불편하고 아팠습니다. 때로 자기가 못난 사위라는 죄책감이 들기도 했습니다.

하지만 예수님이 이런 베드로의 마음을 모르실 리 없었습니다. 그날도 베드로는 장모님 생각에 마음이 무거웠습니다. 예수님은 베드로에게 그의 집으로 가자고 하셨습니다. 사실 예수님은 베드로의 아내와 장모님에게 그리 달갑지 않은 손님이었습니다. 예수님이 집에 들어서자 순간 싸늘한 기운이 감돌았습니다. 하지만 예수님은 인자하고 사랑스러운 얼굴로 침상에 애처롭게 누워있는 장모님에게 다가갔습니다. 그리고 그녀의 손을 어루만졌습니다. 그러자 열병이 떠나갔습니다. 순식간에 일어난 일이었습니다. 홍해가 갈라졌던 기적처럼 장모님의 닫힌 마음이 갈라져 열렸습니다. 몸의 열병과 마음의 아픔이 모두 치유되었습니다.

사실 장모님은 사위가 생업까지 버리고 예수라는 사람을 좇아가서 사위에게도 꽤나 섭섭하고 예수라는 사람이 원망스럽기도 했는데 병이 나은 뒤 마음이 바뀌었습니다. 꼭 병 고침 때문만은 아닌 것 같았습니다. 아마 예수라는 사람을 실제로 만나니 자기도 그를 따르고 싶은 마음이 들었기 때문일 것입니다. 여하튼 그녀는 병을 고침 받고 망설임 없이 예수님과 제자들에게 수종 들었습니다(minister). 그 결단은 사위 베드로의 결단과 전혀 다를 것 없는 즉각적인 것이었습니다. 비로소 그녀는 봉사와 섬김으로써 하나님의 나라 확장 사역에 동참하게 되었습니다. 하나님께 순종하는 베드로의 바른 결단은 자기뿐 아니라 장모님까지 영광스런 일에 참여하게 했습니다.

왜 생계를 뒤로 하고 예수님을 좇았는가에 대한 이유는 베드로가 아니고서야 완전히 알 수 없지만 베드로가 예수님을 좇아서 가족에게 유익이 된 것을 말하자면 장모님의 치유, 장모님과 아내의 자발적 하나님 나라 사역 동참, 그리고 온 가족의 구원을 말할 수 있습니다. 가족과 생계를 뒤로하고 예수를 좇은 일로 누가 베드로를 더 흉본다면 베드로의 장모님은 그 사람에게 "장하고 훌륭한 내 사위에게 뭣 하는 것이여!" 하면서 꾸짖으실 것만 같습니다. 그는 못난 사위가 아니라 가장 자랑스러운 사위였습니다. 장모님도 그의 아내도 그리고 베드로도 너무나 행복하고 기뻤습니다. 예수님은 이런 기쁨을 주시는 분입니다. 그 주님이 우리를 부르셨고 그 주님은 보이지 않는 족쇄와 같은 우리의 은밀한 문제들을 해결해 주십니다.

2. 세리 마태

마태라는 이름은 '여호와의 선물' 이란 뜻입니다. 그는 알패오의 아들이며 본명은 레위입니다. 가버나움 출신으로 백성으로부터 멸시와 배척을 받던 관원인 세리(tax collector)였습니다.

당시 로마는 세금을 거두기 위해 감찰관(censor)들을 각 지방에 파견하였는데 이들은 돈을 받고서 위탁 형식으로 조세 징수권을 유대 고위 인사들에게 넘겨주었습니다. 그러자 이들은 이 일을 효과적으로 수행하기 위하여 다시금 조세 징수원들을 고용하였는데 이들이 세리입니다. 세리가 유대인들로부터 창녀와 같은 죄인 취급을 당한 이유는 a. 유대를 지배하는 로마 정부의 앞잡이 노릇을 한다는 점에서 b. 가난한 자나 부자를 가리지 않고 똑같이 과다한 세금을 부

과하여 그 잔액을 자신들이 착복하였기 때문입니다.[1]

로마의 군대와 세관이 있던 가버나움, 상업과 교통의 중심지 가버나움, 그곳에서 마태가 세리로 활약했습니다. 사람들의 멸시는 컸지만 그만큼 보통 사람들에 비해 훨씬 높은 생활을 했습니다. 세리에게는 물질적 부와 사회적 힘이 있었습니다. 사람들이 아무리 그를 미워하고 무시해도 세리 마태의 영향력에서 벗어날 수 없었습니다. 왜냐하면 그는 로마의 후광 아래 세금을 걷는 관리였고 사람들이 세금을 내지 않는 것은 절대적인 로마의 권위에 도전하는 것이었기 때문입니다. 마태의 미래는 걱정할 것이 없었습니다. 상상할 수 없는 로마의 패망이 오지 않는 이상 그의 미래는 탄탄대로였습니다. 로마 제국 각지에서 들어오는 진귀한 물건들과 아름다운 여자들을 취할 능력도 있었습니다. 좋은 음식과 옷으로 남들 앞에서 높은 사람으로 행세할 수도 있었습니다. 그런 그가 예수님을 만났습니다. 어느 사람들은 오직 가난하고 약한 사람들만 예수님을 믿는다고 생각합니다. 부유한 사람은 예수님을 믿지도 않고 예수님도 그런 사람을 바라지 않는다는 잘못된 말을 합니다. 하지만 그렇지 않습니다.

마태가 예수님을 만난 장소는 그의 일터인 가버나움 세관이었습니다. 예수님은 그에게 "나를 좇으라"고 하셨습니다. 이에 마태는 모든 것을 버리고 일어나 좇았습니다(눅5:28). 결국 그는 직업을 잃었습니다. 잘나가는 세리에서 순간 무능한 무직자가 되었습니다. 세리직을 잃었음은 그가 더 이상 로마의 보호 아래 있지 않다는 것을 의미했습니다. 더 이상 안정적이고 보장된 미래는 없었습니다. 출세를 사랑하는 야망에 찬 사람들은 더 이상 마태에게 잘 보여야 할 이유를 잃었습니다. 과연 마태의 선택은 그에게 유익이 되었을까요?

그렇습니다. 그는 이루 말할 수 없는 영광을 얻었고 결코 스스로의 힘으로는 얻을 수 없는 것들을 얻었습니다. 마태는 세리직을 잃었지만 대신 예수님의 제자가 되었고 후에 에티오피아에서 순교했습니다. 그리고 한 가지가 더 있습니

[1] 톰슨II성경편찬위원회, 같은 책, 신약 p.98

다. 이것은 무척 신선한 발상(그러나 사실)입니다.

마태가 기록한 마태복음은 신약의 첫 번째 페이지를 차지하여 신약 성경을 읽는 독자들이 가장 먼저 대하는 책입니다. 그의 책은 거의 1900년이라는 시간 동안 사람들에게 널리 읽혀왔고 앞으로도 계속 읽힐 것입니다. 신약 성경이 60억 권정도 인쇄되었다면 마태의 글도 60억 권 이상 인쇄된 것입니다. 바로 이 순간도 계속 인쇄되고 있습니다. 전 세계에서 수천 개 언어로 수십억의 사람들이 읽었고 읽고 또 읽을 것입니다.

그가 만일 세리직을 고수하여 아무리 큰 자산을 모은들 1900년간 팔린 책값에 비하면 '새 발의 피' 가 아니겠습니까? 그보다 더 놀라운 사실은 이것입니다. 과연 어느 위대한 세리가 자기의 이름을 1900년 이상 남길 수 있을까요? 아니, 어느 위대한 왕이, 영웅이 그럴 수 있을까요? 지극히 소수의 사람들만이 그런 영광을 얻습니다. 그런데 큰 나라의 왕도 아닌 속국의 한 세리가 그런 영광을 얻었습니다. 그것은 그가 가장 중요한 것을 선택했기 때문에 얻은 것입니다. 하나님을 주인으로 모신 삶의 열매는 감히 인간이 꿈도 꾸지 못할 것들입니다. 여호와의 선물이란 뜻의 마태는 그야말로 하나님의 엄청난 선물을 받은 사람입니다. 여러분의 인생도 '마태' 와 같기를 바랍니다.

3. 사도 요한

야고보와 형제로 배와 부친을 버려두고 예수님을 좇았습니다. 열두 사도 중 나이가 가장 어렸다고 합니다. 그는 아버지를 좇아 어업에 종사했습니다. 하지만 그리스도를 위해 직업과 가족을 뒤로했습니다. 열두 제자 시절 베드로, 야고보와 더불어 예수님의 측근자였습니다. 예수님으로부터 특별한 사랑을 받았습니다. 그가 예수님을 따르기로 선택하여 얻게 된 것 역시 놀랍습니다.

어느 신학자가 이런 말을 했습니다. "성경에서 가장 놀라운 이야기는 신학을 배운 적이 없는 어부들이 요한복음, 베드로전후서와 같은 위대한 작품을 썼다는 것이다."

2000년 전 고기잡이가 전공이던 한 청년이 예수님을 만났습니다. 그 사건으로 그는 고기잡이의 삶과는 전혀 다른 삶을 살게 되었습니다. 그가 훗날 요한복음과 요한서신 그리고 요한계시록을 기록한 사도 요한입니다. 그는 신학교에 다닌 경험도 없었습니다. Ph. D. 요한이 아닙니다. 그런데 오늘날 그의 글은 일평생 성경을 연구하는 대학자와 교수, 목사님 등에게 엄청난 영감과 가르침을 주고 있습니다. 자기보다 학력이 부족하다고 하나님을 아는 경건한 지식과 사랑도 부족할 것이라고 생각하는 어리석은 자가 누구입니까. 요한, 베드로, 야고보는 어부였습니다. 그러나 사두개인, 바리새인 등의 종교지도자들은 제사장이자 신학자였습니다. 하나님의 나라는 생명력을 잃은 제사장이나 신학자들보다 하나님께 충성된 전직 어부들에 의해 더욱 확장되었습니다. 이것은 오늘날에도 변함이 없습니다. 하나님께서 쓰시는 사람은 하나님의 말씀에서 얻는 바른 지식과 충성의 사람이지 인간의 편의와 심리에 맞추어진 왜곡된 지식과 권세의 사람이 아닙니다.

예수 그리스도를 사랑하는 그리스도인들은 성경 전체를 사랑하지만 특별히 요한복음과 요한일서를 사랑하는 사람들이 많습니다. 두 책은 하나님이 사랑이심을 이야기하고 있습니다. 두 책은 사랑의 장편 영화입니다. 이 영화에 감동된 사람들은 한 번 보고, 두 번 보고, 자꾸만 보고 싶어 또 봅니다. 바다 사람 요한의 책을 펴면 하나님의 사랑이 바다와 같이 펼쳐집니다. 그는 배와 부친을 뒤로 했지만 그 덕분에 1900년 동안 그리스도인들은 하나님이 사랑이시고 우리가 그분의 자녀임을 분명히 알 수 있게 된 것입니다.

"하나님이 세상을 이처럼 사랑하사 독생자를 주셨으니 이는 저를 믿는 자 마다 멸망치 않고 영생을 얻게 하려 하심이니라 요한복음 3장 16절"

이 구절로 인해 구원의 길로 오게 된 사람들이 얼마나 많습니까. 이보다 유명한 성구가 있습니까? 이보다 더 확실히 하나님의 사랑과 그리스도를 우리에게 주신 이유와 목적을 분명히 보여주는 구절이 있습니까? 이보다 더 큰 확신과 평안, 위로를 주는 구절이 또 있습니까? 요한이 배와 부친을 뒤로하고 예수님을 좇은 것에 감사해야 할 것입니다. 그러니 훗날 천국에서 "요한 형제님, 정말 고맙습니다" 한마디 꼭 하시기 바랍니다.

4. 요한의 형제 야고보

베드로나 마태, 요한은 책을 썼고 오늘날까지 내려져 오고 있지만 야고보의 저서는 없습니다(야고보서는 '주의 형제 야고보' 가 쓴 것입니다). 하지만 꼭 책을 쓰지 않아도 예수님께서는 우리를 기뻐 받으시고 사랑하신다는 것을 야고보를 통해 알 수 있습니다.

야고보는 부활하신 예수님을 만난 이후 초대교회의 기둥 같은 역할을 했습니다. 헤롯 아그립바 1세(통치 – A.D. 37~44)는 손을 들어 교회지도자 중 몇 사람을 해하려 했는데 제일 먼저 야고보를 칼로 죽였습니다(행12:2). 이것으로 보아 당시 야고보의 활약이 대단했음을 알 수 있습니다. 베드로나 마태, 요한이 받은 축복과 영광을 야고보도 받았습니다. 그가 받은 것은 열두 사도 중 최초의 순교자가 되는 영광입니다.

누구는 베드로와 마태, 요한을 보며 직업을 버리고 예수를 좇으면 1,900년 이상 지속되는 베스트셀러 책을 보장 받는다고 생각할지 모릅니다. 그런데 야고보는 순교했습니다. 집도 버리고 직업도 버렸는데 순교했습니다. 복음이 아시아와 유럽으로 퍼지는 것을 보기도 전에 순교했습니다. 한참 열정적으로 하나님의 나라를 위해 헌신을 다하고 있는데 순교했습니다. 열 두 사도 중에서도 핵심 멤버로 한창 잘나가던 그때에, 사람들이 그를 필요로 하던 바로 그때에 순교했습니다. 하나님 잘 믿고, 하나님 일 열심히 하고, 하늘만 바라보고 살았는데 갑자기 하늘로 가버렸습니다.

하지만 그것은 패배의 죽음이 아니라 승리의 순교였습니다. 얼마 뒤 헤롯 아그립바는 주의 사자에 의해 죽임을 당합니다. 바울과 바나바가 이방인에게 복음전파를 시작합니다. 예루살렘의 다른 사도들도 순교를 각오하고 복음을 전하게 됩니다. 야고보는 예수님처럼 하나의 밀알이 되어 땅에 떨어진 것입니다.

사람들은 최초라는 단어를 좋아합니다. 야고보는 '열두 제자 최초의 순교자'로 1900년 이상 기억되고 있습니다. 죽음의 위협이 있는 캄캄한 선교지에 복음을 들고 가는 선교사들은 사도 야고보와 스데반 집사를 떠올리며 순교의 각오를 다집니다. 그런 사람들 덕분에 복음이 세계로 퍼졌습니다. 오늘날 한국 도처에 교회가 세워져 말씀이 선포되며, 전 세계로 선교 사역을 감당하고 있는 것도 기꺼이 순교의 피를 뿌린 선교사들 덕분입니다. 야고보는 그 본이 되는 영광스런 축복을 얻었습니다.

"하나님 잘 믿으면 세상에서 복 받는다"고 단정하면 상처받는 사람들이 있습니다. 하나님 잘 믿지만 삶의 환경은 여전히 어려운 사람들입니다. 하지만 순교자 야고보는 그들에게 이런 위로를 줍니다.

"우리는 하나님의 계획과 뜻을 다 알 수 없습니다. 하지만 하나님은 선하시고 우리를 성실하게 사랑하시니 우리는 그분의 선하심과 성실하심을 기대하고 즐거워할 수 있습니다. 그러니 힘을 내세요"

"예수께서 이르시되 내가 진실로 너희에게 이르노니 나와 복음을 위하여 집이나 형제나 자매나 어머니나 아버지나 자식이나 전토를 버린 자는 현세에 있어 집과 형제와 자매와 어머니와 자식과 전토를 백 배나 받되 박해를 겸하여 받고 내세에 영생을 받지 못할 자가 없느니라 마가복음 10장 29,30절"

베드로나 마태, 요한, 야고보 그들은 자신이 언젠가 책을 쓸 것인데 그것이 베스트셀러가 되고 1900년 이상 그들의 이름이 기억될 것을 바라고 예수님을 따른 것이 아닙니다. 예수님의 부르심에 즉각 반응하고, 무엇을 요구하시든 순종하고 따르겠다는 각오가 우리들에게도 있어야 합니다. 어떤 것으로 갚아주실지는 주께서 알아서 가장 좋은 것으로 주실 것이니 주께 맡기고, 오늘 우리는(죽은 자들로 자기의 죽은 자들을 장사하게 하고 – 눅9:60) 하나님의 나라를 전파해야 합니다.

이상 위에서 살펴본 대로 부르심을 받았을 때는 충분히 핑계 삼을 만한 일들도 핑계가 될 수 없습니다. 베드로처럼, 야고보처럼 하던 것을 내려놓고 즉시 예수님을 좇아야 합니다. 여기서 부르심이란 꼭 목사, 선교사가 되는 부르심만이 아니라 그리스도의 몸 된 교회의 구성원인 각 성도에게 하나님께서 그분의 뜻대로 계획하신 것들에 순종하는 것을 말합니다. 그러니 직업적으로는 어떤 직업이든 하나님의 선하신 뜻에 따라 다양할 수 있고 동기와 목적은 하나님의 뜻에 맞추어집니다. 하나님은 우리 각자에게 가장 어울리고 보람차며 행복한 일들을 준비하고 계십니다. 최상의 인생은 하나님께 순종하면서 만들어지는 것입니다. 기억하십시오. 누구나 떠나지 못할 이유가 있지만 그럼에도 불구하고 떠나는 여행가처럼 누구나 따르지 못할 이유(눅9:59,61)가 있지만 그럼에도 불구하고 따르는 그리스도의 제자가 되어야 한다는 것을.

"보라 내가 속히 오리니 내가 줄 상이 내게 있어 각 사람에게 그의 일한 대로 갚아 주리라 요한계시록 22장 12절"

예수께서 무리를 보시고 산에 올라가 앉으시니 제자들이 나아온지라

입을 열어 가르쳐 가라사대 마태복음 5장 1,2절

마태복음 4:23-5:48

2부 산에 올라가 앉으시니

예수님은 세례를 받으시고 사단에게 시험을 받으신 뒤 본격적으로 사역을 시작하십니다. 주님은 온 갈릴리에 두루 다니며 회당에서 가르치시고, 천국 복음을 전파하시며 백성들의 모든 병과 약한 것을 고치셨습니다. 그분의 등장과 활동은 대단한 반향을 일으켰습니다. 그 소문을 듣고 허다한 무리가 그분께로 나아왔습니다. 대체 그분은 어떤 메시지를 전했던 것이었을까요? 너무나 궁금하지 않을 수 없습니다. 그러나 오늘날 우리들도 2000년 전 대단한 주목을 끌었던 메시지를 들을 수 있습니다. 하나님께서 마태를 사용하여 그분의 권세 있는 말씀을 기록하게 하셨기 때문입니다. 귀 있는 자는 하나님의 말씀을 들을 것입니다.

1 천국 복음의 시작

| 마태복음 4:23-5:12 |

23 예수께서 온 갈릴리에 두루 다니사 저희 **회당**에서 가르치시며 **천국 복음**을
전파하시며 백성 중에 모든 병과 모든 약한 것을 고치시니 24 그의 소문이 온 수
리아에 퍼진지라 사람들이 모든 앓는 자 곧 각색 병과 고통에 걸린 자, 귀신 들
린 자, 간질하는 자, 중풍병자들을 데려오니 저희를 고치시더라 25 갈릴리와 **데**
가볼리와 예루살렘과 유대와 **요단 강 건너편**에서 **허다한 무리**가 좇으니라

회당 _ 남 유다의 18대 왕 여호야김(B.C. 609~598년경)의 재위 기간 중인 B.C. 605년 1차로 다니엘을 포함한 많은 유대 귀족들이 바벨론으로 포로가 되어 끌려갔습니다. 다음 왕인 19대 왕 여호야긴 때는 왕과 지도자 그리고 기술자들이 2차로 끌려갑니다. 3차는 남 유다의 마지막 왕 시드기야의 때로 B.C. 586년 바벨론의 느부갓네살에 의하여 예루살렘 성은 완전히 파괴되고 성전의 성물들은 모두 약탈되었습니다. 예루살렘에는 미천한 사람들만 남고 나머지는 모두 포로로 끌려갔습니다.

유대 포로들은 바벨론 제국 여기저기로 흩어지게 되었습니다. 그들은 하나님을 섬기기 위한 예배처를 필요로 했습니다. 한국인도 유학이나 이민을 가면 이역만리에 한인 교회를 세우고 신앙과 민족 정체성을 이어가는 것처럼 유대인들

은 회당을 세우고 모였습니다.

바벨론을 정복한 바사왕 고레스에 의해 B.C. 538년 최초로 유대인들의 예루살렘 귀환이 이루어졌습니다. 도착한 무리들은 정착하는 곳마다 회당을 지었습니다. 보통 10가구 이상의 마을이면 회당이 지어졌습니다. 회당은 안식일에는 종교적인 만남의 장소로, 주중에는 교육의 장소로 쓰였습니다. 예수님께서도 공생애 기간 중 말씀을 가르치고 무리들의 병을 고치기 위해 회당을 찾으셨습니다. 회당장은 설교자라기보다는 관리자였는데 그의 일은 가르치고 설교할 랍비를 찾아서 초청하는 것입니다. 그래서 회당장의 허락 하에 누구나 말씀을 강해할 수 있었습니다. 사도 바울도 그의 전도 여행 중 회당을 찾아가 복음을 전하기도 했습니다(행19:8).

누가복음에 의하면 가버나움의 회당은 유대 민족을 사랑하는 로마 백부장의 후원으로 지어진 것입니다(눅7:5). 그곳에서 예수님께서 설교하시고 병자를 고치셨을 것입니다. 오늘날까지 가버나움 회당의 옛터와 건물의 잔해가 남아있습니다. 화려한 문양을 놓은 석회암으로 지어진 직사각형의 회당은 너비 18m에 길이 24.5m 정도의 크기입니다. 1세기의 것으로 추정되는 회당의 기초를 제외한 나머지 부분은 비잔틴 시대에 지어진 회당의 잔해라고 합니다.

천국 복음 _ 좋은 소식, 주의 은혜의 해가 선포되었습니다! 가난한 자에게 복음이 전해지고, 포로 된 자에게는 자유를, 눈먼 자에게 다시 보게 함을 주는 은혜의 해가 선포되었습니다!

은혜의 해는 희년(레25:8~55)입니다. 희년은 50년 마다 돌아오는 해방의 해로서 모든 노예가 자유를 얻고, 채무자의 빚이 모두 탕감되며, 모든 소유가 원주인에게로 되돌려지고 모든 땅은 휴경하게 됩니다. 희년은 하나님의 자발적인 자비와 은혜로 백성들이 자신의 공로와 관계없이 기쁨을 누리게 되는 해입니다.

인간의 몸으로 이 땅에 오신 그리스도께서 은혜의 해를 선포하심으로 죄인들이 죄와 사망의 사슬에서 해방되고 영원한 자유와 기쁨, 회복의 희년을 누리게 되었습니다. 육신의 질병으로 고통 받는 자 영적으로 고통 받는 자, 고칠 수 없는 병이 있는 자들이 오직 은혜로 고침을 받았습니다.

이제 예수님은 무엇과도 바꿀 수 없는 천국 복음이란 선물을 나누어주실 것입니다. 예수님의 '좋은 소식'을 듣기 원하는 모든 이가 그의 좋은 소식을 듣고 고침을 받을 것입니다(잠8:17). 우리는 마음을 열어 그의 선물을 마음 깊은 곳부터 차곡차곡 쌓아야 합니다. 어떤 귀한 선물을 받게 될지 기대합시다. 우리가 할 것은 무엇입니까? 거룩한 선행? 긴 고행? 아닙니다. 부르시는 주님 앞으로 나아가 말씀하시는 주님 앞에 마음의 귀를 열면 됩니다.

"예수님, 주께서 주님의 나라에 들어가실 때, 저를 기억해 주십시오. 예수께서 그에게 말씀하셨다. 내가 진정으로 네게 말한다. 너는 오늘 나와 함께 낙원에 있을 것이다. 쉬운성경 누가복음 23장 42,43절"

데가볼리 _ 데가볼리(Decapolis)는 10개의 도시(Ten Towns)란 뜻입니다. 이곳은 10개의 이방 도시들이 더 효과적인 무역과 군사적 방어를 위해 뭉친 요단 동편 지역입니다. 로마 원로원의 직속령이어서 헤롯 대왕이나 헤롯의 아들들의 통치를 받지 않은 곳입니다. 이곳의 도시들은 헬라의 알렉산더 대왕에 의해 식민지가 되었던 곳으로 헬라적 성격이 강했습니다. B.C. 63년, 예루살렘을 멸망시킨 로마의 폼페이우스 장군에게 협력하여 자치와 통상, 면세의 특권을 받았으나 이로 인해 유대인들은 이 지역 주민들을 배척하기도 했습니다. 그러나 예수님의 복음은 이런 지역도 외면하지 않았습니다.

요단 강 건너편 _ 이곳은 옛 길르앗 지역입니다. 데가볼리의 10개 도시 중 9군데가 요단강 건너편에 있었고 나머지 한 곳은 요단강 서편 가까운 곳에 있었습니다.

선지자 이사야의 예언은 성취되었습니다. 갈릴리와 예루살렘과 유대와 옛 길르앗 지역인 데가볼리와 요단 강 건너편 베레아 지방에서 온 허다한 무리가 (large crowds) 예수님을 만나기 원해 나아왔습니다. 유대인도 이방인도 은혜의 말씀을 듣기 위해 먼 길 마다하지 않고 예수님께로 나왔습니다.

우리도 예수님을 만나러 갑니다.
세상 사람들 잠든 주일 아침에.
세상 사람들 잠든 이른 새벽에.
먼 길 마다 않고 만나러 갑니다.
왜냐하면 그게 좋기 때문입니다.

흑암과 사망의 그늘 아래 있던 사람들에게 큰 빛이 나타나 그들을 비추었습니다. 그 빛은 예수 그리스도입니다. 이제 예수님은 친절하고 자세히 천국에 대하여 가르쳐주실 것입니다. 그분의 말을 듣는다면 세상에서 가장 훌륭한 교육을 받는 것입니다. 그분의 말을 듣는다면 세상에서도 천국을 누릴 것입니다.

허다한 무리 _ 이들은 예수님의 새로운 가르침과 그분이 베푸시는 사랑의 치유의 기적에 몰려든 군중이었습니다. 그러나 그들은 당시 그리스도의 추종자(Christ follower)였을지는 몰라도 아직 그들의 전인격이 그리스도를 신앙화한 그리스도인(Christian)은 아니었습니다. 왜냐하면 그들은 눈에 보이는 예수님의 인간적 측면, 즉 선생, 치유자, 지도자의 측면만 보았지 예수님의 영적, 신적 측면 즉 우리의 구원자, 하나님, 심판자의 특성은 채 깨닫지 못했기 때문입니다.[1]

5장 : 1 **예수께서 무리를 보시고 산에 올라가 앉으시니 제자들이 나아온지라** 2 **입을 열어 가르쳐 가라사대**

---

[1] 톰슨II성경편찬위원회. 같은 책. 신약 p.6 주석 발췌

입을 열어 가르쳐 가라사대 _ 여러분, 기대하십시오. 길이요 진리요 생명이신 예수님의 말씀이 곧 시작됩니다. 자자, 어떤 순간보다 집중해야 할 순간이요 어떤 이야기보다 마음에 담아야 할 이야기입니다.

3 **심령이 가난한 자**는 복이 있나니 천국이 저희 것임이요 4 **애통하는 자**는 복
이 있나니 저희가 위로를 받을 것임이요 5 **온유한 자**는 복이 있나니 저희가 땅을
기업으로 받을 것임이요 6 **의에 주리고 목마른 자**는 복이 있나니 저희가 배부를
것임이요 7 **긍휼히 여기는 자**는 복이 있나니 저희가 긍휼히 여김을 받을 것임이
요 8 **마음이 청결한 자**는 복이 있나니 저희가 하나님을 볼 것임이요 9 **화평케 하
는 자**는 복이 있나니 저희가 하나님의 아들이라 일컬음을 받을 것임이요 10 **의
를 위하여 핍박을 받은 자**는 복이 있나니 천국이 저희 것임이라 11 나를 인하여
너희를 욕하고 핍박하고 거짓으로 너희를 거스려 모든 악한 말을 할 때에는 너
희에게 복이 있나니 12 기뻐하고 즐거워하라 하늘에서 너희의 상이 큼이라 너희
전에 있던 선지자들을 이같이 핍박하였느니라

심령이 가난한 자여, 그대의 마음을 채워줄 수 있는 것이 무엇입니까? 그대는 하나님으로만 만족을 느낄 수 있는 사람. 하나님 없이는 아무것도 할 수 없다는 것을 그대는 잘 알고 있습니다. 그래서 그대는 하나님만 의지하기 원합니다. 하지만 세상은 반대로 말합니다.

'너 자신을 믿으라. 네 안에 감추어진 힘을 사용하라. 스스로의 힘으로 하라. 오늘, 이곳에서 부자가 되는 것이 중요하지 미래의 천국은 무책임한 것이다.'

애통하는 자, 그대는 구주되신 그리스도를 닮으려 하나 자신의 부족함이 너무 크게만 보입니다. 그리스도께 다가가면 갈수록 자신의 경건치 못함과 허물이 더욱 선명히 보입니다. 그러나 그리스도는 우리의 허물을 위해 죽으셨고, 우리의 새 생명을 위해 부활하셨습니다. 한 손에는 칭의를, 다른 손에는 성화를

쥐고 구주 그리스도를 매 순간 의지 하십시오. 넘치는 하늘의 위로를 베푸시는 이를 찬양합니다. 하지만 세상은 다르게 말합니다.

'오늘 너와 네가 사는 세상에는 아무 문제가 없다. 그러니 항상 긍정적으로 생각하고 어떻게 해서든 행복을 추구하라. 언제나 웃는 모습을 잃지 말라.'

온유한 자 그대는 사랑스럽습니다. 매사에 그리스도의 향기가 풍깁니다. 블레셋 사람과 그랄 목자들은 시기하여 이삭의 우물을 메우고 빼앗으려 했고 온유한 이삭은 우물을 내어주었습니다. 하지만 결국 땅을 차지한 것은 이삭이었습니다. 온유한 사람이여, 아낌없이 양보하고 희생하면서도 불평하지 않는 당신이여, 하나님께서 당신을 위해 아름다운 땅을 기업으로 마련해 놓으셨고 당신은 풍부한 화평으로 즐길 것입니다. 하지만 세상은 반대로 말합니다.

'힘 센 사람이 땅을 차지한다. 그러니 더 힘을 길러라. 그리고 그 힘으로 정적들을 제거하라. 너보다 뛰어나고 위대한 사람을 만나면 캄캄한 곳에서 그를 물리쳐라. 그래야 네가 땅을 차지할 수 있을 테니까.'

의에 주리고 목마른 자여, 물로 나아오십시오. 돈 없는 자도 오십시오. 와서 사먹되 돈 없이, 값없이 와서 포도주와 젖을 사십시오. 하나님을 청종하는 그대들은 좋은 것을 먹고 기름진 음식으로 마음이 즐거울 것입니다. 하나님의 법도를 따라 사는 그대들은 다윗에게 허락하셨던 확실한 은혜를 받을 것입니다. 하지만 세상은 다른 말을 합니다.

'세상에 거짓말하지 않는 사람이 어디 있어. 그게 세상이야. 그러니 겉과 속이 좀 달라도 괜찮아. 뭔가 공허한 마음이 든다고? 내가 여기 있잖니. 세상문화처럼 다양하고 재미있는 게 없지. 얼마나 방대하고 깊은지 너는 상상도 못 할 거야. 수고하고 무거운 짐 진 자여, 나 세상문화에게로 오라. 내가 평생 너의 관심과 시간과 물질과 에너지를 지배하리라.'

긍휼히 여기는 자, 당신이여, 죄인들을 향하여 하나님의 긍휼을 소유한 당신이여, 각박한 이 시대에 더욱 당신 같은 사람이 그립습니다. 당신은 타인을 위하여 눈물을 흘릴 수 있는 아름다운 사람입니다. 빈약한 자를 권고하는 당신이여 재앙의 날에 하나님께서 당신을 건지실 것입니다. 하지만 세상은 긍휼을 우습게 여깁니다.

'주위를 돌아볼 시간이 어디 있는가? 치열한 경쟁에는 오직 냉정한 실력으로 승부가 난다. 그러니 성공을 원한다면 쓸데없이 남들에게 관심을 갖으며 시간 낭비하지 말고 오직 너 자신을 위해서 시간과 힘과 재물을 사용하라. 양심의 가책이란 변화무쌍한 21세기에는 사치일 뿐이다.'

마음이 청결한 자, 그대는 말씀을 사모합니다. 사랑하는 연인이 보낸 편지를 읽을 때 가슴이 두근거리듯이. 그대는 언제나 기도합니다. 사랑하는 연인의 얼굴을 볼 수 없을 때 조급하게 속을 태우다 전화기를 들어 목소리를 듣고 즐거움을 느끼듯이. 손이 깨끗하고 마음이 청결하며 뜻을 허탄한데 두지 않고 거짓 맹세를 하지 않는 당신. 당신은 두 마음 없이 전인격으로 하나님의 길을 택합니다. 그대는 여호와의 산에 올라 매일 하나님을 뵙는 축복의 사람입니다. 하지만 세상은 그대가 너무 순진하고 어리석다고 합니다.

'바보야 세상 살면서 때로 속일 수도 있는 거야. 속고 속이는 게 당연한데 뭣하러 마음을 깨끗하게 지켜려고 노력하는 거야? 그렇게 해서 어떻게 이 거친 세상을 살아 갈 것이냐? 세상을 보고 현실을 봐. 뜬 구름 같은 믿음의 눈은 버리고.'

화평케 하는 자들이여, 지금 이 땅으로 와 주십시오. 나뉘고 또 나뉘는 이 땅으로 와 주십시오. 내 이웃을 시기하고 내 원수를 반드시 물리쳐야 하는 이 시대에, 나를 사랑하는 자만 사랑하고 나를 미워하는 자는 나도 미워하는 게 당연한 이 시대에, 필요하다면 나의 평화를 위해 타인의 평화를 짓누르는 이 시대에, 원수를 사랑하고 핍박하는 자를 위해 기도할 수 있는 그대들이 너무나 필요합니다. 나를 사랑하지 않는 자를 사랑할 수 있는 그대들은 대체 어디로 숨은 것입니까? 세상 가치관이 그대를 내쫓은 것이로군요.

'나는 나, 너는 너 아니겠어? 네가 뭔데 내 일에 참견하는 거야? 내가 왜 네 사정을 이해해줘야 하는 거지? 내 권리가 조금이라도 침해당한다면 아주 따끔한 맛을 보여줄 테니 한번 해보려면 해봐.'

의를 위하여 핍박을 받는 자여, 그대들은 각자의 위치에서 그리스도인답게 살고자 애를 씁니다. 핍박은 꽤나 필연적이었습니다. 무릇 그리스도 안에서 경건하게 살고자 하는 자는 핍박을 받을 것이기 때문입니다(딤후3:12). 그럴 때마다 우리가 소유한 영원한 나라 천국의 시민권을 기억합시다. 생각건대 현재의 고난은 장차 우리에게 나타날 영광과 족히 비교할 수 없습니다. 먼저 고난당하신 그리스도를 생각하며 그가 겪으신 고난을 우리 각자의 몸에도 채웁시다. 하지만 세상은 '넓은 길'을 제시합니다.

'왜 사람들이랑 평화롭게 못 지내고 자꾸 문제를 일으키는 거야? 왜 그렇게 비싸게 구는 건데? 그리스도인이라면 튀지 말고 조용히 남들 하는 대로 해. 신앙고백은 잠시 묻어놓으라고. 그럼 우리도, 너희도 피곤하지 않을 테니까.'

예수님께서 주문하신 것과 세상이 가르치는 것이 서로 얼마나 다른지 모릅니다. 일시적인 세상의 가치가 아닌 영원한 하나님의 가치를 따라 살아야 합니다. 살펴본 여덟 가지 말씀들은 대체로 영적이고 인간의 노력으로 성취하는 것이 아닌 하나님께서 주시는 축복들입니다. 그것들은 세상에서 참 승리를 얻고 기쁨을 누리는 그리스도인의 삶을 살기 위한 마음가짐과 태도의 표상입니다. 인생을 어떻게 살아가야 하는 가에 대한 고민은 수도 없고 끝도 없습니다. 하지만 하나님께서는 친절하시게도 모든 것을 최상으로 이끌어내고 가장 중요한 것들을 성취하게 될 여덟 가지 방법을 똑똑히 가르쳐주셨습니다.

이런 자가 되게 하소서

심령이 가난한 자

그래서 마음이 낮은 자

애통하는 자

그래서 하나님의 위로로 세움을 받는 자

온유한 자

그래서 그리스도의 향기 나는 인격을 가진 자

의에 주리고 목마른 자

그래서 하나님께 전적으로 매달리는 자

긍휼히 여기는 자

그래서 남들을 용서하고 받아들이는 자

마음이 청결한 자

그래서 하나님의 마음을 헤아리는 자

화평케 하는 자

그래서 무너진 관계들을 회복하는 자

의를 위하여 핍박을 받은 자

그래서 세상에 대하여 죽고 하나님께 대하여 산 자

2 맛을 잃었는가 빛을 잃었는가

| 마태복음 5:13-16 |

13 너희는 **세상의 소금**이니 소금이 만일 **그 맛을 잃으면 무엇으로 짜게 하리요** 후에는 아무 쓸데없어 다만 밖에 버리워 사람에게 밟힐 뿐이니라

세상의 소금 _ 그리스도인은 세상의 소금입니다. 세상은 무대고 소금은 배역입니다. 기획, 촬영, 연기 지도, 물자 확보 및 수송 등 제작에 관한 모든 제반 사항들은 하나님께서 준비하십니다. 연기자가 걱정할 문제들이 아닙니다. 연기자는 맡은 역할에만 충실하면 됩니다. 하나님의 자녀가 되었다는 것은 소금으로서의 역할이 맡겨졌다는 것입니다.

하지만 자기의 안위를 우선적으로 추구한다면 결코 그 역할을 제대로 감당하는 삶이 아닙니다. 소금을 생각해봅시다. 음식에 소금을 뿌리면 소금은 더 이상 눈에 보이지 않게 됩니다. 하지만 그 효과는 분명히 나타납니다. 소금의 역할은 겸손히 자신을 사용하여 타인의 삶에 천국의 기쁨과 위로가 넘치게 하는 것입니다.

그 맛을 잃으면 무엇으로 짜게 하리요 _ 소금의 여러 특징 중 가장 중요한 두 가지는 맛을 내는 것과 부패를 방지하는 것입니다.

'예수 믿는다는 사람' 이 세상 사람들과 다를 것 없이 살고 있다면 그 모습이 얼마나 우스꽝스럽고 어색한지는 불신자가 더 잘 알 것입니다. 그럼 그리스도인다운 맛이란 무엇일까요? 그 답은 예수 그리스도의 가르침과 인격, 생애 가운데 드러납니다. 지금 우리는 그 맛에 대해서 연구하고 있습니다.

그리스도인 여러분, 그리스도로 인하여 구원의 언약을 받은 우리가 하나님의 말씀인 성경을 읽고 묵상하지 않는다면 우리는 구원에 합당하지 못한 삶을 살게 될 것입니다. 성경의 내용과 의미들을 모르고서 그리스도인답게 사는 것이 가능합니까? 바른 교훈(doctrine, 교리 - 딛2:1)없이 무엇을 어떻게 실천(practice) 할 수 있겠습니까 그리스도를 아는 지식이 없다면 그리스도를 믿는 것인지, 자기 자신을 믿는 것인지 아니면 환상속의 그대를 믿는 것인지 어떻게 압니까?

"내 백성이 지식이 없으므로 망하는도다 호세아 4장6절"

만약 주의 말씀에 관심이 없는 이가 교회에 출석하기 때문에 하나님의 구원받은 백성이라고 우쭐거린다면 다시 말하지만 그 모습이 얼마나 꼴불견인지는 불신자들이 더 잘 알 것입니다(우리는 하나님께서 능히 돌들로도 아브라함의 자손이 되게 하실 수 있다는 것을 앞서 보았습니다). 말에는 의지와 감정이 담겨 있습니다. 하나님의 의지, 감정, 계획 등이 담긴 그분의 말씀을 모르고서 그리스도인다운 맛을 낼 수 없습니다.

성경을 통하여 그리스도인이 살아야 할 삶에 대한 지식이 생겼다면 그 뒤에는 실천하는 삶이 요구됩니다(요14:21). 하지만 이때 어려움이 있습니다. 세상 사람들에 대한 두려움입니다. 그들은 하나님의 말씀을 따라서 살지 않습니다. 그들은 영적인 가치와 믿음들을 비웃을지도 모릅니다. 그래서 그리스도인들이 세상을 두려워하여 믿음을 숨기려 할 때가 있습니다. 어떤 말을 해야 할 때 하지 않고 단호히 거절해야 할 때 거절하지 않습니다. 이런 회피는 훌륭한 재치가 아니라 부끄러운 패배입니다.

그리스도인이 승리하는 방법은 예수 믿는 사람다운 맛으로 승부를 보는 것입니다. 혹 당장은 배척 받을지 몰라도 시간이 지날수록 상황은 바뀔 것입니다.

하지만 그리스도인다운 맛이 사라질 때 세상 사람들의 가슴에서 그리스도인이라는 단어도 사라질 것입니다. 사람들은 거룩을 미워하는 것이 아닙니다. 누군가는 거룩하기를 바라고 있습니다. 세상 문화, 세상 가치관, 세상의 방법을 즐기고 있지만 거룩한 것을 바라는 본능과 욕구가 하나님의 형상대로 지어진 인간에게 남아 있습니다.

"여러 사람의 말이 우리에게 선을 보일 자 누구뇨 하오니 시편 4편 6절"

그래서 누군가는 그 거룩함을 보여주기를 바랍니다. 소금과 빛의 그리스도인들에게 바로 그 역할이 맡겨졌습니다. 그리스도인다운 맛이 없다면 아무짝에 쓸데가 없어 버려져 짓밟힐 것입니다. 자신을 그리스도인이라고 믿습니까? 예수님을 간절히 부르고 있습니까? 그렇다면 소금다운 맛을 잃지 말아야 할 것입니다.

14 **너희는 세상의 빛**이라 산 위에 있는 동네가 숨기우지 못할 것이요 15 사람
이 등불을 켜서 말 아래 두지 아니하고 등경 위에 두나니 이러므로 집안 모든 사
람에게 비취느니라 16 이같이 너희 빛을 사람 앞에 비취게 하여 저희로 너희 착
한 행실을 보고 하늘에 계신 너희 아버지께 영광을 돌리게 하라

세상의 빛 _ 세상을 무대로 또 다른 배역이 맡겨졌습니다. 빛의 배역입니다. 훌륭한 배우는 대본의 인물을 단순히 흉내 내지 않습니다. 자신이 실제 대본의 인물이 됩니다. 사람들마다 그리스도인이 된 동기나 계기는 천차만별입니다. 즉, 캐스팅된 경로는 다양합니다. 하지만 캐스팅한 사람은 한 분, 하나님이십니다. 캐스팅은 성령님의 지휘 아래 회개와 영접이라는 과정을 통하여 이루어졌고 목적은 하나님께 영광이 되는 필름을 제작하여 하나님을 기쁘시게 하고 이 땅에 하나님의 나라를 확장하는 것입니다. 또 영화를 제작하는 과정 내내 하나님과 함께하고 성령님께 지도를 받아 더 좋은 배우로 성장하는 것입니다. 우리는 세상이 주는 출연료 대신 하나님께서 주시는 풍성한 삶과 천국을 받습니다.

세상에서는 특출한 인물이 주인공 행세를 하지만 하나님께서는 소유나 배움, 능력, 지위, 민족 등과 관계없이 그리스도를 믿는 한 영혼, 한 영혼을 사랑의 주인공으로 부르셨습니다.

하나님의 부르심이 얼마나 위대하고 기쁜 일인지 알았으니 이제 우리가 맡은 빛이라는 역할에 대해 생각해보겠습니다. 빛은 어두움을 밝힙니다. 작은 빛이라도 캄캄한 곳에서는 밝게 빛납니다. 세상의 빛이 되라는 말씀은 타인에게 본이 되는 삶을 살아야 한다는 것입니다. 본이 된다는 것은 어두움의 부끄러움을 드러내라는 것입니다. 세상 사람들이 가고 있는 길이 얼마나 위험한 멸망으로 가는 길인지 '경건한 삶'이라는 빛으로 비추어 드러내야 합니다. 집안 모든 사람을 비추어야 할 등경 위의 빛인 그리스도인들은 착한 행실을 하여 하늘에 계신 아버지의 살아계심과 자비하심을 나타냄으로 하나님께 영광을 돌려야 합니다.

초대교회에서는 그런 선한 일들이 실제로 강력하게 일어났었습니다. 그러나 오늘날, 과연 우리는 얼마나 그런 경건의 본이 되고 있는지요. 주변에 자신을 보고 하나님 아버지께 영광을 돌리는 사람들이 있습니까? 자신을 보고 예수님을 믿어 보겠다거나, 교회에 다니고 싶다거나, 성경을 배우고 싶다고 하는 사람들이 있습니까?

자신이 교회에 다닌다는 것을 알고 있는 불신자들에게 사려 없이 함부로 말하고 행동하는 것은 불신자들이 그리스도인들의 신앙 고백을 더욱 불신하게 만드는 꼴입니다. 심지어 불신자들이 "교회에 다니는 사람이 그래도 되는 거야?" 할 정도라면 그는 어서 회개하고 마음가짐과 삶의 자세를 개혁해야 합니다. 오늘날 이런 일들은 너무 빈번히 일어나고 있습니다. 우리의 연약함과 부족함을 아시는 예수님의 자비로운 성품 때문에 우리는 어제와 다를 것 없이 오늘도 건강하게 잘 살고 있을지 모르나 회개와 변화에 늦은 때가 없듯이 이른 때는 더욱 없습니다(눅13:3). 예수님을 믿는 사람으로서 자신이 주변 사람들 그리고 모(母)교회(자신이 섬기는 교회)의 성도들에게 어떻게 비추고 있나 생각해봄이 필요합니다.

'과연 나는 선한 빛의 삶으로 하나님께 영광을 돌리고 있는가?'

그런데 빛은커녕 나를 미워하는 사람을 같이 미워하고 있지는 않습니까? 예수 믿기 전과 믿은 후에 변한 것은 일요일을 주일이라고 부르고 주일에 교회에 나간다는 것뿐이고 성급하고 욱하는 성질과 계산적이고 궁색한 마음씨는 여전하지 않습니까? 예수 믿고 좋게 변한 것이 무엇입니까? 남들이 내게 "예수 믿고 너는 이것이 변했다"고 말하는 것이 있습니까? 네가 믿는 예수가 궁금하다고 합니까? 입술로는 희생을 말하고 행동으로 이기심을 좇지는 않습니까? 교회에서는 남을 위해 눈이라도 빼어 줄 것처럼 기도하다가 밖에 나가면 남의 눈이라도 빼앗아 먹을 것처럼 굴하지는 않습니까? 그런 그가 말하는 믿음은, 사랑은, 전도는 웬 공허한 외침입니까. 그가 외치는 기도가 아무리 거룩한 단어들로 넘쳐나도 그의 삶에, 행동에 사랑과 거룩함이 나타나지 않으면 시끄러운 소음을 내는 꽹과리와 같은 기도일 뿐입니다. 신앙은 말이 다가 아니라 능력 있는 삶입니다(고전4:20). 신앙은 말이 다가 아니라 주 안에서 감사하고 기뻐하는 것입니다(롬14:17). 신앙은 말이 다가 아니라 형제자매를 사랑하는 것입니다.

더 많은 시간을 기도하고, 십일조를 십이조로 바꾼다거나, 1주일간 금식을 하는 것보다 그에게 절실하게 필요한 것은 세례 요한의 말을 따라 "옷이 두 벌 있는 사람은 하나도 없는 사람에게 나누어 주고, 양식이 있는 사람도 그와 같이 하는 것"입니다. "세금을 거두도록 지시받은 액수 이상으로 거두지 않는 것"입니다. "강제로 돈을 빼지 말고 거짓으로 고발하지 않는 것"입니다. "받는 돈을 족하게 여기는 것"입니다(눅3:10~14). 바꿔 말하면, 생활에 여유가 있는 사람은 자신이 조금 손해 보는 것을 불쾌하게 여기지 않는 것이며 나아가 내 것을 희생하여 타인의 필요를 채우는 것입니다. 자기가 해야 할 일을 사회적 지위나 나이를 이유로 남에게 미루지 않는 것입니다. 정신적, 신체적으로 폭력적인 방법을 사용하여 남의 권리나 바람을 짓밟지 않는 것입니다. 자기의 편의를 도모하기 위해 서슴없이 하던 거짓말을 멈추는 것입니다. 지금 자기가 있는 상황에서 만족함을 찾는 것입니다.

예수님을 알지 못하는 사람들은 혹 그럴 수 있지만 그리스도인들마저 그렇다면 심각한 위기입니다. 당장 남이야 어떻게 살든 먼저 자기가 소금과 빛으로 사는데 관심이 없다면 이것이야 말로 심각한 위기입니다. 기억해야 합니다. 예수님께서는 그리스도인들에게 세상의 빛이 되라고 말씀하셨고 그 빛은 타인에게 본이 되는 착한 행실이라는 것을.

3 세월의 때에 변질된 율법

| 마태복음 5:17-20 |

17 내가 **율법이나 선지자**나 폐하러 온 줄로 생각지 말라 폐하러 온 것이 아니요 **완전케** 하려 함이로라

율법, 선지자 _ 여기서 율법이란 창세기에서 신명기에 이르는 모세 5경을, 선지자란 대선지서와 소선지서를 말합니다(이사야에서 말라기까지의 17권의 예언서). 율법은 하나님의 백성으로 하여금 거룩히 구별되어 살도록 하기 위해 하나님께서 세우신 법이요 온 마음과 정성을 다해 하나님을 사랑할 수 있도록 돕는 하나님께서 제정하신 도덕적이고, 의식적인(ceremonial) 법입니다. 율법은 하나님 사랑과 이웃 사랑으로 요약되며 하나님께 대한 사랑의 마음을 고백하는 방법이기도 합니다(요14:15).

하지만 율법은 이스라엘 역사에서 그 본래의 목적에서 벗어나 오용된 적이 종종 있었습니다. 많은 경우가 종교지도자들의 변질과 타락에 의해 일어난 것이었습니다. 예수님 당시에도 종교지도자들은 율법을 본의와 다르게 이용하였습니다. 마음에는 하나님께 대한 사랑과 존경이 없지만 지위를 유지하기 위해 율법을 남용하는 지도자들, 하나님의 말씀이 아닌 자기가 속한 당파의 전통에 따라 하나님을 추구하는 사람들, 그런 어그러진 신앙을 전하는 지도자들. 율법

이 오용되었던 주 이유는 하나님께 대한 사랑보다 자기 자신에 대한 사랑이 더 컸기 때문입니다. 종교지도자들은 하나님보다 사람의 눈에, 성서보다 구전 율법에 더 큰 비중을 두었습니다. 예수님께서 오셔서 하신 일 중 한 가지는 사람들에게 율법의 원래의 목적을 가르치시고 회복하신 일입니다.

완전케 _ '완전케' 했다는 것은 과거와 오늘에 어떤 분명한 차이 즉 변화가 생겼다는 것입니다. 그리고 온전하지 못했던 옛것이 온전한 새것이 되었다는 말입니다. 앞서 살펴본 대로 의와 거룩을 행하게 하고, 우리의 마음이 하나님을 사랑하게 하는 율법의 본래 목적 아래서 바뀐(완전케 된) 것은 무엇일까요?

1. 의식율법 – 짐승의 피로 드리는 제사가 파해졌습니다. 예수님께서 십자가에서 흘리신 피가 영원히 우리를 거룩하고 온전케 하기 때문입니다(히10:14). 오늘날 짐승을 잡아 드리는 피 제사의 행위는 사라졌습니다. 또 각종 절기나 음식에 대한 의식법도 파해졌습니다(엡2:15). 하지만 하나님 앞에 나아가 죄를 자백하고 회개해야 함은 여전합니다. 그래서 진실한 기도를 드리고 마음과 태도, 행위를 고쳐 하나님 보시기에 기쁘게 하려 애쓰는 것입니다.

2. 민사율법 – 당시 이스라엘 사람들의 민사법과 형사법입니다(신 24:10,11,출21장 등). 오늘날 이런 법들이 그대로 적용되지는 않지만 정신은 여전합니다. 하나님께서 안식일에는 어떤 노동도 하지 말라고 하셨습니다. 그날은 세상일에 구애 받지 않고 하나님을 예배하도록 하신 날입니다. 즉 하나님께서 사람을 위해 그날을 구별하여 하나님을 예배하게 하신 것입니다. 안식일은 인간을 위해 있고 그 주인은 하나님이십니다. 이것이 안식일의 정신입니다. 하지만 문자에만 집착하여 단순히 '안식일에는 어떤 일도 하면 안 된다' 라고 믿은 사람들은 예수님께서 안식일에 손 마른 자를 치유하는 행위를 율법 위반으로 정죄했습니다. 어쩌면 당연한 수순이었습니다. 하지만 하나님의 판결은 "예수께서 저희에

게 이르시되 내가 너희에게 묻노니 안식일에 선을 행하는 것과 악을 행하는 것, 생명을 구하는 것과 멸하는 것, 어느 것이 옳으냐 (눅6:9)" 였습니다.

3. 윤리율법 – 십계명을 포함한 도덕적, 윤리적 율법들로 우리의 마음(동기)과 몸(행위)이 지켜야 할 법들이며 그 효력이 오늘도 여전합니다. 21세기를 사는 우리는 살인해서는 안 되고 우상을 만들어서도, 섬겨서도 안 됩니다. 안식일을 거룩히 지켜야 하고 부모를 공경해야 합니다. 간음, 도적질, 거짓 증거하지 말고 남의 것을 탐하지 말아야 합니다. 예수님은 여자를 보고 음욕을 품고 있는 것으로도 간음이라 하셨습니다. 또, 타인을 죽이고 싶은 증오를 마음에 간직하는 것에 대해서도 살인이라는 판결을 내리셨습니다.[1]

자기의 죄를 철저히 고백하고 그리스도를 구주로 영접했던 회심, 그것은 도덕적인 변화(moral transformation)를 수반합니다. 도덕성이 회심을 일으키는 것은 아니지만 회심은 도덕성의 변화를 불러옵니다. 회심 이후에도 여전히 전과 같은 음란과 탐욕, 악의(malice)와 거짓말의 죄 가운데 있기를 거리낌 없이 즐거워하고 있다면 그것이 회심이 아니었기 때문입니다. 그가 여전히 회심하지 않은 불신자(unconverted)이기 때문입니다(골3:5~8).[2]

18 진실로 **너희**에게 이르노니 천지가 없어지기 전에는 율법의 **일점일획**이라도 반드시 없어지지 아니하고 다 이루리라

일점일획 _ 우리는 마음과 정성과 뜻과 힘을 다해 율법을 제정하신 하나님의

---

[1] "십계명을 지켜 구원을 얻을 수는 없습니다. 그것을 온전히 지켜 구원에 이를 수 있는 사람은 없습니다. 그래서 우리는 그리스도를 필요로 하게 됩니다. 십계명은 결국 우리를 그리스도께로 데리고 가서 그분을 의지하게 만듭니다."
– Rev. Jerzy, International Evangelical Church, Brigend, Wales

[2] "If you live like unconverted, that's because you are unconverted. 당신이 불신자처럼 산다면 그것은 당신이 불신자이기 때문입니다."
– Rev. Stuart Olyott, Sermon on Ephesians

심중을 헤아려서 그분의 뜻을 따라 살아야 합니다. 구약시대에는 율법이 주어졌지만 신약시대에는 그리스도를 통하여 하나님의 의가 나타났고 그것은 복음입니다(롬3:21). 그런데 율법의 정신도 사실은 사랑입니다. 다만 율법을 빙자하여 사랑 없는 종교생활을 하던 많은 이들이 있었고 그들이 예수님으로부터 얼마나 큰 책망을 받았는지는 복음서에 기록되어 있습니다. 당시 율법을 빙자하나 참 정신을 잃어버렸던 사람들과 비슷한 시각과 자세를 가진 사람들이 물론 오늘날에도 여전히 존재합니다.

복음을 빙자하여 방종과 죄, 게으름과 무지를 정당화하는 어느 사람도 거룩한 그리스도인의 옷을 입고 있습니다. 행위로는 구원을 얻을 수 없고 오직 믿음으로 구원을 얻는다는 말을 듣고 그것을 자기의 거리낌없는 범죄에 대한 안전한 방패로 삼았습니다. 물론 말씀을 따라 살아야한다고 말은 하지만 혹 자신이 죄를 범해도 그다지 개의치 않습니다. 그러나 분명히 말씀드리면, 말씀에 순종하며 살고자 하는 많은 그리스도인들의 순수한 믿음의 우물에 폐수를 흘려보내는 그런 마음과 행동에 대해 그는 예수님으로부터 바리새인, 서기관들이 들었던 책망을 들을지도 모릅니다. 마태복음 23장 13,15,23,25,28절을 보시면 충분히 이해하고도 남을 것입니다.

율법이 아닌 복음, 행위가 아닌 믿음으로 구원을 얻는 것이 신약의 사도들, 아니 성경을 통해 분명하게 드러났습니다. 이것은 인간의 무능력을 드러내고 하나님의 영광과 선하심을 높이기 위한 것이지 0.001%도 우리의 게으름과 위선의 합리화를 위해 주어진 것은 아닙니다. 하나님께서 주시는 믿음으로(엡2:8) 복음을 받아들이면 우리 안에 믿음과 소망과 사랑이 싹트고 줄기가 자라나는 것을 보게 될 것입니다. 이것은 자연히 사람과 삶의 변화로 이어집니다(엡4:24). 그럼 구약의 율법의 정신이었던 '사랑'은(또 그 행위는) 자연히 충족됩니다. 결과적으로 그리스도의 사랑이 우리로 율법에 '구속되지는 않으나 기쁨으로 지키게 하는 것' 입니다. 이것은 바리새인들의 "율법 or die"가 아닙니다. 도덕 폐기론자들의 "모든 것이 가하다"도 아닙니다. 오히려, '먹든지, 마시든지 그리스도의 영광을 위해' 하는 것입니다.

이 모든 것은 그리스도를 통하여 회개하는 죄인에게 베푸시는 하나님의 풍성한 은혜입니다. 연약한 육신 가운데 때로 우리가 원치 않게 실수할 수도 있지만 하나님께서는 그리스도의 보혈로 씻긴 우리를 정죄하지 않으십니다. 변함없이 자녀를 사랑하는 아버지로 대해주실 뿐입니다.

사실 우리가 실수하는 것의 많은 부분은 모든 사람의 눈에 띌 만한 큰 것보다는 소수의 사람들에게나 아니면 오직 하나님과 자신에게만 눈에 띌만한 것들입니다. 하지만 남들이 모른다고 해서 나의 실수나 죄를 그대로 두거나, 일점일획과 같이 작은 부분이라고 무시한다면 하나님과의 관계가 바를 수 없습니다.

로봇이 아니라 인간으로 지으신 하나님

관계는 두 인격체의 지속적인 만남 가운데서 형성됩니다. 하나님과 인간의 관계에 있어서 그리스도의 공로에 눈을 맞추시는 하나님은 언제나 신실하시나 인간은 꽤나 변덕스럽습니다. 신실함을 맹세했다가도 등을 돌리고, 등을 돌렸다가도 눈물을 흘리며 회개하는 것이 인간입니다. 하지만 하나님과 사랑의 관계를 맺고 있다면 그분의 크신 신실하심 덕에 최후에 웃는 자가 될 것입니다.[1]

하나님께서 우리를 수학과 과학 공식을 사용하여 로봇으로 창조하셨다면 불량 제품을 사용하지 않는 이상 우리에게 하나님을 실망시키는 일을 할 가능성은 없을 것입니다. 로봇은 감정과 의지가 없어 돌발행동 없이 정해진 대로 움직이기 때문입니다. 그러나 로봇들은 프로그램에 따라 움직일 뿐 생명이 없습니다. 그들은 별다른 문제를 일으키지는 않지만 관계의 발전도 만들지 못합니다.

[1] 하나님의 은혜로 인간에게는 감정과 의지가 있어 마지막까지 구원으로 가는 회개의 기회와 가능성을 하나님께서 섭리 안에서 열어주신다고 생각합니다. 그래서 하나님께서는 해악한 인간이라도 끝까지 버리지 않으시려는 것인지 모릅니다. 우리의 반항에 대한 아픔의 가능성까지 기꺼이 허락하시고 감당하신 하나님의 넓으신 사랑을 우리가 조금이나마 이해하고 살 수는 없을까요. 너무 큰 그분의 사랑과 지혜는 우리의 머리만으로는 이해가 불가능할 것 같습니다.

내가 로봇을 사랑해도 생명이 없는 로봇은 나를 사랑할 수 없기 때문입니다. 하지만 인격과 인격의 만남에는 시간의 흐름과 사건의 발생에 따른 발전이나 퇴보가 있습니다. 그리스도로 말미암아 하나님과 인격적 교제를 나누는 특권을 얻은 우리는 하나님으로부터 아주 좋은 것들(측량할 수 없는 그리스도의 풍성 - 엡 3:8)을 받고 있습니다. 하나님의 말씀에 순종한다면 관계는 더욱 깊고 견고하게 발전할 것입니다. 하지만 하나님께 무관심으로 일관한다면 경고 신호를 몇 번 받은 뒤 퇴보하기 시작할 것입니다.

"너희가 만일 퇴보하여 너희 중에 빠져 남아 있는 이 민족들을 친근히 하여 더불어 혼인하며 피차 왕래하면 여호수아 23장 12절"

퇴보? 나의 게으름이 하나님과 나의 관계에 악영향을 미치는가?

완악한 마음을 가진 우리는 때로 너무나 당연한 것들에 질문을 던집니다. 바로 이와 같은 것입니다. 누구는 자기가 예수 그리스도를 믿어 구원을 받았기 때문에 어떻게 살든지 상관이 없다고 합니다. 왜냐하면 그런 자유가(혹은 방종이) 그리스도의 크신 은혜를 나타낸다고 믿기 때문입니다. 그래서 이렇게 말합니다.

"괜찮다. 괜찮아. 게으를 수도 있고 거짓말할 수도 있고 용서하지 않을 수도 있다. 어떤 죄가 내게 때를 입히든지 그리스도의 사랑으로 나는 하나님과 올바른 관계에 있기 때문이다."

먼저, 우리가 하나님과 바른 관계에 놓이게 된 것은 전적으로 그리스도의 십자가 사건으로 인한 것이니 그리스도의 공로에 관한 부분에 한해서는 그가 틀린 말을 하고 있는 것은 아닙니다. 그러나 그는 아주 중요한 사실을 간과하고 있습니다.

"우리는 미쁨(faithfulness)이 없을지라도 주는 항상 미쁘시니 디모데후서 2장 13절"

그렇습니다. 하나님께서는 그리스도 안에 있는 우리들로부터 신실함을 거두어가시지 않습니다. 우리가 하나님께 드리는 신앙의 질이 평소보다 좋지 못할 때에도 그분은 여전히 그리스도 안에 있는 우리들에 대해 신실하십니다. 그분의 사랑의 넓이와 길이와 높이와 깊음에 인간의 지식이 닿을 수 없습니다(엡3:19). 그분의 사랑은 우리의 행위로 인해 더 뜨거워지거나 더 차가워지지 않습니다. 하나님으로부터 우리에게 오는 구원의 사랑은 우리의 행위에 근거하지 않습니다. 그것은 오직 그리스도의 십자가에 근거하고 있습니다. 그렇기에 하나님께서는 다만 동일한 '최상의 사랑, 측량할 수 없는 그리스도의 풍성한 사랑(롬8:39)'으로 그리스도 안에 있는 우리를 대하십니다. 그런데 문제는 우리가 그리스도를 주인으로 모시기 전에 우리에게 주인 노릇을 하던 죄라는 존재와 연약한 우리 자신입니다. 이것을 설명하기 위해 쉬운 이야기를 하나 들려드리겠습니다.

한 사람이 어느 회사에서 일했는데 그 회사의 주인은 죄였습니다. 그런데 그 옆에 다른 한 회사가 있었고 그 회사의 주인은 하나님이셨습니다. 하나님은 죄의 회사에 다니는 사람을 자기 회사에서 일하게 하기 위하여 그의 주인이던 죄에게 죄가 요구하는 값을 남김없이 지불하고 자기 회사로 데려왔습니다. 그래서 더 이상 죄는 그 사람에 대해 어떤 권리도 주장할 수 없게 되었습니다. 새 회사에서 일을 하게 된 그는 예전에 죄를 위하여 일하던 나날들이 얼마나 헛되고 부끄럽고 위태로웠는지 깨달았습니다. 그런데 죄는 사람들을 보내어 그 회사원에게 다시 자기를 위해 일해야 한다고 소리를 지르고, 심지어 피를 흘릴 만큼 때리기도 하였습니다. 특별히 그 회사원이 하나님의 회사를 나와 죄의 회사 근처로 길을 거닐 때 빈번히 그런 사고가 있었습니다.

그리스도께서 우리를 구속하시기(buy back 되 사다) 전까지는 죄가 우리의 주인이었습니다. 우리는 죄의 노예였고 그것은 우리가 하나님을 대적하는 공중의 권세 잡은 자인 사탄의 왕국의 노예였었다는 말입니다(엡2:2). 그러나 긍휼에 풍성하신 하나님이 그 크신 사랑으로 인하여(엡2:4) 우리를 그리스도의 피로 깨끗케 하시고 의롭다 하심으로 자기의 소유로 삼으셨습니다. 그래서 더 이상 우리는 죄에 대하여 어떠한 책임이나 의무를 지지 않습니다. 우리는 오직 하나님을 위해서 일하고 하나님께만 의무가 있습니다(롬14:4). 그런데 죄는 계속해서 육신의 장막을 입고 있는 우리를 공격합니다. 하나님께 대한 우리의 순결함에 매질을 하고 하나님을 향한 뜨거운 사랑에 찬물을 끼얹습니다. 구원 받은 우리가 모든 시간과 힘과 정성과 마음을 다해 새 주인인 하나님을 열심히 섬기지 않으면 그 틈에 죄는 우리를 다시 자기 아래 가두기 위해 온갖 노력을 합니다. 물론 하나님이 그리스도 안에 있는 우리의 영원하신 새 주인임은 변하지 않습니다. 그러나 죄는 우리가 하나님을 두려워하고 의심하여 결국은 오해하게 만들도록 온갖 짓을 다합니다.

이제 '괜찮다며 계속 넘어가는 당신' 에게 질문하겠습니다. 죄가 당신을 넘어뜨리고 죽을 만큼 때려서 다시 자기의 소유를 삼으려 혼신의 힘을 기울이는데도 안심이 되십니까? 죄는 그리스도 안에 있는 당신을 결코 빼앗아갈 수는 없습니다. 하지만 죄는 그리스도인이 된 당신을 상하게 하고자 할 수 있는 한 모든 방법으로 당신을 공격할 수 있습니다. 그 공격은 육신을 입고 사는 시간동안 계속될 것입니다. 그런데 자기만 죄에 대해 관대할 뿐 아니라 남들에게도 당신과 같이 하라고 하는 것을 우리의 새 영원한 주인이신 하나님께서 들으시면 어떻게 생각하시겠습니까?

새 주인이신 하나님과 우리의 관계에 옛 주인인 죄의 러브콜이 미치는 악 영향은 무엇인가?

죄는 우리로 하여금 우리의 주인 되신 하나님을 두려워하게 만듭니다. 죄는 우리의 눈을 멀게 하여(요일2:11) 하나님의 은혜와 권능을 보는 시력을 떨어뜨립니다(사59:2). 대신 두려움을 보는 시력은 밝게 합니다(창3:7). 그럼 우리는 하나님을 피해 나무 사이로 숨을 것입니다(창3:8). 죄로 오염된 우리의 양심과 생각은 하나님이 우리를 사랑하신다고 믿기 어렵게 만듭니다. 그리스도로 인하여 구원을 받았으나 죄가 주는 두려움으로 하나님께서 나를 심판하기로 작정하셨다고 오해하게 만들기도 합니다. 그리스도 안에 있는 우리에게 하나님은 여전히 '화평'의 깃발을 들고 있으나 우리는 나무 뒤에 숨어 '변명'을 늘어놓고 있습니다. 우리가 하나님의 사랑을 보고(see clearly) 느끼기 원한다면 먼저 죄를 멀리해야 합니다. 죄는 하나님을 두렵고 피하고 싶은 존재로 보이게 만들기 때문입니다. 하나님께서 우리를 버리시는 것이 아니라 우리가 하나님을 버리는(떠나는) 사태에 가까이 가게 되는 것입니다.

죄는 불신자에게 말하기를 '너 같은 사람은 구원을 받을 수 없다'고 하고 신자에게 말하기를 '하나님은 죄가 큰 너를 사랑하지 않으신다'고 합니다. 혹은 불신자에게 '하나님께 가지 말고 나와 함께 살자'고 하고 신자에게 '괜찮아. 하나님께서 다 용서하실 거야'라고 합니다. 하나님의 공의와 사랑에 대한 잘못된 이해와 지식을 갖게 만드는 죄! 하나님의 그 숭고하고 아름다운 사랑의 진실을 가리는 죄! 당신에게 가장 고귀하고 소중한 사람을 오해하게 만들어 결국 그 사이를 멀어지게 만드는 죄! 죄는 사탄의 도움으로 이 땅에 화려하게 데뷔한 인물이기에 우리의 영혼을 묶어 사탄에게 가져다주는 일을 망설이지 않습니다. 죄와 친하면서 하나님과 친할 수 없습니다. 죄와 친한 그리스도인은 그리스도와 친할 수 없습니다. 그리스도는 "내가 죄인을 구하러 왔노라"하시며 죄를 미워하는 연약하고 부패한 죄인을 가까이 하시고 구원하십니다. 그러나 바로 그 그리스도께서 바리새인과 서기관에게는 "화 있을진저!"라고 하시기도 했습니다. 그러니 우리는 자기의 죄를 미워해야 하고, 자기 의를 의지하려는 은밀한 마음도 미워해야 합니다.

근본적인 질문 – 사랑하는가?

하나님께 우리는 소중한 존재입니까? 그렇습니다. 천하보다 귀한 존재입니다. 그럼 하나님은 우리에게 소중한 분입니까? 그렇습니다. 세상 무엇보다 귀하신 분입니다. (그러나 좀 더 정확한 자기 진단을 위해)어느 사람이 나에게 소중하다는 것을 어떻게 증명하겠습니까? 내 마음 속에 그가 얼마나 자리하고 있는지 생각해보면 될 것입니다. 그가 내 마음속에 얼마 없다면 내게 직접적인 피해를 주지 않는 한 그가 어떤 삶을 살든 나는 크게 상관하지 않을 것입니다. 그로 인해 우는 일도, 웃는 일도 없습니다. 그의 삶에 나의 영향을 끼치고픈 마음도 없고 그로 인해 내가 영향을 받을 생각도 없습니다. 어느 사람이 내게 소중하다는 것을 확인하는 길은 그가 내 마음속에 얼마나 있는지 들여다보는 것입니다.

그러면 내가 상대방을 소중하게 여긴다는 것을 어떻게 상대방도 알게 할 수 있겠습니까(다시 말해, 어떻게 증명할 수 있겠습니까)? 때로는 말 없이 눈빛이나 드러나지 않는 작은 행동으로 상대방이 내 마음을 느끼게 할 수도 있지만 더 적극적인 방법으로 상대방의 말에 귀를 기울이고 그것을 내 삶의 목적과 자세와 행위의 기준으로 삼는 것이 있습니다. 여러분이 어느 날 지난날의 불효를 뉘우치고 앞으로는 효도하기로 굳게 결심했다고 하면 입에 쓰거나 달거나 부모님의 말씀을 빠짐없이 잘 듣고 지키려 할 것입니다. '고르반' 이라고 하는데서 그치지 않을 것입니다(막7:11). 세상에서 가장 위대한 분이신 하나님과 아버지와 자녀의 관계를 맺는 특권을 누리고 있는 사람들이 정성을 다해야 할 것은 하나님의 말씀에 귀를 기울이고 그것을 소중히 여겨 삶의 지침으로 삼는 것입니다. 어느 것은 지키고 어느 것은 버리는 것은 온전하지 못합니다. 일점, 일획의 작은 부분에서도 하나님의 뜻과 계획을 좇아야 하겠습니다.

근본적인 이유 – 사랑하기 때문에

그리스도 안에 있는 우리에 대한 하나님의 사랑은 사망보다도 더 큽니다(롬8:38). 나의 죄가 크지만 하나님의 사랑은 더욱 크고, 죽음에 대한 두려움보다 하나님의 사랑이 더욱 강합니다. 또 생명보다도 더 큽니다. 우리는 먹고 사는 것을 고민하는데 온갖 시간을 보내지만 하나님의 사랑 앞에서 대체 무엇이 걱정이란 말입니까. 또 천사들이나 어느 권세자들, 세상 어느 피조물보다 그리스도 안에 있는 우리들에 대한 하나님의 사랑이 큽니다. 이 세상에서 가장 위대한 것은 하나님의 사랑이고, 가장 축복받은 존재로서 온 우주의 부러움을 받는 것은 그리스도 안에서 하나님의 사랑을 받는 그리스도인입니다. 우리는 가장 위대하고 아름답고 영원한 주제를 가지고 노래하고 찬양하며 사는 사람들입니다.

자녀든, 부모든, 배우자든, 친구든 마음속에 자기가 가장 사랑하고 있는 한 사람을 떠올려봅시다. 당신과 그는 서로 아끼며 하나님 안에서 행복한 나날을 함께했습니다. 그런데 어느 날 한 사람이 당신과 당신의 사랑하는 사람 앞에 나타났습니다. 그는 처음에는 양처럼 보였지만 시간이 지남에 따라 늑대의 이빨을 드러내었습니다. 늑대는 교묘하고 은밀하게 당신의 사랑하는 사람을 미혹했습니다. 당신은 사랑하는 사람이 예전과 같지 않음을 느꼈습니다. 당신은 사랑하는 이를 타이르고 또 타일렀지만(렘35:14) 듣지 않았습니다. 사랑하는 사람은 잔소리로 귀찮게 하는 당신이 부담스러우니 더 이상 보고 싶지 않다는 말까지 했습니다.

여기서 늑대는 불순종의 영(엡2:3)과 죄이고, 늑대에게 영향을 받아 점점 늑대를 닮아가는 사람은 인간입니다. 그 모습에 진노하시는 분은 하나님이십니다. 하지만 만약 여기서 늑대가 어느 악한 사람이고 늑대에게 영향을 받아 늑대를 좇게 된 사람이 여러분의 자녀나 배우자라면 어떡하시겠습니까!!!

이제 왜 하나님이 마귀와 죄를 미워하시는지 이해가 되실 것입니다. 그들은 마땅히 하나님께로 돌아가야 할 우리의 정성과 관심을 도둑질해가는 존재들입니다. 하나님의 불같은 사랑은 사랑을 방해하는 모든 것에 거룩하고 맹렬한 분노를 일으킵니다. 그렇다면 하나님의 사랑을 본받아 우리도 그리스도인답지 못한 삶을 미워할 수 있을 것입니다. 물론 우리의 사랑은 작고 약하지만 할 수 있는 한은 최선을 다해 하나님께 그 사랑을 드리기 원해야 합니다. 하나님은 우리의 죄마저도 가장 효과적으로 하나님의 은혜의 영광을 이루는데 사용하실 수 있습니다(롬8:28). 그러나 그렇다고, "은혜를 더 하게 하자"라고 하며 죄에 거하려한다면(롬6:1) 예수님께서 "위선자여, 화 있을진저"라고 하신 것을 기억해야 합니다.

"그러므로 스스로 조심하여 너희 하나님 여호와를 사랑하라 여호수아 23장 11절"

19 그러므로 누구든지 이 계명 중에 지극히 작은 것 하나라도 버리고 또 그같이 사람을 가르치는 자는 천국에서 지극히 **작다** 일컬음을 받을 것이요 누구든지 이를 **행하며 가르치는 자**는 천국에서 **크다** 일컬음을 받으리라

작다, 크다 _ 이 땅의 차별은 불공평할 때가 있습니다. 하지만 천국의 차별은 공평합니다. "뭐라고요? 천국의 차별?" 그렇습니다. 천국에서도 '차이'가 있습니다. 누구는 크겠고 누구는 작을 것입니다. 예수님께서는 어떤 사람이 클 것이고 어떤 사람이 작을 것인지 군더더기 없이 말씀해주셨습니다. 하나님의 계명을 지키는 자는 크게 될 것입니다. 하지만 그리스도를 구주로 고백하면서 부담 없는 계명은 지키고, 부담스런 계명은 회피하는 자는 "지극히 작다"고 할 것입니다.

그리스도를 믿는다면 그의 가르침을 따라 행해야 합니다. 이것은 신앙의 기본이자 '양심' 입니다. 이런 기본과 양심이 무너진 상태라면 아무리 남을 가르쳐도, 눈에 띄는 성과를 올리고 기독교적으로 보여도 천국에서 무척 초라할 것입니다. 그러니 먼저 그리스도를 믿고, 하나님을 아는 지식을 키우고, 그 말씀이 요구하는 바를 사랑하고 순종하십시오. 그렇게 사는 사람이 '천국에서 큰 자' 가 될 것입니다.

행하며 가르치는 자 _ 남에게 무엇을 하라고 가르치는 일에는 전문가들이 많

습니다. 그러나 하나님은 말씀에 순종하는 삶을 더 높이 사십니다. 하나님의 말씀을 연구하고 남들을 가르치는 것은 하나님의 말씀을 자기의 삶에 적용시키는 것보다 훨씬 쉬운 일입니다. 좋은 열 가지를 알고 하나도 실천하지 못하는 것보다 좋은 하나를 알고 그대로 실천하는 편이 낫습니다. 하늘에서는 삶이 신실하지 못한 종교지도자보다 신실한 그리스도인의 삶을 사는 평신도가 더욱 큰 평가를 받고 있습니다. 인간의 명함 속의 직책은 하나님께 인정받을 만한 어떤 위대함이나 대단한 인상을 줄 수 없기 때문입니다. 자기도 하지 못하는 것을 남에게 가르치기보다 먼저 '해야 한다고 알고 있는 것들' 을 하려고 노력하십시오. 자신이 먼저 본토, 친척, 아비 집을 떠난 뒤에야(마4:13) "나를 따르라(마4:19)" 고 할 수 있는 것입니다.

많이 아는 것이 오히려 해가 될 수 있는 경우

행하지 않고 아는 것은 사실 온전히 아는 것이 아닙니다. 사랑하라는 계명을 알고 사랑하지 않는 것은 차라리 죄입니다(약4:17). 문제는 그런 그들(삶으로는 모르고 머리로만 아는, 경건으로는 모르고 지식으로만 아는 이들)이 입을 열어 선하지 않은 무익한 논쟁을 꺼낼 때 믿음이 연약한 성도들이 실족할 수 있다는 것입니다. 그런 이들은 어떤 면에서 불신자들보다 더 무서운 사람들입니다. 그들에게 그리스도를 닮아가는 신실한 인격, 말씀을 통하여 역사하시는 성령의 내적 역사, 전인격의 순종으로 맺는 성령의 열매, 타인을 위한 희생과 겸손의 낮아짐 없이 신학, 철학, 역사, 과학, 수사학, 논리학 등에 대한 지식이 늘어날 때 하나님의 나라에 도움보다는 해가 될 가능성이 큽니다. 그 상태에서 몇 걸음만 더 나가면 교회에 가장 큰 아픔을 안겨주는 사람이 될 수도 있습니다.

우리가 가진 '사랑만큼' 만 알고, '은혜 안에서(벧후3:18)' 아는 것이 하나님께 영광이 되고 교회와 성도들에게 덕이 되는 길입니다. 무엇이든지 아는 줄로 생각하는 그에게 '기록된 것을 넘어가지 말고 먼저 삶의 작은 부분에서부터 경건의 충성을 다할 것' 을 가장 간절한 마음으로 권면합니다.

20 내가 너희에게 이르노니 **너희 의**가 서기관과 바리새인보다 더 낫지 못하면 결단코 천국에 들어가지 못하리라

너희 의 _ 서기관과 바리새인의 의는 생명이 없는 형식주의의 의였습니다. 그런 의에는 하나님의 자비와 용서가 없었습니다. 또 그들의 자기희생과 하나님께 대한 헌신이란 누군가가 지켜보고 있을 때만 가능한 의였습니다. 하나님이 아닌 사람들에게 주목을 받는 의, 하나님의 뜻을 자기의 편의에 맞추어 사용하고 표면에 인공적인(artificial) 가식의 거룩함을 뿌리는 의였습니다. 예수님께서 말씀하신 더 나은 의는 우리의 마음이 하나님을 진정으로 사모하고 사랑하여 우리의 삶에서 그분의 뜻대로 덕행을 쌓는 의입니다.

그럼 우리의 덕행의 의로 구원의 천국에 들어갈 수 있다는 말인가?

모든 인간이 죄 가운데 태어나(시51:5) 죄 안에서 살아갑니다(롬3:9). 인간의 착함과 거룩함에는 상대적 차이가 있을 뿐 스스로의 행위로 하나님을 만족시켜 천국에 들어갈 자격을 얻을 수 있는 사람은 아무도 없다는 것이 하나님의 말씀인 성경의 증언입니다. 그래서 대답은 '우리의 의로서는 그가 세상에서 가장 선한 사람이라고 해도 그럴 수 없다' 입니다. 선행은 고귀합니다. 하지만 인간은 선행 중에도 때로 죄를 짓고 죄악 중에서도 그 죄를 인식하지 못합니다. 선행으로 그리스도 없이 구원을 얻을 수 있다고 생각하는 것은 자기가 어떤 사람인지 전혀 모르고 있기 때문에 가능한 것입니다. 성경은 말합니다. "구원은 선한 행위에 대한 보상이 아니라 전적으로 하나님께서 쥐고 계신 선물이다(엡2:8)" 하나님이 우리를 '사랑의 눈' 으로 바라보도록 하지 않는 이상, 모든 사람은(상대적으로 그토록 선하게 살던 이도) 하나님의 기준에 합당하지 못한, 하나님의 진노 아래

있는 죄인입니다(엡2:3). 그럼 하나님께서 우리를 '사랑의 눈'으로 바라보시게 하는 방법은 무엇입니까? 성경은 말합니다. "하나님의 독생자이신 예수 그리스도를 믿어 죄를 용서받고 의로운 자녀로 하나님의 가계에 포함되는 방법밖에는 없다(행4:12)"

하나님의 무조건적인 사랑과 용서 없이 어느 사람도 하나님의 의로운 진노의 심판으로부터 벗어날 수 없습니다. 하나님께는 결코 죄인들을 용서하시고 구원하실 의무나 책임이 없으십니다. 인간 스스로 악한 것을 사랑했고 선택했기 때문입니다. 그러나 그리스도인은 하나님의 크신 자비를 따라 그리스도를 구주로 믿음으로 하나님의 용서와 사랑을 입은 자들입니다. 먼저 하나님이 주시지 않으면 결코 받을 수 없는 것이었고 하나님께는 주실 의무가 없으셨습니다. 그러나 기꺼이 먼저 주시고 후하게 주시는 것은 그분의 기이한 사랑(시118:23) 때문입니다. 우리는 이 사실에 깊은 감사의 숨을 쉬어야 합니다. 하나님의 자비! 그리스도의 희생! 그것이 없었다면 우리는 지금 우리가 두려워하는 모든 것의 주인공이 되었을 것입니다.

그러나 여기서 감격하는 것에 그치지는 마시기 바랍니다. 용서 받고 구원 받은 성도는 자연스레 하나님의 요구를 사랑하게 될 것입니다. 하나님의 가장 중요한 요구 중 하나는 바로 '의로운 선행(엡2:10)'입니다. 구원 받고 새롭게 창조된 피조물인 성도가 어떻게 전처럼 이기심과 악한 마음으로 살고 여전히 죄 안에 거하겠습니까. 그에게 구원의 확신과 감격이 있다면 결코 그럴 수는 없는 것입니다. 성경은 곳곳에서 은혜의 구원과 그 후의 선한 삶에 대해서 외치고 있습니다. 이 두 진리는 순서상의 앞뒤가 있을 뿐 사실 하나로 연결된 진리입니다.

그리스도를 영접한 뒤 그리스도를 닮는 삶의 변화가 계속 되고 있습니까? 서기관과 바리새인보다 나은 의를 가지셨습니까? 그렇지 못하다면 예수님께서 천국에 '결단코' 들어가지 못한다고 하셨습니다. 저는 감히 이 구절을 외면할 수 없습니다. 여러분도 그렇지 않습니까? 이것은 하나님의 말씀입니다. 믿음이 있다고 하나 선행이 없다면 '반쪽 신자' 입니다. 그것이 하나님께서 기뻐하시는 신앙인지는 여러분이 믿는 하나님께 여쭈어보시기 바랍니다. 그러나 저는 차라리 "하나님께서 말씀하신 모든 것대로 준행하는 것이 좋다(출24:7)"고 하겠습니다. 자기 의와는 피 흘리기까지 싸우고, 그리스도의 의는 목소리 높이 찬양하면서. 주님의 뜻대로 살지 않고 천국에 들어갈 궁리를 하는 것보다 그 편이 훨씬 지혜롭고 확실하다고 모르는 사람이 누구입니까?

사랑의 마음과 선행이 동행하는 삶

예수님께서 율법을 폐하러 오신 것이 아니라는 말씀을 생각해봅시다. 예수님은 율법 자체를 부정한 것이 아니라 율법의 목적인 사랑이 배제된 율법을 부정한 것입니다. 즉, 율법의 실행은 하나님께서 원하시는 것입니다. 하지만 그것은 사랑의 실행을 위한 것입니다. 그래서 사랑의 실행은 주께서 가장 원하시는 것입니다. 그렇습니다. 천국은 율법의 모양이 아니라 그 정신을 지키는 자, 율법을 잘 아는 자가 아닌 실행하는 자가 들어가는 곳임을 강조하신 것입니다.

사랑의 마음이 없고 사랑의 실행이 없다면 무엇으로 그가 예수 그리스도를 섬기고 닮아가는 그리스도인이라고 증명할 수 있겠습니까? 대체 그가 불신자와 다른 점이 무엇입니까? 오히려 불신자가 선을 행하면 그리스도인이라는 그는 얼마나 부끄러워지겠습니까(롬2:27). 사랑을 생각하는 마음만 있고 실행이 없는 이에 대해서는 성경은 죽은 믿음을 가진 자라고 합니다(약2:17). 반대로 선행은 있으나 사랑의 마음이 없다면 고린도전서 13장을 깊이 묵상하고 확실하게 이해해야 할 필요가 있습니다. 예수 그리스도를 믿어 구원의 의를 획득한 우리는 성숙한 그리스도인, 예수님의 제자가 되기 위해서 사랑의 마음과 실행을 모두 갖추어야 합니다. 실행에만 신경을 쓰다가 사랑의 정신을 잃어버려 주위 사람을 얼음처럼 경직시키는 냉랭한 율법주의적 신앙과 그리스도의 의가 아닌 자기의 의를 힘입는 함정을 경계해야 합니다. 동시에, 홀로 책상에서 사랑의 정신에만 몰두하다가 실행을 잃어버려 아는 것과 사는 것의 깊은 괴리 사이에서 삶과 인격이 변화되지 않는 능력 없는 그리스도인이 되는 것도 경계해야 합니다.

4 미움 분노 그리고 살인

| 마태복음 5:21-26 |

21 옛사람에게 말한바 살인치 말라 누구든지 **살인**하면 심판을 받게 되리라 하였다는 것을 너희가 들었으나

살인 _ 우리가 생각하는 살인은 어느 사람의 심장박동 소리를 멈추게 하는 육체적 살인이었습니다. 어떤 문제로 누구와 다투고, 심지어 저주를 쏟아 붓고 관계를 끊어버린다 해도 살인을 저지른 것은 아니었습니다. 상대방이 여전히 숨을 쉬고 있기 때문입니다. 십계명을 들어본 적이 없는 사람도 살인같이 악한 행위가 없다는 것은 압니다. 아무리 상대방이 싫어도 살인은 하지 않습니다. 또 살인에 대한 사회적 처벌도 얼마나 두려운지 살인은 여러모로 손해입니다. 그래서 마음으로는 자유롭게 누구를 증오해도 좋고 죽이지만 않으면 그만이었습니다. 그가 어느 날 십계명을 보면 '나는 살인치 말라는 제 육 계명은 분명히 지키고 있다' 고 생각할 것입니다. 이것이 우리가 아는 살인이었습니다.

22 나는 너희에게 이르노니 형제에게 노하는 자마다 심판을 받게 되고 형제를 대하여 **라가**라 하는 자는 공회에 잡히게 되고 미련한 놈이라 하는 자는 지옥 불에 들어가게 되리라

너희에게 이르노니 _ 우리는 심장 박동을 멈추게 하는 살인을 하면 심판을 받는다고 알고 있었는데 예수님께서는 형제에게 노하는 자마다 심판을 받을 것이라고 하셨습니다. 라가라 하는 자는 공회에 잡힐 것이고 미련한 놈이라고 하는 자는 지옥 불에 들어갈 것이라 하셨습니다. 알고 있던 것과는 전혀 다른 표준이 제시되었습니다. 그러나 그것은 하나님께서 제정하신 율법의 본래 의미에 합당한 것이었습니다.

라가 _ '속이(머리가) 빈 사람', '돌대가리', '헛된 사람', '미련한 놈', '가치 없는 사람' 이란 뜻입니다. 유대인들이 상대방을 경멸하거나 욕할 때 사용했습니다. 이는 오만한 자가 상대를 무시하고 멸시할 때 쓰는 단어입니다.

툭하면 화내는 크리스천? (보는 이에게)은혜가 되지 않습니다. 약자를 함부로 대하는 크리스천? (보는 이가)시험에 듭니다. 멍청하다고 경멸하는 크리스천? (보는 이는)충격에 휩싸입니다. 하지만 어느 크리스천은 누가 마음에 들지 않으면 화를 내고, 일을 잘 못하거나 잘난 것이 없으면 우습게 여기고, 용기를 꺾는 말을 아끼지 않습니다. 심지어 그는 오랫동안 알고 지낸 다른 크리스천에게 '너는 신앙심이 있으니까 내가 네게 어떻게 행동하든 받아줄 수 있을 거야' 라고 생각하여 더 함부로 행동합니다.

지금까지 21, 22절은 보통 "미워하지 말라"고만 이야기 되었으나, "나로 인해 남의 마음에 미움(시험)이 들게 하지 말라"고 생각해 볼 것을 제안합니다. 크리스천이라는 자신이 남들의 마음에 흠집을 내는 일이 얼마나 빈번합니까. 입술로는 무엇이든 다 해줄 것처럼 말하다가 정작 중요한 순간에는 자기만 편한 길 택하는 '난 몰라요 크리스천', 주의 이름으로 사랑한다더니만 상대방이 잘 되는 것을 보고 복통이 일어나는 '복부 허약 크리스천', 희생이란 립스틱을 발랐으나 자기 일마저 남에게 미루어버리는 '베풂의 은사 크리스천', 섬김을 말하다가도 조금만 힘들면 섬김을 받으려 떼쓰는 '귀족형 크리스천', 헌신을 말하나 정작 헌신이 요구되는 순간에 보이지 않는 '동해 번쩍 서해 번쩍 크리스천', 이웃사랑을 말하나 자기사랑을 열심히 실천하는 '동문서답 크리스천'… 크리스천의 이러한 행위는 같은 크리스천과 크리스천이 아닌 사람들의 가슴에 분노의 씨앗을 심습니다. 그런 행동이 반복되어 나타날 때 그 씨앗은 무럭무럭 자라납니다. 세상 사람들은 기독교와 크리스천에 대해 적대감을 갖게 되고 크리스천은 형제와 화목하라는 예수님의 말씀과 자기 안에 드는 분노 사이의 거대한 불일치 속에서 발버둥 칠 것입니다.

이런 일이 아예 안 일어날 수는 없겠지만 적어도 자기 자신에 대한 점검은 가능할 것입니다. 남이 나를 원망하지 않기를 바라지 말고 남이 나를 원망하지 않도록 행동하십시오. 나로 인한 타인의 어려움을 생각하지 않고는 성숙한 사람이 될 수 없습니다. 도달해야 할 그리스도의 장성한 분량에 이를 수 없습니다. 불조심보다 조심할 것은 말조심입니다.

여러분은 살인을 한 적이 있습니까? 그럼 형제를 미워한 적은 있습니까? 둘 중 하나라도 "그렇다"하면 '살인자'라고 합니다. 이것은 만유의 왕이시자 말씀으로 온 세상을 창조하신 주님(요1:3)의 말씀입니다. 여러분은 누구를 감정적으로 욕한 적이 있습니까? 고의적으로 모욕한 적이 있습니까? 스스로의 문제로 남에게 짜증을 내며 화풀이 한 적이 있습니까? 그렇다고 말하는 양심이여 기억하십시오. 남들의 존경을 받는 그대도 똑같은 살인자라는 사실을.

그러나 주님은 그의 말씀으로 우리들의 숨통을 조이려는 것이 아니라 인간을 멸망과 심판으로 인도하는 죄로부터 구원하시고자 이 말씀을 하신 것입니다. 살인자여, 자기의 죄를 깨달아 시인하고 그리스도께서 주시는 무한히 자비로운 용서의 은혜를 받으십시오. 그리스도의 십자가 보혈은 자기의 죄에 애통하는 죄인들을 생명과 평안으로 인도합니다. 그대가 살인자라는 사실은 그대가 구원받은 백성이 될 기대를 갖게 합니다. 그러니 자비하신 왕 그리스도께로 나아오십시오. 그대는 마땅한 형벌을 받지 않고 마땅히 받을 수 없는 용서와 친절을 받게 될 것입니다.

23 그러므로 **예물**을 제단에 드리다가 거기서 네 형제에게 **원망 들을 만한 일**이 있는 줄 생각나거든

예물, 원망 들을 만한 일 _ 하나님께 대한 정성과 수고, 간절한 마음, 헌금 이 모두 하나님께 우리의 마음을 표현할 수 있는 예물의 방법입니다. 하지만 예물이라고 다 예물이 되는 것은 아닙니다. 하나님께서 기쁘게 받으시는 예물은 타인의 마음을 괴롭게 하면서 드리는 예물이 아닙니다.

21, 22절을 통해 우리는 마음으로 형제를 미워하는 것으로도 살인과 같은 효력의 심판을 받는 것을 알았습니다. 타인을 멸시하는 마음과 행동을 하나님께서 전연 기뻐하지 않으심을 알았습니다. 그래서 우리들은 다짐합니다.

'남을 미워하면 안 돼. 생각과 마음을 다스려야 해. 분노와 증오, 멸시가 꿈틀거릴 때 하나님께서 하신 말씀을 기억해야 해.'

그런데 23절은 흥미롭습니다. '그러므로' 로 시작하는 23절의 상황은 어느 형제가 나를 원망하고 있습니다. 즉, 내가 어느 형제에게 잘못을 했을 경우를 말하고 있습니다. 이것은 누군가에 대해 미움을 품지 않는 것도 중요하고, 누군가가 나에 대해 미움을 품지 않게 하는 것도 중요하다는 이야기입니다. 즉 누가 나에게 미움을 품고 있다면, 미움을 품고 있는 것에 대한 잘못이 그에게 있지만 그가 미움을 품도록 만들고도 문제를 풀지 않고 놔둔 잘못이 나에게 있는 것입니다. 그러므로 주변 그리스도인들을 화나게 하는 행동을 서슴지 않으면서도 속으로 '나를 미워하면 모두 다 말씀 위반으로 처벌을 받을 것이다' 라고 오만하게 생각하는 크리스천을 우리는 상상할 수 없습니다.

타인에 대해 미움을 품지 않으려 자신과 싸우는 사람도 훌륭하지만 타인의 마음에 하나님의 영광에 불필요한 미움을 일으키지 않는 사람은 더욱 훌륭합니다. 23절은 후자에 대해 말하고 있습니다. 형제자매가 나로 인해 실족하여 신앙의 길에서 떠나게 해서는 안 됩니다. 한 사람의 행동이란 얼마나 중요합니까. 세상의 소금과 빛의 역할이 맡겨진 그리스도인들은 더욱 그렇습니다. 그들이

잘못하면 세상 사람들이 잘못했을 때보다 더 크게 드러납니다. 그리스도인은 등경 위에 있기 때문입니다(마5:15).

하나님 나라의 외교관

그리스도인은 하나님 나라의 외교관입니다. 말씀과 기도, 교제와 봉사 등을 통해 삶의 매 순간 외교관 수업을 받고 있습니다. 동시에 외교관으로 일하고 있습니다. 조국의 이름에 먹칠을 하는 외교관을 누가 좋아하겠습니까. 당장 그 사람을 본국으로 불러 경질하지 않겠습니까(눅13:6~9). 나를 보는 누군가의 섭섭한 눈빛, 안타까운 한숨, 외로운 몸짓, 화난 얼굴, 실망한 표정… 우리는 그의 마음을 헤아려주고 있습니까? 오히려 정죄하거나 무관심하여 더욱 그를 아프게 하지는 않습니까? 한 교회를 섬기는 그와 당신은 각각 그리스도의 몸인 교회를 구성하는 한 지체가 되어 서로 연합되어 있습니다. 그에게 상처가 생기면 그 아픔과 피해는 몸 전체에 영향을 끼칩니다. 그럼 모두에게 손해가 되는 것입니다. 그러니 다른 성도를 신앙적 유익이 없이 아프게 하는 것은 결과적으로 자기를 아프게 하는 것이요 나아가 전체에게 손해를 끼치는 것입니다.

물론 그에게 성경에서 명백하게 정죄하는 죄가 있다거나, 하나님의 이름과 영광을 훼방한다거나, 성경을 부인하고 진리를 고의로 왜곡시키려는 경우라면 지금 여기에서 말하고 있는 것이 아닙니다. 다시 말해 누가 분명한 죄를 가지고 있어 다가가 온유하게 회개를 권했는데 그가 계속해서 거절하고 여러분을 원망한다면 그의 죄는 더 무거워지고 여러분은 23절의 구속을 받지 않는 것입니다.

24 예물을 제단 앞에 두고 **먼저 가서 형제와 화목**하고 그 후에 와서 예물을 드리라

먼저 가서 형제와 화목 _ 하나님께 드리는 예물은 참으로 아름답습니다. 그분

께 대한 정성을 표현하는 한 방법이기 때문입니다. 그런데 물질, 시간, 에너지의 예물을 드리기에 앞서 주변 사람들과의 관계를 점검해야 합니다. 올바르지 못한(하나님께서 기뻐하지 않으실) 이유로 사람들과 싸우고는 아무 거리낌 없이 하나님께 나아간다면 정결하지 않은 마음으로 하나님께 나아가는 것이 됩니다. 24절은 눈에 보이는 사람들과 올바른 관계를 맺지 않고서는 보이지 않는 하나님과 올바른 관계를 맺을 수 없다고 말하고 있습니다. 물론 모든 관계가 자기 노력으로만 잘 될 수는 없습니다. 모든 사람에게 사랑받는 것도 불가능합니다. 모든 사람의 칭찬을 받으면 거짓 선지자라고 했습니다. 그래서 어느 사람과는 아주 좋은 관계를 맺고 있지만 누구와는 어렵기도 합니다. 하나님께서도 이 사실을 알고 계십니다.

최선을 다했지만 관계가 비틀어질 수도 있습니다. 하지만 할 수 있는 한은 모든 사람과 더불어 화목해야 합니다(롬12:18). 하나님께서 우리에게 맡기신 것은 화목하게 하는 직책입니다(고후5:18). 살펴본 대로 하나님께서 우리가 알기 원하시는 것은 어디까지가 살인인가 하는 처벌 규정의 범위가 아니라 그리스도인들은 화목의 책임이 있다는 것입니다. 그 기본적인 책임을 다하지 않고 하나님께 나와 주여 주여 하는 것은 납세의 의무를 회피하는 어느 사람이 자기는 국세청에서 일한다고 자랑하는 것과 같습니다.

화목의 씨앗이 된다는 것이 어렵게 보일지도 모르지만 서로 간에 쌓인 불신을 그대로 놔둔다면 그것이야 말로 무성한 적대감의 잡초로 자라나, 훗날 해결하기 어려운 일이 될 것입니다. 하나님께서 궁극적으로 바라시는 것은 화해입니다. 먼저 그리스도를 통하여 하나님께서 죄인 되었던 우리와 화해하셨습니다.

자기의 낡고 추한 옷을 볼 수 있기를

자기가 입고 있는 옷이 얼마나 더러운 누더기 같은 지 본 사람과 그것을 볼

겨를이 없어서 보지 못하고 있는 사람 사이에는 큰 차이가 있습니다. 전자는 자기의 옷을 부끄러워할 것입니다. 그래서 다른 좋은 옷을 찾습니다. 후자는 자기의 옷을 보지 못하고 있기에 부끄러워하지 않습니다. 오히려 때로 자기는 좋은 옷을 입고 있다고 생각할 수도 있습니다. 그래서 후자는 전자처럼 그리스도께서 입혀주시는 영광의 의로운 의복을 사모할 수 없습니다. 전자는 후자보다 새로운 옷의 필요성을 더욱 깊이 느끼고 있습니다. 이런 사람은 마음이 낮은 자입니다. 하나님과 화해하기 위해서 먼저 그대가 얼마나 더럽고 추한 옷을 입고 있는지 알 수 있도록 기도하십시오. 그대의 추악함을 보게 될 때 숨이 막히는 애통함과 말이 막히는 절망에 빠질 것입니다. 그러나 그때 그대는 위대하신 그리스도의 한 줄기 유일한 빛을 보게 될 것입니다. 그 빛을 따라가면 십자가에 달리신 그리스도를 만날 것입니다. 그러나 이내, 그분은 부활하신 그리스도로 그대를 만나주실 것입니다. 그리스도는 그대를 하나님의 진노로부터 돌이키고 하나님과 화목하게 할 것입니다. 죄에 물든 사망의 옛 옷을 벗기시고, 하나님께서 기뻐 받으시는 옷을 그대에게 입혀주실 것입니다. 그제야 그대는 형제와 화목하는 것의 의미를 깨달을 수 있을 것입니다. 그제야 형제와의 화목을 위해 대가를 지불할 수 있을 것입니다.

25 너를 송사하는 자와 함께 길에 있을 때에 급히 사화하라 그 송사하는 자가 너를 재판관에게 내어주고 **재판관**이 관예에게 내어주어 옥에 가둘까 염려하라
26 진실로 네게 이르노니 네가 호리라도 남김이 없이 다 갚기 전에는 결단코 거기서 나오지 못하리라

재판관 _ 하나님은 재판관이십니다. 피의자는 재판을 받기에 앞서 수사관의 조사를 받습니다. 수사관은 피의자에게 말합니다. "당신은 불리한 진술을 거부할 권리가 있고 변호사를 선임할 수 있으며…" 그리고 마지막으로 묻습니다. "당신은 진실만을 말할 것을 약속합니까?"

여기서 "아니오"라고 하는 피의자는 없습니다. 모두 "네. 진실만을 말하겠습니다"라고 합니다. 수사관의 손가락은 빠르게 키보드 위를 움직이고 있습니다. 피의자는 자신의 입술로 진실을 말하겠다고 한 고백이 얼마나 큰 힘을 가지고 있는지 잘 모릅니다. 피의자가 조사에서 거짓을 말한 것이 탄로나면 스스로 불리한 상황으로 몰아넣는 것이 됩니다.

피의자는 수사관의 질문에 대답합니다. 수사관은 자신의 질문과 피의자의 대답을 워드프로세서를 사용하여 기록합니다. 수사관은 피해자의 증언과 두 명이나 되는 증인을 확보하고 있습니다. 또 CCTV[1] 에 촬영된 증거도 가지고 있습니다. 만약 피의자가 인간적인 두려움과 부끄러움으로 수사관의 질문에 거짓으로 대답한다면 조사는 길어질 수밖에 없습니다. 수사관은 빠른 판단력과 냉철한 두뇌로 피의자가 진실을 고백하도록 질문을 유도합니다. 이 상황에서 피의자가 형을 최대한 줄이는 것은 피의자 자신에게 달려 있습니다. 증인과 증거가 환히 빛을 비추고 있는 진실을 숨기려 하는 피의자의 거짓말들은 훗날 법정에 섰을 때 그 자신을 공격할 것입니다. 결국 자신의 입술로 자기를 더욱 큰 형벌로 집어넣는 셈입니다. 이 사실을 깨닫지 못하면 그는 계속 자신이 결백하다고 주장할 것입니다.

"나는 죄가 없다. 나는 죄인이 아니다."

하지만 피해자와 증인들의 증언, CCTV의 필름 그리고 수사관과 피의자 자신의 서명이 들어간 수사 기록 서류. 이것들이면 충분히 그가 죄인임이 드러납니다.

피의자가 수사관에게 대답하여 만들어진 서류가 결국 법정에서 피의자에게 형을 내릴 수 있는 증거로 사용될 수 있듯이 우리가 하나님과 사람들 앞에서 함부로 말한 것들이 훗날 자신을 더욱 어렵게 하는데 사용될 수 있습니다. 하나님을 알고도 부인하는 사람들은 하나님 앞에 섰을 때 더욱 할 말이 없을 것입니

[1] closed-circuit television 감시용으로 쓰이는 유선 텔레비전

다. 그뿐입니까? 나의 범죄를 알고 있는 증인들이 세상에 얼마나 많습니까. 그들이 하나님의 법정에서 증인으로 나선다면? 하나님께서 그들을 증인으로 부르신다면? 그럼 만약 나의 범죄를 알고 있는 사람들이 세상에 하나도 없다면? 그때는 하나님께서 나의 양심을 증인으로 부를 것입니다(롬2:15). 만약 나의 범죄 사실을 나도 모르고 다른 사람들도 전혀 모른다면? 그때는 화소(pixel)나 용량의 제한이 없는 하나님의 눈(잠15:3)이 범죄의 순간이 빠짐없이 기록된 필름을 돌려줄 것입니다. 이 모든 두려운 최악의 상황은 자기의 분명한 죄들에 대해 '결백함' 을 고집할 때의 이야기입니다. 하나님 앞에 의로움을 주장할 수 있는 사람은 세상 천지에 아무도 없습니다(롬3:10~18).

그렇다면 가장 좋은 결과를 기대할 수 있는 피의자의 선택은 무엇일까요?

"그들이 자기 죄와 그 열조의 죄와 및 그들이 나를 거스린 허물을 자복하고 또 자기들이 나를 대항하였으므로 나도 그들을 대항하여 그 대적의 땅으로 끌어갔음을 깨닫고 그 할례 받지 아니한 마음이 낮아져서 그 죄악의 형벌을 순히 받으면 레위기 26장 40,41절"

"회개하라 천국이 가까왔느니라 하였으니 마태복음 3장 2절"

진실을 고백하고(죄악을 자복하고 confess truth), 죄를 뉘우치는 것(repent fault). 이 두 가지가 피의자를 가장 안전하게 지켜줄 것입니다. 피의자는 그렇게 느끼지 못하겠지만 수사관은 적이 아닙니다. 수사관은 피의자의 반응에 따라 적도 될 수 있고 자기편도 될 수 있습니다. 진실을 말한다면 자기편이 될 것입니다. 수사관도 진실을 말하는 것이 어려운 일이라는 것을 알기에 피의자가 진실을 말한다면 동정하는 마음이 생길 것입니다. 그럼 수사는 더욱 부드러워집니다. 수사관은 피의자를 인간적으로 대하기 시작합니다. 진실의 고백과 죄의 뉘우침은 형량 결정에 크게 참작 될 것입니다.

그러나 자신의 이런 긍정적인 노력에도 불구하고 피의자는 변호사가 필요합니다. 변호사는 복잡하고 세세한 법과 낯선 법률 용어들이 사용되는 수사 및 재판과정에 조언자가 되어주고 재판장 앞에서 자신을 변호해줍니다. 그래서 누구나 변호사를 고용합니다. 평소 구두쇠라도 그렇게 합니다. 큰돈이 들어도 그렇게 합니다. 자기의 목숨을 구하기 위해 하지 못할 것은 없습니다. 세상에서 자기 목숨보다 귀한 것이 없기 때문입니다(마16:26). 결국 자기 목숨을 구하는 것은 인간 최대의 관심사요 가장 중요한 문제입니다. 그래서 신자든 불신자든 사람이라면 누구나 변호사를 선임하는 것입니다.

그런데 한 번 고용하면 영구히 피의자를 책임지는 변호사가 있습니다. 그는 피의자의 영혼이 영원한 생명을 얻을 때까지 피의자를 보호합니다. 그 변호사는 얼마나 매력적인지 결코 누구도 스스로는 빠져나갈 수 없는 재판관이신 하나님의 마음까지 즐겁게 하여 어떤 죄인이든 간에 그 변호사만 함께 하면 심판을 받지 않고 구원을 얻게 됩니다(요3:17). 변호사의 첫 번째 임무는 의뢰인을 어려움으로부터 건져내는 것입니다. 그런 의미에서 이 변호사는 한 번도 소송에서 진적이 없습니다(롬8:33,34). 그야말로 화려한 전적의 전설적인 변호사라 할 수 있습니다. 그는 오늘도, 내일도 활발히 활동하며 마지막 날까지 한 사람이라도 더 구원하려 할 것입니다.

그럼 그렇게 위대하고, 절대로 지는 법 없이 구원을 안겨주는 변호사의 선임 비용은 어떻게 될까요? 인기 없는 변호사도 높은 몸값을 요구하는 때에 그런 인물이라면 얼마나 큰 비용이 들지 상상이 가질 않습니다. 그렇습니다. 그를 고용하려면 대가를 지불해야 합니다. 그런데 그는 보통 변호사들과는 다르게 돈으로는 고용하지 못합니다. 그 이유는 돈이 쓸데없어서가 아니라 그 변호사는 돈 있는 사람뿐 아니라 가난한 사람도 위하여 일하고 싶어 하는 고상한 분이시기 때문입니다. 그럼 무엇으로 그를 고용할 수 있을까요? 그것은 그 변호사를 믿고(believe), 신뢰(trust)하는 것입니다. 그럼 그 변호사는 피의자를 위해 가장 필요한 좋은 일들을 할 것입니다. 그렇습니다. 피의자의 믿음이 그 변호사를 고용하는 방법입니다. 그러니 부자도, 가난한 자도 누구도 그 변호사를 의뢰할 수 있습니다. 다시 말하지만 그 변호사는 절대로 소송에서 지지 않습니다. 가장 어둡고 차가운 곳에 가장 밝고 따스한 빛이 되어 줍니다. 그러니 그를 선임하십시오. 그를 의뢰하십시오. 그를 믿으십시오. 그가 당신을 구원할 것입니다.

그 변호사의 능력은 위대합니다. 그의 도움으로 인해 재판장은 범죄자에게 죄가 없다는 판결을 내릴 것입니다. 이것은 범죄자를 더 이상 범죄자로 부를 수 없다는 판결입니다. 참으로 놀라운 일입니다. 그런데 더욱 놀라운 사실이 있습니다. 재판장은 과거 죄를 범했던 죄인을 자기의 자녀로 삼을 것입니다(요1:12). 죄인에게 죄가 없다고 하고 나아가 자녀로 삼아 자기 집에 있는 모든 좋은 소유들을 누리고 상속하도록 한다면 이처럼 놀라운 반전이 세상 어디에 있겠습니까. 이 모든 것이 우리가 의뢰한 변호사 덕분입니다. 재판관이신 하나님의 아들 예수 그리스도를 믿어 구원을 받는 것은 우리가 살아 있는 동안 무엇보다 갈구해야 할 것입니다(요6:40). 왜냐하면 인간이란 편안할 때에는 누구의 도움도 바라지 않지만 법정에 서게 될 때에는 이빨이 부딪치도록 떨려 지푸라기라도 잡으려 하기 때문입니다. 그래서 신자든 불신자든 사람이라면 누구나 변호사를 선임하는 것입니다.

"여호와께서 그들을 도와 건지시되 악인들에게서 건져 구원하심은 그를 의지한 까닭이로다 시편 37편 40절"

5 21세기 간음의 메카를 찾아서

| 마태복음 5:27-32 |

27 또 **간음**치 말라 하였다는 것을 **너희**가 들었으나

간음 _ '간음치 말라'는 십계명 중 제 7계명입니다. 간음이란 결혼한 사람이 배우자 이외의 다른 상대와 성 관계를 갖는 행위입니다. 구약에서는 간음한 자를 돌로 쳐 죽였습니다. 구약에서는 우상숭배를 영적 간음으로 간주했습니다.

성경에 쓰인 간음한 자들이 받게 되는 심판에는 한 조각 떡만 남음, 귀한 생명을 빼앗김(잠6:26), 자기의 영혼을 망하게 하고 상함과 능욕을 받으며 씻을 수 없는 부끄러움을 당하게 됨(잠6:32,33), 명예가 실추되고 평생 이룬 일들을 다른 사람의 손에 빼앗겨 훗날 처절하게 후회함(잠5:9~14), 하나님의 나라를 유업으로 받지 못함(고전6:9), 하나님의 심판을 받게 됨(삼하12:10~12) 등입니다. 간음은 범죄자와 주변 사람들의 오늘과 내일을 철저히 파괴시키는 힘을 가진 죄악입니다. 그 피해는 범죄자가 손댄 모든 부분에서 나타납니다.

28 **나는 너희**에게 **이르노니** 여자를 보고 **음욕**을 **품는 자마다 마음에 이미** 간
음하였**느니라** 29 **만일 네 오른 눈이 너로 실족케** 하거든 빼어 **내버리라 네** 백체
중 **하나가 없어지고 온몸이 지옥에 던지우지 않는 것이 유익하며** 30 또한 만일

네 오른손이 너로 실족케 하거든 찍어 내버리라 네 백체 중 하나가 없어지고 온 몸이 지옥에 던지우지 않는 것이 유익하니라

음욕 _ "여자를 보고 음욕을 품는 자마다 anyone who looks at a woman lustfully"에서 말하는 음욕은 음란하고 방탕한 욕심입니다. 한자로는 淫慾 인데 '음란할 음' 은 a. 음란하다 b. 과하다 c. 지나치다 d. 간사하다 e. 도리에 어긋나다 f. 어지럽다 g. 어지럽히다 h. 크다 i. 대단하다 라는 의미가 있고 '욕심 욕' 은 a. 욕심 b. 탐내다 라는 의미가 있습니다. 영어로 lust 라는 단어는 어느 사람을 향한 강력한 성적 욕망을 느낌 a feeling of strong sexual desire for someone, 소유에 대한 아주 크고 강렬한 욕구 very strong and eager desire to have it 를 말합니다.

예수님은 여자를 보고 마음에 음욕을 품고 있으면(마음의 스케치북에 음욕의 붓을 들고 그림을 그리는 손을 멈추지 않는다면) 간음하는 것이라고 말씀하셨습니다. 간음이 얼마나 중대한 죄라는 것에 대해 생각해 본다면 28절은 결코 한 번 들으면 잊을 수가 없습니다. 왜냐하면 그만큼 마음의 간음에 대해 오늘날 우리가 관대하기 때문입니다. 관대하니 빈번하게 되고 빈번하니 무감각하게 되었습니다. 이 책에서 던지는 질문은 이렇습니다.

'오늘날에는 어떻게 마음의 간음이 이루어지고 있는가? 또 그 상태는 어떠한가?'

먼저 그 상태는 심각하다고 할 수 있습니다. 그리고 21세기 마음의 간음이 이뤄지는 가장 분주한 장소는 국가마다 조금씩 다릅니다. 한국에서는 인터넷 음란 사이트가 그 첫 번째 장소라고 생각합니다. 인터넷 보급률이 한국보다 뒤떨어지는 유럽 국가들의 경우는 슈퍼마켓에서 파는 음란한 잡지와 신문 그리고 모든 사람이 잠든 사이 버젓이 방송되는 텔레비전 앞이 그 장소라고 생각합니다. 이스라엘 사람들이 십계명을 받을 때는 잡지나 신문, 텔레비전이나 인터넷이 없었습니다. 오늘 우리는 당시 이스라엘 사람들보다 더욱 손쉽고 다양한 간음의 장르 속에서 살고 있습니다.

한국인의 삶에서 뗄 수 없는 위치에 있는 인터넷에 대해 좀 더 살펴보겠습니다. 먼저 인터넷의 긍정적인 면을 인정하는 바입니다. 인터넷으로 어떤 유익을 얻을 수 있는지 열거하는 것은 지면낭비라고 생각합니다. 이 글의 의도는 '인터넷의 실과 익에 대한 분석' 이 아니라 '21세기 간음의 메카로 악용되고 있는 인터넷과 그 피해 및 치료' 에 대해 알리는 것입니다. 그럼 인터넷이 예수님의 경고를 한 귀로 흘려보내는데 얼마나 좋은 환경을 만드는 지에 대해 이야기하겠습니다.

전 세계를 연결하는 것은 이제 도로가 아니라 인터넷 익스플로러의 주소창입니다. 인터넷은 사용자편의(user-friendly)를 위해 더 빠르고, 더 쉽게 발전했습니다. 인터넷의 음란 사이트들도 그 덕에 아주 빠르고 가깝게 사람들에게 달려왔습니다. 음란 사이트는 시각적, 청각적으로 스크린의 여자와의 간음을 돕습니다. 음란 사이트는 현실에서는 상상할 수 없는 육감적인 여인들을 거의 무료로 제공합니다. 만약 A라는 여자가 마음에 들지 않으면 1분도 걸리지 않아서 B라는 여자를 불러 줄 수 있습니다. 이용자의 이름을 세상에 공개하지 않는 익명 서비스로 많은 단골손님들을 확보했습니다. 단골들의 리스트를 보면 낮에는 평범하게 살지만 밤만 되면 모니터 앞에서 전 세계 여자들을 두루 섭렵하는 사람도 있습니다. 그들은 자기가 이중인격자가 되어 가는 모습을 보면서도 어떤 조치를 취하지 않고 그대로 방치하고 있습니다.

평소에는 교회에 가고 찬양 팀도 하고 신앙 서적도 읽지만 밤이 되면 마음의 간음을 도둑질하는 신자가 있습니까? 그는 더 높은 신앙을 갖고 싶어도 음란함이 발목을 놓아주지 않습니다. 이것은 삶이 변화되지 않은 신자의 모습입니다. 이것이 지속적이고, 중독성이 보인다면 그는 간음의 우상을 숭배하는 범죄 아래 있는 상태입니다.

오늘 한국의 상황은 부모님들이 생각하는 것보다 더 좋지 않습니다. 부모님이 목사, 장로, 신학교 교수일지라도 자녀들이 음란 사이트의 덫에 걸리지 않는

다는 법은 없습니다. 하나님과의 관계에 때를 입히고, 정서를 파괴시키는 음란 사이트는 음란한 그리스도인, 삐뚤어진 그리스도인을 만들어 냅니다.

행위로는 마음의 간음과 육신의 쾌락을 사랑하면서 입술로는 어렵지 않게 하나님을 사랑한다고 하는 것이 얼마나 이상한지 생각해봐야 합니다. 가장 깨끗하고 순결하신 분의 은혜로 가장 더럽고 부정한 죄인이 하얗게 씻기고 구원을 받았습니다. 그런데 그 하얀 옷을 입은 사람이 다시 더럽고 지저분한 돼지우리 속에서 뒹굴고 있다면 이것이 얼마나 얼굴을 찡그리게 만드는지요. 지금 우리에게 필요한 것은 수많은 종교서적, 집회 참석이 아니라 먼저 삶의 음란한 부분들부터 모두 청산하는 것입니다. 더럽고 추한 마음과 몸을 들고 이 집회, 저 집회 하나님을 찬양하러 다니는 것보다 먼저 깨끗하고 정결한 마음으로 변화되어야 합니다. 하나님은 번제물보다 통회하는 심령을 원한다 하셨습니다. 우리의 죄를 사랑하는 모습에 통회하고 또 통회합시다. 죄를 미워하고 또 미워합시다. 그렇지 않는다면, 음란이라는 가증한 아세라 우상을 찍어내 버리지 않는다면(출34:13), '썩은 냄새가 향을 대신하고 노끈이 띠를 대신하고 대머리가 숱한 머리털을 대신하고 굵은 베옷이 화려한 옷을 대신하고 자자한 흔적이 고운 얼굴을 대신할 것(사3:24)' 입니다.

예수 그리스도 안에서 의롭고 거룩해진 우리는(히10:10) 그런 거룩함에 합당한 삶을 살아야 합니다. 하나님께서는 구원의 복음을 듣고 믿은 우리를 약속의 성령으로 인치셨습니다(엡1:13). 그 성령은 우리가 하나님의 소유임을 나타내줍니다. 우리가 마지막 날에 하나님 아버지로부터 큰 환영을 받을 것을 기대할 수 있는 이유가 바로 성령의 인치심 때문입니다. 그런데 우리가 수치의 감각을 잃고, 스스로를 방탕에 내맡기고, 모든 더러운 일들을 하고 있다면? 성령 안에 있지 않고 세상 아래 있었을 때는 양심의 희미한 소리를 무시하곤 했습니다. 하지만 성령의 음성은 우리가 죄를 선택하려 할 때 너무도 확실하게 들려 무엇이 수치스럽고 방탕하고 더러운 일인지 우리는 모르는 체 할 수 없습니다. 그런데 만약 성령의 지시를 무시하고 또 무시한다면 성령께서 얼마나 슬퍼하고 걱정하실

까요. 여러분이 거리에서 먼지와 쓰레기 속에서 고통 받는 어느 어린아이를 집으로 데려와 양자로 삼아 기른다고 합시다. 여러분은 그에게 따뜻한 방과 좋은 음식을 주고 온갖 지식과 지혜로 훈육하였습니다. 시간이 지나 그가 성인이 되었습니다. 그런데 그는 아무것도 변한 것이 없었습니다. 오히려 건강한 몸을 가지고 죄를 짓는데 적극 사용하였습니다. 아, 여러분은 슬픔과 걱정으로 가슴이 미어질 것입니다.

"하나님의 성령을 근심하게 하지 말라 그 안에서 너희가 구속의 날까지 인치심을 받았느니라 에베소서 4장 30절"

죄의 구덩이를 헤어나오지 못하고 있는 그리스도인에게 필요한 것

음란함, 우상적 요소, 간음, 도둑질, 탐욕스러움, 방탕함, 모함 및 비방, 게으름, 모순과 위선 등의 모든 죄악은 어제로 족합니다(벧전4:3). 지난날은 죄로 물들었지만 주 예수 그리스도의 이름과 하나님의 성령으로 씻음 받아 거룩해지고 의로워졌습니다. 그런데 그리스도의 피로 의롭고 거룩해진 여러분이 여전히 죄악 가운데 산다면? 옛 모습을 가지고 천국에 들어갈 자신이 있으십니까? 그것이 하나님께서 기뻐하시는 믿음이라고 생각하십니까? 구습을 버리지 않고서 의와 진리와 거룩함으로 지은 새사람이 될 수 있겠습니까? 꼬리에 죄를 주렁주렁 달고 얼굴에 그리스도인이라고 쓰셨습니까?

죄의 습관을 잘라내십시오. 사탄은 유혹의 욕심을 따르는 우리의 구습을 사용하여 옛사람을 벗지 못하고, 새롭게 되지 못하여, 결국 새사람을 입지 못하게 합니다.

"전과 하나도 변한 것이 없는 그리스도인?"

사탄이 우리를 가두는 많은 방법 중 습관처럼 좋은 무기가 없습니다. 일단 죄의 습관이 만들어진 다음에는 알아서 스스로 죄를 짓게 되기 때문입니다. 그럼 그는 "죄의 삯은 사망이요(롬6:23)" 혹은 "구원을 얻되 불 속에서 살아 나오는 사람과 같으리라(고전3:15)"는 말씀에 따라 하나님의 합당한 판결을 받게 될 것입니다. 그러나 저는, 여러분이, 이런 상황에서는 과연 어느 구절이 적용될 것인가에 고민의 초점을 맞추지 말고 어떻게 죄를 멀리하는 삶을 살 수 있을지를 고민하기를 바랍니다.

죄를 미워하나 죄에 넘어지는 여러분에게 필요한 것은 '습관의 변화' 입니다. 음란하고 게으르고 무절제한 습관을 찍어 내버리십시오(마5:29,30). 그런 습관들이 만들어내는 삶이 우리를 천국으로 인도하리라는 생각은 대체 어디서 온 것입니까? 그런 생각이야 말로 사탄이 원하는 것 아닙니까? 실제 삶은 죄악으로 물들어 악한 열매들을 맺고 있는데 생각으로는 자기는 교회에 다니니까 구원을 받아 천국에 간다는 급진적인 배짱은 여러분을 멸망하게 하거나(롬6:23) 적어도 하나님으로부터 상을 얻지 못하게 하려는(롬3:15) 마귀의 타락한 거짓 구원론이라고 이야기해도 무리가 아닐 것입니다.

대신 의와 진리와 거룩함의 습관을 만들어야 합니다. 지금 우리는 느긋하고 낭만적인 순간에 있는 것이 아닙니다. 우리를 두고 하나님과 천사들 그리고 사탄과 모든 악한 영들, 눈에 보이지 않는 모든 세계가 집중하고 있습니다. 그러니 부끄럽지 않은 선택을 해야 합니다. 욥의 선택이 하나님을 기쁘시게 했던 것처럼 그렇게 하십시오. 그러기 위해서는 습관을 바꾸어야 합니다. 죄의 습관을 바꾸기 위해서는 의와 진리와 거룩함을 훼방하는 환경에서 떠나야 합니다. 의의 습관을 만들기 위해서는 자기가 아는 자기의 모든 죄악을 끊고 하루하루 하나님을 의지하며 순간순간 거룩함을 선택해야 합니다.

더 높은 곳을 향하여 해야 할 행동

하나님을 사랑하는 구원받은 여러분, 복음에 열심이 있고 그리스도께 헌신하기 원하는 여러분. 어린아이와 같지 않고 장성한 자와 같은 여러분(히5:14). 매일 우리가 노력할 것은 구습을 탈피하는 것입니다. 그리스도의 가르침과 어울리지 않는 삶의 모든 요소들, 습관들을 잘라 내버려야 합니다. 대신 그 자리에 하나님의 말씀을 따라 만들어진 거룩한 습관, 즉 그리스도를 닮은 습관을 채우십시오. 옛사람처럼 생각하지 마십시오. 옛사람처럼 말하지 마십시오. 옛사람처럼 행동하지 마십시오. 대신 그리스도를 본으로 삼아 새사람답게 생각하고, 말하고, 행동해야 합니다. 말씀 묵상의 습관, 기도의 습관, 자비의 습관, 용서의 습관, 친절함의 습관, 희생의 습관, 섬김의 습관 등을 우리의 것으로 삼읍시다. 동시에 하나님의 영광에 해가 되는 모든 습관들을 끊읍시다.

개인적인 생각으로는 꼭 봐야 하는 프로그램이 아니면 텔레비전은 볼 필요가 없다고 생각합니다. 텔레비전과 인터넷은 성숙하게 절제하면서 사용할 때 유익이 있지만 무절제하게 사용할 때 얼마나 큰 인생의 낭비를 불러오는지 모릅니다. 하나님께 드려야 할 시간과 집중력과 건강과 마음이 꼭 사용되지 않아도 괜찮은 곳에 허비된다면 참으로 비극입니다. 시간과 공간 그리고 에너지가 한정된 인생이라는 무대에서 가능한 모든 힘과 의지를 하나님의 나라에 투자하는 그리스도인을 생각해 보십시오. 우리가 그런 그리스도인이 되어야 하지 않겠습니까? 그러기 위해서는 없어도 괜찮은 즐거움은 넓은 마음으로 포기하고 더 큰 뜻을 향해 모든 힘을 쏟아 부어야 할 것입니다. 마치 여행 가방을 꾸릴 때 가장 필요한 것과 비상시를 대비한 것들을 우선적으로 챙기고 없어도 괜찮은 것은 빼는 것과 같습니다. 무엇을 챙기든 챙기는 사람 마음이라고 할 수도 있지만 그것을 챙겼을 때 결국 그 무게를 감당해야 하는 것은 자기 자신입니다. 그러니 인생이라는 여행 가방에 가장 필요하고, 비상시에 안전을 책임질 하나님의 말씀과 거룩한 삶을 먼저 챙겨 넣읍시다.

텔레비전과 인터넷, 케이블방송 자체에 무슨 문제가 있다는 것은 아닙니다. 단, 그리스도를 알아가고 닮아가야 할 시간과 힘을 그것들이 지나치게 빼앗아 갈 때 치명적인 문제가 된다는 것입니다. 또 그리스도께 나아가는데 발목을 잡는 죄를 야기한다면 그냥 넘어갈 수 없는 문제가 되는 것입니다(여러분, 기억하십시오. 우리는 그리스도인입니다). 우리가 잘라내야 할 부분이 바로 이런 것들(하나님께 계속 가까이 나아가는데 올무가 되는 부분들)입니다. 꼭 필요하지 않다면 시간을 그것에 보내지 않는 편이 선합니다(엡5:16). 죄를 야기한다면 그림자도 밟지 말아야 합니다.

이것은 결코 공허하고 피곤한 수행이 아닙니다. 그리스도를 닮아가는 기쁘고 벅찬 변화입니다. 그리스도를 닮은 성도들! 그런 성도들로 구성된 교회! 그런 교회들로 구성된 사회! 하나님이 우리의 새 주인이 되셨을 때 우리는 죄와 결별했습니다(롬6:6). 이제는 그리스도를 닮아갑시다. 썩어져 가는 구습을 의와 진리와 거룩의 습관으로 바꾸어 옛사람을 벗고 새사람을 입는 위대한 변화가 우리 모두에게 일어나기를 바랍니다.

"너희는 유혹의 욕심을 따라 썩어져 가는 구습을 좇는 옛사람을 벗어 버리고 오직 심령으로 새롭게 되어 하나님을 따라 의와 진리와 거룩함으로 지으심을 받은 새사람을 입으라 에베소서 4장 22~24절"

죄의 습관을 벗고 의의 습관을 기르는 방법

여러분의 유익을 위해 습관적인 죄와 싸워 이기는 방법을 소개하겠습니다. 이것은 저의 개인적인 방법으로 혹 죄의 습관에 괴로워하고 있는 지체가 있다면 도움이 될 것입니다.

먼저 자신이 죄인임을 인식해야 합니다. 이것은 성령님의 도우심이 필요합니다. 성령님의 질책을 받아 자신의 추악한 죄악들을 낱낱이 깨달을 수 있도록 기도해야 합니다. 자기가 무엇을 잘못하고 있는지, 어떤 부분이 바뀌어야 하는지 성령님께서 친히 가르쳐주실 것입니다. 성령님께서 이렇게 신호를 보내시면 다음은 우리 차례입니다.

습관적인 죄를 짓게 만드는 환경을 바꾸어야 합니다. 아무리 큰 결심을 해도 환경의 도움을 받지 못하면 다시 옛 버릇이 나오기 쉽기 때문입니다. 무엇을 하지 말아야 하는지 생각해보고 그것을 하도록 돕는 환경에서 과감히 떠나십시오.

무엇이 나로 죄를 짓게 만드는지 성령님께서 가르쳐주실 것입니다. 그것들을 제해야 합니다. 수고스럽더라도, 조금 불편한 부분들이 생기더라도, 죄 짓게 만드는 장소나 분위기와는 더 관계를 맺지 않도록 하십시오. 이때는 강한 의지를 발휘해야 합니다. 하나님과의 더 나은 관계를 위해 방해되는 것들을 모두 끊을 때에는 죄 짓게 하는 오른 눈을 빼어 내버리듯, 죄 짓게 하는 오른손을 찍어 내버리듯 과감한 결단으로 끊어내야 합니다. 버려야 하는 것을 알면서 버리지 못하는 '즐거운 것들' 을 잘라내십시오. '살기 위해서' 그렇게 해야 합니다.

다음은 다시 성령님의 도우심이 필요합니다. 성경을 읽지 않고 하나님께서 우리에게 무엇을 원하시는지 알 수 없습니다. 자기가 죄인이라는 것을 알게 되었고 죄와 싸우는 상태에 있기에 신약성경의 로마서를 읽는 것이 유익할 것입니다. '개역성경' 의 어휘들이 어려우면 '쉬운성경' 이나 '새번역', '공동번역', '우리말성경' 등을 읽어도 좋습니다. 매일매일 꾸준히 시간을 구별하여 조용한 곳에서 기도하는 마음으로 성령님의 음성에 귀를 기울이며 성경을 읽는 것이 필요합니다. 동시에 성령님께서 사람을 변화시키는 은혜와 올바른 깨달음을 주시도록 기도해야 합니다.

이제 다시 우리의 차례입니다. 좀 더 단순하고 여유 있는 삶을 추구해야 합니다. 들쭉날쭉하게 자고 일어나는 것이 아니라 규칙적인 생활을 하고 불가능하지 않다면 일찍 자고 일찍 일어나는 생활을 권합니다. 그리고 하루의 얼마를 떼어 조용한 장소(골방)에서 하나님과 단 둘이 시간을 보냅니다. 그리스도인이라면 말씀에 관심을 갖고 묵상하고 상고하는 것이 마땅합니다(행17:11). 기도는 하나님과 통하는 언어인데 쓰지 않아 듣기와 말하기 능력(listening and speaking skill)이 둔화되지 않도록 해야 합니다. 또 하나님 이외의 것에 마음이 구속당하지 않도록 조심하십시오. 이것을 매일 반복함으로 거룩한 습관이 형성될 것입니다.

결론

이상 중요한 것은 어떤 죄악 가운데 있었던 간에 지난날을 돌이켜보아 자신의 죄악을 깨닫고, 전심으로 회개하여 하루하루의 삶에 대한 우리의 태도가 근본적으로 바뀌는 것입니다. "네. 알겠습니다" 하고 주어진 일을 소홀히 하는 병사는 상관의 신뢰를 얻을 수 없습니다. "네. 알겠습니다" 한 뒤 성실하고 지혜롭게 실행하는 병사가 눈에 띄고 듬직해 보이는 것입니다. "주여 주여", " 할렐루야", "주님사랑"이란 외침은 그 자체로는 한 시간에 백번을 외친다 해도 힘이 없고, 우리의 삶으로 고백되어질 때에야 하나님께 향기로운 제사가 될 것입니다. 그렇습니다. 매일매일 오늘의 삶이 더 정결해지는 것이 그리스도인의 삶입니다. 또, 회개에 합당한 열매를 맺는 것입니다. 하나님은 세상의 화려한 열매가 아니라 신자의 회개의 열매에 가장 관심이 많으십니다.

죄의 덫에 걸린 것은 믿는 자 한 사람만의 문제가 아닙니다. 하나님께도 중요한 문제입니다. 왜냐하면 우리 믿는 자들이 하나님의 가계에 속하기 때문입니다. 성령님은 우리를 돕기 위한 모든 준비가 되셨습니다. 그러니 자학만 하지 말고 기도하십시오. 죄를 깨달을 수 있도록, 회개에 이를 수 있도록. 그리고 거룩한 습관을 이루는 데까지 나아가도록! 그렇지 않으면 언제 어떻게 넘어져 멸망과 사망의 크게 벌린 입에 빠지게 될지 모릅니다.

"내가 내 눈과 약속하였나니 어찌 처녀에게 주목하랴 그리하면 위에 계신 하나님께서 내리시는 분깃이 무엇이겠으며 높은 곳의 전능자께서 주시는 기업이 무엇이겠느냐 불의한 자에게는 환난이 아니겠느냐 행악자에게는 불행이 아니겠느냐 그가 내 길을 살피지 아니하시느냐 내 걸음을 다 세지 아니하시느냐 욥기 31장 1~4절"

31 또 일렀으되 누구든지 아내를 버리거든 **이혼 증서**를 줄 것이라 하였으나
32 나는 너희에게 이르노니 누구든지 음행한 연고 없이 아내를 버리면 이는 저
로 간음하게 함이요 또 누구든지 버린 여자에게 장가드는 자도 간음함이니라

이혼 증서 _ 이혼할 때 남편이 아내에게 써 주는 서류로 당시 남자들의 마음에 따라 구두로 여자를 내어 쫓을 수 있었던 이혼의 악습을 가능한 규제하고 억제하려 한 시대적인 조치였습니다. 이혼 증서는 여인이 부도덕한 이유로 쫓겨난 것이 아님을 증명하는 증서였습니다. 간음, 근친상간, 수간 같은 부도덕한 짓을 한 사람은 돌로 쳐 죽임을 당했습니다(레20:10~16).

예수님께서는 간음 외에는 이혼을 인정하지 않으셨습니다. 만약 누가 간음을 행했다면 돌에 쳐 죽임을 당해야 구약 율법에 맞지만 예수님 당시 로마의 지배하에 있는 유대인들에게 사형권은 없었고 로마에서 파송된 총독에게만 있었습니다.[1]

이혼 증서를 쓰게 한 취지는 성적 유희를 위해 의도적으로 결혼을 이용하거나 하나님 앞에서의 서약인 결혼을 가볍게 여기지 못하게 하기 위해서였습니다. 하나님께서는 결혼을 평생의 서약으로 규정하셨고 부부 상호간에 견고한 관계를 이루어나가기를 바라십니다. 성경은 결혼의 의무와 책임을 하나님께 하듯 그리고 예수님께서 교회를 사랑하시듯 하라고 합니다.

[1] 단, 유일하게 즉결 사형권이 인정되는 경우는 이방인이 예루살렘 성전의 바깥담과 성전 본체 사이에 있는 이방인의 뜰 안 – 성전 본체가 있는 여인의 뜰에 발을 들였을 때입니다.

6 가장 쉬운 것, 가장 강한 것

| 마태복음 5:33-48 |

33 또 옛 사람에게 말한 바 **헛 맹세**를 하지 말고 네 맹세한 것을 주께 지키라
하였다는 것을 너희가 들었으나 34 나는 너희에게 이르노니 도무지 **맹세**하지 말
지니 하늘로도 말라 이는 하나님의 보좌임이요 35 땅으로도 말라 이는 하나님의
발등상임이요 예루살렘으로도 말라 이는 큰 임금의 성임이요 36 네 머리로도 말
라 이는 네가 한 터럭도 희고 검게 할 수 없음이라 37 오직 너희 말은 **옳다 옳다,**
아니라 아니라 하라 이에서 지나는 것은 악으로 좇아 나느니라

헛 맹세, 맹세 _ 구약의 이스라엘 사람들은 자신의 약속과 주장이 진실하다는 것을 상대방에게 인식시키기 위한 방법으로 서원과 맹세를 행했습니다(출22:7). 그들은 하나님과 언약을 맺은 백성이라는 측면에서 자신들의 약속 또는 약속된 행위가 하나님의 권위와 심판 아래 있음을 의식하고 맹세를 결행하였습니다. 그래서 그들의 서원과 맹세에는 고도의 성실성과 진지함이 요구되었습니다. 그러므로 서원과 맹세는 이행이 강조되었습니다. 이것이 하나님의 백성으로서의 경건과 신실함을 가늠하는 척도 역할을 하기도 했습니다(시50:14).

하지만 그런 정신은 시대를 거듭하며 변질되어 사람들은 맹세를 자신의 신앙과 경건을 드러내는 도구로 사용했습니다. 이행하지 않고서도 서원과 맹세를

남발하였습니다. 그것이 오늘날 하나님을 사랑한다고 고백하고, 은혜로운 찬송으로 찬양하며, 방언으로 기도하여 남들보다 더 영적이고 신앙심이 깊은 인물로 주목을 받으려하면서 실생활에서는 하나님의 말씀을 따르지 않는 삶과 무엇이 다를까요. 우리는 신앙 고백을 남에게 보여주기 위한 도구로 사용하고 있습니까? 아니면 보는 사람이 없을 때에도 하나님께 대한 사랑을 실천하는 부끄러움 없는 아름다운 고백으로 삼고 있습니까?

옳다 옳다, 아니라 아니라 _ NLT성경은 이를 "Just say a simple, 'Yes, I will' or 'No, I won't.' Anything beyond this is from the evil one"으로 번역했습니다. 자기의 사견이 옳음을 증명하기 위해 하나님의 권위를 빌어 맹세하려는 동기, 상황 그리고 결과 모두가 악으로 좇아 난 것입니다.

소수의 사람을 오랫동안 속이거나 다수의 사람을 잠시 동안 속일 수는 있겠지만 영원히 모든 사람을 속일 수는 없습니다. 겉과 속이 다른 말을 하는 사람을 신뢰하는 사람은 세상에 없습니다. 그리스도인의 순결성과 진실성이 전체적으로 불신 받는 사회라면 다시 한 번 자기개혁이 강력히 필요할 것입니다. 하나님께서 "옳다" 하는 것에 옳다 하는 것과 하나님께서 "아니다" 하는 것에 아니다 하는 것을 두려워하지 않아도 됩니다. 그 대답에 대한 근거가 권위의 근원이신 하나님께 있기 때문입니다.

38 또 **눈은 눈**으로, **이는 이**로 갚으라 하였다는 것을 **너희**가 들었으나 39 **나**
는 너희에게 이르노니 악한 자를 대적지 말라 누구든지 네 오른편 뺨을 치거든
왼편도 돌려 대며 40 또 **너**를 송사하여 속옷을 가지고자 하는 자에게 겉옷까지
도 가지게 하며 41 또 누구든지 **너**로 억지로 **오리**를 가게 하거든 그 사람과 십리
를 동행하고 42 네게 구하는 자에게 주며 네게 꾸고자 하는 자에게 거절하지 말
라

눈은 눈, 이는 이 _ 사회를 유지하기 위한 최소의 정의와 법이 제정되었습니다. 그 법은 사람이 저지른 죄의 크기 이상을 범죄자에게 강요하지 못하게 했습니다. 비록 죄인이지만 죄의 크기에 맞는 형벌을 받아야 공정하다고 할 수 있을 것입니다. 또, 죄에는 반드시 대가가 따른다는 사실을 사람들에게 교훈하기 위한 역할도 했습니다. 하지만 사람들은 이것을 곡해하여 복수를 정당화시켰습니다.

오리 _ NLT는 41절을 "If a soldier demands that you carry his gear for a mile, carry it two miles"라고 번역했습니다. 어느 유대인에게 (로마)병사가 그의 짐을 들고 1마일(1.6km)을 가라고 요구하면 2마일을 가주라는 번역입니다. 당시 로마의 병사들은 임의로 유대인들에게 그의 짐을 들어줄 것을 요구하곤 했습니다. 이것은 유대인들의 자존심을 크게 상하게 했습니다. 게다가 하필이면 로마 군인이라니. 하지만 제자들의 발을 씻겨주신 예수님은 남을 섬기는데 자존심을 내세우지 않으셨습니다. 오히려 그분은 사랑과 선으로 모든 것을 이기셨습니다. 그래서 짐을 지게 하여 자기를 괴롭게 만드는 로마 병사의 요구보다 더 큰 사랑을 보여주어 악을 선으로 이기기를 주문하신 것입니다.

우리 민족에게 역사적으로 큰 피해를 끼쳤던 민족들을 용서할 수 있겠습니까? 그들은 때때로 겸손하지 못하고 우쭐거리는 것 같습니다. 가끔씩 들리는 부끄러운 줄 모르는 어이없는 발언들에 용서는커녕 사회적 반감은 수그러들 줄 모릅니다. 그러나 그리스도인은 쉽고 빠른 정죄 내리기를 자제해야 합니다. 예수님은 우리가 사랑과 선으로 이기기를 바라십니다. 이것의 의미를 더 생각해 보아야 합니다. 그리스도인이 소유한 더 크고 영원한 국적은 천국 국적입니다.

43 또 네 이웃을 사랑하고 네 원수를 미워하라 하였다는 것을 **너희**가 들었으
나 44 나는 **너희**에게 이르노니 **너희 원수를 사랑**하며 **너희**를 핍박하는 자를 위
하여 기도하라 45 이같이 한즉 하늘에 계신 **너희** 아버지의 아들이 되리니 이는

하나님이 그 해를 악인과 선인에게 비치게 하시며 비를 의로운 자와 불의한 자에게 내리우심이니라

원수를 사랑 _ 이것은 예수님이 새로 만드신 법이 아닙니다. 이미 구약부터 있던 법입니다.

"원수를 갚지 말며 동포를 원망하지 말며 이웃 사랑하기를 네 몸과 같이 하라 나는 여호와니라 레위기 19장 18절"

'눈에는 눈 이에는 이' 는 동해보복을 법적으로 인정하는 것이나 하나님께서는 동시에 원수를 갚지 말고 사랑을 베풀라고 권하셨습니다. 우리는 권리라면 눈곱만큼도 놓치고 싶어 하지 않습니다. 누릴 수 있는 권리라면 모두 누리려고 합니다. 거기에는 보복의 권리도 포함됩니다. 하지만 예수님께서 가르치시고 보여주신 사랑의 정신에 위배되는 권리라면 적극적으로 포기하는 것은 어떨까요. 이것이 어려운 일이라는 것은 압니다. 하지만 이 같은 선택으로 하늘에 계신 하나님 아버지의 아들이 되리라는 것도 알아야 할 것입니다(눅6:35). 불의한 자에게 친절과 호의를 베풀고 그를 위하여 기도하는 사람, 그는 참으로 하나님의 자녀다운 삶을 사는 사람입니다.

눈에는 눈 이에는 이 vs. 원수를 사랑

'눈에는 눈 이에는 이' 와 '원수를 사랑' 은 각각 율법과 은혜에 빗댈 수 있습니다. '눈에는 눈 이에는 이' 로 잘못이 무엇인지 알게 되고 그에 맞는 벌을 받습니다. '원수를 사랑' 은 마땅히 받아야 할 벌을 받지 않고, 오히려 마땅히 받을 수 없는 친절을 받습니다. '눈에는 눈 이에는 이' 로 사람의 행동을 제어할 수는 있지만 내면의 변화를 일으킬 수는 없습니다. '원수를 사랑' 은 은혜와 감동으로 상대방의 내면에 변화를 일으켜 새로운 행동을 하는 새 사람으로 만들 수 있습니다. 그리스도는 율법의 구속이 아닌 자비와 은혜로 우리를 구원하셨습니다.

이것은 세상에서 누릴 수 있는 가장 큰 감동입니다. 참으로 죄인 중의 죄인이라도 감격하여 그분을 위해서라면 새 삶을 결단하게 하는 그리스도의 위대한 사랑의 능력을 찬양합니다. 그러니 모든 죄인들이여, 두려워말고 죄인의 모습 그대로 그리스도께 나아오십시오. 새로운 삶을 지극히 갈망하는 죄인들이여, 어서 나아와 그리스도께서 주시는 새 생명의 삶을 받으십시오.

46 너희가 **너희를 사랑하는 자**를 사랑하면 무슨 상이 있으리요 세리도 이같이
아니하느냐 47 또 너희가 너희 형제에게만 문안하면 남보다 더 하는 것이 무엇
이냐 이방인들도 이같이 아니하느냐 48 그러므로 하늘에 계신 너희 아버지의 온
전하심과 같이 너희도 **온전**하라

너희를 사랑하는 자 _ 산상수훈은 단순하고 명쾌합니다. 하지만 세상에서 듣지 못하는 놀라운 가르침들이 담겨 있습니다. 이번에는 나를 사랑하는 사람만 사랑하면 무슨 소용이 있느냐고 물으십니다. 너무나 간단한 문장이지만 무뎌진 가슴을 치는 힘은 대단합니다. 나를 사랑하는 자를 내편으로 여겨 사랑했고, 나를 미워하는 자를 적으로 여겨 미워했었습니다.

기분 나쁜 말을 하거나 눈에 거슬리는 행동을 하면 순식간에 그는 나의 적이 된다.
나와 다른 생각을 가지고 있는 사람도 적이 되는 것은 마찬가지다.
내게 직접적인 피해를 입힌 그에게 나도 같은 피해를 입혀야 한다.
겁쟁이 낙인이 찍히기 싫으면 말이다.

그런데 나를 핍박하는 사람도 사랑하라고 하시니 꿈같은 소리로 들립니다. 사실 교회의 중직을 맡고 있는 분 중에서도 '자기를 사랑하는 자 이외의 사람'은 사랑할 생각이 별로 없는 분도 있을 것입니다. 어느 사람은 자기를 미워하는 자를 사랑하는 것이 불가능하다고 합니다. 하지만 이 시대에 예수님께서 바라

시는 사람은 자기를 사랑하는 자만 사랑하는 어느 똑똑하고 유능한 그리스도인보다는 자기를 사랑하지 않는 사람도 돌보려하는 마음을 가진 그리스도인이 아닐까 생각해봅니다. 하나님께서 사망에서 우리를 건지시고 온갖 불의한 죄들을 하나도 남김없이 용서해주신 은혜와 자비가 우리의 심령을 휘감는다면 핍박하는 사람이라도 사랑할 수 있을 것입니다.

세상에서 가장 쉬운 것 그것은 나를 사랑하는 이를 사랑하는 것
세상에서 가장 강한 것 그것은 사랑할 수 없는 이를 사랑하는 것

그리스도는 사랑할 수 없는 나 같은 죄인을 위하여 죽으셨네.
그것으로 하나님은 우리에 대한 자기의 사랑을 확증하셨네(롬5:8).

나는 사랑받기에 합당한가?

자기가 보기에 사랑받을 만한 이들만 사랑한다면 세상 몇몇 사람들이 사랑받을 것입니다. 그러나 하나님께서 보시기에 사랑받을 만한 이들만 사랑하신다면 사랑받을 인간은 아무도 없습니다. 자신의 선함이나 어떤 매력, 혹은 능력, 개성 등 그 밖의 어떤 것으로도 하나님께 사랑스럽게 보일 수 있는 인간은 없습니다. 가장 인기 있는 연예인이나 인정받는 학자, 대기업의 총수라고 해도 창조주 하나님께는 전혀 대단할 것이 없습니다. 이 말은, 하나님의 구원을 받을 만한 자격이 있는 사람은 이 땅 어디에도 없다는 것입니다.

그것은 우리의 죄 때문입니다. 모든 인간이 하나님의 기준에 전혀 도달하지 못하는 것은 모든 사람이 죄 아래 있기 때문입니다. 그러나 하나님께서는 죄를 자기 머리 위에 쌓으며, 본성을 따라 사망으로 달려가는 인간들을 구원하시기 위해 한 길을 마련하셨습니다. 그것은 성경 전체에서 이야기하고 있는 사실입니다.

"곧 예수 그리스도를 믿음으로 말미암아 모든 믿는 자에게 미치는 하나님의 의니 차별이 없느니라 로마서 3장 22절"

하나님이 정하신 하나님으로부터 사랑을 받는 유일한 길은 그리스도와 함께 연합하여 하나님께로 나아가는 것입니다. 그리스도의 보혈을 뿌림 받는 것입니다. 그럼 하나님께서는 그리스도의 희생과 공로를 흡족히 여기시며 모든 허물과 죄악을 용서해주실 것입니다. 그러나 단순히 용서하여 '중립'의 상태로 놔두시는 것이 아니라 자기 집안의 일원으로 맞이하시고 하나님의 기업을 상속하게 하실 것입니다.

사랑 받을 만하지 못하나 지극히 풍성한 사랑을 받게 된 것은 그리스도를 보내신 하나님 아버지의 사랑 때문입니다(엡2:4). 그러니 성도들도 사랑 받을 만하지 못한 이들을 기꺼이 사랑하고자 몸과 마음을 다해야 합니다.

지식과 사랑의 관계

지식의 축적은 사랑을 이루기 위함입니다. 골방에서 하나님과 교제하며 지식을 얻는 것이 너무 좋지만 사랑을 이루기 위해서는 골방에서 힘을 얻고 밖으로 나와 사랑을 해야 합니다. 사랑은 혼자 할 수 없는 것입니다. 사랑은 대상을 필요로 합니다. 하나님도 사랑하기 위해서 대상을 필요로 하십니다. 인간은 그중 가장 큰 사랑을 받는 존재입니다.

지식의 축적에 게으르지 말아야 합니다. 성숙한 지식은 사랑과 연결됩니다. 사랑으로 연결되지 않는 지식은 미성숙하고 매우 불완전한 것입니다. 체계적이고 깊이 있는 이론을 쌓는다 해도 그것을 사랑으로 현장화 시키지 않으면 하나님께 영광을 돌리는 지식이 되지 못하는 것입니다.

믿음, 소망, 사랑 중 제일은 사랑이라고 했으나(고전13장) 우리는 믿음을 가장 강조하고 가끔씩 사랑 그리고 희박하게 소망을 이야기합니다. 그리스도로 말미암아 우리는 하늘의 믿음, 소망, 사랑을 선물 받았습니다. 소망은 사랑과 믿음을 굳건히 하는 매장량이 무한한 연료이고, 믿음은 나의 구원을 시작으로 사랑의 실천을 가져오는 열차이며(엡2:10), 사랑은 믿음과 소망으로 하여금 부끄럽지 않게 하고 진정한 승리를 약속하는 표입니다.

골방은 하나님을 대면하는 가장 행복한 시간입니다. 그것은 놀라운 배움의 시간입니다. 위대한 발전의 시간입니다. 소명을 깨닫는 시간입니다. 참 회개가 나오는 경건의 시간입니다. 이 땅에서 누리는 하늘의 시간입니다. 우리의 매일에 골방의 시간이 필요합니다. 그러나 골방을 나와 세상으로 가면 땅의 시간이 흐르고 있습니다. 그때는 바른 지식을 사랑으로 표현하기 위해 부단히 싸워야 합니다.

말씀이 없는 사랑은 하나님과는 상관이 없는 사랑입니다. 말씀이 빈약한 사랑은 인간적인 사랑이 되기 쉽습니다. 그러나 사랑이 없는 말씀은 하나님과는 상관이 없는 말씀입니다. 사랑이 빈약한 말씀은, 꽤 그럴싸하나, 문제는, 한 영혼도 구원하지 못한다는 것입니다.

인간의 사랑은 인간의 의지로부터 나옵니다. 하나님의 사랑은 말씀의 감격으로부터 나옵니다. 그러나 말씀만 사랑하고 사람은 사랑하지 않는 경우가 발생할 수 있습니다. 말씀이 지식적인 차원에만 머물 때, 성령을 외면하고 말씀을 공부할 때, 그렇게 됩니다. 그러니 하나님께 관심하는 말씀과 타인에 관심하는 사랑이 함께 가야 합니다. 세상에 몸을 두고 있는 동안 하나님께 순전한 영광을 돌리고 사람들에게 눈물 대신 희락을 주며, 어둠을 물리치는 빛과 세상을 정결케 하는 소금으로 쓰임 받고 싶다면 그렇게 기도할 뿐 아니라, 말씀과 사랑으로 우리 속을 충만히 채워야 합니다.

말씀이 날카롭고 충만할 뿐더러, 사랑도 뜨겁고 충만한 이는 하나님께서 외면하시고자 해도 외면하실 수 없는 사람입니다. 지식을 경시하지 마십시오. 결코, 결코, 하나님의 나라를 위해 쓰임 받고자 하는 당신의 입술에서 "사랑만 있으면 돼. 나는 머리로는 몰라. 마음으로만 알아"라는 말이 나오지 않게 하십시오. 그러나 더욱이, 사랑을 경시하지 마십시오. 당신의 모든 배움과 수고를 비웃고 헛되다 이야기할 그는 '사랑이 없는 자신의 마음' 입니다. 사랑은 대상이 있어야 가능한 것입니다. 홀로는 불가한 것입니다. 혼자 하는 것은 자기 사랑인데 자기 사랑은 하나님의 사랑과 반대에 서 있습니다.

결코 늦지 않았습니다. '오늘 하루' 라는 새로운 날에는 새로운 마음으로 일어섭시다. 골방에서 말씀과 기도로 성령님의 지도를 받으며 경건함을 기릅시다. 그 뒤에 골방을 나가 사랑으로 경건함을 훈련하고 발휘합시다. 그렇게 할 수 있는 능력을 하나님께 구합시다. 그것은 하나님께서 기뻐 받으시는 간구입니다.

"내가 기도하노라 너희 사랑을 지식과 모든 총명으로 점점 더 풍성하게 하사 빌립보서 1장 9절"

"여러분은 그들에게 매일, 오직 사랑만이 결코 실패하는 법이 없으며 사랑이 없이는 모든 배움이 한낱 헛된 빛이자 찬란한 무지이며 과시하는 어리석음이요 마음의 고통일 뿐이라는 것을 마음속에 새겨주고 있습니까?"[1]

– 1744년 옥스퍼드 대학 앞 성 마리아 교회에서 옥스퍼드 대학생, 하원의원, 교수, 동료 사역자, 교사, 시민들 앞에서 한 '성경적 기독교' 라는 설교에서, 존 웨슬리

온전 _ 어떻게 온전해 질 수 있을까요?

1. 인격 – 연약한 우리가 이 세상에서 아무 흠 없이 살 수는 없습니다. 하지만 그리스도의 장성한 분량에 이르도록 부단히 노력할 수는 있습니다(이 얼마나 큰 축복이자 기회입니까!). 주님의 인도하심에 순종해왔다면 1년 전의 나와 오늘의 나는 분명히 다를 것입니다. 전에는 꼭 복수를 해야지 마음이 편했지만 지금은

[1] 제이 씨 라일(J. C. Ryle). 송용자 역. 「18세기 영국의 영적 거성들」 지평서원. p.143. 2005

복수라는 단어가 거북하게 느껴지는 변화, 전에는 남들에게 인정받고 어떤 모임이든 중심자리를 차지해야 마음이 안심했지만 지금은 하나님의 말씀과 함께 하는 이상 마음이 평안한 변화. 이런 변화가 세상을 마치는 날까지 멈추지 않기를 기도합니다.

2. 거룩 – 바리새인과 같이 우리는 세상의 잘못된 가치관에서 벗어나 우리를 하나님의 말씀 가운데로 구별했습니다. 하지만 바리새인과 다르게 우리는 우리의 욕구보다 하나님의 뜻에 헌신하며 하나님의 복음과 사랑을 가지고 세상으로 들어가야 합니다.

3. 성숙 – 한 순간에 그리스도의 장성한 분량에 이를 수는 없습니다. 성숙과 완전함을 향해 끊임없이 조금씩 나아가야 합니다. 우리가 아기와 소년, 청소년과 청년 그리고 어른과 노인에게 각기 다른 것들을 기대하듯이 하나님께서도 각자의 신앙의 단계에서 할 수 있는 것들을 기대하십니다. 그러니 누구와 비교하지 말고 매일매일 그리스도를 좇아갈 따름입니다.

4. 사랑 – 예수님께서 우리를 사랑하신 것처럼 나도 다른 사람을 사랑할 수 있도록 하루하루 노력하고 훈련하면서 우리는 온전함에 다가가게 됩니다. 그리스도의 사랑 없이 온전할 수 있는 것은 없습니다. 가장 강력하고 온전한 그리스도의 사랑은 무엇일까요? 그것은 바로 사랑할 수 없을 만한 사람까지 사랑하는 사랑입니다(롬5:8).[2]

죄의 유혹들이 예수님을 닮아 가는데(온전함을 향해 나아가는데) 올무가 되지 않도록 경계합시다. 예수님을 구주로 영접한 것은 끝이 아닙니다. 시작입니다. 천

---

[2] 「NLT Life Application Study Bible」 Tyndale House Publishers p.1549 참조. 2004

성을 향해 앞으로 가야할 길이 멉니다. 그러나 걱정하거나 부담스러워 할 것은 없습니다. 성도 안에 거하시는 성령님께서 참 만족과 평안, 기쁨의 길로 인도하시기 때문입니다.

마태복음 6:1-18

3부 은밀한 중에 보시는 아버지

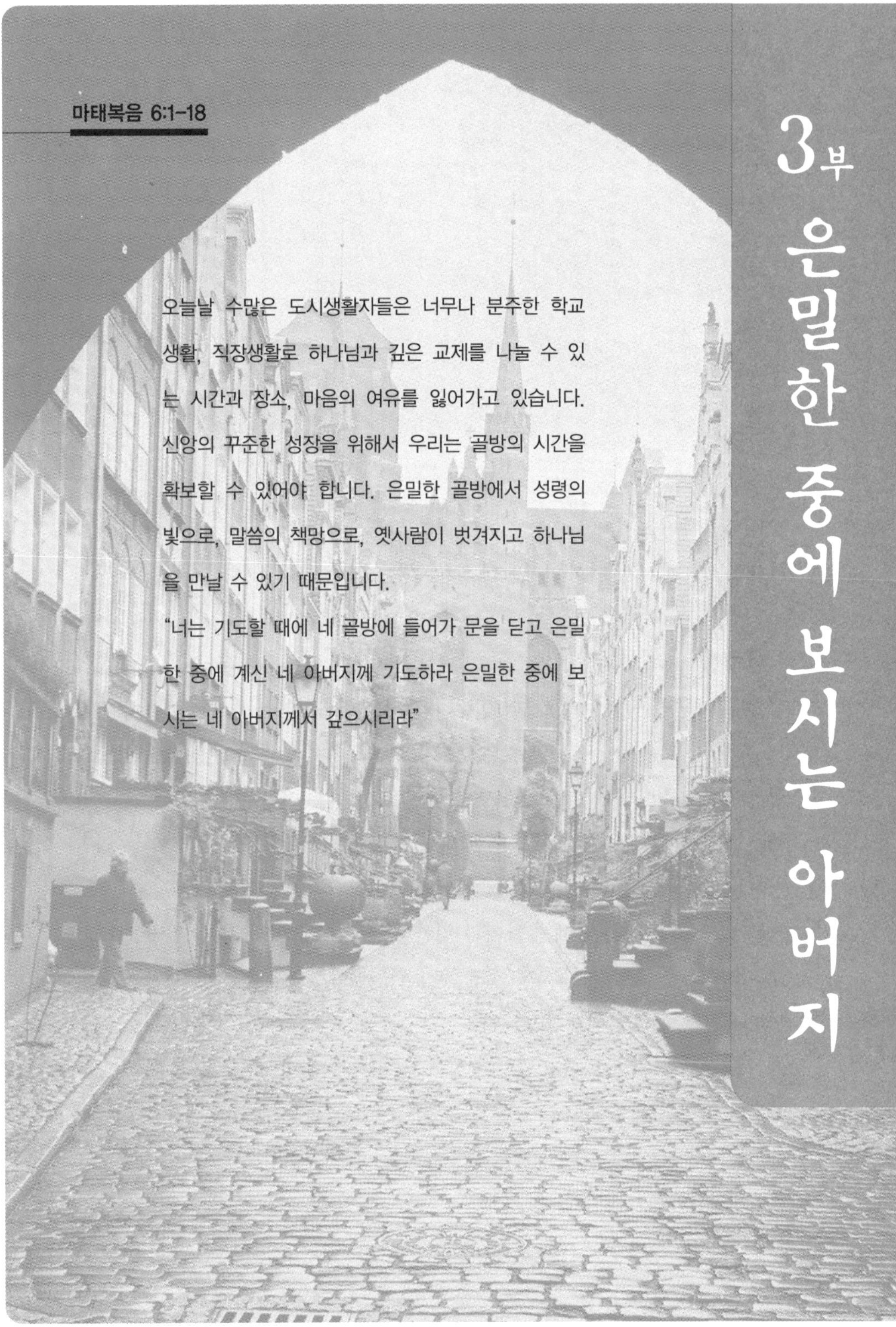

오늘날 수많은 도시생활자들은 너무나 분주한 학교생활, 직장생활로 하나님과 깊은 교제를 나눌 수 있는 시간과 장소, 마음의 여유를 잃어가고 있습니다. 신앙의 꾸준한 성장을 위해서 우리는 골방의 시간을 확보할 수 있어야 합니다. 은밀한 골방에서 성령의 빛으로, 말씀의 책망으로, 옛사람이 벗겨지고 하나님을 만날 수 있기 때문입니다.

"너는 기도할 때에 네 골방에 들어가 문을 닫고 은밀한 중에 계신 네 아버지께 기도하라 은밀한 중에 보시는 네 아버지께서 갚으시리라"

1 골방을 회복하라

| 마태복음 6:1-8 |

1. 사람에게 보이려고 그들 앞에서 **너희 의**를 행치 않도록 주의하라 그렇지 아니하면 하늘에 계신 **너희** 아버지께 상을 얻지 못하느니라

너희 의 _ NIV 성경은 "의를 드러내는 행동 acts of righteousness"으로 번역했습니다. 인간은 타인으로부터 인정과 존경을 받고 싶어 합니다. 사람의 인정과 존경을 받는 것이 잘못된 것은 아닙니다. 오히려 그리스도인이라면 타인의 인정과 존경을 받을만한 소금과 빛이 되어야 합니다. 여기서 지적하는 것은 명예나 칭찬을 얻기 위해 보이기 위한 의를 행하는 잘못된 동기로부터 얻는 의입니다. 우리가 의지해야 할 의는 그리스도의 보혈의 의입니다. 우리의 선행으로 얻는 의도 아닙니다. 남에게 보이기 위한 의는 더더욱 아닙니다. 그러나 오직, 그리스도께서 십자가에서 우리에게 주신 의입니다. 이것은 선한 행위가 아닌 오직 믿음으로 얻게 되는 의입니다.

그럼 우리는 의를 행하지 말아야 합니까? 예수님께서 이미 우리를 의롭게 하셨으니 이제 자유롭게 육신이 원하는 대로 살아도 괜찮습니까? 적극적으로 죄를 짓지는 않겠지만 죄를 지어도 대수롭지 않게 여기면서 사는 것은 가능합니까? 하나님께서 입혀주신 의는 결코 변하는 법이 없으니까? 뭔가 그럴싸합니

다. 하지만 그런 믿음으로 사는 사람들 덕분에 불신자와 신자 모두 실족하여 하나님으로부터 멀어지는 일이 생기는 것을 어떻게 설명하겠습니까. 그리스도인이 누리는 영적인 축복들에 따르는 책무에 대한 게으름과 무관심을 "구원은 오직 믿음으로 얻는다"는 구절로 핑계 삼는 마음을 하나님께서 어찌 모르시겠습니까. 마태복음 5장 20절에서는 "너희 의가 서기관과 바리새인의 의보다 낫지 못하면 결코 천국에 들어가지 못하리라"고 했습니다. 그럼 그리스도의 의를 의지하여 육체의 정욕을 따라 사는 것을 합리화하여 신앙적 가책을 느끼지 않고 있는 그 사람에게 여기서(마5:20) 말하는 '너희 의'는 무엇입니까? 과연 마태복음 5장 20절이 그 사람을 천국으로 안전하게 들이는 입국심사를 통과시키겠습니까? 당시 바리새인들은 행함은 있었으나 하나님께서 주문하신 정의와 긍휼과 믿음이 없었습니다(마23:23). 그런데 오늘날 어느 신자들은 '그리스도를 통해 획득된 의'를 내세워 '그리스도가 주문한 의'를 따르지 않아도 괜찮다고 여기고 있습니다. "화 있을진저"라고 책망 받았던 바리새인과 그들의 공통점은 '하나님께서 부탁한 정의와 긍휼과 믿음'을 따라 살지 않는다는 것입니다. 그렇기에 "화 있을진저"라는 책망에 그들의 마음이 마냥 편하지만은 않을 것입니다.

두 가지 예

1. 당신이 긍휼한 사랑으로 어느 지저분하고 먹지 못해 초췌해진 어린 아이에게 깨끗한 옷을 입혀주고, 자기도 먹고 다른 사람도(혹시 주위에 그런 어려운 친구가 있을지 모르니) 먹을 수 있는 충분한 돈을 주었다고 합시다. 그런데 좋은 옷을 입은 그는 전에 알던 친구들에게 다가가 계속해서 못된 말과 행동을 하고, 이기적이고 악한 일에 그 돈을 사용했습니다. 그 아이가 천국에 합당합니까? 썩어질 구습을 좇는 옛사람을 벗지 않는 그 아이는 간절히 천국을 소망할까요? 그에게 소망이 있다면 그렇게 살 수 없었을 것입니다(마7:6).

2. 여러분은 그리스도로 인하여 하나님의 자녀가 되었습니다. 가장 높은 왕

의 자녀가 되었습니다. 우리의 신분은 더 이상 세상의 노예가 아닙니다. 왕의 가계에 포함된 새로운 사람들입니다. 하지만 여기서 생각을 멈추진 마십시오. 왕의 자녀라면 왕의 자녀다운 삶을 살아야 할 것입니다.

삶에 희망을 모두 잃고 길거리 바닥을 헤매던 어느 거지가 전적인 왕의 은혜로 말미암아 왕궁으로 초대되었습니다. 왕은 자기의 가족들이 입는 것과 같은 옷을 그 거지에게 입혀주었습니다. 또 왕의 가족들이 누리는 모든 특권과 소유들을 그도 누릴 수 있게 했습니다. 거지는 새로운 옷을 입고 거리로 나갔습니다. 더 이상 누구도 그를 거지라 부를 수 없었습니다. 왕실 복(服)을 입고 있었기 때문입니다. 예수 그리스도를 통하여 우리가 얻은 의가 바로 이와 같습니다. 거지는 자기에게 어떻게 그런 일이 일어났는지 설명할 수 없었습니다. 자격 없는 이에게 선을 베푸신 왕의 은혜 때문이라고 할 뿐입니다. 하지만 그 거지가 예전에 매일 뒹굴던 길거리 바닥을 찾아가 왕실 복을 입고 뒹군다고 생각해보십시오! 그 모습이 가장 좋은 은혜를 베풀었던 왕을 기쁘시게 하겠습니까?

그럼 그가 왕실 복을 입고 그에 합당한 행동을 하는 모습을 상상해보십시오. 왕의 자녀로서 누리게 된 특권과 소유들로 사람들의 어려움을 돌보고 올바른 길로 인도한다면 왕은 얼마나 뿌듯하겠습니까. 또 사람들은 은혜를 베푼 왕의 지혜와 자비를 얼마나 칭송하겠습니까. 왕의 자녀가 된 거지를 의로운 사람으로 칭하지 않겠습니까.

결론

왕의 자녀가 되는 것은 오직 왕께 달려 있습니다(엡1:5). 죄수가 스스로에게 사면을 내릴 수 없듯이, 거지가 스스로 왕의 자녀와 같은 부요함을 누리도록 할 수 없듯이. 먼저 하나님께서 택하신 이들을 불러 그리스도 안에서 죄를 사하시고 의로움을 입혀주시지 않으면 우리의 의로운 행위는 전혀 우리를 왕의 자녀로 만들어 줄 수 없습니다. 하지만 왕의 자녀로 부르심을 받은 뒤 그에 합당하게 사는 것, 즉 혼신을 다해 주를 섬기고 선을 행하는 것은 우리의 마땅히 행할 바입니다. 건강한 그리스도인이라면 6장 1절과 5장 20절을 치우치지 않게 해석하고 적용하여 삶에 좋은 열매들을 맺을 것입니다. 예수님이 말씀하신 '의'의 두 가지 측면 중 하나라도 간과하는 일이 없기를 바랍니다.

진정 더 좋은 상을 사모하십니까?
그렇다면 왜 어서(at once) 가서 일하지 않습니까(마25:16)?
그리스도를 구주로 영접했을 때는 일하지 않고 받은 은혜에 감격했습니다.
그리고 이제는 그분과 함께 일하며 느끼는 은혜로 감격할 때입니다.

"곧 예수 그리스도를 믿음으로 말미암아 모든 믿는 자에게 미치는 하나님의 의니 차별이 없느니라 로마서 3장 22절"
"그러므로 사람이 의롭다 하심을 얻는 것은 율법의 행위에 있지 않고 믿음으로 되는 줄 우리가 인정하노라 로마서 3장 28절"
"우리를 구원하시되 우리가 행한 바 의로운 행위로 말미암지 아니하고 오직 그의 긍휼하심을 따라 중생의 씻음과 성령의 새롭게 하심으로 하셨나니 디도서 3장 5절"
"내가 너희에게 이르노니 너희 의가 서기관과 바리새인보다 더 낫지 못하면 결코 천국에 들어가지 못하리라 마태복음 5장 20절"
"만일 악인이 돌이켜 그 악에서 떠나 정의와 공의대로 행하면 그가 그로 말미암아 살리라 에스겔 33장 19절"
"화 있을진저 외식하는 서기관들과 바리새인들이여 너희가 박하와 회향과 근채의 십일조는 드리되 율법의 더 중한 바 정의와 긍휼과 믿음은 버렸도다 그러나 이것도 행하고 저것도 버리지 말아야 할지니라 마태복음 23장 23절"

2 그러므로 **구제**할 때에 **외식하는 자**가 사람에게 영광을 얻으려고 회당과 거

리에서 하는 것 같이 **너희** 앞에 **나팔을** 불지 말라 진실로 **너희**에게 이르노니 저희는 자기 상을 이미 받았느니라

구제 _ 유대인들에게는 세 가지 종교적 의무가 있었습니다. 구제, 기도, 금식입니다. 마태복음 6장의 절반이 구제, 기도, 금식에 관한 가르침입니다. 예수님의 모든 가르침은 우리의 실생활과 깊이 연결되어 있습니다. 구제는 자기 신앙의 표현이자 하나님의 명령입니다(신14:29). 하나님은 구제하는 사람에게 반드시 갚아주십니다. 하지만 사람들로부터 영광을 얻으려고 하는 구제는 갚아주시지 않습니다. 솔로몬은 구제를 '여호와께 빌려드리는 것' 이라고 했습니다.

"가난한 자에게 베푸는 일은 여호와께 빌려드리는 것이니, 그분이 후하게 보상하신다 쉬운성경 잠언 19장 17절"

이와 같이 하나님 보시기에 아름다운 동기로 하는 구제는 하나님께서 반드시 기억하시고 갚아주시는 고귀한 행위입니다.

외식하는 자 _ 자비나 동정심, 하나님을 향한 사랑 등의 좋은 동기 없이 남에게 보이기 위하여 선한 행위를 하는 사람을 외식하는 자라고 이야기하고 있습니다. 그들은 잠시 선한 사람으로 인식되고 존경을 받겠지만 그것이 그들이 받을 상의 전부입니다. 얼마나 허무합니까! 마음이 담기지 않은 선한 행위로 얻는 칭찬과 존경은 전혀 감격을 안겨주지 못하고 상도 없습니다.

3. **너는** 구제할 때에 오른손의 하는 것을 **왼손이 모르게** 하여 4 네 구제함이 **은밀하게** 하라 은밀한 중에 보시는 **너의** 아버지가 갚으시리라

왼손이 모르게 _ 바른 구제란 오른손이 하는 것을 왼손이 모르게 하는 것입니다. 즉, 하나님께만 보이는 것입니다. 사람에게 영광을 얻으려 하는 것은 잘못된 방법이라고 하셨습니다. 회당과 거리에서 구제하며 나팔을 부는 것은 사람

에게 영광을 얻고자 하는 행위입니다. 바른 구제에 필요한 것은 순수한 동기와 은밀성입니다.

구제의 모델로는 로마의 백부장 가이사랴의 고넬료가 있습니다. 그는 경건하여 온 집으로 더불어 하나님을 경외하며 백성을 많이 구제하고 하나님께 항상 기도하였습니다(행10:1,2). 하나님께서는 그의 기도와 구제를 받으셨습니다.

비슷한 경우로 가버나움의 백부장이 있습니다. 그는 유대 민족을 사랑했고 그들을 위해 회당을 지어주었습니다(눅7:5). 그가 아끼는 종이 병들어 죽게 되었을 때 유대인들은 예수님을 찾아가 백부장의 종을 고쳐줄 것을 부탁했습니다. 결국 백부장은 예수님의 기적을 체험할 뿐 아니라 놀라운 칭찬도 받게 됩니다(눅7:9).

여리고의 세리장 부자 삭개오는 뽕나무 위에서 예수님을 만났습니다. 여리고는 국제적인 도시로 여러나라 상인들이 모이는 곳이었습니다. 그곳의 세리장이 삭개오였습니다. 예수님은 삭개오의 집에서 묵겠다고 하셨습니다. 삭개오는 즐거워하며 예수님을 집으로 영접하였습니다. 넘치는 기쁨에 그는 자기 재산의 절반을 가난한 자들에게 줄 것이며 남의 것을 속여서 얻은 것이 있다면 네 배로(출22:1) 갚겠다고 했습니다. 삭개오의 회개와 자발적이고 순수한 동기의 구제는 예수님을 감동시켰습니다.

"오늘 구원이 이 집에 이르렀으니 이 사람(삭개오)도 아브라함의 자손임이로다. 인자의 온 것은 잃어버린 자를 찾아 구원하려 함이니라 누가복음 19장 9,10절"

그런데 삭개오와 대비되는 인물로 부자청년이 있습니다. 그는 어려서부터 율법에 열심이 있었습니다. 진리에 대한 그의 열정적이고 진지한 모습에 예수님은 그를 사랑스럽게 여기셨습니다. 그러면서 그가 온전히 되기를 바라는 마음으로 말씀하셨습니다.

"네게 아직도 한 가지 부족한 것이 있으니 가서 네게 있는 것을 다 팔아 가난한 자들을 주라 그리하면 하늘에서 보화가 네게 있으리라 그리고 와서 나를 따르라 개역개정판 마가복음 10장 21절"

그러나 안타깝게도 그는 슬픈 기색을 띠고 근심하며 돌아갔는데 그에게 재물이 많았기 때문이었습니다.

은밀 _ 왜 조용히, 은밀하게 구제하라고 하셨습니까? 은밀히 하라는 것은 선행의 보상, 대가를 바라지 말라는 말씀입니다. 예수님은 무엇을 말씀하고 계십니까?

예수님께서는 순수한 동기를 원하셨습니다. 하나님께서 나를 사랑하신 것에 대한 감격과 그 응답의 표현으로 자발적으로 즐거이, 기꺼이 베풀기 원하셨습니다. 하지만 사람의 눈을 의식하기 시작하면 순수한 동기가 변질되기 쉽습니다. 사람들의 칭찬과 박수, 집중된 관심 따위는 하나님과의 깊은 교제에 도움이 되지 않는 경우가 더 많습니다. 사람의 시선을 따라가다 보면 어느새 하나님과 동행하는 길이란 옛날이야기가 되어버리곤 합니다.

예수님은 순수한 동기로 남을 돕는 사람이 순수한 마음으로 하나님도 섬길 수 있다는 것을 말씀하셨습니다. 남을 도울 때는 자기가 멋지게 보이기를 바라고 그렇게 함으로 정치적 영향력이 커지기를 바라는 사람이 하나님을 순수하게 섬길 수 없다는 것입니다. 눈에 보이는 형제를 사랑치 않는 자가 보이지 않는 하나님을 사랑할 수 없다고 한 사도 요한의 말처럼 눈에 보이는 형제에게 위선적인 행동을 습관처럼 되풀이 하는 자가 하나님께 진실하게 받아들여지는 고백과 행위를 할 수 없다는 것입니다.

보여주기 위한 신앙의 위험성

보여주기 위한 신앙은 하나님이 아닌 사람을 더 의식하는 신앙입니다. 그럴 때 신자는 마음의 참 평안을 누릴 수 없습니다. 이것이 지속되면 신앙의 변질로 이어집니다. 그럼 그는 하나님의 말씀 중 어느 것은 외면하고 자기에게 불리하지 않은 부분만 골라서 믿게 될 것입니다. 그러면서 분명히 자기는 신앙생활을 하기에 하나님의 사랑을 받는 구원받은 백성이라 생각할 것입니다. 그러나 바리새인과 서기관을 생각해보십시오. '회칠한 무덤(마23:27)' 이라고 책망 받았던 이유가 대체 무엇입니까? 하나님보다 사람에 의해 영향을 받는 신앙은 결국에 하나님을 떠나게 할 위험이 매우 큽니다. '믿음이 있다' 는 것은 무슨 뜻입니까? 하나님을 구주로 믿으며 사는 것 아니겠습니까? 그런데 왜 사람의 시선, 사람의 평가가 그대의 삶에 에너지와 동기, 생명력과 천국을 부여하는 구원자인 것처럼 살고 있는 것입니까.

5. 또 **너희가 기도**할 때에 외식하는 자와 같이 되지 말라 저희는 사람에게 보이려고 회당과 큰 거리 어귀에 서서 기도하기를 좋아하느니라 내가 진실로 너희에게 이르노니 저희는 자기 상을 이미 받았느니라

기도 _ 경건한 히브리인들은 조상들의 신앙 전통을 좇아 매일 세 번의 규칙적인 기도를 드렸습니다. 오전 6시경의 이른 아침기도, 오후 3시경에 드리는 낮기도 그리고 오후 6시경 황혼 무렵의 저녁기도입니다. 그들은 회당으로 가서 기도를 올렸는데 외출 중에 기도 시간을 맞으면 길가에 서서라도 기도했습니다. 기도에 대한 사모함에서 생긴 이런 행위들이 훗날 기도하는 모습을 보여주기 위해 일부러 기도 시간에 외출하여 남들 앞에서 기도하는 행위로 변질되었습니다.

사람을 의식하여 경건하게 보이고자 하는 기도는 하나님께서 상을 따로 주지 않고 대신 사람들에게서 받는 '경건한 이미지' 로 상을 대신하겠다고 하셨습니다. 다시 한 번, 우리에게 중요한 것은 하나님과의 '관계(intimacy 친밀성)' 이지 타인의 '주목' 이 아닙니다. 여러분은 영원한 하나님과의 관계를 얻으시겠습니까? 아니면 잠깐뿐인 사람들의 주목을 얻으시겠습니까(행4:19)?

애통하는 기도보다 아름다운 것

새벽기도회에 참석하여 크게 기도하는 것이나 수련회에서 눈물로 기도하는 것보다 더 아름다운 것은 삶의 매순간에서 지속적으로 하나님을 구하는 것입니다. 평상시에 내가 아닌 하나님께서 기뻐하시는 선택을 하며 사는 것입니다. 평소에는 자기의 뜻대로 살다가 사람들이 모인 자리에서는 눈물 흘리며 기도한다고 스스로가 하나님을 온전히 섬기고 있다고 생각하는 것은 착각입니다. 평상시에, 사람이 보든 안 보든, 하나님께 기도하는 마음으로 사는 것이 어느 특별한 날에만 통곡하며 기도하는 것보다 하나님과 가까운 사이가 되는 길입니다.

6 **너는** 기도할 **때에 네 골방**에 들어가 문을 **닫고** 은밀한 중에 계신 네 아버지께 기도하라 은밀한 중에 보시는 네 아버지께서 갚으시리라

골방 _ 골방은 안방이나 건넌방 등에 딸린 작은 방으로 사람의 눈에 잘 띄지 않도록 만든 깊은 밀실입니다. NLT 성경은 "방문을 닫고 들어가 남의 눈을 피해(in private) 하나님께 기도하라"고 번역했습니다.

골방은 하나님을 일대일로 만날 수 있는 곳입니다. 오직 하나님과 나만이 존재하는 곳으로, 의식할 다른 사람이 없습니다. 하나님께서 원하시는 진실한 중심을 고백하기에 좋은 분위기입니다. 그래서 더 진솔한 마음으로 하나님을 만날 수 있습니다.

골방에는 시계가 없습니다. 그래서 시간이 존재하지 않습니다. 정지된 시간과도 같습니다. 시간을 초월하는 공간도 됩니다. 시간이란 개념이 없어집니다. 그래서 영원과 같습니다. 결국 골방은 영원과 닿는 통로입니다.

가슴을 설레게 하는 사랑하는 사람과 단둘이 있을 때는 시간이 아예 멈추어 버리기를 바랍니다. 하나님과 단둘이 있는 골방은 그런 멈춰진 시간을 경험하는 장소입니다. 바쁘게 살면서 많은 사람을 만나는데 분주한 현대인의 하루 가운데 시간을 떼어 하나님과 단둘이 대면하는 것이 꼭 필요합니다. 신앙의 성숙

과 능력 있는 그리스도인의 삶을 위해서는 반듯이.

말씀과 예배가 풍족한 오늘날 오히려 부족한 것

참된 회개는 요란한 집회보다 하나님과 은밀히 만나는 골방에서 일어납니다. 하나님과의 수신도 화려한 예배보다 차분한 골방에서 더 잘 이루어집니다. 바쁜 오늘을 사는 그리스도인들이 잃어버린 것은 골방입니다. 오히려 부족한 것은 골방의 시간입니다. 더 많은 집회나 예배 참석, 더 많은 설교와 신앙 서적, 더 많은 봉사와 행사가 부족한 것이 아니라 바로 골방이 부족합니다. 골방의 중요성은 차분하게 하나님과 일대일로 대면하기에 시간이 부족한 오늘날 더욱 크게 부각되고 있습니다. 신앙의 성숙을 위해서는 골방이 필수입니다. 만일 여러분이 은밀하게 다가오시는 하나님을 만나기 원한다면 골방으로 찾아가야 합니다.

이세벨을 피해 도망친 엘리야는 호렙산에서 하나님을 대면합니다. 산을 가르고 바위를 부수는 바람이 일었습니다. 그러나 바람 가운데 하나님께서 계시지 않았습니다. 또 바람 후에 지진이 있었습니다. 그러나 지진 가운데도 계시지 않았습니다. 지진 후에 불이 있으나 불 가운데에도 하나님은 계시지 않았습니다. 그러나 불이 난 뒤에 조용하고 부드러운 목소리가 들렸습니다(왕상19장). 산을 가르고 바위를 부수는 바람, 땅을 흔드는 지진 그리고 모든 것을 태울 듯 타오르는 불과 같은 정력적이고 분주한 신앙생활 가운데 하나님의 음성이 들리지 않는다면 그것은 골방을 잃어버렸기 때문입니다.

매일 시간과 장소를 떼어 하나님과 단둘이 대면하는 시간이 필요합니다. 가능하다면 거룩한 주일 외에 일주일 중 하루정도 더 떼어 사람도 만나지 말고, 아무 걱정도 하지 말고 골방에서 조용하게 말씀과 기도로 하나님과 대면하는 것에만 집중해봅시다. 유명한 부흥사와 강사가 오는 치유의 집회, 능력의 집회, 말씀의 집회, 사명자의 집회보다 더 큰 상처의 치유와 능력의 회복, 말씀과 성령의 충만이 일어날 것입니다.

신앙 성숙을 위한 두 장소

골방과 광야는 그리스도인의 성장에 필수입니다. 광야는 모세, 다윗, 엘리야, 세례 요한, 예수님, 사도 바울 등 신앙의 위인들이 거친 필수 코스였습니다. 골방도 마찬가지입니다. 예수님께서도 종종 시간을 떼어 한적한 곳을 찾아 하나님과 단둘이 은밀한 시간을 갖으셨습니다.

광야 수업을 여행이라고 한다면 골방은 일상이라고 할 수 있습니다. 물질도, 자기 자신의 능력도 의지할 수 없는 곳에서 오직 하나님만 의지하는 법을 배우는 곳은 광야입니다. 골방은 하나님의 잠잠한 음성을 듣고 그분으로부터 힘을 공급받으며 무엇을 해야 하는지 지속적인 코칭(coaching)을 받는 시간입니다. 광야는 하나님과 통신이 무척 잘 되는 곳입니다. 미지근한 신앙을 가졌던 사람이라도 광야에서는 하나님께 뜨거워집니다. 그래서 광야는 하나님과 특별한 추억을 쌓아 더욱 친밀해지는 곳입니다. 골방은 일상 가운데 일어납니다. 어느 사람과는 급속히 친해지기도 하지만 어느 사람과는 시간을 두고 조금씩 그러나 진득하게 관계가 깊어집니다. 광야가 전자라면 골방은 후자입니다. 광야가 거친 들판에서 하나님을 체험하는 축복이라면 골방은 차분하고 편안한 상태에서 하나님께 집중하는 축복입니다. 우리의 인생에는 광야와 골방이 모두 필요합니다. 평상시에는 골방에서, 어느 특별한 순간에는 광야에서.

하나님의 나라를 위하여 큰 꿈을 갖고 있는 여러분! 먼저 골방을 회복하십시오. 그리고 광야를 체험하십시오. 하나님께서 주신 가장 좋은 교육 장소입니다. 명문대학보다 먼저 골방으로 들어가십시오. 대기업보다 먼저 광야로 찾아가십시오. 혼자서 하는 자기 개발에 대한 대단한 노력과 탐구가 광야와 골방에서 이루어지는 성령님의 가르치심과 깨우치심에 한없이 못 미치기 때문입니다. 사회적인 유리함 – 학벌, 가문, 재산, 경력, 인기, 실력 등이 하늘의 유리함 – 광야와 골방에서 습득되는 하나님을 아는 지식과 하나님과의 친밀함이 주는 경건의 능력에 한없이 못 미치기 때문입니다.

7 또 기도할 때에 이방인과 같이 **중언부언**하지 말라 저희는 말을 많이 하여야 들으실 줄 생각하느니라

중언부언 _ 주문을 외우듯 같은 말을 계속 반복한다고 하나님께서 들으시는 것이 아닙니다. 그분은 우리의 신실한 마음을 들으십니다. 생각하지 않고 주절거리거나, 마음이 담기지 않고 주문을 외우듯이 웅얼거리는 기도를 정말 하나님께서 들으시겠습니까? 마태복음 6장 7절을 읽어보셨습니까? 그런 생각에 대한 예수님의 대답이 부정적이라는 것은 우리에게 어떤 마음을 일으킵니까?

주문에는 인격의 소통이 없습니다. 우리는 아버지께 중대한 부탁을 드릴 때 술 취한 사람처럼 흥얼거립니까? 우리는 만유의 왕(혹은 대통령) 앞에 나아가 무엇을 요청할 때 주저리주저리 말합니까? 생각 없이, 간절함 없이 마구 뱉는 소음은 오히려 하나님의 귀를 시끄럽게 하여 그분을 피로하게 만드는 무례를 범할지도 모릅니다. 그러나 두려워하지 마십시오. 자비로운 구주 예수님께서 곧 기도에 대해 가르쳐주실 것입니다.

8 그러므로 저희를 본받지 말라 구하기 전에 너희에게 **있어야 할 것**을 하나님 너희 아버지께서 아시느니라

있어야 할 것 _ 하나님께서는 우리가 말하기도 전에 이미 우리에게 무엇이 필요한지 알고 계십니다. 하지만 때로 우리는 하나님을 양말에 선물을 넣어주는 산타 할아버지정도로 잘못 생각합니다. 성경은 그분이 어떤 성품을 지닌 분인지에 대해서 가르쳐줍니다. 또 우리가 무엇을 구해야 하는 지도 가르쳐줍니다.

하나님은 우리에게 있어야 할 구원을 주셨습니다. 이것은 그리스도의 의가

우리의 것이 되면서 가능케 된 것입니다. 그 다음은 성화입니다. 하나님은 우리가 그리스도를 닮아가며 성숙한 신앙인으로 자라나는데 필요한 모든 것을 기쁘게 공급하십니다. 물론 생계라는 부분도 만나와 메추라기처럼 필요한 시점에 필요한 만큼 공급해주십니다. 완악한 인간은 '내일도 만나가 내릴까? 혹 그치지는 않을까? 그럼 하나님은 망신을 당하실텐데 어쩌지?' 라고 의심할 때가 있지만 그분은 결코 자녀들을 굶어죽게 놔두시지 않습니다. 그분의 이름과 영광을 위해서 말입니다. 혹 우리가 어려움을 당한다면 하나님 보시기에 그편이 더 선하기 때문이고 시간이 흐름에 우리도 하나님의 선한 섭리와 지혜를 깨닫고 찬양하게 될 것입니다.

성도의 생계에 대한 두려움은 하나님께 대한 믿음보다 작아야 합니다. 그분은 각 성도들을 향한 놀라운 계획을 가지고 계십니다. 하나님께서 우리를 부르신 것은 자랑할 것 없는 우리를 통하여 그분의 위대한 뜻을 이루시기 위함입니다. 그러니 만유의 주인이신 아버지를 믿고 그분을 기쁘시게 하는 위대한 삶을 꿈꾸십시오. 증언부언하며 세속적인 영광과 자기의 배를 구하는 이방인을 본받지 말고, 진실하고 진지한 기도로 하나님께 대한 담대한 믿음을 고백하십시오.

2 주께서 가르쳐주신 기도

| 마태복음 6:9-13 |

9 그러므로 **너희는** 이렇게 기도하라 **하늘에 계신 우리 아버지여** 이름이 거룩
히 여김을 받으시오며

하늘에 계신 우리 아버지여 _ 하나님은 세상의 창조주이자 주인이십니다. 세상 모든 것이 그분께 속하였습니다. 우주 만물이 하나님의 말씀의 능력으로 만들어졌다는 사실에 우리는 감탄하고 놀랍니다. 그런데 더욱 놀라운 사실이 있습니다. 예수님께서도 몇 번이나 이것에 대해 말씀하셨습니다. 바로 그분이 우리의 아버지가 되신다는 사실입니다. 그분은 우리의 아버지십니다. 그리고 우리는 그분의 자녀입니다.

"(그리스도를)영접하는 자 곧 그 이름을 믿는 자들에게는 하나님의 자녀가 되는 권세를 주셨으니 요한복음 1장 12절"

자녀라면 아버지의 재산을 상속할 권리가 있습니다. 혹 잠시 아버지보다 세상을 사랑하고 있는 자녀라도 한 번 자녀는 영원한 자녀임이 변하지 않습니다(잃어버린 아들의 비유 참고 - 눅15장). 하나님의 내리사랑에 우리는 그분의 자녀가 되었습니다. 삶이 우리를 속일지라도 두렵거나 아쉬울 것이 없는 것은 하나님께서 우리의 아버지가 되시기 때문입니다.

예수님께서 하늘에 계신 '내 아버지' 가 아니라 '우리 아버지' 라고 하신 점에도 주목합시다. 한국은 '나' 보다는 '우리' 가 강조되고 있는 나라입니다. 오늘날 개인주의가 눈에 띄지만 여전히 사고와 행동의 바탕에 '우리' 를 생각하는 마음이 깔려 있습니다. '우리' 가 잘못 사용되면 소수의 의견이 무시되고 자유가 박탈되겠지만 잘 사용되면 그것이 예수님의 말씀에 더 가까운 것입니다. 예수님은 불쌍한 자를 돌보라고 가르치셨습니다. '나' 만 생각하지 말고 함께 사는 다양한 '우리' 도 생각하라는 것이었습니다. 또 주안에서 하나 된 '우리' 하나하나가 한 몸을 이루라고 하셨습니다(고전12:12).

예수님은 동시에 개인의 특성도 인정해주셨습니다. 야고보와 요한에게 우뢰의 아들이라고 하셨습니다. 세례 요한을 두고 사람이 낳은 자 중 가장 큰 자라고 하셨습니다. 나다나엘에게는 참 이스라엘 사람으로 속에 간사한 것이 없다고 하셨습니다. 이렇게 예수님은 한 사람 한 사람의 특징을 정확하게 파악하고 인정하셨으며 사랑하셨습니다. 동시에 '서로' 사랑하라고 하셨고 화목하게 하는 직책을 맡기셨고, 서로를 위해 권면하고 기도할 것, 실제적인 도움을 베풀 것 그리고 모이기에 힘쓰라는 것도 모두 하나님의 말씀입니다. 하나님은 우리들에게 각기 다른 인격을 주셨고 그 다양한 인격들이 그리스도 안에서 하나가 되어 '우리 아버지' 의 이름을 거룩하게 찬양하기를 원하십니다.

10 나라이 임하옵시며 뜻이 하늘에서 이룬 것같이 땅에서도 이루어지이다

나라이 임하옵시며 _ 개역개정판 성경은 "나라가 임하시오며" 라고 번역했습니다. 하나님의 나라가 이 땅에 속히 임하기를 간구하고 있습니다. 우리의 소망은 오늘 이 땅에서 일어나는 것들에 국한되지 않습니다. 우리는 더 크고 영원하며 온전한 것을 바라보고 소망합니다. 마치 군 복무 중인 사병이 어려움을 겪을 때마다 제대 후 가족과의 재회를 상상하며 용기를 얻는 것과 같습니다. 우리에게 이 세상은 종착역이 아닙니다. 우리는 같은 목적지인 천국을 향해 가고 있습니다(요14:2). 이것은 우리의 소망이자 기쁨 그리고 자랑입니다.

뜻이 하늘에서 이룬 것같이 땅에서도 이루어지이다 _ 천국을 바라본다고 이 세상에 무관심한 사람이 되어도 괜찮다는 것은 아닙니다. 하나님의 거룩한 말씀과 사랑이 이 땅에 널리 퍼져야 합니다. 자기가 있는 위치에서 하나님의 뜻을 따라 사는 것이 하나님의 뜻이 땅에서도 이루어지는 것입니다. 다시 말하면 성경에서 제시하고 있는 삶을 말씀과 성령의 능력으로 사는 것입니다. 하나님은 독자적으로, 어떤 자연법칙에도 구애받지 않고 힘을 행사하실 수도 있지만 그분은 사람을 사용하여 자신의 뜻을 펼치기를 즐겨 하십니다. 예수님께서 가르치신 그리스도인의 합당한 삶의 자세로 각 개인과 공동체에게 주신 사명을 좇으며 살 때 '뜻이 하늘에서 이룬 것 같이 땅에서도 이루어질 것' 입니다.

11 오늘날 우리에게 **일용할 양식**을 주옵시고

일용할 양식 _ 우리의 모든 필요를 아시는 하나님을 찬양합니다. 정말 춥고 배고프고 지친 어느 사람에게 다가가서 "집에 가서 좋은 음식을 먹고 푹 쉬렴. 추우면 옷을 입어야지. 배고프면 밥을 먹어야지. 지쳤으면 누워서 쉬어야지. 그러니 그렇게 하렴"이라고만 한다면 과연 그는 우리에게 신뢰를 느낄 수 있을까요? 야고보는 행동이 없는 믿음은 죽은 믿음이라고 했습니다. 그는 특별히 과격한 것을 좋아하는 사람은 아니었습니다. 하지만 행동하지 않는 믿음에 대하여 거룩한 분노를 가지고 있었습니다. 그것은 그가 사람을 미워했다는 것이 아니라, 행동하지 않음으로 믿음이 없음을 스스로 보여주고 있으면서 자기의 믿음이 훌륭하다고 이야기하는 위선을 고치지 않는 것을 미워한 것입니다. 예수님께서 말씀하셨습니다.

"너희는 가로되 사람이 아비에게나 어미에게나 말하기를 내가 드려 유익하게 할 것이 고르반 곧 하나님께 드림이 되었다고 하기만하면 그만이라 하고 마가복음 7장 11절"

하나님은 우리의 실제적인 필요를 아십니다. 하나님의 영광을 위해 우리에게 지금 있어야 할 것을 아신다는 말입니다. 그분은 말만 하고 행동은 없는 사람과는 다릅니다. 하나님은 영적, 정서적, 육체적, 물질적 등 모든 필요에 대한 일용할 양식을 주십니다. 그러니 왜 스스로 무거운 짐을 지고 고생하겠습니까. 그분께 삶을 맡기면 간단한 것인데.

12 우리가 우리에게 **죄지은** 자를 사하여 준 것같이 우리 죄를 사하여 주옵시고

죄 _ 여기서 죄는 빚(dept)을 의미합니다. 내게 빚 진 자의 빚을 탕감하고 그에게 자비를 베푼 것 같이 하나님께서도 나의 빚을 탕감해주시고 자비를 베풀어 달라는 말입니다. 누가복음은 "우리가 우리에게 죄지은 모든 사람을 용서하오니 우리 죄도 사하여 주옵시고(11:4)"라고 기록합니다. 마태복음을 보아도, 누가복음을 보아도 하나님께서 우리에게 바라시는 것이 타인을 용서하는 것임을 알 수 있습니다.

하나님을 사랑하는 여러분의 마음을 어떻게 표현할 수 있을까요? 기도와 헌금과 봉사도 좋은 방법입니다. 하지만 타인을 용서함으로 하나님께 대한 사랑을 표현하는 것은 더 높은 수준의 지극히 아름다운 표현입니다. 성숙한 신앙인의 척도는 교회에 다닌 연수나 화려한 종교적 경력이 아니라 '남을 용서하는가?' 입니다. 혹 자기의 신앙적 외모 – 가령 직책, 경력, 헌금 액수, 봉사능력, 교회크기 등을 의지하여 남을 용서하지 않아도 되는 자격이 있는 것처럼 생각하고 말하고 행동한다면 그처럼 큰 착각은 없습니다. 용서하지 않는 사람은 '자기 의' 를 내세우며 상대를 받아들이기를 거부합니다. 제가 생각하는 무섭고 두려운 것은, 용서하지 않음으로 자기도 모르게 스스로의 의를 의지하는 상태에 빠지는 것입니다. 그러나 죄인이여, 그리스도의 의를 떠나서 누가 멸망을 만나

지 못한다는 말입니까.

13 우리를 **시험**에 들게 하지 마옵시고 다만 악에서 구하옵소서(**나라**와 **권세**와 **영광**이 **아버지**께 **영원히** 있사옵나이다 **아멘**)

시험 _ 시험은 하나님께서 우리의 믿음을 연단시키기 위한 시험(test)과 사탄이 우리를 하나님으로부터 멀어지게 하려는 유혹(temptation)이 있습니다. 여기서는 후자의 경우로 사용되었습니다.

예수님은 우리가 사탄의 의도에 무릎을 꿇는 일이 없도록 도와 달라고 기도하고 계십니다. 보이지 않는 존재인 사탄의 세력을 우습게 여겨서는 안 됩니다. 말씀과 기도를 힘입지 않고서 인간 스스로의 힘으로 사탄의 능력과 계략에 맞서 이길 수 없습니다. 하지만 인간의 무력함을 깨닫고 하나님의 도움을 구한다면 우리는 어떤 악의 세력에도 이길 수 있습니다. 그러나 언제든 스스로를 의지하는 순간부터 전세는 역전될 수 있습니다. 그래서 우리는 겸허히 기도해야 합니다. 하나님을 의지하는 것만이 모든 승리의 길입니다.

나라 _ 나라(kingdom)란 왕에 의해 다스림을 받는 지역이나 땅을 말합니다. 신약에서는 하나님 나라와 관련하여 주로 신앙 공동체 개념으로 이해되고 있습니다. 이렇게 본다면 후자의 경우 하나님 나라는 세상 종말에 성도들이 가는 영원한 하늘나라일 뿐만 아니라 동시에 이 세상에서 왕 되신 하나님의 다스림을 받으며 사는 성도들의 모든 영역을 가리킨다 할 수 있을 것입니다. 이런 면에서 사도 바울은 그리스도인들을 가리켜 이 세상 국가와 하늘나라(천국)에 동시에 속하는 이중 국적자들임을 분명히 밝혔습니다(빌3:20).[1]

---

[1] 가스펠서브 기획편집. 같은 책. 생명의 말씀사. p.139

권세 _ 세상을 창조하신 하나님께는 세상을 다스릴 영원한 지배권이 있으십니다. 사람은 능력이 있는 윗사람이나 어떤 기관으로부터 권세를 부여받지만 하나님은 스스로 권세를 가지고 계십니다.

'뛰는 사람 위에 나는 사람 있다' 는 속담이 있습니다. 군대의 사병 계급으로 말하자면, 이등병 위에 일병 있고 그 위에 상병, 병장이 있는 것입니다. 부사관은 하사, 중사, 상사, 원사가 있습니다. 장교의 경우 위관 계급은 소위, 중위, 대위. 영관 계급은 소령, 중령, 대령. 장성 계급에는 준장, 소장, 중장, 대장이 있습니다. 모두 권세를 가지고 있고 위로 갈수록 권세는 더 커집니다. 하지만 모든 권세 위에는 하나님이 계십니다. 그분은 세상 모든 권세의 주인이시자 임명자이십니다.

아무리 사람의 권세가 날아가는 새도 떨어뜨리고 갓 태어난 아기의 울음도 그치게 할 수 있을 만큼이라고 해도 하나님께서 허락하셔서 가능한 것입니다(그가 신자거나 불신자거나). 바벨론의 느부갓네살 왕은 그 좋은 예입니다. 하나님의 뜻에 따라 그는 유례없는 권세를 허락받았습니다. 그는 말했습니다.

"나는 지극히 높으신 하나님, 영원히 살아 계신 분에게 찬양과 영광을 돌렸다. 하나님의 다스리심은 영원하며 그의 나라는 대대로 이어질 것이다. 그는 땅의 백성들을 없는 것같이 여기시며, 하늘의 군대와 땅의 백성들을 뜻대로 다루신다. 어느 누구도 그가 행하시는 일을 막을 수 없으며, 어느 누구도 무엇을 행하셨느냐고 물을 수 없다 쉬운성경 다니엘 4장 34,35절"

"일곱 해가 지난 후에 너는 비로소 지극히 높으신 하나님께서 인간의 나라를 다스리신다는 것과, 그 나라를 자기 마음에 드는 사람에게 주신다는 것을 알게 될 것이다. 쉬운성경 다니엘 4장 32절"

모든 권세의 주인이신 하나님께서는 겸손한 자(하나님을 신뢰하는 자)를 높이시고 교만한 자(자기의 조건을 신뢰하는 자)를 낮추십니다.

영광 _ 영광은 유익하고 인상적인 일을 한 사람에게 명예와 감탄이 돌아가는 것입니다. 어떤 일을 시작한 목적, 능력, 방법, 업적, 자신과의 연관성 등이 위대할 때 사람들은 그런 일을 이룬 사람에게 영광을 돌립니다. 하나님께서 하신 일들은 너무나 놀랍고 훌륭해서 우리는 그분의 모든 작품들에 대해 경이로이 감탄합니다. 하나님께 영광을 돌리는 것은 인간의 마땅한 본분입니다.

하나님을 믿는 사람도, 믿지 않는 사람도 모두 하나님의 은혜로 하루하루를 살고 있다는 점은 동일합니다. 믿는 사람은 예수 그리스도의 보혈의 공로와 죄인을 의롭게 하여 자녀로 삼으신 하나님 아버지의 사랑과 은혜로 살고 있습니다. 믿지 않는 사람은 오래 참으사 아무도 멸망치 않고 다 회개하기에 이르기를 원하시는 하나님의 자비와 인내의 은혜로 살고 있습니다.

모든 인류가 하나님께 영광을 돌려야 하는 더 근본적인 이유는 믿는 사람도, 믿지 않는 사람도 모두 하나님으로부터 생명을 받았다는 점입니다. 또, 그분은 가족과 친구를 주셨고 건강한 몸도 주셨으며 교육의 기회도 주셨습니다. 이런 축복들은 하나님께 영광을 돌려야 하는 가장 기본적인 이유가 됩니다. 하나님은 마땅히 하나님께 돌아갈 영광을 마땅히 하나님께 돌리는 사람을 기뻐하십니다(시84:11,12).

아버지 _ 이 모든 능력과 권세와 영광의 하나님께서 보잘 것 없는 우리 믿는 자들의 아버지가 되십니다. 아버지라면 자녀를 끝까지 책임집니다. 자녀를 훌륭하게 길러낸 부모는 언제나 영광을 받습니다. 그의 자녀가 가는 길마다, 그의 자녀가 칭찬을 받는 순간마다 그의 부모는 영광을 받습니다. 어떻게 이렇게 훌륭한 아들을, 딸을 키우셨느냐는 소리를 들을 때 그의 부모는 가장 즐거워합니다. 우리 모두 하나님께 그런 아들, 딸들이 되기를 기도합니다.

영원히 _ 하나님은 영원히 찬양 받으실 분입니다. 자녀가 된 우리는 하나님의 은혜의 영광을 찬양해야 합니다. 이 세상에서도, 저 세상에서도 하나님을 찬양하는 즐거움은 영원할 것입니다. 왜냐하면 하나님께서 믿는 자들에게 영생을 주셨기 때문입니다. 이 땅에서 하나님을 찬양하는 방법은 하나님의 말씀을 따라 삶의 매 순간 하나님께서 기뻐하실 일을 선택하고, 하나님을 사랑하고, 그분께 감사하는 마음으로 사는 것입니다.

아멘 _ 언제나 우리들의 기도는 아멘으로 끝맺습니다. 그렇게 되기를 소원한다는 간절함과 진실함을 나타내는 아멘은 하나님께 대한 확고한 믿음의 표현이며 그분께서 세상의 주관자이심을 인정하고 또 우리를 사랑하시며 언제나 기억하고 계실뿐 아니라 동행하시는 것을 믿는 우리의 신앙 고백입니다. 하나님을 찬양합시다. 아멘으로 찬양합시다. 아멘으로 기도합시다. 아멘으로… 아멘.

3 용서받았는가 그래서 용서하는가

| 마태복음 6:14,15 |

14 **너희**가 사람의 **과실**을 용서하면 **너희** 천부께서도 **너희** 과실을 용서하시려니와 15 **너희가** 사람의 과실을 용서하지 아니하면 **너희** 아버지께서도 **너희** 과실을 용서하지 아니하시리라

과실 _ 그리스도인은 왜 타인을 용서해야 합니까? 타인을 용서하지 않는 것은 '우리 모두가 하나님의 용서가 절대적으로 필요한 죄인'이라는 사실에 대한 무감각함을 드러내는 것이기 때문입니다. 마태복음 18장 21~35절에는 용서하지 않는 사람에 대한 비유가 나옵니다. 임금에게 일만 달란트 빚진 자와 그 빚진 자에게 백 데나리온을 빚진 자의 이야기입니다. 백 데나리온은 노동자 백일 품삯에 해당합니다. 일 달란트는 6,000 데나리온, 즉 노동자가 6,000일(16년 반) 동안 일하고 받는 액수입니다. 일만 달란트는 6,000만일 동안 일하고 받는 돈입니다. 인간이 100살을 살아도 고작 36,500일입니다. 노동자 하루 품삯을 오 만원으로 잡으면 백 데나리온은 500만원으로 조금 고생하면 그래도 갚을 수 있는 액수지만 일만 달란트, 즉 계산도 힘든 삼 조원은 친가, 외가를 모두 동원해도 감히 꿈도 꿀 수 없는 액수입니다. 처절한 무기력함과 두려움에 둘러싸인 빚진 자는 임금 앞에 엎드려 빌었습니다.

"기다려 주십시오. 제가 모든 것을 갚겠습니다."

빚진 자는 스스로 빚을 갚을 수 없다는 것을 알았지만 일단은 그렇게 말했습니다. 그런데 놀랍게도 임금은 모든 빚을 탕감해주었습니다. 다른 조건 없이 그저 자신의 자비로움과 긍휼함 때문에 임금은 그런 행동을 한 것입니다. 하나님은 재산으로 치면 세상에서 가장 부자이시고 또 재산보다 확실히 사람을 사랑하시기에 우리의 죄에 대해 그렇게 해주십니다. 갚을 수 없는 것을 탕감 받은 죄인이 큰 은혜를 체험하여 충성스런 새 일꾼으로 거듭나는 것이야 말로 임금이 바라는 것이기 때문입니다.

"어제 일은 더 이상 기억하지 않을 것이다. 큰 은혜를 받았으니 이제부터 새 사람이 되어라. 내가 너를 용서한 것 같이 너도 남을 용서하여라. 그리고 내가 너를 위하여 예비한 그 일에 충성을 다하여라."

결코 갚을 수 없는 죄를 용서받은 그 사람은 무척 기뻤습니다. 그런데 용서받은 그의 마음속에는 자비를 베푼 임금에 대한 사랑과 충성심보다는 더 이상 빚진 것이 없다는 안도감이 컸습니다.

용서받은 그에게도 자기에게 빚을 진 한 사람이 있었습니다. 둘은 서로 친구이자 동료였습니다. 빌린 사람은 100데나리온을 빚지고 있었습니다. 갚기로 한 때를 지키지 못하자 임금으로부터 용서받았던 사람은 기분이 상했습니다. 그렇게 미루는 것이 몇 번 반복되니 머리끝까지 화가 났습니다. 그래서 친구인 빚진 자를 찾아가 멱살을 잡고 말했습니다.

"이봐, 빌린 돈을 빨리 갚으라고! 대체 언제까지 기다려줘야 하는 거야!"

"조금만 더 기다려줘. 꼭 갚을 테니까."

용서받았던 자는 자기에게 빚진 자를 고소하여 결국 그를 감옥에 집어넣었습니다. 사실 용서받았던 자는 임금으로부터 큰 빚을 탕감 받은 뒤 은혜의 주인공으로 세상에 이름이 꽤 알려졌는데 그런 행동을 하니 주위 사람들은 민망해졌고 결국 임금에게 모든 일을 자세히 고했습니다. 그길로 임금은 그를 소환하여 말했습니다.

"네가 나에게 빌기에 내가 네 모든 빚을 없던 것으로 해 주었지 않느냐? 내가 네게 자비를 베풀었던 것처럼 너도 네 동료에게 자비를 베풀어야 했지 않느냐!"

결국 임금은 그를 감옥에 넣고 빚진 것을 다 갚을 때까지 감옥에 있게 했습니다.

인간의 힘으로는 갚을 수 없는 하나님께 대한 인간의 죄인 일만 달란트를 탕감 받은 우리 그리스도인들이 인간간의 사소한 잘못인 백 데나리온을 탕감해주어야 하는 이유가 이 비유에 들어있습니다. 용서가 쉽지는 않지만 왜 용서해야 하는지 깨달았다면 '용서하지 못하고 있는 그'를 용서합시다. 결코 용서 받을 수 없는 것을 용서 받고, 갚을 수 없는 것을 탕감 받은 우리 그리스도인이기 때문입니다. 당신은 거듭난 그리스도인입니까? 하나님을 사랑하십니까? 그것은 간단히 알아볼 수 있습니다. 당신은 용서하십니까?

용서는 비싼 인심을 쓰는 것입니까?

아닙니다. 용서는 우리가 살기 위해 행해야 할 적극적이고 자발적인 선택입니다. 누가 여러분에게 백 데나리온을 빚졌는데 그것을 탕감해주지 않는다면 하나님께서는 우리에게 일만 달란트를 요구하실 것입니다(마18:34). 우리가 사람의 과실을 용서하지 않아서 하나님께서도 우리의 과실을 용서하지 않는다면 살아남을 사람이 지구에 누가 있겠습니까? 우리가 탕감(용서)받은 빚은 한두 푼이 아니라 도저히 갚을 수 없는 수준이었습니다.

그런데 우리가 어떻게 빚진 자가 되었던 것입니까? 우리가 죄인이었기 때문입니다. 그럼 왜 죄인이 되었었습니까?

생각해봅시다. 과거 하나님의 뜻을 거역하여 지었던 죄들이 얼마나 많습니까. 육체의 쾌락을 사랑하며 살던 시간을 기억합니까? 알면서 지은 죄악들을 잊지 않았을 것입니다. 유형무형의 도둑질과 간음, 부모님께 대한 불효와 자유자

재로 바꾸는 거짓말처럼 눈에 명백한 죄들뿐 아니라 게으름으로 젊음을 낭비한 것, 하나님께 대한 무관심 혹은 형식적인 관심, 내게 실수한 자를 마음으로 용서하지 않은 것, 오늘에 감사하며 만족하지 않는 것 등 '잘 드러나지 않지만 명백한' 죄들도 있습니다. 아마 세상에 예전의 나보다 형편없는 실패자는 없을 것입니다. 예전과 같은 삶은 상상하기도 싫습니다. 다시 예전처럼 살아야 한다면 태어나지 않는 편이 낫다고 할 것입니다. 아우슈비츠를 빠져나온 어느 사람이 다시 그곳으로 가야 한다면 차라리 죽음을 택하겠다는 고백과도 같습니다. 과거의 그런 삶이 사망에 충분한 삶이었다는 것을 우리는 모르지 않습니다.

그래서 더욱 놀라지 않을 수 없습니다. 이런 최악의 죄인을 그리스도를 통하여 결국 자기의 자녀로 삼으신 하나님의 뜻과 사랑, 은혜 그 놀라운 섭리에 대해! '나 같은 죄인 살리신' 이란 찬양을 흥얼거리게 됩니다. 오늘과 내일이 없는 나라를 떠나 자유와 소망이 넘치는 나라에 도착했습니다(골1:13). 하나님께서 계획하시고 인도하신 망명이었습니다. 그렇게 큰 것을 받으니 고향에서 남들이 내게 진 자잘한 빚들은 돌려받을 생각이 들지 않습니다. 새로 도착한 땅에는 훨씬 좋은 것들이 많기 때문입니다. 그래서 우리 그리스도인들은 남의 빚을 탕감해 주어야 한다는 말씀에 고개를 끄덕이는 사람들입니다. 하나님께 받은 용서가 너무 크기 때문입니다.

그런데 왜 용서하지 못합니까?

하나님의 용서의 은혜를 체험하지 못했기 때문입니다. 그것을 위해 우리는 성령님께서 우리가 기억하지 못하는 우리의 죄들을 깨닫게 해달라고 기도해야 합니다. 그래서 우리의 마음 깊은 곳에서 "나는 죄인입니다!"라는 고백이 터져 나올 때 은혜의 비가 쏟아질 것입니다. 다시 말하면, 내가 죽을 수밖에 없다는 것을 깨닫는 순간이 생명으로 가는 첫걸음입니다. 그때에 하나님의 말씀이 참 생명의 말씀으로 보일 것입니다. 예수 그리스도의 복음의 은혜에 우리는 감격할 것이고 이렇게 생각할 것입니다.

'나를 죽음에서 건지신 그리스도 당신을 위해 내가 무엇을 하지 못하겠습니까. 죄와 사망의 멍에를 끊고 의와 영생의 옷을 입혀주신 그리스도! 당신께서 십자가에 달려 죽으신 것은 나 같은 하찮은 죄인 하나를 살리기 위해서였습니다. 그렇기에 이 쓸모없는 죄인이라도 그리스도 당신께 모든 것을 드리고 싶은 것입니다. 내게 무엇을 원하시는지요. 말씀만 하소서. 이 가진 것 없는 죄인이 당신에게 조금이나마 기쁨이, 보탬이 된다면 기꺼이 목숨이라도 드릴 것입니다'

"예수께서 가라사대 네게 이르노니 일곱 번뿐 아니라 일흔 번씩 일곱 번이라도 (용서)할찌니라 마태복음 18장 22절"

우리는 꼭 용서해야 합니까?

하나님께 대한 믿음을 고백하며 용서하지 않는 사람과 일만 달란트를 탕감받고 백 데나리온을 받아내려 했던 악한 종은 무엇이 다르겠습니까. 용서하지 못하는 자의 마음은 마음 중심의 용서를 베풀 때까지 감옥에 갇혀 있게 되고 하나님과의 교제도 먹구름으로 가로막히게 됩니다.

우리는 실수할 수 있습니다. 생각조차 하고 싶지 않지만 때때로 환경에 넘어져 원치 않는 죄를 지을 수도 있습니다. 그러나 이것은 하나님께 회개함으로 용서를 받을 수 있습니다. 우리의 죄악은 선명하고 추악하지만 그리스도의 보혈은 그것을 하얗게 하기에 충분하기 때문입니다. 우리의 허물을 기꺼이 담당하신 예수 그리스도 그리고 회개하는 자에게 아낌없는 용서를 베푸시는 하나님을 찬양합니다. 그런데 우리가 용서하지 않기로 마음을 굳게 할 때, 비판적이고 무자비한 자세를 계속 견지할 때, 그리스도 안에서 하나님과 누리는 우리의 이런 영적 특권들이 무슨 효력을 발휘하겠습니까? 이것은 제 추측이 아닙니다.

"그 주인은 매우 화가 나서 그 종을 감옥에 넣고 자기에게 빚진 것을 다 갚을 때까지 감옥에 있게 하였다 쉬운성경 마태복음 18장 34절"

우리 마음의 자유함과 하나님과 교제하는 기쁨은 타인을 용서할 때까지 우리를 떠나 있을 것입니다. 그러니 용서해야 합니다. 자신을 위해서도 용서해야 합니다. 이 구절을 외면하여 여러분이 천국에서 지극히 작은 자가 되는 일이 없기를 바랍니다(마5:19).

온전한 용서

복수하지 않는 것은 성숙한 사람이 할 수 있는 행동입니다. 하지만 마음으로 미워하며 행동으로 복수하지 않는 것은 온전한 용서가 아닙니다. 마음으로부터 그를 용서하고 받아들이는 것이 예수님께서 주문하신 용서입니다. 타인의 실수에 대해 우리는 비판과 용서의 기로에 섭니다. 마음과 행동으로 용서의 길을 택해야 함은 용서받은 우리가 기꺼이 취해야 할 선택이라고 예수님께서 말씀하셨습니다. 그러면 우리는, 비록 그것이 어렵더라도, 내 모든 것을 요구할 만큼 어렵더라도, 그렇게 하는 것이 그리스도께 감사하고 하나님을 사랑하는 사람의 마땅한 자세가 아닐까요?

받아들일 수 없는 그를 위한 마음의 공간을 거두는 우리의 무자비는 우리를 향한 하나님의 자비를 가리는 짙은 안개입니다. 나의 실수와 허물보다 더 나쁘고 악한 것, 그것은 용서하지 않는 것입니다.

너희가 _ 우리의 책임과 의무가 이 한 마디에 담겨져 있습니다. 어떤 책무입니까? 바로 용서에 대한 책무입니다. 이 명령은 인간으로부터가 아닌 인간을 지으신 창조주 하나님으로부터 온 것입니다. 그래서 용서하려고 노력조차 하지 않는 것은 하나님의 말씀을 거스르는 명백한 죄입니다.

그러나 "용서하라"를 자신에게 적용하지 않고 '자기의 잘못을 남이 기꺼이 용서해야 한다'는 식으로 생각하고 행동하는 이가 있다면 아직 그는 그리스도의 사랑이 무엇인지 알지 못하는 사람입니다. 아니면 반대로 '뭐든 다 받아주어라' 는 식으로 생각하는 이가 있다면 그는 성경에서 말하는 옳고 그름에는 전혀 관심이 없는 사람일 것입니다. 지혜와 분별력이 필요합니다. 동시에 자비와 온유라는 성품도 필요 합니다(엡4:2).

교회에서 용서하지 못하는 모습

친한 사람끼리만 어울리는 것도 용서하지 않는 하나의 행태입니다. 나이, 배경, 지식, 전공, 교회에 다닌 기간 그리고 성향 등이 다르다고 마음을 닫아버리는 것도 마찬가지입니다. 용서의 책무에는 '서로 다른 모습을 주님의 사랑과 말씀 안에서 적극적으로 받아들이고(accept), 부족한 부분을 비판하지 않으며, 하나님께서 내게 주신 것으로 채워주어야 할 책임과 의무' 가 포함되어 있습니다. 특히 신앙생활을 오래하거나 교회에 깊이 뿌리를 내린 성도는 새신자와 연약한 성도들을 부드럽고 적극적으로 받아들여야 합니다.

새신자를 환영하지 않는 것도 용서하지 않는 한 모습입니다. 우리의 무관심과 고집, 텃세, 비판적 시각… 이 모든 것이 하나님께서 기뻐하시지 않는, 용서하지 못하는 모습입니다. 교회에 오래 다니고 지식이 많다고 생각하는 성도가 편식적인 인간관계로 타인(특별히 연약한 자, 새신자, 소외된 자)을 받아들이는데 무관심하다면 예수님께서 이렇게 말씀하셨음을 기억해야 할 것입니다.

"이 지극히 작은 자 하나에게 하지 아니한 것이 곧 내게 하지 아니한 것이니라 마태복음 25장 45절"

4 슬픈 기색을 버리고

| 마태복음 6:16-18 |

16 **금식**할 때에 너희는 외식하는 자들과 같이 **슬픈 기색**을 내지 말라 저희는
금식하는 것을 사람에게 보이려고 얼굴을 흉하게 하느니라 내가 진실로 너희에
게 이르노니 저희는 자기 상을 이미 받았느니라 17 너는 금식할 때에 머리에 기
름을 바르고 얼굴을 씻으라 18 이는 금식하는 자로 사람에게 보이지 않고 오직
은밀한 중에 계신 네 아버지께 보이게 하려 함이라 은밀한 중에 보시는 네 아버
지께서 갚으시리라

금식 _ 일정기간 음식을 먹지 않고 기도를 하는 행위입니다. 예수님은 보이려고 하는 위선적인 금식을 비판하셨습니다. 유대인들은 매년 속죄일에 금식을 해야 했습니다(레23:32). 바리새인은 자발적으로 1주에 두 번씩 금식을 했습니다. 구제가 사람들에 대한 자기 헌신의 행위라면 금식은 하나님께 대한 것입니다. 예수님께서는 사람들에 대한 것이든 하나님께 대한 것이든 자기 헌신의 행위는 은밀히 행하라고 하셨습니다. 사람들을 돕는 것과 하나님께 더욱 열심을 내는 선한 행위들이 사람들의 인정에 대한 욕심으로 변질되어 외식적 표출로 이어지는 것을 경계해야 합니다.

슬픈 기색 _ 어느 사람들은 자기에게 어려운 일이 있다는 것을 사람들에게 알리고자 금식을 했습니다. 그러면서 자기를 위대한 신앙의 인물로 생각해주기를 기대하기도 했습니다. 그런 금식은 하나님 앞에 순수하지 못했습니다. 하나님보다는 사람들의 관심에 더욱 신경을 쓰고 있었기 때문입니다. 그것은 영적인 인물이 아닌 육적인 인물의 행위입니다. 그에게 중요한 것은 사람들 사이에서 그가 특별한 인물로 부각되는 것입니다. 하나님께서 문제를 해결해주시지 않아도 사람들의 인정을 받으면 일단 그의 마음은 편합니다. 어떻게 그런 마음이 생겼습니까? 그는 눈에 보이는 것과 사람만 보았지 믿음으로 하나님을 보지 못한 것입니다. 그래서 그에게 하나님이란 분은 실존하지 않습니다. 그에게 실존하는 것은 오직 현상 속의 인물들입니다. 그러니 사람들의 주목(시선)에 목이 멜 수 밖에 없습니다.

사람들이 알아주지 않으면? 나의 속내를, 헌신을, 신앙 고백을 그리고 아픔을! 그때 우리는 슬퍼할 것입니까? 잠시 슬픈 마음이 들 수도 있지만 너무 슬픈 기색은 하지 않으셔도 됩니다. 은밀한 중에 보시는 하나님께서 모든 속내와 헌신, 신앙 고백 그리고 작은 아픔들 하나하나에 대해 깊은 관심을 갖고 계시기 때문입니다. 그분은 우리의 머리카락 수까지 세고 계십니다. 머리카락은 흐르는 시간 속에서 자라고 또 빠집니다. 하나님께서는 매일 매 순간 우리를 지켜보시고 또 지켜주십니다. 그리고 그분을 잠잠히 기다리고 기대한다면 때가 이르러 우리를 높여주실 것입니다(벧전5:6).

경호회사는 의뢰인의 신변 안전을 위해 경호원을 교대하면서 24시간 내내 의뢰인을 보호합니다. 하나님께서는 온 우주에서 가장 완벽하고 훌륭한 경호회사를 운영하고 계십니다. 그리스도인들은 그 회사의 고객 리스트에 등록된 사람들입니다. 경호의 질은 의뢰인에게 불편을 주지 않으면서 동시에 위협으로부터 완벽히 지켜내는 것으로 결정됩니다. 그런 측면에서 하나님은 최상의 경호를 펼치십니다. 얼마나 수준 높은 경호인지 때로 경호를 받고 있다는 것조차 느끼지 못할 때가 있습니다. 그러면서 모든 위험으로부터 보호를 받습니다. 하나님의 허락이 없이는 머리카락 한 올도 상하지 않습니다(행27:34).

세상 사람들도 신변 안전을 위해 경호원을 고용합니다. 그런데 우리가 받는 경호는 그들의 것과 조금 다릅니다.

"몸은 죽여도 영혼은 능히 죽이지 못하는 자들을 두려워하지 말고 오직 몸과 영혼을 능히 지옥에 멸하시는 자를 두려워하라 마태복음 10장 28절"

우리가 받는 경호의 범위는 몸뿐 아니라 영혼까지 포함합니다. 세상에는 특별한 사람만이 경호비용을 감당할 능력이 있지만 우리의 경호는 그런 비용이 없고 진리의 말씀과 구원의 복음을 듣고 예수 그리스도를 믿기만 하면 됩니다(엡1:13). 혹 급하게 외국으로 나가야 할 일이 생겨도 경호는 여전합니다. 하나님께는 여권과 비자, 비행기 표가 필요 없습니다. 하나님께는 공간의 제약, 사회법적 제약, 시간의 제약 그리고 능력의 제한이 없으십니다. 그분의 평생 경호는 천국에 입성하는 순간까지 멈추지 않습니다. 천국으로 인도하시는 하나님의 보호의 손길을 어찌 마다하겠습니까.

이스라엘을 지키시는 자는 졸지도 아니하고
주무시지도 아니하시리로다
여호와는 너를 지키시는 자라
여호와께서 네 우편에서 네 그늘이 되시나니
낮의 해가 너를 상치 아니하며 밤의 달도 너를 해치 아니하리로다
여호와께서 너를 지켜 모든 환난을 면케 하시며
또 네 영혼을 지키시리로다
여호와께서 너의 출입을
지금부터 영원까지 지키시리로다(시121:4~8)

위에서 본 것처럼 우리의 슬픈 마음을 가장 잘 아시고 또 가장 잘 도우실 수

있는 (그뿐 아니라 도와줄 의지가 누구보다 크신)분은 바로 하나님 아버지이십니다. 아버지를 좇아 자녀인 성도들도 서로 위로하고 격려하며 말 못하는 부분들까지 마음을 기울여 주는 세심한 관심과 배려를 나누어야 합니다. 정성스런 사랑을 받고 있는 사람은 자기가 소중한 존재라고 느낍니다. 그런 사람이라면 굳이 슬픈 기색을 이용하여 사람들의 주목을 받으려 애쓰지 않을 것입니다. 모든 사람이 우리를 떠난다 해도 결코 한 분 예수님은 그렇지 않으십니다(시27:10). 그러니 의지해야 합니다. 그리스도의 사랑을. 그리고 기억해야 합니다. 하나님께서 우리의 아버지가 된다는 것과 우리에게는 마음과 사랑을 나눌 수 있는 믿음의 형제자매들이 있다는 것을. 이것은 엄연한 사실이고, 더 이상 남에게 보이기 위한 종교 생활을 하지 않아도 된다는 해방의 선언입니다.

오직 너희를 위하여 보물을 하늘에 쌓아 두라 거기는 좀이나 동록이 해하지 못하며
도적이 구멍을 뚫지도 못하고 도적질도 못하느니라 마태복음 6장 20절

4부 그리스도인의 사는 법

마태복음 6:19-34

때때로 우리는 어떻게 먹고살지 걱정하거나, 어떻게 '더 잘' 먹고살지 궁리하는데 대부분의 시간과 에너지, 물질과 관심 그리고 애정을 투자할 때가 있습니다. 그러나 바로 이것이 세상 사람의 사는 법입니다. 그럼 그리스도인은 무엇으로 삽니까? 믿음과 사명으로 삽니다. 그리스도인의 삶이, 생각이, 선택이, 세상 사람과 다를 것이 없다면, 과연 우리가 스스로를 그리스도인이라고 부를 수 있겠습니까? 또, 하나님께 대한 우리의 신앙고백은 얼마나 공허한 것이 되겠습니까? 그러니 만유의 주되신 그분의 말씀에 귀를 기울이십시오.

"너희는 먼저 하나님의 나라와 그의 의를 구하라 그리하면 이 모든 것을 너희에게 더하시리라"

1 최상의 투자

| 마태복음 6:19-21 |

19 너희를 위하여 **보물**을 땅에 쌓아 두지 말라 거기는 좀과 동록이 해하며 도
적이 구멍을 뚫고 도적질하느니라 20 오직 너희를 위하여 보물을 **하늘**에 쌓아
두라 거기는 좀이나 동록이 해하지 못하며 도적이 구멍을 뚫지도 못하고 도적질
도 못하느니라 21 네 보물이 있는 그곳에는 **네 마음**도 있느니라

보물 _ 19~21절에서 보물이란 단어가 나옵니다. 19절은 보물을 땅에 쌓아 두지 말라고 하고 20절은 대신 하늘에 쌓아 두라고 합니다. "너희를 위하여" 라는 말은 예수님께서 주시는 가르침들이 인간의 영생을 위하여 있다는 것을 알게 합니다. 예수님께서 금하신 것도 우리를 위하여 금하신 것이고 명령하신 것도 우리를 위하여 명령하신 것입니다. 우리가 예수님의 가르침을 듣고 따를 때 우리는 우리 자신과 주변 사람들에게 가장 큰 사랑을 베풀고 있는 것입니다.

19절에서 보물을 땅에 쌓는다는 것은 재물에 하나님보다 큰 가치를 두는 것을 말합니다. 재물은 우리 삶의 중요한 가치 중 하나입니다. 가치란 사물이 지니고 있는 쓸모를 말합니다. 문제는 재물이란 가치가 그리스도인의 삶의 우선순위가 될 때입니다. 우리는 어떤 가치를 우선으로 삼아야 할까요? 왜 가치 설정이 중요할까요?

예술, 사업, 학문, 사람, 가족, 민족, 명예, 인기, 재물, 쾌락, 외모, 자기 자신 등 사람마다 우선순위가 다르고 그것을 위해 시간, 노력, 돈 등을 쏟습니다. 그런데 여기서 '가치'와 '목적'을 구별할 필요가 있습니다. 목적은 가치의 상위 개념이 됩니다. 한 사람이 추구하는 삶의 목적에 따라 그의 가치관이 형성됩니다. 그리고 삶의 목적은 가치들을 통하여 구체화됩니다. 예를 들면 어느 사람은 예술에 큰 가치를 느낍니다. 그래서 그의 인생은 음악과 그림 등으로 가득 차 있습니다. 그런데 그는 그가 사랑하는 음악과 그림으로 하나님을 찬양하고 있습니다. 그럼 여기서 하나님을 찬양하는 것은 목적이 됩니다.

인생의 스케치북 위에 목적으로 밑그림을 그리고 가치로 색칠을 합니다. 그의 목적과 가치는 그가 살면서 주로 어울릴 사람들을 결정합니다. 그의 직업 선택에도 절대적인 영향을 끼칩니다. 사람은 '가치'와 '조건' 사이에서 고군분투하며 살아갑니다. 가치를 주는 일을 선택할 것인가? (세속적)조건이 좋은 것을 선택할 것인가? 그러나 조건(여건, 환경) 중심의 선택(삶)보다는 가치 중심의 선택(삶)이 더 큰 풍요로움과 만족, 즉 행복을 가져다 줄 것입니다. 이상, 가치는 그 사람이 어떤 사람이고 어떤 삶을 살 것인지를 결정하는 요소가 되는 것입니다.

여러분은 돌아오지 않는 젊음을, 하루를, 가장 값지게 보낼 수 있는 방법을 찾으십니까? 그것은 가치의 근원이신 하나님으로부터 찾을 수 있습니다. 그 방법은 하나님께서 우리 각자에게 맡기신 것에 가장 정성스런 관심과 시간 그리고 물질과 에너지를 들이는 것입니다. 재물이나 명예, 사람의 즐거움이나 세상이 주는 만족이 그리스도인에게 최우선가치가 될 수 없습니다. 그리스도인은 하나님께 우선순위를 두는 사람들입니다. 아니, 오직 하나님의 뜻에 의해서만 말하기도 하고 입을 다물기도 하며, 움직이기도 하고 꿈쩍도 안하기도 하는 사람들입니다. 우리 마음의 중심에 하나님이 계실 때(즉, 지극히 마땅한 상태에 있을 때) 우리의 시간과 물질, 에너지는 자연히 하나님을 위해 사용될 것입니다. 그것은 젊은 날 아니, 사는 모든 날 우리가 할 수 있는 최상의 투자입니다. 더 좋은 이익을 얻기 위해 주식 투자를 하는 사람이 있고 경마장이나 카지노에 발을 들이는 사람도 있습니다. 방법이야 어쨌든 그 목적은 모두 '더 큰 이득'을 얻기 위해서입니다. 만약 정말로 그에게 지혜와 분별력이 있다면 그는 가장 좋은 보물(마13:46)을 얻기 위한 최상의 방법이 하나님을 섬기는 것임을 알았을 것입니다.

그리스도인의 목적은 모두 같습니다. 하나님께 영광을 돌리고 그분의 은혜를 찬송하는 것(엡1:6)입니다. 하나님께서 거룩하신 것처럼 우리도 거룩하고 흠이 없는 데까지 계속 나아가는 것입니다(엡1:4). 가치도 공통되는 부분이 많습니다. 하나님의 나라에서 중요하게 취급되는 것들은 모두 공통되는 가치입니다. 그 외에 개인적으로 가치를 느끼는 부분은 다를 수 있습니다. 또, 은사, 개성, 경험, 분야 등도 모두 다릅니다. 이것은 우리가 다양한 모습으로 주님 안에서 하나 되어야 함을 시사 합니다. 획일성을 통한 일치(unity)가 아니라 그리스도의 말씀과 사랑 안에서 다양성을 통한 일치입니다.

아무리 좋은 기업이 있어도 그곳의 주식을 사지 않으면 투자자와 아무 상관이 없듯이 하나님께 투자하는 것 - 하늘에 쌓아 두는 것이 최상의 선택이란 것을 알았다면 우리는 그 선택을 반드시 자기의 선택으로 삼아야 합니다. 그렇지 않으면 차라리 모르는 편이 허물이 덜할 것입니다. 그러니 더욱 힘써 하나님께 투자합시다. 우리의 시간, 물질, 재능, 노력, 마음 등 우리가 드릴 수 있는 모든 것을 드립시다. 그 길이 최상의 투자임은 예수님께서 분명히 밝혀주셨습니다.

하늘 _ 군에 입대한 한 청년이 임무를 훌륭하게 완수하여 조직으로부터 포상휴가를 받았습니다. 그런데 어느 날 그는 훈련 중 십자인대가 파열되어 의병제대 판정을 받게 되었습니다. 이때 그는 포상 휴가를 빨리 사용하지 않은 것을 아쉬워했지만 제대하는 마당에 포상 휴가는 그에게 아무 소용이 없었습니다. 그것은 군에 있는 동안에는 가치가 있지만 군을 떠나면 아무 효력이 없는 것이었습니다. 세상에 쌓는 보물이 이렇습니다. 군에 있는 동안에만 가치를 발휘하다가 제대하면 가치를 잃어버리는 것들이 있듯이 세상에 사는 동안에는 가치를 지니지만 하나님의 심판대 앞으로 갔을 때 아무 가치를 내지 못하는 것들입니다.

그러나 우리가 하늘에 보물을 쌓는다면 그것은 사는 동안만이 아니라 영원히 가치를 지닙니다. 그럼 하늘에 보물을 쌓는다는 것은 무슨 뜻일까요? 사실 이것에 대한 대답은 아주 다양하게 이야기될 수 있습니다. '하늘에 보물을 쌓는 방법' 이라는 제목으로 책 몇 권이 쓰일 수도 있습니다. 저는 여기서 대답을 하지 않기로 했습니다. 그러나 성경에서 말하는 '하늘에 보물을 쌓는 방법' 을 곧 이야기할 것입니다. 계속 책을 읽어 주십시오.

네 마음 _ 만일 당신이 누구를 사랑한다고 하면서 그를 위한 물질과 시간과 에너지의 희생을 잊고 있다면 그 사랑이 참되지 않음을 스스로 보여주고 있는 것입니다. 스스로를 진단하기 원한다면 자신의 물질과 시간과 에너지가 어떻게 사용되고 있는지 살펴보십시오. 그것이 지금 자신이 어떤 사람인지를 가장 정확하게 말해줄 것입니다. 우리의 보물을(물질과 시간, 에너지, 은사, 애정 등) 하늘에 쌓는 것은 쉽게 말해 하나님께서 원하시는 일을 위해 힘쓰는(하나님께서 주신 모든 것들을 사용하는) 삶을 사는 것입니다. 거기에는 말씀 묵상 및 연구, 하나님과의 대화 뿐 아니라 타인을 향한 그리스도의 사랑의 실천 그리고 개인적인 사명의 감당 등이 포함됩니다.

2 지혜로운 소유의 사용

| 마태복음 6:22-24 |

22 **눈**은 몸의 등불이니 그러므로 네 눈이 성하면 온몸이 밝을 것이요 23 눈이
나쁘면 온몸이 어두울 것이니 그러므로 네게 있는 빛이 어두우면 그 어두움이
얼마나 하겠느뇨

눈

나의 눈은 무엇을 보고 있는가
나의 능력을 보는가
내 안에 계신 성령님의 능력을 보는가
세상 사람들의 관심사를 보는가
내 안에 계신 성령님의 관심사를 보는가
나의 연약함을 알되 내 안에 계신
성령님의 크심을 보자
나의 빈약함을 알되 내 안에 계신
성령님의 부요하심을 보자
나의 무지함을 알되 내 안에 계신
성령님의 지혜를 보자

24 한 사람이 두 주인을 섬기지 못할 것이니 혹 이를 미워하며 저를 사랑하거나 혹 이를 중히 여기며 저를 경히 여김이라 너희가 **하나님과 재물**을 겸하여 섬기지 못하느니라

하나님과 재물 _ 하나님 나라의 시민권보다 세상 나라를 더 좋게 만드는 가장 흔하고 빈번한 것이 돈이기에 '재물'이란 단어가 특별히 선정되었습니다. 하지만 하나님께로 가는 발걸음을 붙잡아 다시 세상으로 돌아가도록 유혹한다면 그것도 여기서 말하는 '재물'이라 하겠습니다.

한 영혼의 소중함이란! 하나님은 선인과 악인에게 모두 선하심을 베푸십니다(마5:45). 한 사람이 지난날의 죄를 회개하고 하나님께 인생을 의탁할 때 잃어버린 양을 다시 찾은 목자는 즐거워 하늘에서 향연을 펼칩니다.

부자청년과 삭개오

성경에는 하나님의 나라(영생)와 세상(재물) 사이에서 갈등하다 세상으로 간 부자청년이 등장합니다. 그는 가진 것이 너무 많아 포기하기가(하나님의 나라를 위하여, 하나님의 뜻을 따라 내려놓기가) 무척 어려웠습니다. 그에게는 하나님의 나라에 대한 갈망도 있었지만 많은 소유에 대한 애착이 더 컸습니다. 예수님께서 돈 자체를 부정하게 여기신 것은 아닙니다. 다만 부자청년이 돈에 대한 애착을 내려놓는 것은 예수님의 제자가 되기 위해 꼭 거쳐야할 관문이었습니다. 우리에게도 이런 것이 있습니다. 예수님을 따르기 위해 버려야 하는 것들이 있습니다. 그분을 따르는데 계속해서 시험과 방해물이 될 것들을 버려야합니다. 예수님보다 더 필요하게 느끼는 것을 가지고 그분을 따라간다면 결국에 자기의 목적을 위해 그분을 버리는 일이 생길 수도 있습니다.

사실 부자청년은 오늘날 우리가 아는 어느 훌륭한 신앙인보다 완벽한 신앙생활을 하던 사람이었습니다. 그는 젊은 나이에 관원이 되었고, 영적인 문제에 관

심을 가지고 있었습니다(눅18:18). 그래서 그는 당시 가장 주목을 받던 예수라는 선생을 발견하고는 찾아와 꿇어앉는 열심과 존경을 보였습니다(막10:17). 또 그는 어려서부터 계명을 다 지켰습니다(눅18:21). 예수님은 그의 언행에서 사랑스러움을 느끼셨습니다(막10:21). 그래서 영생을 얻기 위해 해야 할 일을 말씀해주셨습니다.

"네게 아직도 한 가지 부족한 것이 있으니 네게 있는 것을 다 팔아 가난한 자들에게 나눠 주라 그리하면 하늘에서 네게 보화가 있으리라 그리고 와서 나를 따르라 하시니 개역개정판 누가복음 18장 22절"

그러나 부자청년은 재물이 많은 고로 이 말씀을 인하여 슬픈 기색을 띠고 근심하며 갔습니다(막10:22).

그런데 무척 흥미로운 것은 이어서 누가복음 19장에 나오는 삭개오의 이야기입니다. 삭개오는 사회적으로 멸시를 받는 세리였습니다. 세리는 유대인들로부터 세금을 걷어 로마 정부에 바치는 사람들로 창녀보다 더 심한 손가락질을 받던 존재였습니다. 그런데 이 부자 세리에게 주께서 하신 말씀은 이렇습니다.

"삭개오야 속히 내려오라 내가 오늘 네 집에 유하여야 하겠다 누가복음 19장 5절"

이에 삭개오는 급히 내려와 주님을 즐겁게 영접하였습니다. 사람들은 수군거리며 말했습니다.

"예수가 죄인의 집에 유하러 가다니!"

삭개오는 부자청년보다 도덕적, 종교적 수준이 낮고 사회적 평판도 훨씬 좋지 못한 부류의 사람이었기에 그런 소리를 들을 만도 했습니다. 그러나 삭개오는 말했습니다.

"주여 보시옵소서 내 소유의 절반을 가난한 자들에게 주겠사오며 만일 누구의 것을 속여 빼앗은 일이 있으면 네 갑절이나 갚겠나이다 개역개정판 누가복음 19장 8절"

주께서 부자청년에게는 전 재산을 다 가난한 자에게 주라고 하셨고(네게 있는 것을 다 팔아 – 눅18:22) 삭개오에게는 그런 요구를 하지 않으셨습니다. 삭개오는 자발적으로 가난한 자에게 구제를 했는데 전 재산이 아니라 전 재산의 절반이었습니다. 주님은 전 재산을 가난한 자에게 주어야 구원을 얻는 것이 아니라는 것을 제자들에게 가르치셨습니다. 예수님은 삭개오에게 말씀하셨습니다.

"오늘 구원이 이 집에 이르렀으니 이 사람도 아브라함의 자손임이로다. 인자의 온 것은 잃어버린 자를 찾아 구원하려 함이니라 누가복음 19장 9,10절"

지금 저는, "주님께서 요구하시기 전에 자발적으로 구제를 하는 것이 '전 재산' 이 아닌 '그 절반' 만 구제로 사용하면서 동시에 구원도 얻을 수 있는 방법입니다"라는 말을 하려는 것이 아닙니다. 그럼 무엇입니까?

구원은 선행으로 얻는 것이 아니라는 사실입니다. 선행은 구원 받은 자의 마땅한 자발적 기쁨의 행위로 고귀한 것이지만 구원, 영생을 얻기 위한 조건은 되지 못합니다.

여러분이 얻은 구원은 하나님의 크신 은혜로 인한 것입니다. 하나님은 여러분의 구원을 위해 전 재산을 요구하지 않으십니다. 혹은 재산의 절반도 요구하지 않으십니다. 심지어 재산의 한 푼도 요구하지 않으십니다. 하나님이 죄인들을 용서하시고 구원을 베푸시는 것은 오직 그분의 크신 자비와 은혜 때문입니다. 예수님께서 십자가에서 모든 인류의 죄 값을 치르셨습니다. 그리고 사흘 뒤 죽음을 이기고 부활하셨습니다. 누구든지 그분의 이름을 믿는 자는 구원을 얻게 됩니다. 이것은 하나님께서 정하신 것입니다.

혹시 여러분 마음속에 전 재산이나 그 절반을 하나님께 드렸다고 '하나님과 사람들이 나를 더 인정해주겠지' 라고 생각하고 있습니까? 그렇다면 마음속에 숨어있는 은밀한 자기 의를 속히 깨뜨려야합니다. 여러분이 아무리 종교적으로 훌륭한들 부자청년처럼 어려서부터 율법을 다 지켰겠습니까? 여러분이 아무리 능력이 뛰어난들 부자청년처럼 젊어서 관원이 되고 부자가 되었습니까? '그렇다' 고 대답할 수도 있습니다. 그럼, 사울은 어떻습니까? 여러분이 아무리 율법을 잘 지키고, 종교적인 지식이 넘치고, 행위가 완벽한들 사울(행7:58)보다 더 뛰어나겠습니까? 구원이 행위가 아니라 믿음으로 된다는 것을 가장 뼈저리게 깨달은 사람은 후에 사도 바울이 된 사울입니다. 그러니 종교적 자긍심을 숨기고 있다면 우리는 당장 말씀과 성령으로 수술을 받아야 할 것입니다.

목사님이나 장로님이나 오십평생 교회에 출석한 성도나 하나님 앞에서 자랑하고 내세울 수 있는 것은 없습니다. 부자청년은 어려서부터 율법을 다 잘 지켰지만 그것으로 구원에 합당하게 여김을 받지는 못했습니다. 하지만 '자기 의'를 버리고 '예수님(의 의 righteousness)'을 의지한 삭개오는 구원을 받았습니다. 그러니 이것을 교훈삼아 '자기 의'와 싸우고 '그리스도의 의'만을 의지하도록 '깨어 있어야' 할 것입니다. 그렇지 않고 자기 의를 내세우면 아무리 많은 일을 해도 '은밀한 중에 보시는 아버지(마6:4,6,18)'께서 갚아주실 것이 없을 것입니다. 왜냐하면 그는 이미 세상의 자랑을 '가졌기' 때문입니다. 그러나 무엇보다 문제는, 그가 하나님이 주시는 구원과는 상관없이, 자기가 만들어가는 구원 가운데 살고 있을 수 있다는 것입니다. 이 경우, 정말 그것이 구원인지는 성경에게 물어야 할 것입니다. 그러나 저는, 독자님들께 자기 의를 물리치는 편이 가장 좋다고 말씀드릴 따름입니다.[1]

지혜로운 소유의 사용

소유란 물질적인 것에 국한되지 않습니다. 세상 지식을 의지하다가 하나님의 나라를 믿지 못하게 되는 이들이 있습니다. 음악이나 미술이 신앙이 되어 자신의 예술 세계에서 스스로 신이 된 이들이 있습니다. 그동안 쌓은 명성을 잃을까 두려워 천국 시민권을 신청하지 못하는 이도 있습니다. 부자청년과 그들의 공

[1] 마태복음 19장 16절, 마가복음 10장 17절, 누가복음 18장 18절에 공통적으로 부자청년의 이야기가 등장하고, 그 전에는 공통적으로 어린아이의 신앙에 대한 이야기가 나옵니다. 예수님은 "어린아이들이 내게 오는 것을 용납하고 금하지 말라 하나님의 나라가 이런 자의 것이니라 내가 진실로 너희에게 이르노니 누구든지 하나님의 나라를 어린아이와 같이 받들지 않는 자는 결단코 들어가지 못하리라(눅18:16,17)"고 하셨습니다. 자기 의와 자랑보다 하나님의 의와 은혜는 훨씬 큽니다. 어린아이들은 자기보다 강한 자에게 굴복할 줄 압니다. 우리는 하나님께 굴복합니까? 아니면 여전히 자기 의와 자랑거리를 붙잡은 채 고집을 피우고 있습니까?

통점은 창조주 대신 창조주께서 세상을 사는 동안만 허락하신 것들을 택했다는 점입니다. 유형, 무형의 소유에 대한 애착으로 하나님의 나라를 택하지 못한 것입니다. 부자청년은 특별히 하나님의 나라에 관심과 열심이 있었지만 한 사람이 두 주인을 섬길 수는 없었습니다. 그는 소유를 택했고 마태는 예수님을 택했습니다. 누구의 선택이 옳았는지는 오늘날 분명합니다.

만약 그가 가진 많은 재물을 하나님의 나라를 위해 사용했다면? 세상에서 습득한 많은 지식을 하나님의 나라를 위해 드렸다면? 음악과 미술로 하나님의 나라를 찬양하고 표현했다면? 그동안 쌓은 명성을 천국 시민의 간증으로 고백했다면? 하나님께서 주신 재물, 지식, 재능, 명성 등을 하나님께 돌려드렸다면? 30배, 60배, 100배의 결실을 거두었을 것입니다(마13:8). 사람들은 진심으로 그를 존경하고 기억했을 것입니다. 그리고 무엇보다 하나님께 영광을 돌리는 삶의 풍성함 가운데 그는 기쁨으로 충만한 삶을 살았을 것입니다.

세상의 시각으로 보면 지혜자나 실력자, 문벌가가 부르심을 받은 우리 중에 많지 않습니다. 그러나 하나님은 약하고, 미천하고, 가진 것 없는 이들을 사용하여 자기가 지혜롭고, 강하다고 생각하는 자들을 부끄럽게 하십니다. 우리를 부르신 이도, 원하시는 곳에 기쁘신 목적을 따라 사용하시는 이도 하나님이시니 우리가 자랑하고 의지할 것은 그분의 이름뿐입니다. 그러니 구원을 선물로 받은 그리스도인은 하나님과 재물 사이에서 'A냐 B냐' 식으로 고민하지 말고 A(하나님의 나라)를 위해 기꺼이 B(하나님께서 각자에게 허락하신 물질, 재능, 시간, 에너지 등)를 사용하는 기특한 하나님의 자녀이자 일꾼이 되어야 하겠습니다.

3 그리스도인의 목적과 확신

| 마태복음 6:25-34 |

25 그러므로 내가 너희에게 이르노니 **목숨**을 위하여 무엇을 먹을까 무엇을 마
실까 **몸**을 위하여 무엇을 입을까 염려하지 말라 목숨이 **음식**보다 중하지 아니하
며 몸이 **의복**보다 중하지 아니하냐

목숨, 몸, 음식, 의복

음식은 중요합니다.

하지만 목숨이 없으면 음식이 소용없습니다.

의복은 중요합니다.

하지만 몸이 없으면 의복이 소용없습니다.

세상은 중요합니다.

하지만 하나님의 나라가 없으면 세상이 소용없습니다.

26 공중의 새를 보라 심지도 않고 거두지도 않고 창고에 모아들이지도 아니하
되 너희 천부께서 기르시나니 너희는 이것들보다 귀하지 아니하냐 27 너희 중에
누가 **염려함**으로 그 키를 한 자나 더할 수 있느냐

염려함 _ 세상(음식, 의복)을 위한 걱정은 세상 사람들이 하는 것입니다. 끊임없는 세상적인 고민은 세상적인 방법을 찾게 하여 세상적인 그리스도인이 되게 하고 결국에는 세상 사람으로 돌아가는 배교를 하게 할 위험이 큽니다. 그런 고민은 신앙적 성숙이나 신실한 해답과는 관련이 적습니다(고후7:10).

우리 그리스도인의 마음에서 하나님의 자리를 내쫓는데 좋은 가장 확실한 두 가지 방법이 있습니다. 바로 세상 걱정과 재물의 유혹입니다(마13:22). 그것은 가시덤불과 같아서 그 안에 떨어진 하나님의 말씀의 씨앗이 결실하지 못하게 만듭니다. 세상 걱정을 하다보면 어느새 하나님께서 주신 소망을 잊어버리기 십상입니다. 성경에서 말하는 소망(hope)은 얻을 수도 있고 얻지 못할 수도 있지만 얻기를 바라는 것이 아닙니다. 분명히 얻게 되지만 아직 그 때가 오지 않은 것을 말합니다. 그러니 미래적인 의미가 있는 소망의 약속은 오늘의 현실적 걱정의 자리가 너무 클 때 더 이상 기쁨을 주지 못하게 됩니다.

이와 반대로 세상이 너무 즐겁고 사랑스러워 하나님의 자리를 줄여나가는 경우가 있습니다. 이것도 염려함 만큼이나 하나님에게서 떨어지게 만듭니다. 우리는 때로는 세상 걱정으로, 때로는 세상 사랑으로 인해 하나님께 작별 인사도 없이 세상으로 달려갑니다. 그러나 그것은 결코 좋은 방법이 아닙니다. 물고기가 물 밖에서 살 수 없고 사람이 공기 없이 살 수 없듯이 그리스도인이 그리스도 밖에서 살 수 없고 사람이 하나님 없이 살 수 없습니다. 자, 그럼 믿는 자의 아버지이신 하나님께서는 어떻게 우리를 그런 걱정과 유혹들로부터 지켜주시는지요?

28 또 **너희**가 어찌 의복을 위하여 염려하느냐 들의 백합화가 어떻게 자라는가
생각하여 보라 수고도 아니하고 길쌈도 아니하느니라 29 그러나 내가 너희에게
말하노니 **솔로몬의 모든 영광**으로도 입은 것이 이 꽃 하나만 같지 못하였느니라
30 오늘 있다가 내일 아궁이에 던지우는 들풀도 **하나님이 이렇게 입히시거든** 하
물며 너희일까 보냐 믿음이 적은 자들아

솔로몬의 모든 영광 _ 솔로몬은 전에도 없고 후에도 없을 찬란한 지혜와 영광, 부귀의 왕이었습니다. 그런데 그가 하나님을 떠났을 때 그 찬란함이 빛을 잃어버렸습니다. 하나님을 떠나서는 그 누구도 하늘의 영원한 찬란함을 입을 수 없습니다. 하나님을 떠나서는 그 무엇도 마음을 채워주지 못합니다. 그래서 세상에서 가장 큰 왕이었던 솔로몬은 노년에 이렇게 말할 수밖에 없었습니다.

"헛되고 헛되며 헛되고 헛되니 모든 것이 헛되도다. 사람이 해 아래서 수고하는 모든 수고가 자기에게 무엇이 유익한고 전도서 1장 2,3절"

인간이 이 땅에서 누리는 축복에는 두 종류가 있습니다. 세상의 축복(earthly blessing)과 하늘의 축복(heavenly blessing, spiritual blessing)입니다. 세상의 모든 사람들은 각자 나름대로 세상의 축복을 가지고 있습니다. 이 축복은 하나님께서 이 세상에서 사는 각 사람에게 나름대로 하나님의 뜻대로 알맞게 주신 것입니다. 그가 하나님을 존경하든 아니면 부인하든 상관없이 이 세상에 사는 이상 주권적으로 주신 축복입니다. 그래서 모든 사람들이 각자 어느 정도의 세상의 축복을 가지고 있습니다. 세상의 축복은 이 세상에서 누리는 모든 것 - 가령 건강, 지식, 인기, 부귀, 재물, 외모, 재능, 취미, 가족, 친구, 문명, 여행 등입니다. 하지만 '모든 세상의 축복' 을 누리는 사람은 없습니다. 이 축복은 세상을 떠날 때 모두 세상에 두고 가야합니다. 아무리 어렵게 얻은 것이라도 두고 가지 않을 수 있는 것은 아무 것도 없습니다. 그가 크고 존귀한 왕이라도, 유명한 전쟁 영웅이라도 마찬가지입니다. 불신자는 이 세상의 축복에 인생을 겁니다. 그들에게는 이 세상이 전부이기 때문입니다.

훗날 하나님께서 불신자를 심판하시는 근거는 그리스도를 배척한 것과 행한 죄들만이 아닙니다. 하나님께서 만드신 세상에 살면서 하나님께서 주신 생명과 건강, 재능, 환경 등을 가지고 하나님께 영광을 돌리지 않은 것도 포함될 것입니다. 불신자들이 하나님께서 지으신 세상에서 누렸던 세상의 축복들은 심판의 셈(account)에 들어가는 자료가 될 것입니다.

또 다른 축복은 하늘의 축복입니다. 모든 사람이 이 축복을 누리는 것은 아닙니다. 일부만이 누리고 있습니다. 하지만 누군가 이 축복을 누리고 있다면 그는 하늘에 속한 모든 축복을 누리고 있는 것입니다. 그럼 이 축복은 어떻게 누리게 됩니까? 구원의 복음을 듣고 그리스도를 믿는 사람이라면 누구나 하늘의 축복을 누리게 됩니다. 이 축복은 아버지 하나님께서 주시는 것으로 그리스도를 통해서 옵니다. 물론 하늘의 축복을 누리는 이들도 이 땅에서 살고 있기 때문에 세상의 축복을 누구만큼이나 누리고 있습니다. 하지만 그들은 동시에 하늘의 축복을 누리고 경건함이 깊어질수록 더욱 하늘의 축복으로 기쁨을 느끼게 됩니다. 이 세상에서도 시민권을 가지고 있지만 천국의 시민권도 가지고 있습니다. 세상의 시민권은 이 땅을 떠나기 전까지만 유효하지만 천국의 시민권은 영원히 유효합니다. 그러니 진리의 말씀을 듣고 그리스도를 믿어 확실한 심판의 이유들로부터 피하고, 모든 하늘의 신령한 축복을 누리시기를 바랍니다.

"찬송하리로다 하나님 곧 우리 주 예수 그리스도의 아버지께서 그리스도 안에서 하늘에 속한 모든 신령한 복으로 우리에게 복 주시되 에베소서 1장 3절"

여기서 솔로몬의 모든 영광은 세상의 축복과 공통점이 있습니다. 그것도 축복이긴 하지만 하나님의 구원과는 관련이 없습니다. 그리스도 없는 축복은 이 땅에서만 유효합니다. 죽음은 그가 소유한 모든 세상의 축복을 빼앗아갈 것입니다. 물론 세상의 축복도 하나님께서 주신 것입니다. 하지만 영적인 소유가 없었던 사람은 죽음을 맞이한 뒤 하나님 앞에 서게 되었을 때 지극히 가난하고 초라할 것입니다. 전 인생을 바쳐서 그렇게 어렵게 성취한 모든 세상의 축복들이 이 땅을 떠날 때는 결국 하나도 남김없이 남의 것이 될 것입니다!

하나님이 이렇게 입히시거든 _ 인간은 하나님의 형상을 따라 지음을 받은 가장 존귀한 피조물입니다. 그래서 인간은 하나님과 교제할 수 있습니다. 그러나 아담과 하와의 범죄 이후 모든 인간은 죄 아래 가두어졌습니다. 자비와 지혜의 하나님께서는 죄로 인해 사망에 팔린 인류를 구원할 메시아인 그리스도를 보내셨습니다. 오늘날 우리는 그리스도를 통하여 담대히 하나님께 나아갈 수 있게 되었고 하나님은 자녀로서 우리를 환영하는 두 팔로 맞아주십니다(눅15:20).

솔로몬은 전도서의 시작에서 자신의 모든 영광과 수고가 헛되다고 말했습니다. 그러나 전도서의 마침에서 그는 삶의 허무를 넘어 삶의 목적을 발견했음을 고백합니다. 그 목적을 따라 산다면 삶이 그렇게 허무한 것만은 아닐 것입니다. 그래서 그의 모든 지혜와 지식 그리고 경험의 집합을 한 문장으로 묶어 이렇게 말했습니다.

"너는 아무 낙이 없다고 할 해가 가깝기 전에 너의 창조자를 기억하라 전도서 12장 1절"

"일의 결국을 다 들었으니 하나님을 경외하고 그 명령을 지킬찌어다 이것이 사람의 본분이니라 전도서 12장 13절"

솔로몬은 전도서를 통해서 하나님 없는 삶의 처절한 허무를 외친 것입니다. 바꾸어 말하면, 하나님만이 삶의 참 만족을 줄 수 있다는 것입니다. 우리가 꿈꾸는 모든 부귀와 명예와 지혜와 지식과 인기와 힘을 가졌던 한 왕의 고백적인 가르침을 우리는 들었습니다. 여러분은 노년의 솔로몬의 이 고백을 어떻게 생각하십니까? 하나님을 떠난 삶은 결국 허무와 두려움뿐입니다. 만약 그 사람이 세상에서 주목을 받고 있는 높으신 분이라면 하나님 없는 삶의 공허함의 기세가 더욱 클 것입니다. 그래서 더 큰 부귀와 명예를 얻으려 한들 남는 것은 인생의 덧없음뿐일 것입니다. 그러나 그것은 차라리 덜 두려운 것입니다. 땀과 눈물과 피를 쏟아 얻은 모든 것들을 놔두고 이 땅을 떠나야 한다는 사실과 그 뒤에 있을 심판에 비하면 차라리.

사람의 부와 명예에 무슨 문제나 잘못이 있다는 것은 아닙니다. 유명인이라고, 부자라고 구원을 받지 못한다는 것도 아닙니다. 다만 창조주이시자 부와 명예를 주신 축복의 근원이신 하나님을 제외시킨 부와 명예들이 오히려 훗날 진노의 심판에 대한 확실한 근거가 되니 하나님을 배제시켜서는 결코 안 될 것이라 밝히는 것입니다. 그러니 하나님을 인정하셔야 합니다. 겸손한 모습으로 그리스도 예수께 나아오십시오. 하나님께서 입히시는 의복은 특별한 옷입니다. 그것은 '의(righteousness)의 의복' 입니다. 하나님께서는 그리스도로 말미암아 죄로 물든 옛 옷을 벗기시고 의로운 흰 새 옷을 입혀주십니다. 여러분의 과거가 어떤 간음과 살인 그리고 거짓말로 얼룩졌었다 해도 그리스도의 보혈은 그것들을 깨끗이 씻기에 충분합니다. 그리스도께서 입혀주시는 의로운 옷을 입고 있지 않다면 누구도 하나님께 환영받을 수 없습니다.

창조주이시자 만물의 소유주이신 하나님께 환영을 받을 수 없다는 것을 느끼며 사는 것은 얼마나 허무하고 두려운 일입니까. 술과 여자나 일이나 취미 생활로 그런 느낌을 떨쳐내려고 해도 하나님을 떨쳐낸 그 사람에게 어떤 희망이 있을 수 없습니다. 솔로몬의 삶이 그것을 확실히 증명합니다. 그러니 솔로몬의 말대로 더 늦기 전에 인간과 모든 세계를 창조하신 하나님을 기억하고 그분의 뜻을 따라 예수 그리스도께 나아오시기를 바랍니다. 그 방법이 결코 어렵지 않음을 우리는 여태껏 살펴보았습니다. 자비하신 주님의 이름을 부르십시오. 스스로의 죄들을 인정하고 고백하십시오. 그리스도께서 그 모든 죄로부터 구원하실 수 있음을 믿으십시오. 그리고 하나님 안에서 거룩한 새 삶을 시작하십시오. 그러면 여러분의 인생에 결코 이런 말을 하는 때가 오지 않을 것입니다.

"헛되고 헛되며 헛되고 헛되니 모든 것이 헛되도다. 사람이 해 아래서 수고하는 모든 수고가 자기에게 무엇이 유익한고 전도서 1장 2,3절"

31 그러므로 염려하여 이르기를 무엇을 먹을까 무엇을 마실까 무엇을 입을까
하지 말라 32 이는 다 **이방인**들이 구하는 것이라 너희 **천부**께서 이 모든 것이 너
희에게 있어야 할 줄을 아시느니라

이방인 _ 예수님 당시 팔레스타인에서 이방인이란 유대인을 제외한 모든 민족을 가리켰습니다. 유대인들은 이방인과 개라는 단어를 같은 의미로 사용하기

도 했습니다. 이방인은 할례 받지 못한 사람들이라고 무시당했습니다. 또, 구약에서 하나님께서 베푸신 풍성한 언약과 메시아에 대한 소망에 대해서도 무관한 사람들이었습니다(엡2:12). 대신 유대인들은 메시아에 대한 소망과 하나님의 언약들을 소유한 영적인 특권의 사람들이었습니다. 그러나 예수님은 십자가에서 더 이상 그런 구분을 없애셨습니다. 그리고 그 둘을 한 사람으로 만드셨습니다(엡2:15). 전에는 유대인과 이방인라는 구분이 있었지만 그리스도의 오심과 죽음 그리고 부활 뒤에는 그런 나눔이 사라지게 되었습니다.

32절에서 이방인이란 하나님 나라의 복음을 들은 적이 없거나 듣고 받아들이지 않은 사람들이기에 하나님에 대해서 모르고 그분의 뜻을 따라 살지 않는, 세상의 가치를 좇는 사람들, 즉 불신자들입니다. 그들은 그리스도인이 소유한 천국의 소망을 갖지 못했습니다. 그중에는 하나님을 부인하는 이도, 기독교에 반감이 있어서 그리스도께로 나오지 않는 이도, 머리로 이해가 되지 않아서 거절하는 사람도, 세상에 바빠 관심이 없는 이들도 있을 것입니다. 그들이 소유한 미래적인 소망이란 대체로 이생에 제한되는 죽음 전까지의 소망에 그칩니다. 그러니 어떻게 먹고 살지 염려하는 것이 그들에게는 당연한 일입니다(오히려 그리스도인이 지나치게 먹고사는 것을 걱정한다는 것이 이상한 일입니다. 우리는 참으로 이상한 시대에 살고 있습니다). 또, 세상이 주는 성공과 재물의 유혹처럼 달콤하고 동기를 부여하는 일이 없는 것도 그들에게는 당연합니다. 그러나 이것은 그들이 그렇게 사랑하고 있는 세상을 지으신 하나님을 모르는 사람들의 사는 법입니다.

천부 _ 그리스도인의 사는 법은 다릅니다. 그들은 예수 그리스도로 인하여 전혀 다른 가계(family)에 속하게 되었습니다(요1:12). 그들은 더 이상 세상에 속하지 않습니다. 그들은 하나님께서 "나의 소유, 나의 기업"이라고 기쁘게 고백하시는 하나님의 백성들입니다. 동시에 하나님을 아버지로 고백하는 하나님의 자녀들입니다.

하나님께서는 그들에게 무엇이 필요한지 아십니다. 또, 그 필요를 채워주실 능력이 있으십니다. 하나님께는 한계라는 것이 없습니다. 하나님은 무한하시고 전능하신 왕 중의 왕이십니다. 그런데 그 왕께서 그들의 아버지가 되십니다. 세상의 아버지를 봐도 자기가 안 먹는 한이 있어도 자식에게는 필요한 그것을 채워줍니다. 그러면서 결코 인색한 표정도 없습니다. 비용의 액수보다 '자식에게 꼭 필요한 일인가'에 신경을 씁니다. 자식이 잘 되고 자기를 닮기를 바라는 것이 평생의 모든 정성스런 수고와 값없는 희생에 대한 작은 기대라면 기대입니다. 그게 아버지입니다. 이성이 닿을 수 없는 영역, 그곳에 아버지가 계십니다. 하나님께서 믿는 자의 아버지가 되십니다. 이것은 사람이 생각하고 바랬던 것이 아닙니다. 사람은 상상도 할 수 없었던 것입니다. 그러나 하나님께서 약속해 주신 것입니다.

아버지의 고민은 자녀가 어떻게 먹고 살 것인가 하는 부분만이 아닙니다. 물론 그것도 중요합니다. 그래서 굶지 않도록 삶의 필요를 책임지십니다. 그러나 그게 다는 아닙니다. 아버지는 아들/딸이 세상에 꼭 필요한 인물이 되기를 바랍니다. 남에게 사랑을 베푸는 사람이 되기를 바랍니다. 물론 이기적이고 탐욕스런 아버지라면 자녀에게 악을 가르치고 자기가 어려울 때는 자녀마저 등쳐먹을 것입니다. 이것은 거짓의 아비(요8:44)인 사탄의 특성입니다. 그러나 자비와 은혜가 많으신 사랑과 지혜의 하나님은 자기 자녀들에게 의와 진리와 사랑을 가르치십니다.

아버지의 뜻을 따라 일신의 안락이 아닌 사회의 소금과 빛의 삶을 선택한 당신이 배고픔에 시달리고 핍박을 당한다면 그 책임은 그것을 지시한 아버지에게 있습니다. 그래서 아버지는 더 큰 은혜의 풍성함과 담대함으로 당신을 격려하실 것입니다.[1]

아버지의 뜻에 순종하는 중에 고통을 당한다면 기뻐하십시오. 아버지께서 크고 확실한 위로를 마련하고 계십니다(마5:12). 그리스도께서 먼저 가신 그 길, 아

---

[1] 사도 바울이 전도 여행 중에 받은 핍박을 생각해보십시오. 그러나 그는 가장 본이 되는 그리스도의 종으로 기억되고 있습니다.

버지의 뜻을 좇는 길을 따라 갈 때 하늘에서 상이 큽니다. 그 길은 최상의 삶으로 인도합니다.

33 **너희는** 먼저 **그의 나라와 그의 의**를 구하라 그리하면 이 모든 것을 **너희에게** 더하시리라

그의 나라와 그의 의 _ 위대한 비밀이 드러났습니다. 하늘에 보물을 쌓는 방법이 밝히 드러났습니다. 지난 세대와 현재 그리고 앞으로 올 세대에도 이 진리의 언약은 변하지 않고 큰 능력을 발휘할 것입니다. 먼저 하나님의 나라와 그의 의를 구하라!

우리의 삶에 가장 중요하고 큰 영향을 끼치는 것이 하나님의 나라이기를! 어떻게 더 하나님의 나라에 합당한 사람이 될 수 있을까 고민하고, 하나님의 바람으로 내 계획들을 삼으며, 하나님의 성품을 매일 닮아가고, 오직 하나님의 뜻에 의해서만 움직이고 그분만을 섬기는 삶을 추구하기를!

사실 때로 우리가 가장 걱정하는 것은 어떻게 생계를 유지해 갈 것인가 하는 부분입니다. 이것에 무관심해서는 안 됩니다. 예수님께서도 목수라는 직업을 가지고 계셨고 사도 바울은 천막을 만들었습니다. 위대한 인물들이나 평범한 이들이나 누구도 생계에 대해서는 부담이 있고 또 의무가 있습니다. 하지만 그리스도인은 조금 다른 점이 있어야 합니다. 우리가 사는 것은 단순히 세상에서 인명을 연장하기 위해서가 아닙니다. 우리는 하나님께 영광을 올려드리기 위해 (우리는 심히 미약할지라도) 하나님 나라의 확장이라는 사명을 가지고 사는 아주 특별한 사람들입니다.

여기까지 책을 읽었다면 이제는 결심할 때가 되었습니다.

'나는 하나님의 나라를 나의 인생이 걸린 목표로 삼았는가? 하나님께서 나에게 주신 것으로 어떻게 해야 가장 잘 하나님의 나라에 봉사할 수 있을까?'

우리는 이 질문에 고민해야 합니다. 그리고 삶으로 대답해야 합니다. 이것은

피조물이 던질 수 있는 가장 복된 질문입니다. 왜냐하면 하나님께서 지으신 무궁무진한 피조세계에서 피조물로서 누릴 수 있는 가장 큰 특권은 하나님을 섬길 수 있는 특권이기 때문입니다(The greatest privilege of life is to serve God). 그 특권이 그리스도인에게 주어졌습니다. 그럼 어서 가서 그 특권을 누려야 하지 않겠습니까? 우리가 그 특권을 누리며 의로운 마음으로 하나님의 나라를 추구할 때 하나님은 우리 삶의 모든 필요를 책임지지 않으실 수 없을 것입니다. 하나님의 역사를 체험하면 하나님이 더욱 가까이 느껴지고 인격적인 교제도 깊어집니다. 그럼 믿음은 더욱 굳건해지고 지난날 자신의 모습과 너무도 다른 오늘의 모습에 놀라며 하나님을 찬양할 것입니다.

신앙의 위인들을 살펴보면 특별한 능력의 소유자이기보다는 하나님을 믿고 의지하여 그분의 뜻을 따라 날마다(day by day) 한걸음씩(step by step) 나아간 사람들이 더욱 많고 더 위대한 일을 한 것을 알 수 있습니다. 신앙의 위인이 되고 싶으십니까? 하나님께 칭찬을 받고 사람들에게도 존경을 받고 싶으십니까? 살아 있는 동안뿐 아니라 죽어서도 사람들의 마음에 남아 영향을 미치는 인물이 되고 싶으십니까? 그럼 첫 번째도, 두 번째도, 세 번째도 하나님의 나라를 추구하십시오. '들쑥날쑥' 이 아니라 '꾸준함' 으로 그분의 뜻을 좇고, 그분의 방법과 원칙을 따르십시오. 즉, 하나님께서 쓰시기에 더 좋은 사람이 되는데 온 힘을 기울이십시오. 이것이 가장 확실한 '그리스도인의 승리하는 길' 이자 '세상을 사는 그리스도인의 경쟁력' 입니다.

담대하십시오. 담대해야 합니다. 담대할 수 있습니다.

우리가 천국 시민권을 가지고 하늘로 돌아가는 날이 머지않아 올 것입니다. 시간은 화살처럼 빠릅니다. 멈추려 해도 멈출 수 없고 잡으려 해도 잡을 수 없습니다. 우리는 우리 삶의 결국이 하나님의 환영과 천국이라는 것을 알고 있습니다. 그러니 무엇을 두려워하겠습니까? 궁극적인 승리가 우리에게 약속되었습니다. 하루가 지나면 사병에게 전역일이 하루 가까이 다가오듯 천국은 우리에게 매일 조금씩 현실로 다가오고 있습니다. 그러니 담대하십시오. 담대해야 합니다. 담대할 수 있습니다. 그러니 기대하십시오. 기뻐하십시오. 궁극적인 승리의 영광은 쉬지 않고 우리에게 가까이 오고 있습니다. 그러니 땅의 것이 아닌 하늘의 것을 사모하십시오. 그럼 우리에게 걱정하고 두려워할 것이 아무것도 없음을 알게 될 것입니다.

그러니 하나님의 나라와 하나님의 백성들의 유익을 위해 하나님의 기쁘신 뜻 안에서 우리 각자가 할 수 있는 일은 무엇인지 찾고, 개발하고, 도전하는 것이 마땅합니다. 세상에서 이보다 더 가슴 뛰는 기대를 갖고 있는 사람이 있다면 제게도 꼭 가르쳐주시기 바랍니다. 세상에서 이보다 더 담대할 수 있는 이유를 갖고 있는 사람이 있다면 제게도 꼭 가르쳐주시기 바랍니다.

34 그러므로 **내일 일을 위하여 염려하지** 말라 **내일 일은 내일** 염려할 **것이요** 한 **날 괴로움은 그날**에 족하니라

그날 _ 하루가 모여 일주일이 되고 일주일이 모여 한 달이 되어 결국 일 년이 됩니다. 시간은 멈춤 없이 흐릅니다. 어느새 이십대가 되고 어느새 결혼을 하여 어느새 아이를 낳고 어느새 손자를 봅니다. 그러니 그렇게 빠른 시간이 헛되거나 후회스럽지 않도록 오늘 하루에 집중하며 어떻게 하나님을 기쁘게 할 수 있을지를 고민하고 실행해봅시다(엡5:10). 신자 안에 거하시는 성령님께서 우리의 이런 마음이 잘 발휘되고 좋은 열매를 맺도록 인도하시고 보살펴주실 것입니다. 왜 아직도 망설이십니까? 하나님께 전 인격과 인생 그리고 재능과 소유를 드리는 결단의 기도를 드려야 할 때입니다.

"너희 안에서 행하시는 이는 하나님이시니 자기의 기쁘신 뜻을 위하여 너희에게 소원을 두고 행하게 하시나니 빌립보서 2장 13절"

그리스도인의 생활은 전쟁

그리스도인의 일주일은 전쟁입니다. 일주일의 승패는 하루하루의 승패에 달려 있습니다. 우리는 한 주를 잘 살아내야 합니다. 그러기 위해 하루를 잘 살아내야 합니다. 새벽에 눈을 뜰 때 내일 걱정은 하지 마십시오. 오늘 해야 할 일들을 생각하십시오. 오늘 주님께서 여러분에게 맡기신 일상적인 일과 특별한 일은 어떤 것들입니까? 주님을 기쁘시게 하기 위해 여러분이 해야 할 일들은 어떤 것들입니까?

군인이 매일 아침 구보를 하는 것은 전쟁에서 이기기 위하여 체력을 단련하는 것입니다. 군인이 하루 세끼를 빠뜨리지 않고 챙기는 것은 전쟁에서 이기기 위하여 힘을 기르는 것입니다. 군인이 정해진 시간에 취침하고 정해진 시간에 기상하는 것은 전쟁에서 이기기 위하여 힘을 보충하는 것입니다. 군인이 정기적으로 외박과 휴가를 떠나는 것은 적당한 때에 적당한 방법으로 마음의 피로를 풀어 최상의 전투준비태세를 확립하려는 것입니다. 그들이 하는 모든 것은 전쟁의 승리를 위한 것입니다. 전시의 군인에게 져도 괜찮은 전쟁이란 없기 때문입니다.

그리스도인은 하루를 두고 싸웁니다. 우리가 먹고, 마시고, 쉬고, 자는 것은 오늘 하루도 싸워 이기기 위한 것입니다. 오늘을 위대하게 사는 이가 일주일을 그리고 한 달을 위대하게 살 수 있습니다. 그런 이는 위대한 인생의 주인공이 될 것입니다. 우리는 그리스도의 십자가 군병들입니다. 여러분의 모든 생각과 마음과 힘을 오늘 하나님과 가까이 하는데 집중하십시오. '내일 일' 이란 녀석이 다가와 분주함이라는 무기로 여러분을 공격할 때는 차분한 묵상과 기도라는 무기로 물리치십시오. '내일 일' 은 걱정과 두려움이라는 양날 검을 사용하지만 그 어느 것도 그리스도 안에 있는 여러분을 하나님으로부터 떼어 갈 수 없습니다(롬8:38,39). 그렇습니다. 그리스도인에게 대충 보내도 되는 하루란 없습니다.

그러므로 무엇이든지 남에게 대접을 받고자 하는 대로 너희도 남을 대접하라

이것이 율법이요 선지자니라 마태복음 7장 12절

5부 뱀처럼 비둘기처럼

마태복음 7:1-12

비판을 조심하십시오. 남에 대해서 이야기하는 것은 매우 신중해야 할 일입니다. 그런데 먼저 남에게 비난을 사지 않는 사람이 되는 것이 좋습니다.

그러나 양심에 부끄러움이 없고 말씀이 정죄하지 않는 것을 누군가 감정적으로 비난한다면 그 비난은 악하고 공허한 것입니다. 그러니 신앙인답게 말하고 행동함으로 자신이 신앙인임을 고백하는 것에는 망설임이나 두려움이 있어서는 안 됩니다. 물론 이때 "뱀처럼 지혜롭고 비둘기 같이 순결해야" 합니다.

1 쉽고 빠른 비판

| 마태복음 7:1-5 |

1 **비판**을 받지 아니하려거든 비판하지 말라 2 **너희**의 비판하는 그 비판으로
너희가 비판을 받을 것이요 **너희**의 헤아리는 그 헤아림으로 **너희**가 헤아림을 받
을 것이니라

비판 _ 비판은 누룩과 같습니다. 비판으로 인해 용서하지 못하는 마음이 크게 부풀게 됩니다. 용서하지 못하면 우리가 어떤 상태를 맞이하게 되는지는 앞서 살펴보았습니다. 그러니 용서하지 못하도록 만드는 비판적인 태도를 버려야 합니다.

옛사람이 그리스도와 함께 죽고, 새사람이 그리스도와 함께 살아났는지는 '삶이 변화 되었는가?' 로 알아볼 수 있습니다. 그리스도의 은혜로 우리가 새 생명으로 다시 일어나면서 먼저 우리의 삶의 방향이 바뀌었습니다. 더 이상 세상의 영광은 우리의 목적지가 아닙니다. 육체의 쾌락을 얻는 것도 아닙니다. 넓은 집에서 좋은 음식을 먹으며 사는 것도 아닙니다. 이제 우리는 하나님의 나라를 바라보고 나아갑니다. 세상에서 가장 높은 권위를 가지신 하나님께서 주시는 천국의 면류관을 받기 위해서 열심히 일합니다. 여기서 잠깐 상에 대해 이야기하겠습니다. 상의 권위는 상을 주는 기관이나 사람으로 결정됩니다. 군대로 말

하면, 중령의 서명이 들어간 상과 중장의 서명이 들어간 상장이 다른 무게를 지니는 것입니다. 우리는 하나님께서 주시는 상을 가장 바라고 있습니다. 그것이 가장 높은 권위를 가진 상인 것을 알기 때문입니다. 그렇습니다. 우리의 삶의 방향이 바뀌었고, 가치를 부여하는 것들도 바뀌었습니다. 그래서 시간을 투자하는 일들도 바뀌었습니다. 하나님의 말씀을 묵상하고 연구하는 시간, 하나님의 사람들과 교제하고 서로를 섬기는 시간, 자기를 부인하고 그리스도의 나타남을 바라는 마음, 무릎을 꿇고 간구하는 시간 등 전에는 생각도 못한 일들로 우리는 하루하루를 살고 있습니다. 삶의 변화! 이것은 신자 안에 성령님께서 역사하고 계시다는 가장 강력한 증거입니다.

그리스도를 믿고 삶의 방향과 시간표가 바뀌면서 우리에게 요구 되어진 것은 '그리스도를 닮는 변화' 입니다. 그것은 예수 그리스도를 본받아 모든 면에서 그리스도에게까지 성장해 나아가야 할 거룩한 의무입니다(엡4:15).[1]

그런데 여기서 나온 비판은 우리가 모든 면에서 그리스도에게까지 성장하는데 얼마나 큰 걸림돌이 되는지 모릅니다. 비판은 쉽고 빠르기 때문에 습관으로까지 자리 잡기 쉽습니다. 하지만 불완전한 인간의 눈으로 타인을 비판하고 난 뒤 머지않아 자기도 그 일을 행하고 있음을 발견할 때가 있습니다(롬2:1). 그럼 타인을 비판했지만 사실은 자기를 비판한 것입니다. 그런 사람은 유독 죄책감을 많이 느끼고 어떤 행동을 할 때도 타인의 눈을 의식하여 자유롭지 못합니다. 결국 타인을 비판하는 행동은 타인과 소통하는 전파를 차단하는 높은 벽을 스스로 조금씩 쌓아 올리는 일입니다. 이것이 얼마나 자신에게 그리고 타인에게 비극적인 일입니까. 비판을 미루어야 합니다(be slow to judge). 비판적인 태도는 용서하지 못하는 마음으로 발전하기 쉽습니다. 그러니 용서를 마땅한 의무로 지닌 그리스도인에게 그런 비판의 눈이란 어울리지 않는 것입니다. 대신 긍휼의 눈을 가져야 합니다. 그리스도께서 죄인들을 향해 가지셨던 그 눈을.

[1] NLT는 이것을 "becoming more and more in every way like Christ 모든 면에서 점점 더 그리스도를 닮아 가십시오"라고 번역했습니다.

머릿속으로 그림을 그려봅시다. 당시 종교 지도자들이 예수님과 그의 제자들을 향해 보내는 비판적인 눈빛, 예수님의 입에서 나오는 것은 일단 무엇이든지 트집을 잡으려합니다. 그들이 가진 수많은 지식과 사회적 권위는 예수님의 말씀을 대적하는데 사용되고 있습니다. 그러니 아무리 예수님께서 진리를 선포해도 그들에게는 문제투성이로 보일 뿐입니다. 그들은 점점 노골적으로 그런 적대적인 마음을 드러냈고 결국 예수님을 십자가에 못 박는데 중심 역할을 했습니다. 진리는 가리워졌고 구원은 그들에게서 떠났습니다. 비판적인 자세가 얼마나 어리석은 일을 저지르게 하였습니까(마27:25)? 그리스도를 십자가에 목 박은 사람보다 더 저주스러운 일을 한 사람이 누가 있겠습니까? 끊이지 않는 비판적인 자세로 세상과 사람을 바라보다가는 누구나 그런 참혹한 저주의 주인공이 될 수 있습니다.

그런데도 우리들은 너무 쉽게 비판합니다. 듣기가 거북할 만큼의 비판이 아니더라도 타인에 대해 얼마나 빈번하게 평가를 내리는지 모릅니다. 자기의 입에서 타인에 대한 판단이 얼마나 자주 내뱉어지는지 생각해봅시다. 그만큼 자기 안에 타인에 대한 사랑이 없고, 자기는 더 낫다고 생각하는 교만이 있음을 보여주는 것입니다. 사랑의 동력을 끊고 용서를 불가능하게 만드는 비판! 그것은 결코 십자가에서 피 흘리신 예수 그리스도를 본받는 행동이 아니고 그에게 영광을 돌리는 일은 더더욱 아닙니다. 그렇다면 우리가 비판을 멈추고 대신 반대로 온유한 이해심을 갖는 것이 그리스도를 본받는 길일 것입니다. 그리스도를 사모하십니까? 그와 같이 자라기를 바라십니까? 그럼 먼저 입에서 거침없이 튀어나오는 비판부터 멈추어야 할 것입니다. 그러기 위해서는 마음 속 교만의 공장에서 대량 생산되는 '부정적 시각' 부터 '그리스도의 자비의 검열' 을 받아야 할 것입니다.

3 어찌하여 형제의 눈 속에 있는 **티는** 보고 네 눈 속에 있는 **들보는** 깨닫지 못
하느냐 4 보라 네 눈 속에 들보가 있는데 어찌하여 형제에게 말하기를 나로 네

눈속에 있는 티를 빼게 하라 하겠느냐 5 외식하는 자여 먼저 네 눈 속에서 들보를 빼어라 그 후에야 밝히 보고 형제의 눈 속에서 티를 빼리라

티, 들보 _ 1, 2절을 보며 절대로 비판과는 상종하지 말아야겠다고 생각했다면 5절에서 다시 한 번 생각의 전환이 필요함을 깨달을 것입니다. 예수님께서 형제의 눈 속에서 티를 빼는 것에 대해 말씀하셨기 때문입니다. 즉, 어느 사람이 성경에서 잘못이라고 말하는 일들을 저질렀을 때 무관심하지 말고 지혜와 사랑으로 고쳐주어야 한다는 것입니다.

형제 눈 속의 티는 작은 것입니다. 톱으로 나무를 켤 때 나오는 것이 티입니다. 내 눈 속의 들보는 큰 것입니다. 톱으로 켜는 나무 그것이 바로 들보입니다! 남의 잘못은 크게 보이지만 실상은 작고 내 잘못은 작게 보이지만 실상은 큰 경우가 많습니다. 자기를 돌아보지 않고 타인을 간섭하는 것은 어불성설입니다. 만약 그렇게 한다면 외식(hypocrisy)입니다. 외식으로는 자기의 들보는 물론 형제의 눈 속에 있는 티도 빼낼 수 없습니다. 비판하기 전에 먼저 자신을 보아야 합니다. 한 번 비판하기 위해 두 번, 세 번 자기를 점검해야 합니다.

그런데 이렇게 비판하는 것에 생색을 내니 발언의 자유가 없는 공포정치를 보는 것 같습니다. 종교 재판이 횡횡하여 까딱하면 목이 달아나던 시대에 선 것 같습니다. 그러나 예수님께서 '절대 비판 및 판단 금지' 를 말씀하신 것은 아닙니다. 내 눈에 들보가 있기 때문에 남의 눈 속에 티가 있든지 말든지 무관심하라고 하시지도 않았습니다. 상대방이 죄악의 고속열차를 타고 사망으로 빠르게 달려갈 때에도 근엄하고 인자한 얼굴로 그를 내버려두는 무관심과 무책임을 어찌 주님이 기뻐하시겠습니까. 엘리 제사장과 그의 아들들을 생각해 보십시오.

주님은 먼저 내 눈의 들보를 빼고 남의 티를 빼어주는 수준의 신앙과 인격이 될 것을 요청하셨습니다. 나의 들보는 엄정하게 빼어내고 남의 티는 관용과 진심을 가지고 정확한 사실을 참고하여 상호의 발전을 위해 권면하는 자세로 빼

어내라는 것입니다. 타인의 잘못을 지적하는 사람이 자기의 문제인양 진지한 마음과 온유한 자세로 나온다면 상대방도 좋게 생각할 수 있을 것입니다.

'나를 이렇게까지 생각해주다니. 남에게 이런 이야기를 하는 것이 무척 쑥스럽고 힘든 것일 텐데. 저 사람은 내 뒤에서 내 이야기를 하지 않겠구나. 저 사람에게는 내 고민을 이야기할 수 있겠다. 저 사람의 말이라면 믿을 수 있겠다.'

예수님의 사랑으로 타인을 진지함과 짐심으로 대할 때 그들은 우리가 믿는 하나님에 대해 궁금해 할 것입니다.

'하나님 믿는 사람들은 뭔가 다르군. 뭐가 있긴 있는 것 같아.'

그럼 하나님께서 영광을 받으십니다. 정리하면, 먼저 그리스도인들은 자기 자신에 대해서는 엄격하게, 타인에 대해서는 하나님의 사랑과 긍휼 안에서 너그럽게 바라보아야 합니다. 세세한 잘못은 관용으로 덮어주고 상대방이 하나님 안에서 잘 되기를 바라는 마음으로 그를 대해야 합니다(그가 신자거나 불신자거나). 사랑하고 아끼는 사람의 눈의 티에 무관심해서는 안 됩니다(마18:15). 하지만 그것을 빼어주기 위하여 우리는 계속해서 그리스도의 인품을 닮아가야 할 것입니다.

오해의 소지

비판을 받지 않으려거든 비판하지 말라는 구절을, 죄가 있는 타인을 비판하지만 않는다면 자신이 죄를 지어도 용납될 것이라고 생각하는 사람이 없기를 바랍니다. 이와 같은 상태에 있는 사람과는 더 이상 할 말이 없습니다.

조금 다른 경우로, 이 구절을 근거로 성경적 비판을 거부하는 사람은 성경으로 성경을 거부하는 것입니다. 사실 비판 받을 소지가 많은 삶을 사는 신자는 이 구절을 내세우며 '내가 어떤 잘못을 저지르든 그대들에게 나를 책망할 자격은 없다' 고 생각하도록 유혹받기가 매우 쉽습니다. 그는 하나님의 말씀을 자기의 상황에 맞게 변형시켜 스스로를 합리화하는 죄를 범하고 있습니다. 그는 이 구절을 방패로 죄를 책망하는 목회자나 성도를 멀리할 것입니다. 그래서 자기의 죄를 보는 그의 눈은 점점 어두워질 것입니다. 그러나 인간의 책망이 아닌 말씀의 책망을 결코 피해가서는 안됩니다. 옳고 그름은 비판을 당하는 사람이나 비판을 가하는 사람에게 있는 것이 아니라 하나님의 말씀에 달린 것입니다. 그러니 성경적인 비판을 감정적으로 배격하지 마십시오. 성경을 떠난 자유주의자가 될까 두렵습니다. 또, 성경에 근거하지 않은 판단으로 비판하지 마십시오. 성경을 떠난 율법주의자가 될까 두렵습니다.

2 이 죄를 그들에게 돌리지 마소서

| 마태복음 7:6 |

6 **거룩한 것**을 **개**에게 주지 말며 **너희 진주**를 **돼지** 앞에 던지지 말라 저희가 그것을 발로 밟고 돌이켜 **너희**를 찢어 상할까 염려하라.

거룩한 것, 개, 진주, 돼지 _ 거룩한 것과 진주가 의미하는 것은 하나님의 가르침, 복음이고 개와 돼지는 영적인 가치를 알아보지 못하는 자, 복음을 우습게 여기는 자, 대신 세상과 재물 등을 욕심내는 사람입니다. 성경에서 돼지는 부정한 동물로 취급되었습니다(레11:7). 사도 베드로는 배교하는 사람들에 대해 "개가 토한 것을 다시 먹고, 돼지는 씻은 후에 다시 진흙탕에서 뒹군다(벧후2:22)"라고 했습니다.

우리는 7장 1~5절을 보며 어떤 경우에서도 가능한 비판을 하지 말고 타인을 있는 그대로 받아들여야겠다고 마음먹었을 것입니다. 그렇습니다. 우리는 타인의 부족함과 실수를 받아들여야 합니다. 하지만 그것이 불신자의 삶을 내 것으로 받아들이라는 것이라고 생각하는 것보다 큰 실수는 없습니다.

신자와 불신자는 서로 다른 가치를 가지고 삽니다. 불신자는 세속적 가치관을 가지고 삽니다. 그들도 선과 사랑을 추구할 수 있지만 예수님을 영접하여 성령님이 그 안에 거하지 않는 이상 영적인 하나님의 나라에 대한 가치를 알 수는 없습니다. 세상을 바라보고 세상을 사는 사람과 하늘을 바라보고 세상을 사는 사람의 삶의 목적과 자세가 어떻게 같을 수 있겠습니까. 신자는 불신자를 예수님께서 잃어버린 양을 찾듯이 바라보아야 할 것이나 불신자의 삶을 닮아서는 안 됩니다. 왜냐하면 한 사람이 신자인지 아닌지는 교회에 다닌다는 것으로 알 수 있는 것이 아니라 '믿음 안에서의 삶의 모습' 으로 알 수 있는 것이기 때문입니다. 사도신경과 같은 완벽한 신조를 매주 입으로 고백해도 그것이 삶으로 고백되어지지 않으면 그 유익은 없는 것입니다. 그러니 불신자들을 닮지 마십시오. 새사람이 되었는데 왜 옛사람을 본받으려 하는 것입니까.

"그들은 네게로 돌아오려니와 너는 그들에게로 돌아가지 말찌니라 예레미야 15장 19절"

비판하지 말라는 문자에 집착하여 타인의 불신앙에 눈을 감거나 심지어 죄악에 동조한다면 크게 잘못하는 것입니다. 신자와 불신자는 다른 종류의 사람입니다. 이것은 사실입니다. 우리 안에는 성령님이 계십니다. 성령님은 하나님께서 인치신 구원의 표시입니다(엡1:13). 이것은 그리스도인에게만 해당되는 사실입니다. 불신자에게 "당신 안에 성령님이 계십니까?"라고 물어보십시오. "무슨 황당한 소리를 하느냐"고 할 것입니다. 하지만 신자에게 물으면 "그렇다"고 할 것입니다.

이 책에서는 6절을 '불신자에게 거룩한 복음을 전할 때의 지혜' 라는 측면에서 바라보려고 합니다. 독자님도 그런 경험을 한 적이 있으십니까? 어느 사람과 대화 도중 하나님 나라에 대한 이야기를 했다가 웃음거리가 된 경험이? 물론 웃음거리를 넘어 핍박거리가 되어도 우리는 하나님 나라에 대해 외쳐야 할 것입니다. 그렇지 않으면 저 돌들이라도 그렇게 할 테니까요. 하지만 6절은 한 가지 매우 중요한 지혜를 가르쳐주고 있습니다. 그 지혜란 복음 혹은 하나님 나라에 관한 어떤 영적인 이야기를 듣는 상대방의 마음 상태에 관심을 갖고 살피는 지혜입니다.

복음을 전할 때 확신이 필요하지만 지혜도 필요합니다. 만약 어느 그리스도인이 정성스럽지도 않고 은혜롭지도 않게 복음을 전하면 그런 전도를 받는 사람은 오히려 손해가 될 수도 있습니다.❶ 그런 전도를 받아 속으로 불쾌감을 느꼈을 수도 있습니다. 또 처음 들어가지고는 의미를 이해하기가 어려운 단어나 개념, 교리들을 상대방의 입장에서가 아니라 자기의 수준에서 거창하게 외치는 이해심 부족한 행동도 전도 받는 이에게 거부감을 일으킬 수 있습니다. 그러니 신앙적 열심에 상대방의 수준과 성향, 마음 상태 등을 헤아리는 지혜도 필요합니다.

6절에 해당될 법한 예를 소개하고자 합니다. 서울 지하철 신도림역 지하 통로에서 있었던 일입니다. 여느 때나 분주한 신도림역이지만 유달리 더한 날이었습니다. 지하통로에는 정신없이 자기 갈 길을 가는 사람들로 가득했습니다. 바로 그곳에 빨간색으로 '예수 천국 불신 지옥'의 표어가 쓰인 노란색 어깨띠를 두르고 열정적으로 복음을 전하는 나이가 지긋한 어르신이 계셨습니다. 그가 전하는 복음은 그리스도인이라면 누구나 알고 또 믿는 것이었습니다.

"예수 천국! 불신 지옥! 여러분! 예수 믿고 구원 받으세요! 예수 믿지 않으면 지옥에 갑니다. 이 세상에서 사는 것은 잠깐입니다. 사람이 한 번 죽는 것은 하나님께서 정하신 것이고 그 뒤에는 하나님의 심판이 있습니다. 심판 뒤에 영원한 천국과 영원한 지옥으로 갈 사람이 나뉠 것입니다. 예수님을 믿으세요. 그럼 진노의 심판을 받지 않고 영생을 얻습니다. 여러분, 오늘 숨 쉬며 살아 있는 이 순간이 바로 그 기회의 때입니다. 이때를 놓치지 마십시오. 죽은 뒤는 늦습니다. 오늘 예수님을 구주로 영접하여 구원을 얻으세요."

그때였습니다. 중고등학교에 다니는 자녀가 있을 법한 정장차림의 중년의 남

❶ 죄인을 그리스도인으로 만드시는 하나님의 계획은 준비된 설교를 통해서도 이뤄지고 때로 준비하지 않은 급작스런 한두 마디로도 이뤄집니다. 구원은 하나님께 있습니다. 대신 하나님은 우리에게 전하는 임무를 주셨습니다. 그러니 정성을 다해 복음을 전하고 하나님의 때에 하나님께서 열매를 맺게 하실 것을 기대합시다. 저는 이와 같은 우리의 '자세'에 대해 이야기하는 것이지 하나님의 뜻과 상관없이 우리의 '노력'과 '준비'로 누구를 구원할 수 있는 '권리'가 주어진다는 것이 아닙니다. 구원은 하나님께 있고 우리는 그의 도구로 쓰임 받는 영광을 누립니다.

자가 매우 화난 목소리로 어르신을 다그쳤습니다.

"할아버지! 시끄러워요! 사람들 이렇게 많은데 왜 그렇게 소리를 질러요! 그리고 자꾸 '예수 천국 불신 지옥' 하지 마세요. 여기 예수 안 믿는 사람들도 얼마나 많은데 예수 안 믿으면 다 지옥 간다고 해도 되는 겁니까? 그 사람들 기분이 얼마나 나쁜지 알아요? 할아버지만 착하게 삽니까? 여기 더 시끄럽게 만들지 마세요!"

어르신은 갑작스런 공격적인 반응에 전도하기를 멈칫거리며 당황하셨습니다. 순간 시간에 쫓기던 신도림역의 많은 사람들이 발걸음을 멈추고 이 상황에 주목했습니다. '이제 어르신은 어떻게 반응할 것인가?' 이것이 모두의 관심사였습니다. 저도 어르신을 공경하는 마음과 신앙의 선배가 난처함을 겪지 않기를 바라는 마음을 숨긴 채 지켜보았습니다. 그러나 안타깝게도 자비나 인내가 발휘되지 못했습니다.

"이놈아! 지금 네가 몇 살인데 나한테 잔소리를 하는 게냐! 내가 네 아버지뻘은 되는데 어디다 대고 감히 큰 소리냐 큰 소리는!"

어르신의 이런 반응에 중년 남자는 더욱 격분했습니다.

"아니 제가 뭐 틀린 소리 했습니까? 그리고 저도 나이 먹을 만큼 먹었다고요. 나도 자식이 둘이나 있는데 할아버지 말이 좀 심한 것 아닙니까? 그리고 지옥 간다는 소리 좀 하지 마세요. 할아버지가 틀렸으면 어떡하실 건데요!"

어르신은 무안하여 무슨 말이라도 해야겠다고 느끼셨는지 성경을 위로 들며 말씀하셨습니다.

"야 이놈아, 여기 다 쓰여 있다. 성경에 그렇게 쓰여 있는데 네까짓 녀석이 뭘 안다고 지껄이는 게냐 이놈아!"

그때 공익근무요원들이 달려와서 어르신과 중년 남자를 떼어 놓았습니다. 둘은 그 와중에서도 계속 티격태격했습니다. 관객들은 속으로 무슨 생각을 했을까요? 이 다툼은 과연 누구의 승리였을까요? 중년 남자도 이긴 것은 아니지만 어르신은 더더욱 아니었습니다. 위대한 말씀은 짓밟힘을 당했고 어르신의 신앙과 얼굴은 갈기갈기 찢겨졌습니다. 이런 경우가 복음 전파에 열정이 있는 모든 사람에게 일어날 수 있습니다.

하나님의 나라는 세상 모든 것을 다 준다고 해도 바꿀 수 없는 중요한 것입니다. 그것은 우리에게 주어진 최우선적이고 궁극적인 목표이자 과제이며 동시에 능력이자 위로입니다. 거룩한 것을 짓밟으려는 사람에게는 하나님께서 합당한 보응을 하실 것입니다(시1:5). 그러니 우리는 서로 짓밟는 맞대응을 그만둡시다. 우리의 목적은 말다툼에서 이기는 것이 아니라 잃어버린 양을 찾는 것입니다. 하나님이 사람들을 구원하시는 것은 그분의 크신 자비와 사랑 때문이지만 사람들이 하나님의 진노의 심판 아래 있게 되는 것은 스스로의 죄 때문입니다. 그러니 적극적으로 하나님의 사랑의 초청을 거부한 사람들은 스스로가 저지른 죄에 대한 하나님의 공의의 심판에 대꾸할 말이 없을 것입니다. 그래서 이렇게 기도하는 편이 정죄하는 것보다 훨씬 낫습니다.

"주여 이 죄를 그들에게 돌리지 마옵소서 사도행전 7장 60절"

"거만한 자를 징계하는 자는 도리어 능욕을 받고 악인을 책망하는 자는 도리어 흠을 잡히느니라 거만한 자를 책망하지 말라 그가 너를 미워할까 두려우니라 지혜 있는 자를 책망하라 그가 너를 사랑하리라 잠언 9장 7,8절"

"보라 내가 너희를 보냄이 양을 이리 가운데 보냄과 같도다 그러므로 너희는 뱀같이 지혜롭고 비둘기같이 순결하라 마태복음 10장 16절"

3 무한한 가능성의 사람

| 마태복음 7:7-12 |

7 **구하라** 그러면 **너희에게** 주실 것이요 **찾으라** 그러면 찾을 것이요 문을 **두드리라** 그러면 **너희에게** 열릴 것이니 8 구하는 이마다 얻을 것이요 찾는 이가 찾을 것이요 두드리는 이에게 열릴 것이니라

구하라, 찾으라, 두드리라 _ 사람은 누구나 필요로 하고 원하는 것들을 얻고 싶어 합니다. 그것이 이뤄지지 않으면 불평불만, 스트레스 등이 생깁니다. 하나님을 모르는 젊은이들은 주로 부모님을 의지합니다. 왜냐하면 이 세상에 부모님보다 자식을 더 도와줄 사람이 없다는 것을 알기 때문입니다.❶ 사람은 누구나 자기의 필요가 채워지기를 바라고 적극적으로 그런 부분들을 채우려 노력합니다.

그리스도인은 하나님께 기도(부탁, 의뢰)할 수 있는 특권을 소유했습니다. 왜냐하면, 하나님께서 그리스도를 믿는 자들을 자녀로 삼으시기 때문입니다. 아무리 부모님이라 해도 사람이니 돕는 것에 한계가 있지만 하나님의 도우심에는

❶ 그런 사실은 책에서 배운 것이 아니라 세상을 살며 자연스럽게 깨달은 것입니다. 때로 우리는 그런 식으로도 하나님의 존재하심을 느끼는 경우가 있다고 생각합니다. 그래서 어느 누구도 "나는 하나님이 있는지 생각도 못하였다"라고 말할 수 없을 것입니다(롬1:20).

한계가 없습니다. 인간으로서는 할 수 없는 것이 많지만 하나님으로서는 무엇이든 하실 수 있습니다. 하나님의 도움은 시공을 초월하고, 가장 선하고 좋은 의미의 도움입니다.

하나님의 자녀인 우리는 어떤 도움을 받았고 또 받고 있는가?

먼저 과거에 대해, 하나님은 우리의 수많은 죄의 기록들을 없애 버리셨습니다(골2:14). 이것은 죄로 물든 과거를 오히려 오늘의 은혜로 바꾸신 하나님의 위대한 섭리입니다. 아무리 부모님이라 해도 이런 일은 할 수 없습니다. 어느 부모님이, 아니, 어느 사람이 죄의 두려움에서 해방시켜주고 더 나아가 의로운 삶에 대한 소망과 열정을 솟아나게 한단 말입니까? 부모님도 우리의 죄 값을 대신 갚아줄 수는 없습니다. 사형수의 부모가 대신 사형을 당하는 법은 없습니다. 하지만 그리스도께서 우리를 대신해 죽으셨습니다.

"여호와께서는 우리 무리의 죄악을 그에게 담당시키셨도다 이사야 53장 6절"

오늘의 도움으로는 하나님과 교제하며 참 평안을 누리는 것입니다. 삶의 필요한 모든 부분을 채워주시는 도움도 포함됩니다(시23:1). 과연 어느 사람이 두려움, 공허함, 우울함을 기쁨과 즐거움으로 바꾸고 먹고사는 것까지 평생 책임질 수 있단 말입니까? 만약 부모님을 의지하는 사람이라면 부모님께서 노쇠하시거나 돌아가시면 어쩔 것입니까? 그리고 혹 부모님의 재산이 하루아침에 다 없어진다면 어떻겠습니까? 부모님의 재물을 사랑한 사람이 그때에도 부모님을 사랑하겠습니까?

미래의 도움은 죽음이라는 문을 지나 하나님의 심판대 앞에 서는 날 하나님께서 '자기백성'으로 알아보시고 천국으로 인도하시는 것입니다. 여러분, 어느 사람은 영원히 죽지 않는 천국의 삶이 지루하지 않을까 하고 크게 오해합니다. 하지만 천국에 가면 그곳이 얼마나 좋은지 이 세상 생각이 나지 않을 것입니다(사65:17). 군에 있을 때 야전훈련을 가면 못 씻고, 못 먹고, 못 자게 됩니다. 개운한 샤워와 뜨거운 음식과 따뜻한 이불이 얼마나 그리운지 모릅니다. 훈련이 끝나 부대로 돌아와서 개운하게 샤워를 하고 뜨거운 밥을 먹고 따뜻한 이불에서 자고 일어나면 다음날 아침 부대가 얼마나 좋은지 훈련을 받던 시간들이 생각나지 않습니다. 천국에 가면 너무 좋아 세상 생각이 나지 않을 것입니다. 바로 그런 곳이 믿는 여러분을 기다리고 있습니다. 그리고 우리가 천국의 기업을 받게 될 것이라는 확실한 보증은 바로 우리 안에 계신 성령님이십니다(엡1:14).

살펴보면 우리가 하나님께 구해서 받는 축복도 있지만 구하지 않고 하나님의 자녀라는 자격으로 받은 것들이 더 큰 것들임을 알 수 있습니다. 하나님의 자녀가 되어 과거의 죄와 짐이 은혜와 간증으로 바뀌었고, 미래의 소망인 천국과 영생을 약속 받았습니다. 이것은 우리가 구한 것이 아닙니다. 그리스도인이 되면서 동시에 선물로 받은 것입니다. 또 주님을 영접하면서 우리 안에 오신 성령님도 우리가 구한 것이 아니었습니다. 구하기도 전에 가장 위대한 것들을 주신 것은 하나님께서 우리에게 꼭 있어야 할 것을 아시기 때문입니다. 그러나 하나님의 자녀가 되었음이란 끝이 아니라 시작이기에, 우리는 하나님의 나라를 마음으로 구하고, 눈으로 찾고, 손으로 두드려야 합니다.

하나님의 뜻 안에서 우리가 구하는 것을 주시고, 찾는 것을 찾게 하시고, 두드리는 문을 열어 주신다는 하나님의 약속에서 무한한 가능성을 봅니다. 무한한 가능성, 그것은 예수 그리스도로 말미암아 하나님께 속한 그리스도인들이 소유한 이름입니다. 그래서 '무한한 가능성의 그리스도인' 이라는 말은 조금도 어색하거나 부담스럽지 않습니다. 여러분은 하나님의 말씀에 믿음을 두는 무한한 가능성의 그리스도인입니까? 아니면 여러분의 이성과 지식, 경험의 틀만큼의 제한된 그리스도인입니까? 하나님의 나라는 무한한 가능성을 구하는 그리스도인의 것입니다(마11:12).

9 너희 중에 누가 아들이 **떡**을 달라 하면 **돌**을 주며 10 **생선**을 달라 하면 **뱀**을

줄 사람이 있겠느냐 11 **너희**가 악한 자라도 좋은 것으로 자식에게 줄 줄 알거든 하물며 **하늘에 계신 너희 아버지**께서 구하는 자에게 좋은 것으로 주시지 않겠느냐

떡, 돌, 생선, 뱀 _ 7, 8절을 통해 우리는 필요한 모든 것을 하나님께 구할 수 있고 또 하나님께서 기꺼이 주시겠다고 하셨음을 보았습니다. 찾는 것은 발견하게 하실 것이고 두드리는 문은 열어 주실 것이라 하셨습니다. 그러니 구하라! 찾으라! 두드리라! 고 명령하셨습니다. 9~11절에서 예수님께서는 하나님 아버지의 크신 사랑과 지혜를 더 깊이 이해할 수 있도록 떡, 돌, 생선 그리고 뱀이라는 귀띔을 주셨습니다. 과연 그것은 무엇을 뜻하는 명사들일까요?

첫 번째 귀띔

떡은 우리가 살아가면서 꼭 필요한 것입니다. 유대 사회의 떡은 한국의 밥과 같습니다. 밥을 먹지 않고서 살 사람이 없습니다. 밥은 삶을 위해 필수불가결한 것입니다. 이스라엘 사람들은 떡과 함께 생선을 즐겨 먹었습니다. 오병이어의 기적도 떡과 생선에 관련된 기적이었습니다. 그럼 돌과 뱀은 어떻습니까? 일반적으로 돌은 무익하고 뱀은 사악하다고 생각합니다. 국어사전에도 '돌대가리'라는 단어가 기록되어 있습니다. 뱀은 독을 가지고 있고 순식간에 사람에게 큰 해를 입힙니다. 한 번 물리면 죽을 수 있는 위험성이 있습니다.

그런데 때로 우리는 하나님께 돌과 뱀을 구합니다. 그것이 우리에게 잘 어울리고 꼭 필요한 것인지 생각하기보다 아름다운 외모에 현혹되어 하나님께 그것을 달라고 매달립니다. 또, 잘못된 판단과 무지, 욕심으로 돌을 보석으로 착각하고 하나님께 결사적으로 갈구합니다. 그러나 자기 자녀를 사랑하는 아버지라면 자녀에게 돌과 뱀을 줄 수 없을 것입니다. 우리가 하나님께 간구하는 것이 하나님 나라와 의를 위한 것인지 진솔하게 자문해야 할 것입니다. 그분은 자녀

를 지극히 사랑하는 아버지처럼 우리가 구하는 것들을 주실 것입니다. 하지만 동시에 자녀를 지극히 사랑하는 아버지로서 자녀에게 해가 되는 것은 주실 수 없을 것입니다. 그분의 '불타는 사랑(아8:6)' 이 그것을 허락하지 않기 때문입니다.

조금 다른 경우지만 아직 우리가 성장하지 못하여 주지 않으시는 경우도 있습니다. 불이나 칼 같은 것은 잘 쓰면 요리도구로 훌륭한 것이지만 잘 다루지 못하면 화재를 일으키고 조작미숙으로 자기 손을 벨 수도 있습니다. 이런 경우 아버지는 자녀가 그것들을 충분히 다스릴 수 있는 상태가 될 때까지 지켜보며 기다릴 것입니다. 하나님께서 무엇이 아쉽거나 우리에 대해 마음에 들지 않는 부분이 있어서 안 주신다고 생각하는 것은 오해입니다. 부모는 자녀가 잘 되기 위해 자기에게 있는 최선의 것을 베풉니다. 또 다른 경우로 인내를 시험하기 위해 주기를 미루시기도 하십니다. 모든 응답은 하나님의 선하신 뜻에 따라 이뤄질 것입니다. 그리고 그것은 자녀 된 성도들에게 가장 큰 유익이 될 것입니다.

두 번째 귀띔

하나님께서 기뻐하실 것을 구한다면 그분은 구하는 것 이상의 것을 주실 것입니다. 하나님이 솔로몬에게 원하는 것을 구하라고 했을 때 솔로몬은 주의 백성을 올바른 길로 이끌 수 있는 지혜와 지식을 구했습니다(왕상3:11). 부나 명예나 원수들의 죽음이나 오래 사는 것도 아닌, 하나님의 백성을 인도할 지혜와 지식을 구한 솔로몬을 기뻐한 하나님은 그에게 지혜와 지식뿐 아니라 전에도 없고 후에도 없을 부와 명예와 지위와 영화로움도 함께 주셨습니다.

"우리 가운데 일하시는 하나님께서는 우리가 구하고 생각하는 것보다 훨씬 더 많은 것을 채워 주실 것입니다 쉬운성경 에베소서 3장 20절"

하늘에 계신 너희 아버지 _ 사람은 이기적입니다. 그나마 이 세상에서 가장 무조건적인 사랑과 닮은 점이 있는 부모의 사랑조차 조금은 이기적인 부분이 있을 수 있습니다. 신문에 나온 것들을 소개하자면, '사교육이 문제라고 하면서 자기 자식은 과외시키는 부모', '건강하게만 자라다오 하면서 옆집 아들 학원 두 군데 다닌다니까 자기 아들은 세 군데 보내는 부모' 등. 하지만 자식이 잘 되기를 지극히 바라기에(누구에게는 좀 비정상적으로 보일지 몰라도) 부모님은 자연스럽게 그렇게 하게 되는 것이 아닐까 생각해봅니다. 사람도 자기 자녀가 잘 되기를 그토록 바라기에 온갖 정성을 쏟아 붇는데 하물며 하늘의 아버지는 어떠하시겠습니까.

자식을 위해 부모는 시간과 땀, 눈물, 에너지, 걱정근심 등을 희생합니다. 하지만 그걸 알아주는 자식은 별로 없습니다. 그래도 아랑곳없이 부모는 자기 역할을 다합니다. 그 역할은 희생입니다. 쉬운 희생이 아니라 불가능할 것 같은 '전 인생의 희생' 입니다. 자, 그럼 영원한 아버지이신 하나님께서는 우리를 위해 어떤 희생을 치르셨습니까? 독생자인 예수 그리스도를 십자가에 못 박으신 희생입니다. 즉, 우리를 용서하고, 새 삶을 주기 위해 자기의 아들을 희생시킨 것입니다. 죄인들에게 "너희는 이제 죄가 없다. 그리고 이제부터는 나의 자녀가 되어 세상의 빛이 되어라"고 하기 위해 자기의 독생자를 희생시킨 것입니다. 우리가 하나님의 자녀가 된 대가는 실로 엄청난 것입니다. 세상의 부모도 자기 자식을 위해 자기 인생을 희생하는데 하물며 하늘의 아버지께서 자녀에게 좋은 것을 아끼시겠습니까? 하나님 아버지께서 그분의 자녀인 우리를 이렇게까지 생각하고 계신데 아직도 우리가 걱정하고 두려워하고 의심할 수 있습니까?

"자기 아들을 아끼지 아니 하시고 우리 모든 사람을 위하여 내어 주신 이가 어찌 그 아들과 함께 모든 것을 우리에게 은사로 주지 아니하시겠느뇨 로마서 8장 31절"

12 그러므로 무엇이든지 남에게 **대접**을 받고자 하는 대로 너희도 남을 대접하라 이것이 율법이요 선지자니라

대접 _ 남을 대접하는 신앙, 바로 기독교 신앙입니다. 필요한 것을 채워주고 모자란 것을 보태어 주며 가진 것을 나누어줍니다. 영적인 것과 물질적인 것, 정서적인 것 모두가 포함됩니다. 이런 행위에 대한 근거는 예수님께서 나를 위해 죽으시고 가장 낮은 자리에서 섬기셨다는 죄송하고도 감격적인 사실 때문입니다. 수많은 율법의 조항과 선지자의 경고는 주님의 사랑을 기억하여 그 사랑으로 타인을 대접하기(섬기기, 종이 되기) 위한 목적으로 기록된 것이었습니다! 다시 말합니다. 구약 성경은 하나님의 사랑을 받는 것에 감격하여 그 사랑으로 타인을 사랑하게 하기 위한 목적으로 기록되었습니다. 이 얼마나 놀라운 비밀입니까. 그래서 사도 바울은 사랑이 없으면 방언도, 예언도, 믿음도, 구제도, 순교도 소용이 없다고 한 것입니다.

하나님과 관계된 수직적 황금률은 "하나님의 나라와 그의 의를 구하라 그리하면 이 모든 것을 더하시리라"입니다. 타인과 관계된 수평적 황금률은 "무엇이든지 남에게 대접을 받고자 하는 대로 너희도 남을 대접하라"입니다. 우리는 죄지었을 때 용서받기를 바라고, 실수로 어리석은 말을 했을 때 상대방이 따지지 않고 모른 체 넘어가 주기를 바랍니다. 배가 고프지만 부탁하는 것이 쑥스러울 때 누군가가 관심을 갖고 먹을 것을 가져다주기를 바랍니다. 다리를 다쳤을 때 누군가 내 다리가 되어 주기를 바라고, 아무도 없을 때 누군가 곁에 있어 주기를 바랍니다. 예수님께서는 본보기로 먼저 우리에게 필요한 것들로 섬기셨습니다.

이제 우리도 상대방의 입장에서 생각하는 법을 배워야 합니다. 먼저 하나님의 입장에서 생각하고(마6:33) 다음 타인의 입장에서 생각해야 합니다(마7:12). 그렇게 할 때 그리스도의 장성한 분량에 더욱 가까이 이를 것입니다. 그 사람은 하나님께만 아니라 만나는 모든 사람에게 사랑받는 사람입니다(눅2:52). 그러면서도 겸손하고 변하지 않는 사람, 하나님께서 찾고 계신 바로 그 사람입니다. 하나님은 그런 사람을 사용하여 하나님 나라를 확장시켜 나아가십니다.

그러므로 누구든지 나의 이 말을 듣고 행하는 자는

그 집을 반석 위에 지은 지혜로운 사람 같으리니 마태복음 7장 24절

6부 갈림길에 선 그대에게

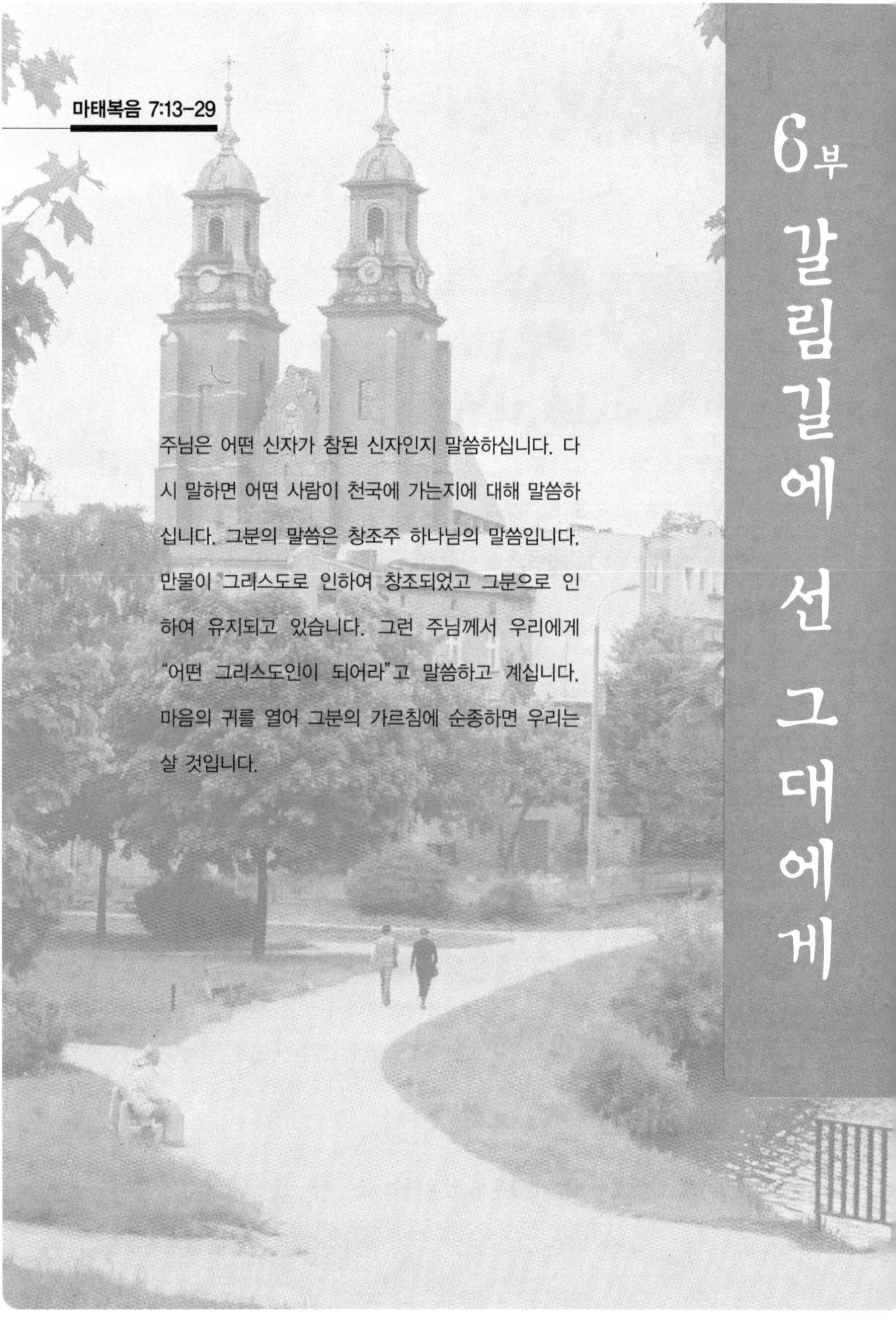

마태복음 7:13-29

주님은 어떤 신자가 참된 신자인지 말씀하십니다. 다시 말하면 어떤 사람이 천국에 가는지에 대해 말씀하십니다. 그분의 말씀은 창조주 하나님의 말씀입니다. 만물이 그리스도로 인하여 창조되었고 그분으로 인하여 유지되고 있습니다. 그런 주님께서 우리에게 "어떤 그리스도인이 되어라"고 말씀하고 계십니다. 마음의 귀를 열어 그분의 가르침에 순종하면 우리는 살 것입니다.

1 좁은 길로의 초대

| 마태복음 7:13,14 |

13 **좁은 문**으로 들어가라 **멸망으로 인도하는 문**은 크고 그 길이 넓어 그리로
들어가는 자가 많고 14 **생명으로 인도하는 문**은 좁고 길이 협착하여 찾는 이가
적음이니라

좁은 문 _ "○○대학의 문턱은 너무나 높고 그 문은 너무도 좁다"라고 하면 우리는 그 대학에 들어가기가 무척 어려운 일이라고 생각합니다. 하지만 예수님이 말씀하신 좁은 문은 대학진학이나 입사시험의 그것과는 상당히 다릅니다. 먼저 입학시험이나 입사시험은 선발자가 한정되어 있습니다. 그래서 정직하게 노력하고도 문턱을 넘지 못하는 안타까운 경우가 생기기도 합니다. 하지만 구원의 길에는 '선발인원 제한' 같은 조건이 없습니다. 그런데 왜 '좁은' 문이라고 했습니까? 영생을 얻는 것은 오직 한 길, 길이요 진리요 생명이신(요14:6) 예수 그리스도를 통해서이기 때문입니다. 그리스도의 길로 가는 것, 그것이 좁은 길로 가는 것입니다. 우리는 그리스도를 영접했던 그 순간 좁은 길에 들어섰습니다.

멸망으로 인도하는 문, 생명으로 인도하는 문 _ 하나님께로 나아가기 위해 우

리는 예수님을 거쳐 가야 합니다. 그것이 유일한 길입니다. 하지만 예수님께서 베푸시는 구원의 문은 넓습니다! 일단 여러분이 그리스도를 향하여 고개와 몸을 튼다면 그 문이 무척 넓음을 보게 될 것입니다. 사회적으로 손가락질을 받던 창녀와 세리의 구원이라도 그분께는 전혀 어려울 것이 없었습니다(눅5:32). 하나님의 자녀가 되는데 까다로운 세상적 조건은 없습니다. 빈털터리 세대 혹은 유능한 백수라는 대한민국의 20, 30대가 입사 경쟁을 위해 준비하는 명문대 졸업장, 해외 연수증, 다양한 자격증, 토익-토플 성적표, 봉사활동 경력 등의 조건이 필요 없습니다. 아무나(everyone) 그리스도인이 되지는 않지만 누구나(anyone) 자신의 죄를 회개하고 예수 그리스도를 영접하면 그리스도인이 됩니다. 그러니 누구든지 그리스도께 나아오기 바랍니다. 그리스도의 사랑의 넓이(엡3:19)를 누가 헤아릴 수 있겠습니까? 그리스도께서 용서하지 못할 만한 사람이 대체 누구란 말입니까? 그리스도께로 나아오기만 하십시오. 있는 모습 그대로, 모든 무거운 죄악을 등 뒤로 숨기지 말고 있는 그대로 가지고 나아오십시오. 주님은 그대에게 "얼마나 큰 죄인지 보자!"고 하지 않으십니다. 대신 실질적 주권자이신 그리스도는 "... 아들의 소원대로 계시를 받은 자여, 수고하고 무거운 짐 진 자여, 다 내게로 오라 내가 너희를 쉬게 하리라(마11:27,28)"고 하십니다.

그리스도인이 되었다면 이제 그리스도의 가르침과 하나님의 뜻을 따라 살아가는 것이 중요합니다. 솔로몬은 왕으로 등극하며 하나님의 백성들을 하나님의 방법대로 잘 다스리도록 분별력 있는 지혜를 구했고 하나님은 그것을 기뻐하셨습니다. 하나님의 방법을 따라 하나님의 뜻을 구하며 사는 것은 좁은 문을 지나 협착한 길을 가는 것입니다. 하지만 솔로몬이 하나님의 방법보다 당장 눈에 보이는 정략적인 이방 여인과의 결혼을 통해 정치력을 확장해나갔을 때 그는 넓은 길에 들어섰습니다. 그 길은 이방 신들에게 분향하고 제사하는 우상 숭배의 범죄로 이어졌습니다. 그는 세속적인 모든 것(사람들이 원하는 모든 것 - 재물, 권력, 정치력, 리더십, 지혜, 지식, 여인, 예술적 기질, 국제적 명성, 종교적 영향력 등)을 소유한 사람이었습니다. 하지만 예수님은 그런 모든 영광을 합쳐도 하나님께서 입히시는 들에 피는 백합화의 영광만 못하다고 평가하셨습니다. 하나님과 관련이 없는 넓은 길의 화려한 대규모 화훼 단지보다 하나님께 순종하는 좁은 길 가장자리에 핀 한 송이 백합화가 하나님께 더 아름답고 귀하다는 말이었습니다.

세상적 가치관에 따라 사는 삶, 세상에서 요구하는 삶, 이기심과 욕심이 꿈꾸고 추구하는 삶은 모두 넓은 길의 삶입니다. 자석의 S극과 N극이 서로를 끌어당기듯 세상 문화와 세상 가치관 그리고 인간의 이기심과 욕심 사이에는 강력히 당기는 힘이 작용합니다(엡2:3). 그러니 넓은 길로 간다는 것은 우리 육체의 욕심을 따라 사는 것입니다. 인간이라면 누구나 배우지 않고도 몸과 마음이 요구하는 대로 살 수 있습니다. 하지만 그것은 하나님이 요구하는 삶이 아니며 결국 사망의 열매를 맺을 것입니다(롬7:5).

육체의 본성을 따라 사는 사람들은 죄의 본성이 바라는 것을 생각합니다. 이것은 지극히 자연스러운 일입니다. 마찬가지로 성령님을 따라 사는 사람들은 성령님이 바라시는 일을 생각합니다(롬8:5). 넓은 길을 가는 사람의 생각은 죽음에 이르게 하지만 좁은 길을 가는 사람의 생각은 영생과 평강에 이르게 합니다(롬8:6). 즉, 넓은 길은 육신이 이끄는 길이고 좁은 길은 성령님이 이끄시는 길입니다. 넓은 길로 가는 사람들은 종종 좁은 길로 가는 사람들에게 어리석고 깨끗한 척 하는 속물들이라고 손가락질하기도 합니다. 하지만 그런 소리를 듣는다고 넓은 길로 갈 생각은 전혀 없습니다.

좁은 길로 가는 것은 하나님이신 성령님의 바람(desire)을 따라 사는 것입니다(갈5:16). 좁은 길로 가는 것, 성령님의 욕구를 따라 사는 삶, 그것에 대해 쉽게 이야기하면 이렇습니다. 소극적으로는(negatively) 성령님께서 기뻐하시지 않을 모든 생각의 조각들을 머릿속에서 끄집어 내어버리는 것입니다. 성령님을 근심시킬 마음을 잘라내는(cut off) 것입니다. 성령님께서 원하시지 않는 장소나 상황을 즉시 떠나는 것입니다. 적극적으로는(positively) 성령님께서 기뻐하실만한 것들을 생각하는 것입니다. 성령님께서 원하시는 뜻을 마음에 품는 것입니다. 그래서 성령님께서 기뻐하실 말과 행동을 하는 것입니다. 그렇게 할 때 우리는 성령의 충만함에 사로잡히게 될 것입니다. 그럼 경건한 성령의 능력이 표출되어 사람과 환경을 변화시키는 거룩한 역사가 일어나게 됩니다. 또, 성령으로 충만한 상태에서 아홉 가지 위대한 열매들을 맺게 됩니다.

"오직 성령의 열매는 사랑과 희락과 화평과 오래 참음과 자비와 양선과 충성과 온유와 절제니 갈라디아서 5장 21,22절"

그럼 좁은 길(성령님의 뜻)로 갔을 때와 넓은 길(육체의 욕망)로 갔을 때 각각 어떤 결과가 나타나는지 갈라디아서를 통하여(갈5:19~23) 좀 더 자세히 살펴보겠습니다.

넓은 길 – 육체의 소욕

- **음행, 음란** sexual immorality – 성령의 전인 육체를 더럽게 함. 자기 몸에 죄를 범함(고전6:18)
- **우상 숭배** idolatry – 영적인 간음. 창조주보다 피조물에 더 관심하는 범죄.
- **마술** witchcraft – 영적인 쾌락을 추구하여 자기를 즐겁게 함. 우상 숭배로 가는 디딤돌.
- **미움** hatred – 원수를 미워하고 보복을 당연한 권리로 주장함. 자기를 좋아하지 않는 사람과 마음에 들지 않는 사람을 미워하는 것에 대하여 잘못을 느끼지 못함.
- **다툼** discord – 상대방을 인정하거나 받아들이지 않고 적극적으로 상처를 냄. 편 가르기로 이어지고 결국 분열을 일으킴.
- **질투** jealousy – 하나님의 뜻과 계획을 인정하지 못하는 행위.
- **화내기** rage – 스스로의 좌절감을 공개적으로 드러내는 행위.
- **이기심** selfish ambition – 자기 자신의 유익을 위해 적극적으로 타인에게 피해를 감당하게 함.

• **술 취하기, 흥청거리는 잔치** drunkeness, wild parties – 자기기만.

위와 같은 길을 가는 사람들의 결국 – 하나님의 나라를 유업으로 받지 못함(갈5:21).

좁은 길 – 성령의 소욕

• **사랑** love – 타인으로 인한 부담을 기쁘게 적극적으로, 자발적으로 감당함.

• **기쁨** joy – 하나님께 칭의 받고 자녀로 입양된 사람이 소유한 미래에 대한 담대한 소망.

• **평화** peace – 하나님의 동행하심 가운데 사는 것으로 영적으로 강건하여 심지가 견고함(사26:3)

• **오래 참음** longsuffering – 하나님께서 죄인을 오래 참으시는 것을 닮음. 타인을 향한 복수나 불평을 적극적으로 거부함.

• **자비** mercy, kindness – 하나님께서 죄인이었던 우리를 죄인이 아닌 자녀로 대하듯 자기에게 해를 끼친 사람을 해를 끼치지 않은 사람으로 간주하고 대함.

• **착함** goodness – 세상 사람들도 그를 좋아하고 칭찬함. 이유 없이 그리스도 신앙을 미워하는 사람이 아니라면 미워할 여지가 없을 만한 인격의 사람이 됨. 타인의 유익을 위한 신실한 욕구.

• **성실** faithfulness – 그리스도인이 세상에서도 신뢰를 받음. 기쁨으로 단을 거두게 됨.

• **온유** gentleness – 하늘의 소망을 소유한 자의 부드러움(약3:13). 강한 믿음을 가진 이의 적극적 자기 권리 포기. 땅을 기업으로 받게 됨.

• **절제** self-control – 그리스도에 대한 사랑으로 자기를 즐겁게 하는 것을 기꺼이 줄여 나감. 삶에 지나침이 없음.

위와 같은 열매를 맺는 사람들의 결국 – 그리스도를 아는 지식으로 삶이 풍성해짐(벧후1:8). 영원한 나라에 넉넉히 들어감(벧후1:11).

좁은 길과 넓은 길의 의미를 구약성경의 잠언에서 찾을 수도 있습니다. 잠언을 읽고 나면 머릿속에 특히 '의인' 과 '악인' 두 단어가 남습니다. 그렇게 의인과 악인에 대한 설명이 많습니다. 그중에서 의인의 길을 좁은 길로, 악인의 길을 넓은 길로 말할 수 있습니다. 두 가지 길은 우리에게 선택을 요구합니다. 의인의 길로 갈 것인가 악인의 길로 갈 것인가? 그런데 악인의 길로 가는 문은 크고 길이 넓어 그리로 가는 사람이 많습니다. 잠언에서 말하는 의인의 축복은 좁은 길로 다닐 때 누리게 될 것입니다.

육체와 함께 그 정욕과 욕심을 십자가에 못 박은 그리스도인은 자신이 죄인임을 고백하고 그리스도를 주인으로 받아들인 그 순간 조심스럽게 좁은 문을 통과했습니다. 그 뒤로는 협착한 길 위로 가고 있습니다. 그러나 우리는 이 사실이 기쁩니다. 길이 협착한 것은 문제가 되지 않습니다. 문제는 도로의 포장상태가 아니라 그 길의 끝에 무엇이 있느냐 하는 것이기 때문입니다. 우리는 맹신이나 무지로 인해 좁은 길을 가는 것이 아닙니다. 맹신과 무지였다면 넓은 길을 택하기가 훨씬 쉬웠을 것입니다. 우리는 하나님의 말씀을 따라 좁은 길로 걸어가고 있습니다. 그전에 하나님의 놀라운 섭리와 은혜가 있었음은 물론입니다. 우리가 좁은 길로 가며 두려워하지 않는 것은 하나님께서 친히 우리 한 사람, 한 사람의 이름과 얼굴을 아시고 부족함 없이 인도하시기 때문입니다(시23편). 아직 예수님께 나아오지 않은 분이 계시다면 하나님과 함께 걷는 진리와 생명이 있는 예수님의 길로 초대합니다.

2 이리, 양의 옷 입다

| 마태복음 7:15-20 |

15 거짓 선지자들을 삼가라 **양의 옷**을 입고 너희에게 나아오나 속에는 **노략질
하는 이리**라

양의 옷 _ 친근하게 다가가기 위해 입는 것입니다. 그는 상대방을 안심시키고 경계를 늦추게 만듭니다. 그러나 그는 양이 아닙니다. 양의 옷을 입은 것뿐입니다. 뮤지컬 배우가 사자의 탈을 쓰고 연기를 펼친다고 그가 사람이 아닌 사자가 되는 것이 아니듯 양의 옷을 입는다고 성질이 바뀌는 것이 아닙니다.

노략질하는 이리 _ 그가 양의 옷을 입는 것은 노략질을 성공적으로 이루기 위함입니다. 그는 이리입니다. 하지만 양의 옷을 입고 있습니다. 그는 자기의 이익과 목적 달성을 위해 상대방의 중요한 것들을 이용하고 빼앗을 것입니다.

거짓 선지자는 그의 이익과 목적 성취를 위해 우리를 이용합니다. 그들은 신실하고, 성숙하고, 고상하고, 사려 깊은 단어들을 사용합니다. 그러나 그들은 우리가 그들의 손아귀에서 빠져나가기 어렵게 되었을 때 이리의 본색을 드러낼 것입니다. 그때까지만 양의 옷을 입고 있을 것입니다. 이것은 사탄의 특성과 비슷합니다. 거짓 선지자가 사탄의 사주를 받고 있기 때문입니다(그래서 최후 심판

의 날에는 사탄과 같은 지옥불의 처벌을 받게 됩니다).

진리를 이기적인 목적(노략질하기 위해)으로 전할 때 그는 거짓 선지자 역할을 하고 있는 것입니다. 그러기 위해 그는 듣기 좋은 말들을 선택하여 사용하기도 하고, 마음에 뿌연 안개만 남기는 말들을 사용하기도 할 것입니다. 어찌되었든 그의 목적은 노략질입니다.

그럼 진리가 아닌 것을 순수한 마음으로 전한다면? 그 역시 거짓 선지자의 역할을 하고 있는 것입니다. 사탄의 미혹을 받는 이단들은 이기적인 목적으로 전한다는 것과 진리가 아닌 것을 전한다는 두 가지 특징을 가지고 있습니다. 그러니 우리는 동기뿐 아니라 교리도, 교리뿐 아니라 동기도 살펴야 할 것입니다. 우리를 지극히 생각하시고 지혜가 풍부하신 예수님께서는 분별할 수 있는 방법을 가르쳐주셨습니다.

16 그의 **열매**로 그들을 알찌니 가시나무에서 포도를, 또는 엉겅퀴에서 무화과를 따겠느냐

열매 _ 바로 열매를 통하여 구별하는 방법입니다. 그의 열매는 무엇인가? 좋은 열매인가? 나쁜 열매인가? 바꾸어 말하면, 그는 어떤 삶을 추구하는가? 삶과 타인을 대하는 자세는 어떤가? 그가 이루어가고 있는 일들은 어떤 것들인가? 사람들은 그에 대해 어떻게 생각하는가? 등등 이상의 방법에서 그의 동기에 대한 순수성, 진실성 등을 살필 수 있습니다. 또, 그가 전하는 메시지가 진리인가 아닌가를 판단하기 위해서는 바른 성경 지식을 가지고 있어야 합니다. 의심이 가거나 확신이 서지 않으면 주변의 신실한 그리스도인에게 자문을 구해야 합니다.

열매는 거짓말을 하지 않습니다. 본성도 거짓말을 하지 않습니다. 노략질하는 이리는 결국에 본색을 드러내어 자기가 원하는 결과를 얻으려 할 것입니다. 사탄도 마찬가지입니다. 그가 어떻게 편안하게 다가오든 그가 원하는 것은 인

간이 죄악의 열매들을 맺어 사망에 이르는 것입니다.

17 이와 같이 좋은 나무마다 아름다운 열매를 맺고 못된 나무가 나쁜 열매를
맺나니 18 좋은 나무가 나쁜 열매를 맺을 수 없고 못된 나무가 아름다운 열매를
맺을 수 없느니라 19 아름다운 열매를 맺지 아니하는 나무마다 찍혀 불에 던지
우느니라 20 이러므로 **그들의 열매로 그들을 알리라**

그들의 열매로 그들을 알리라 _ 앞서 살펴본 대로 거짓 선지자의 특징은 거짓 메시지를 전하는 것, 하나님의 의도를 왜곡하고 사도들과는 다른 메시지를 전한다는 것, 자기의 이익을 위해 남을 이용하는 것, 경건한 모양을 가졌으나 열매가 겉모양이나 입술의 고백과는 전혀 다르다는 것 등입니다. 그런데 지금 우리는 계속 실천과 열매의 중요성을 강조하는 부분을 읽고 있습니다(마7:13~27). 문맥적으로 이해해 볼 때 15절의 거짓 선지자와 17절의 나쁜 열매와의 관계성은 겉모양과 삶의 열매가 전혀 다른 위선의 위험성에 관한 경고라고 생각할 수 있습니다. 그럼 여기서 선한 말을 하나 나쁜 열매를 맺는 그리스도인, 그리스도인처럼 보이나 본성이 새로워지지 않은 사람들을 관찰의 무대 위로 올리도록 하겠습니다.

그들의 열매로 그들을 알리라는 예수님의 말씀은 신실하게 하나님의 말씀을 지키며 살아가는 사람들에게 위로를 줍니다. 하지만 그리스도인이라는 옷을 입고 변화되지 않은 옛 모습으로 사는 사람들은 이 말씀에 가슴이 철렁할 것입니다.

한 사람을 말해주는 것은 그 사람 평소의 삶입니다. 거창하고 그럴싸한 이야기를 남용하나 실제 삶은 태만과 위선으로 넘치는 사람의 본모습은 위대한 이야기를 하는 그가 아니라 하루하루에서 보여준 태만과 위선으로 점철된 그입니다. 사람들은 그를 결코 위대한 이야기를 하던 위대한 사람으로 기억하지 않을

것입니다. 위선자나 게으름뱅이, 권력남용인사 등 무엇이든 그가 보여주었던 그 삶 그대로 기억할 것입니다. 왜냐하면 그것이 현재까지 그가 맺고 있는 삶의 열매들이기 때문입니다. 즉 그의 모습은 위선자고 게으름뱅이고 권력남용인사입니다. 그래서 그는 위선자고 게으름뱅이고 권력남용인사입니다.

교회에 오래 다녔고, 성경도 좀 알고, 봉사하는 것이 많다고 종교적 프라이드(pride)를 은밀하게, 그러나 분명하게 마음에 깔고 있는 당신이 위선과 게으름, 권력남용과 합리화, 고집과 이기심, 자고와 자만 등의 열매를 맺고 있으면서도 별 거리낌이 없다면 이 말씀의 그물을 벗어날 수 없습니다.❶

자, 나쁜 열매를 맺는 것에 대해 성경은 무엇이라 말합니까? 사도 바울이 갈라디아 교인들에게(크리스천이라고 자부하는 어느 사람들도 포함됩니다) 편지하기를 "여러분은 예수님께 구원을 받았습니다. 결코 구원이 취소되는 법은 없습니다. 그러니 가능하면 선을 행하되 혹 죄를 범해도 너무 개의치는 마십시오. 왜냐하면 당신의 구원이 취소되지 않기 때문입니다. 그리스도인답게 살려고 노력하다가 혹 자기에게 큰 문제가 있는 것 같다는 생각이 들어도 너무 심각할 것은 없습니다. 당신은 천국에 갈 것입니다"라고 했습니까? 아닙니다. 오히려 이렇게 말했습니다.

"성령을 따라 사십시오... 육체가 하는 일은 분명합니다. 곧 음행, 더러움, 음란, 우상, 마술, 미움, 다툼, 질투, 화내기, 이기심, 편 가르기, 분열, 시기, 술 취하기, 흥청거리는 잔치... 전에도 경고했지만, 이제 다시 경고합니다. 이런 일을 하는 사람은 하나님의 나라에 들어가지 못합니다(갈5:19~21)."

교회에 다니고 있다고 자기 행위에 대해 자부하고 있습니까? 이기심을 따라 살다가, 즉 자기 뜻(멋)대로, 육신의 요구대로 살다가 하나님의 나라를 누리겠다는 자기도 모르는 기대가 있습니까? 평소에는 하나님과 상관없이 살면서, 1주

---

❶ 물론 말씀으로 당신을 사로잡음은 고침을 받아 살게 하기 위한 것이니 그물을 벗어난 새가 되기 위해 헛된 힘을 낭비하지 마십시오. 복잡함, 궤변, 상대주의, 억지 등으로 그물을 끊으려 하지도 마십시오. 하나님의 그물을 누가 끊을 수 있겠습니까? 그대만 고생입니다.

일에 하루는 교회에 나갔으니 결국에는 하나님의 나라를 차지할 수 있다는 것입니까? 하나님께 대한 사랑이 있으면 그런 마음은 결코 생길 수 없을 것입니다. 하나님을 사랑한다면 하나님의 말씀을 따라 살 것이기 때문입니다(요14:15).

그에게 중요한 것은 그저 구원이라는 보험입니다. 그는 그 보험을 담보로 예수를 믿었습니다. 물론 주님은 요청하는 누구나 그 보험에 가입할 수 있게 해주십니다(롬10:13). 가입비용은 믿음인데 믿음의 은혜는 하나님의 소관으로 하나님의 기쁘신 뜻에 따라 주시는 것입니다(딤후1:9). 그러니 '회원' 은 자랑할 것이 없습니다.

하나님께서 주기로 하셨다면 그것은 들음을 통해서 옵니다(롬10:17). 그런데 듣지도 못하고서 '나는 구원받았다' 고 찰떡같이 믿으니 하나님이 주시는 구원이 아니라 스스로 부여하는 구원입니다. 인간은 하나님의 뜻과 상관없이 스스로 구원을 받았다고 생각할 수 있지만 옛사람, 옛습관을 떠나지 않는 그의 불신자와 같은 삶이 그가 구원받은 성령으로 거듭난 백성이 아님을 증거하기도 합니다. 나쁜 열매를 맺고 있는 나무가 "나는 좋은 나무입니다"라고 고집을 부리면 그것은 거짓말입니다. 자기는 자기를 좋은 나무로 믿을지라도 그를 찍어 불에 던지는 것은 하나님의 말씀입니다(마3:10). 그러니 자기신념을 믿지 말고 하나님의 말씀을 믿으십시오.

"이미 도끼가 나무 뿌리에 놓였으니 좋은 열매 맺지 아니하는 나무마다 찍혀 불에 던지우리라 마태복음 3장 10절"

그에게 그리스도인이 마땅히 맺어야하는 좋은 열매보다 중요시 되는 것은 자기 권리입니다. 그는 천국도 '자기 권리 목록' 에 기록했습니다. 그는 자기 자신을 위해서 하나님을 사랑하는 것이지 하나님을 사랑해서 사랑하는 것이 아닙니다. 교묘하게 하나님을 이용하여 자신의 행복을 추구하려 하고 있습니다. 그러면서 하나님의 나라를 대표하는 외교사절단의 '우두머리' 인양 행세하기도 합니다. 세상 모든 사람이 책임 없는 권리는 물거품이라는 것을 압니다. 그걸 모르는 유일한 사람이 책임 없이 권리만 누리고 있는 바로 그 사람입니다.

그가 살고 있는 그런 삶은 바로 거짓 선지자, 위선자들이 추구하는 삶과 다를 것이 없습니다. 어떻게 누구는 거짓 선지자나 위선자로, 누구는 의인으로 판명됩니까? 그의 삶이 거짓 선지자적 요소를 따른다면 거짓 선지자로 불리고 의인의 요소를 따른다면 의인이라고 불리는 것입니다. 만약 교회에 다니는 그리스도인이라는 어떤 이의 삶이 거짓 선지자와 위선자의 요소들에 익숙해져 있다면 어떻게 그가 의인이라고 불리겠습니까?

1. 컵이 하나 있습니다. 속을 보니 썩은 물이 들어있습니다. 그럼 그 컵은 불결하게 여겨져 당장 쏟아버리고 싶은 마음이 들것입니다. 컵 자체에 문제가 있는 것이 아니라 내용물이 중요한 것입니다.

2. 투명한 컵이 하나 있습니다. 그 속에 딸기우유를 부었습니다. 그럼 그것을 딸기우유라 부릅니다. 바나나우유를 부으면 바나나우유라고 부릅니다. 컵이 어떤 우유인지를 결정하는 것이 아니라 그 속에 담긴 우유가 결정하고 있습니다. '기독교 신자' 란 컵은 같지만 어떤 것은 '거짓 선지자적 삶' 이라는 우유가 들어있습니다. 다시 말하지만 그런 우유라면 당장에 쏟아버리고 싶을 것입니다.

구약의 이스라엘 백성들이 몸의 장신구를 떼어 내고 회개했듯이(출33:6) 그의 삶 속 거짓 선지자적 요소들을 제거해야 합니다. 공의의 하나님은 누구의 위선과 죄악을 모른 체 넘어가지 않을 것입니다. 거짓 선지자적 요소는 공의의 하나님 앞에서 용납되지 않을 것입니다. 기독교적인 색채와 무늬로 화려하게 수놓은 옷을 입고 있어도 하나님은 중심을 아시는 분이십니다. 하지만 선하신 하나님께서는 악인의 죽는 것을 기뻐하지 않으시며(겔33:11) 우리가 생명을 얻기를 바라시기에 오래 참으십니다. 그래서 옛 모습을 버리고 새사람을 입는 회개의 기회를 주시니 우리는 '밤이 오기 전에' 마음의 중심으로부터 회개해야 합니다.

여기서 이야기하는 '그' 는 불신자나 교회에 나온 지 얼마 안 되는 사람보다는 교회에 오래 다녔고, 지식이 있으며, 타인에게 영향력을 끼치는 위치에 있으면서 나쁜 열매를 맺고 있는 사람입니다. 하나님의 말씀을 누누이 듣고 충분히 깨달은 그의 삶에 좋은 열매가 나타나지 않는다면 예수님께서 이렇게 말씀하셨음을 분명히 기억해야 할 것입니다.

"과원지기에게 이르되 내가 삼 년을 와서 이 무화과나무에 실과를 구하되 얻지 못하니 찍어 버리라 어찌 땅만 버리느냐 대답하여 가로되 주인이여 금년에도 그대로 두소서 내가 두루 파고 거름을 주리니 이 후에 만일 실과가 열면 이어니와 그렇지 않으면 찍어 버리소서 하였다 하시니라 누가복음 13장 7~9절"

하나님을 속일 수는 없습니다. 자기합리화가 하나님께는 통하지 않습니다(갈6:7). 그러나 그분은 언제나 회개하는 영혼을 존중하시고 기쁘게 받으십니다. 그러니 회개할 것이 있으면 어서 회개해야 하지 않겠습니까? 그것이 누구보다 자기에게 좋습니다. 만약 회개하지 않으면 그는 다만 '회개하지 않는 사람' 일 뿐입니다. 그것은 누구보다 자기에게 해가 됩니다. 교회에서 영향력을 끼치는 위치에 있는 이들에게 어떤 좋고 선한 열매가 맺히지 않고 있다면 하나님께서는 더 큰 책임을 물으실 것입니다.

"알지 못하고 맞을 일을 행한 종은 적게 맞으리라 무릇 많이 받은 자에게는 많이 요구할 것이요 많이 맡은 자에게는 많이 달라 할 것이니라 누가복음 12장 48절"

교회에 오래 다니셨습니까? 성경도 알만큼 안다고 생각하십니까? 남을 돌보는 위치에 계십니까? 그럼 하나님께 더 온전한 겸손과 순종을 드려야 정상입니다. 삶에 좋은 열매가 있어야 부끄러운 책망을 당하지 않을 것입니다. 혹시 자기 자신을 대단하다고 느끼게 만드는 우상들을 은밀히 사랑하고 계십니까? 고집과 자기 의와 자긍심 때문에 회개의 문으로 나아가지 못하고 계십니까? 두렵습니다. 어서 그것들을 깨뜨리십시오. 그렇지 않으면 유다가 망하고 예루살렘이 무너지고 열방으로 흩음을 당할 것입니다(겔36:17~19).

가장 어리석은 질문

'하나님의 뜻과 방법대로 살지 않고도 예수를 믿기만 하면 영광스런 구원과 천국을 얻는가?' 라는 위험한 질문을 삶으로 시험해보는 어리석은 사람이 되어서는 안 됩니다. 그가 던지는 이런 질문은 그에게 하나님께 대한 순수한 사랑이 전혀 없음을 여실히 드러내고 있는 것입니다. 그는 입술로는 "예수님을 믿는다. 그러니까 나는 구원을 얻었다"고 말하고 또 그렇게 되었다고 믿고 있지만 하나님께 대한 사랑은 없는 상태입니다. '그 입으로는 사랑을 나타내어도 마음은 이욕을 좇는(겔33:31)' 상태입니다. 그런데 예수님이 하나님의 아들이시며 구세주이신 것은 귀신들이 더 잘 알고 있었다는 것을 기억하시기 바랍니다. 귀신은 그리스도가 하나님의 아들이심과 그리스도가 오신 이유를 분명히 '알았지만(마8:29)' 하나님의 뜻과 방법대로 '살지는' 않았습니다. 과연 우리는 어떻습니까? '알고만' 있습니까? 아니면 정말 그렇게 순종하며 '살고' 있습니까?

그의 행동과 태도, 선택, 반응 그리고 열매 등이 그가 누구인지, 무엇을 추구하고 있는지 분명하게 말해줍니다. 큰 범죄를 저질렀지만 전심으로 회개하고 거듭나 새로운 피조물로서 하나님의 뜻과 방법을 따라 사는 성도는 구원과 상이 있지만 무감각하게 살며 나쁜 열매를 맺고 있는 사람은 매우 위태로운 자입니다. 그가 인생의 많은 시간을 기독교적인 모양을 하고 있다고 해도 말입니다.

무엇을 두려워하고 있습니까? 사람들의 시선? 부담스러운 결단? 귀찮은 행동의 변화? 개인적 불편함? 아니면 너무 멀리 왔다는 생각? 경제적인 부담? 하지만 그가 정말로 '천국을 약속 받은 크리스천'이라면 모른 체 하지 못할 것입니다. 자기 안에 있는 거짓 선지자적 습관에 대한 무책임한 방관과 그것을 잘라내야 한다는 성령님의 선명한 음성 그리고 그렇게 하지 않을 때 자기가 감당해야 할 고통과 공허함, 환란과 빈곤함을. 그러니 하나님께서 기뻐하시지 않을 '삶의 모든 부분들'을 잘라내십시오.

'나는 누구인가? 나는 어떤 사람인가?'

이것을 고민하십니까? 그렇다면 예수님께서 가르쳐주신 아주 간단하고 확실한 방법이 있습니다. 삶의 열매를 살펴보십시오. 그것이 바로 당신입니다.

거짓 교사와 참된 복음

1세기, 승천하신 주님은 어떤 지역으로 사도를 파송하여 교회를 세우게 하십니다. 한 곳에 교회가 세워지면 사도는 그곳을 목사와 교사들(엡4:11)에게 맡기고 다른 지역으로 가서 교회를 세웁니다. 그런데 교회가 세워지고 사도가 떠나면 거짓 교사들이 교회로 스며들어오기 시작합니다. 그들은 그리스도의 권위를 가진 사도(요13:20)가 전한 복음이 아니라 인간이 어떤 목적에 맞추어 변형시킨 복음에 대해 발언하기 시작합니다. 그럼 어린아이와 같은 성도들은 천진난만하게 그들의 모든 말을 믿게 됩니다. 아직 미성숙한 양은 교활한 늑대가 가장 선호하는 먹잇감입니다.

사도 바울은 이런 거짓 교사들이 교회를 기웃거리거나 양의 옷을 입고 울타리를 넘어 하나님의 양들을 물어 삼키는 일들을 막고 교회를 튼튼히 하기 위해 복음 전도자를 교회에 파송했습니다. 디모데는 에베소에, 디도는 그레데에 머물게 되었습니다. 디모데전서 1장 3~7절과 6장 3~5절, 디모데후서 4장 2~5절, 디도서 3장 3~11절 등에서 우리는 거짓 교사의 특징과 대처법을 구체적으로 살펴볼 수 있습니다.

먼저, 거짓 교사를 정의하겠습니다. 그들은 양의 옷을 입고 교회에 들어와 사도와 선지자, 복음 전도자가 전해준 가르침과는 다른 것을 전하고 주장하는 사람들입니다(엡4:11). 이들은 대체로 풍부한 인간적인 지혜와 논리, 언변을 가지고 있고 사람의 교훈으로 하나님의 가르침을 교묘하게 폐하는 사람들입니다.

거짓 교사가 교회에 나타날 때 발생되는 일은, 쓸데없는 말다툼을 일으키는 주장들을 내세움으로 교회와 복음의 순수성이 왜곡, 훼손되는 것입니다. 그들의 이런 의도와 행동은 하나님의 일에 전혀 유익을 주지 않습니다(딤전1:4). 그들이 전하는 '다른 교훈'은 교회를 시끄럽게 만듭니다. 논쟁과 말다툼은 그들의 첫 번째 특징이라고 할 수 있습니다. 결국 교회 전체에 시기와 분쟁, 중상과 의심을 불러일으킵니다(딤전6:4). 또 다른 특징으로는 사도들의 가르침을 떠나 귀가 가려운 성도들에게 거짓된 이야기와 가르침을 줌으로 그런 이들을 만족시켜 준다는 것입니다(딤후4:3).

거짓 교사의 피해는 교회 내 성도들을 서로 분열시켜 그리스도의 몸인 교회의 성숙과 일치를 파괴시킨다는 것과 거짓 교사의 말에 미혹된 이의 영혼을 구원의 길에서 떠나게 하는 것입니다(렘20:6).

그럼 우리는 무엇을 믿어야 합니까? 그들은 호시탐탐 기회를 보아 교회로 들어오려고 하며, 지식이 풍부하고 논리가 탄탄합니다. 우리가 믿는 복음은 어떤 복음입니까? 그리스도께서 권세를 주셔서 복음을 전하게 한 이들이 전한 복음입니다(눅10:16,요13:20). 온 천하에서 열매를 맺는 복음입니다(골1:6). 거짓 교사들의 공격으로부터 복음을 지키기 위해 바울은 디도에게 복음의 핵심을 요약해 주었습니다.

"우리도 전에는 어리석은 자요 순종하지 아니한 자요 속은 자요 여러 가지 정욕과 행락에 종 노릇 한 자요 악독과 투기를 일삼은 자요 가증스러운 자요 피차 미워한 자였으나 우리 구주 하나님의 자비와 사람 사랑하심이 나타날 때에 우리를 구원하시되 우리가 행한 바 의로운 행위로 말미암지 아니하고 오직 그의 긍휼하심을 따라 중생의 씻음과 성령의 새롭게 하심으로 하셨나니 우리 구주 예수 그리스도로 말미암아 우리에게 그 성령을 풍성히 부어 주사 우리로 그의 은혜를 힘입어 의롭다 하심을 얻어 영생의 소망을 따라 상속자가 되게 하려 하심이라 디도서 3장 3~7절"

그리고 그것을 굳세게 붙들고 전할 것을 부탁했습니다.

"이 말이 미쁘도다 원하건대 너는 이 여러 것에 대하여 굳세게 말하라 이는 하나님을 믿는 자들로 하여금 조심하여 선한 일을 힘쓰게 하려 함이라 이것은 아름다우며 사람들에게 유익하니라 디도서 3장 8절"

피해야 할 것도 말해 주었습니다.

“그러나 어리석은 변론과 족보 이야기와 분쟁과 율법에 대한 다툼은 피하라 이것은 무익한 것이요 헛된 것이니라 디도서 3장 9절”

성경적 근거가 없는 다른 가르침이나 그리스도의 구원받은 백성에게 어울리지 않는 것들을 고집하여 교회의 분열을 조장하는 이들에게는 이렇게 대처하라고 했습니다.

“이단에 속한 사람을 한두 번 훈계한 후에 멀리하라 디도서 3장 10절” – 표준새번역은 “분파를 일으키는 사람은 한두 번 타이른 뒤에 물리치십시오”로, 쉬운성경은 “만일 누군가가 논쟁을 일으키거든 그에게 경고하십시오. 계속 듣지 않으면 다시 경고하고, 그래도 안 되면 그와의 관계를 끊어 버리십시오”로 번역했습니다.

왜냐하면 그들은 개의치 않고 죄에 거하는 사람들이기 때문입니다.

“이러한 사람은 네가 아는 바와 같이 부패하여 스스로 정죄한 자로서 죄를 짓느니라 디도서 3장 11절” – 쉬운성경은 “그런 이는 자기가 잘못하는 줄 알면서도 계속 죄를 짓는 악한 사람입니다”로 번역했습니다.

3 법정에 선 주여 주여

| 마태복음 7:21-23 |

21 나더러 **주여 주여** 하는 자마다 천국에 다 들어갈 것이 아니요 다만 하늘에 계신 내 아버지의 뜻대로 행하는 자라야 들어가리라

주여 주여 _ 예수님은 사람이 더 이상 자기 자신을 기만할 수 없도록 말씀의 강도를 높이셨습니다. 앞에서는 생명이 있는 좁은 문으로 가라고 하셨습니다. 넓은 문은 멸망으로 인도한다고 하셨습니다. 좋은 나무는 아름다운 열매를, 나쁜 나무는 나쁜 열매를 맺는다고 하셨습니다. 그 열매로 그 사람이 누구인지 알 수 있다고 하셨습니다. 아름다운 열매를 맺지 않는 나무는 찍혀 불에 던지울 것이라고 하셨습니다. 그리고 여기 21절에서는 "주여 주여" 한다고 천국에 다 가는 것이 아니라 하늘에 계신 아버지의 뜻대로 행하는 자라야 들어갈 것이라고 하셨습니다. 하나님의 뜻에 순종하는 마음과 삶의 노력이 없는 사람에 대해 하나님이신 예수님은 직접적인 정죄 의사를 밝히셨습니다. 그러나 이 구절을 피해가지 마십시오. 야곱과 같이 씨름하십시오. 허벅지 관절이 어긋나 절뚝이게 되더라도 씨름하여 하나님으로부터 고침을 받으십시오(창32장). 수술해야 할 부분이 있다면 하나님의 말씀과 성령님의 능력으로 수술을 받아야 합니다. 살기 위해서 그렇게 해야 합니다. 구원이 걸린 신앙의 길에 편법을 써서 거쳐야 할

것들을 거치지 않고 천성에 도달하려고 하지 마십시오. 목숨이 걸린 문제입니다.

여기서 주님의 이름을 부르는 몇 사람들을 만나 이야기를 나누어 보고자 합니다.

첫 번째 사람

"저는 예수님을 구주로 영접한지 얼마 되지 않은 사람입니다. 아직 성경 말씀도 잘 모릅니다. 하지만 교회에 가면 마음이 편안하고 성도님들도 따뜻하게 대해주셔서 교회 가는 주일을 손꼽아 기다립니다. 하나님의 뜻대로 사는 것이 중요하다는 것을 압니다. 그래서 노력하고 있습니다. 지난 주 설교에서 여자를 보고 음욕을 품는 자마다 간음한 것이라고 들었는데 사실 어제 오후 집으로 가는데 어느 아름다운 여인을 보고 예수 믿기 전에 습관적으로 하던 음란한 생각을 잠깐 했습니다. 부끄럽고 화가 났습니다. 정말 바라지 않았던 일이었는데…. 이제 저는 죄를 지은 것이고 그것은 하나님의 뜻대로 행하지 않은 것이니 천국에 들어가지 못하게 된 것인가요?"

그를 등장 시킨 것은 삐뚤어진 시각으로 21절을 해석하려는 사람을 경계하기 위해서입니다. 예수님을 구주로 영접한지 얼마 되지 않은 그는 아직 믿음이 강하지 못합니다. 영적 지식도 더욱 필요합니다. 지금 그는 단단한 식물을 먹을 수 있는 때가 아닙니다. 그렇다고 그가 열등하다는 것은 결코 아닙니다. 아기가 태어나면 손가락, 발가락이 모두 열개씩입니다. 그는 살아가기 위해 필요한 모든 것을 가지고 태어납니다. 그 뒤로는 젖과 음식을 먹고 건강하게 자라납니다. 마차가지로 모든 신자는 그리스도를 영접할 때 필요한 모든 것을 받게 됩니다(골2:10). 그 뒤로는 말씀의 양식을 먹고 영적으로 건강하게 자라나는 것(develop and grow)이 필요합니다.

영적 유아기의 단계에 있는 그에게 필요한 것은 어려운 요구가 아니라 따뜻한 관심과 사랑 그리고 먼저 믿은 이들의 끊임없는 기도이며 계속해서 말씀을 배워 지식(knowledge)과 이해(understanding)를 통해 결국 확신(conviction)에 이르는 것입니다. 하나님은 때에 따라 필요한 것을 주십니다. 이 사람에게는 예수님은 병든 자의 의원이시며, 의원은 의인이 아니라 죄인에게 필요하다는 말씀을 해주어야 합니다. 잃어버린 양을 찾아오신 그리스도, 죄인을 위해 피 흘린 그리스도의 자비와 은혜로 그를 붙들어 주어야 합니다. 그리고 계속 영적으로 성장할 수 있도록 교회의 성도들은 기도하며 도와주어야 합니다. 그러니 그의 질문에 대한 대답은 이렇습니다.

"바울의 기록에 귀를 기울여 보세요. 그는 말했습니다. 내가 원하는 바 선은 하지 아니하고 도리어 원치 아니하는 바 악은 행하는 도다... 내 속 사람으로는 하나님의 법을 즐거워하되 내 지체 속에서 한 다른 법이 내 마음의 법과 싸워 내 지체 속에 있는 죄의 법 아래로 나를 사로잡아 오는 것을 보는 도다. 오호라 나는 곤고한 사람이로다 이 사망의 몸에서 누가 나를 건져 내랴... 이제 그리스도 예수 안에 있는 자에게는 결코 정죄함이 없나니 이는 그리스도 예수 안에 있는 생명의 성령의 법이 죄와 사망의 법에서 당신을 해방하였기 때문이다... 누가 능히 하나님의 택하신 자들을 송사하리요 의롭다 하신 이는 하나님이시니 누가 정죄하리요 죽으실 뿐 아니라 다시 살아나신 이는 그리스도 예수시니 그는 하나님의 우편에 계신 자요 우리를 위하여 간구하시는 자시니라 누가 우리를 그리스도의 사랑에서 끊으리요...(롬7장후반부~8장)"

두 번째 사람

피고 : 교회에 20년 이상 출석한 어느 그리스도인. 현재 몇 가지 직책을 맡고 있고, 리더로서 교회를 섬기고 있습니다. 성경을 한 번 통독했고 기독교서적을 즐겨 읽습니다. 성경의 전체적인 줄거리를 알고 있습니다. 여러 신학이

론에 대해서도 개인적인 견해를 피력할 수 있습니다. 주말과 주일은 거의 교회에서 모든 시간을 보냅니다. 찬양대원이기도 합니다. 주중에는 회사에서 일합니다.

원고 : 피고의 직장 동료로서 무신론자이며 피고와 오랜 시간을 함께 일했습니다. 피고로부터 교회에 가자는 말을 많이 들었습니다. 피고의 권유로 함께 교회에 간 적도 있습니다.

공소 제기 사항

1. 피고는 피고가 해야 할 일들을 무책임하게 원고에게 떠넘겼다. 일곱 번씩 일흔 번을 맡겼는데 원고는 그것을 더 참을 수가 없다.
2. 피고는 성경 말씀을 인용하며 지혜롭고 은혜로운 말들을 했다. 그의 말은 분명 어느 위대한 선생의 말이었다. 하지만 그의 행동은 그가 하는 말에 전혀 미치지 못했다. 그럴싸한 말을 뱉으면 자기가 할 일을 하지 않아도 되는 것인가!
3. 피고는 책임은 조금만 지고 권리는 누구보다 크게 누리려고 했다. 회사에서 일은 가장 적게 하면서 월급은 가장 많이 받았다. 이것은 그에게 남보다 뛰어난 능력이 있어서가 아니라 종종 상황을 조작하였기 때문이다.
4. 그는 항상 가장 좋은 자리와 물건을 차지하려고 했다. 하지만 그에 대한 대가는 남들이 지불했다. 처음부터 그런 것은 아닌데 승진을 겪은 뒤에 본색을 드러내듯 심해졌다.

위에서 제기한 것들에 대한 물질적, 정신적, 신체적 보상을 청구하는 바이다.

재판관 : 그리스도인인 당신이 직장 동료인 원고에게 한 지속적인 일들은 사실입니까? 자신의 행동에 잘못이 있음을 느낀 적이 있습니까?

피고의 양심 : 네, 그렇습니다. 그 일들은 사실이고 저도 제게 잘못이 있음을 느

꼈었습니다. 즉, 무엇이 잘못인지 알았었습니다.

재판관 : 그런데 왜 그런 행동들을 고치지 않았습니까?

피고의 양심 : 너무 오랜 시간을 그렇게 해서 고치기가 쉽지 않았습니다. 또 교만과 욕심이란 녀석의 위장술과 은폐술이 너무 뛰어나서 회개의 참호를 팔 곳을 찾지 못했습니다. 나의 신앙과 도덕과 꿈과 이상 그 아래에 욕심이 깔려 있었고, 거룩함과 신앙심은 교만의 단비를 맞으며 자라고 있었습니다. 그래서 일단 이 회사에서 나갈 때까지만 그렇게 살려고 한 것인데 그전에 이렇게 법정에 서게 되니 가슴이 떨립니다.

재판관 : 남에게 대접을 받고자 하는 대로 너희도 남을 대접하라 이것이 율법이요 선지자니라(마7:12). 이 말씀을 피고는 알고 있죠?

피고의 양심 : 네, 그렇습니다.

재판관 : 그런데 왜 그렇게 대담하게 자기의 이익과 편의만 생각한 것입니까?

피고의 양심 : 오랜 시간 동안 굳어진 이기적인 습관들이 저를 그렇게 만들었습니다. 마음의 원보다 육신의 습관이 더 큰 힘을 발휘하였습니다(마26:41).

재판관 : 정리하겠습니다. 당신은 교회에 많은 시간과 힘을 쏟는 사람으로 사회적으로는 그리스도인으로 분류되고 있습니다. 또 당신이 사람을 만나서 하는 이야기도 그리스도인들이 즐겨하는 것으로 틀린 것이 없습니다. 하지만 당신이 걸어가고 있는 길은 넓은 길입니다. 다시 말해 당신은 넓은 길을 걷고 있으면서 입술로는 좁은 길을 가는 사람의 이야기를 하고 있는 것입니다. 또 당신이 맺는 삶의 열매는 태만, 위선, 자기합리화, 이기심, 질투 그리고 권력남용 등입니다. 나는 포도나무요 무화과라고 말하지만 그대가 맺는 열매는 가시나무와 엉겅퀴의 그것입니다. 입술은 '주여 주여' 하는데 삶은 '나여 나여' 하며 하나님의 뜻대로 행하고 있지 않습니다. 당신에게 입술의 회개가 아닌 마음 중심의 회개를 선고합니다. 삶이 변화되는 회개를 선고합니다. 그리스도인의 옷을 입고 남을 이용하여 자기의 배를 불리는 노략질에서 손을 떼지 못하면 당신은 멸망하게 될 것입니다.

회개하지 않는 피고 : 잠깐만요! 재판관님, 지금 무슨 소리입니까? 내 아버지가 교회 장로이십니다. 나도 20년 이상 교회에 다녔고요. 찬양팀 봉사도 하고 있습니다. 게다가 십일조도 한 번도 거른 적 없는 내가 어떻게 멸망한다는 것입니까!

재판관 : 나더러 주여 주여 하는 자마다 천국에 다 들어갈 것이 아니요 다만 하늘에 계신 내 아버지의 뜻대로 행하는 자라야 들어가리라 그날에 많은 사람이 나더러 이르되 주여 주여 우리가 주의 이름으로 선지자 노릇하며 주의 이름으로 귀신을 쫓아내며 주의 이름으로 많은 권능을 행치 아니하였나이까 하리니 그 때에 내가 저희에게 밝히 말하되 내가 너희를 도무지 알지 못하니 불법을 행하는 자들아 내게서 떠나가라 하리라(마7:21,22).

여기서 주여 주여 하던 사람들도 당연히 자기가 구원받았다고 생각하지 않았겠습니까. 그러나 그들은 구원받은 자의 삶을 살지 않았습니다. 이것이 그들이 구원받지 않았다는 것을 말해줍니다.

악한 사람이여! 구원받았다면 구원받은 자의 삶을 사는 것이 마땅한 것인데 왜 구원받지 않은 사람의 삶을 살면서 구원받은 사람이라고 생각하는 것입니까? 그런 생각이 당신이 어떤 사람인지 분명히 말해줍니다. 그것이 의인의 생각인지, 악인의 생각인지는 명백합니다.

회개하지 않는 피고 : 나는 예수의 이름으로 예언하고 예수의 이름으로 귀신을 내쫓고 예수의 이름으로 많은 기적을 베풀었습니다. 예수의 이름으로 대단한 일들을 해냈는데 왜 천국에 들어가지 못한다는 것입니까?

재판관 : 그대는 무엇인가를 했지만 하나님의 뜻을 행하지는 않았습니다.

그때에 내가 저희에게 밝히 말하되 내가 너희를 도무지 알지 못하니 불법을 행하는 자들아 내게서 떠나가라 하리라(마7:23).

그대의 동기는 스스로의 이익과 명예 그리고 인기를 위한 것이었습니다. 하나님이 아닌 자기를 영광스럽게 하려 한 것입니다. 아버지의 뜻(마7:21)이 무엇이라고 생각하십니까?

형식적인 기독 종교인 : 십일조를 하고, 교회 봉사를 하는 것입니다. 마음속으로 사랑하지 않아도 일단 말은 "사랑합니다"라고 하는 것입니다. 마음에 미움이 가득해도 일단은 미소 짓는 것입니다.

재판관 : 그대에게 빠진 가장 중요한 것이 있으니 형식이라는 그릇을 채우는 내용이라는 정신입니다. 그럼 그 정신은 무엇입니까?

온 율법은 네 이웃 사랑하기를 네 자신 같이 하라 하신 한 말씀에서 이루어졌나니(갈5:14).

새 계명을 너희에게 주노니 서로 사랑하라 내가 너희를 사랑한 것 같이 너희도 서로 사랑하라(요13:34).

사랑의 정신이 없다면 그대가 방언으로 기도하고, 귀신을 내어 쫓고, 성경 공부를 인도하고, 남을 위해 지갑을 연들 온전한 것이 아닙니다. 하나님은 사랑이 담긴 예배, 봉사, 헌금, 기도, 교제 등을 받으십니다. 사랑의 정신이 담긴 형식을, 사랑의 마음이 담긴 행위를 받으신다는 말입니다. 하나님은 사랑이십니다. 그대가 사랑을 알지 못한다면 하나님은 그대를 알지 못한다고 하실 것입니다. 입술에서 시작하여 삶으로 고백되는 하나님께 대한 사랑과 믿음! 그것이 하나님과 친근한 관계가 되는 방법입니다. 그러니 하나님과 이웃을 향한 사랑의 정신이 없이는 하나님의 뜻(마7:21)을 따를 수 없습니다.

거기, 마음에 사랑의 불꽃이 없는 당신이여
먼저 당신의 죽은 마음부터 살펴보아야 합니다.
거기, 죽은 믿음을 가진 건강하고 느긋한 당신이여
진실로, 죽은 믿음이 당신을 구원하겠습니까?
사랑의 정신과 행동으로 하나님과 이웃을 사랑하십시오.
그리스도 예수 안에서는 할례나 무할례나 효력이 없으되
사랑으로써 역사하는 믿음뿐이니라(갈5:6)

하나님께 대한 사랑이 없어 회개하지 않는 피고 : 자꾸 그게 무슨 소리입니까? 나는 천국에 갈 것입니다. 이래뵈도 내가 성경공부도 인도한 적이 있는 몸입니다. 빨리 저를 놓아주십시오. 주일에 교회에 가서 할 일이 많습니다. 정 보내주시지 않겠다면 뭐, 회개하겠습니다. 잘못했습니다. 이제 가도 됩니까?

재판관 : 그대는 회개의 의미조차 모르고 있습니다. 참된 회개는 성령의 질책을 받아 자기의 잘못을 깨달아 죄에 애통하고 죄를 미워하는 것입니다. 그리고 하나님으로부터 고침을 받는 것입니다. 즉 참된 회개에는 열매(변화)가 나타납니다.

당신에게 중요한 것은 구원이라는 단어가 주는 '안도감' 이지 결코 구원을 베푸신 하나님께 대한 감사와 충성, 사랑이 아닙니다. 자기 안도감이 만들어낸 것은 스스로로부터 오는 구원이었습니다. 하나님으로부터 온 것이 아니었습니다. 성령께서 인도하시는 회개함 없이 그리스도인이 될 수 있는 사람은 없습니다. 거듭나지 않고 하나님의 나라에 들어갈 수 있는 사람은 없습니다.

당신이 가진 믿음은 성경에 기록된 '주 예수 안에서 믿음(엡1:15)' 이 아닙니다. '예수 안에서 믿음' 이란 단순히 예수님의 존재를 믿는 것이 아닙니다. 이것은 '예수 안에서 사는 믿음' 을 말합니다(갈2:20). 예수 그리스도와의 인격적인 교통 가운데서 당신의 믿음은 움직이며 성장하고 있습니까? 삶의 변화가 없는 당신의 믿음이 과연 '아브라함의 믿음(롬4:12)' 과 같은 믿음이겠습니까? 바랄 수 없는 중에 바라고 믿었던 아브라함과 달리 당신은 습관적인 종교생활 가운데 이기심과 욕심, 세상 즐거움과 말씀에 대한 불순종으로 인하여 '의로 여김을 받은 아브라함의 믿음(롬4:22)' 을 소유하지 못하고 있습니다.

삶의 변화 없는 당신의 믿음이여! 하나님을 진정으로 존경한다면(마15:8) 선한 열매들을 맺어야 할 것입니다. 구원의 증표인 성령(고전12:3,롬8:9)이 그대 안에 거하신다면 마땅히 그런 열매가 있어야 합니다(갈5:25). 그러나 이런 것이 전혀 없다면, 또 관심도 없다면, 그대는 아직 성령으로 거듭난 그리스도인이 아닙니다(요3:3). 즉, 그대는 구원의 믿음을 소유하고 있는 것이 아닙니다.

주여 주여 외치며 당신 스스로 구원을 자기 재산 목록에 기입하여 넣는다 해도 구원을 주시는 분은 하나님이십니다. 그러니 당신이 하나님을 사랑하고 그 분의 말씀에 순종하지 않는다면 '당신의 소유라고 굳게 믿고 있는 하나님께서 주신 구원' 이 정말 과연 영혼을 살리는 '구원' 이 될 수 있겠습니까? 당신은 '구원' 을 믿어 구원을 얻으려는 것입니까? '그리스도' 를 믿어 구원을 얻는 것이 아니고(요6:40)? 구원이라는 단어에 집착하지 말고 구원을 받았다고 믿는다면 구원받은 사람답게 구원의 말씀을 따라 사는 것에 온 힘을 기울이십시오(고후13:5). 진정 당신은 진리의 말씀 곧 구원의 복음을 듣고 그리스도를 믿은 것입니까(엡1:13)? 아니면 다른 이유나 목적으로 그리스도께 접근한 것입니까? 후자라면 그리스도 곁에서 3년이나 함께 했지만 결국 그리스도를 은 삼십에 팔고 자살한 가룟 유다로부터 교훈을 얻어내야 할 것입니다.

다른 무엇이 아닌 '그리스도' 를 믿으십니까? 그전에 '성경에 기록된 복음(골1:23)' 을 들으셨습니까? 당신을 구원하신 그리스도께 '감사' 하십니까? 모든 것을 계획하신 하나님을 '사랑' 하십니까? 그리고 이 믿음과 감사와 사랑이 삶으로 고백되어지고 있습니까?

나의 계명을 지키는 자라야 나를 사랑하는 자니 나를 사랑하는 자는 내 아버지께 사랑을 받을 것이요 나도 그를 사랑하여 그에게 나를 나타내리라(요14:21).

그리스도에 대한 사랑이 없는 당신의 상태를 정리해드리겠습니다. 그것을 위해 쉬운 예를 들겠습니다. 인터넷에 접속이 되어 있지 않지만 오프라인 연결로 인터넷 화면이 뜨게 할 수 있는 것처럼 그리스도께 접속이 되어 있지 않지만 기독교적인 모습이 보이는 것, 그것을 '오프라인 연결 신앙' 이라고 합니다. 오프라인 연결도 화면상으로는 온라인 연결과 하나도 다른 것이 없이 같습니다. 하지만 새로운 페이지로 넘어가려고 하면 문제가 발생합니다. 그러니 예수 그리스도께 온라인으로 접속하십시오. '오프라인 신앙' 에는 구원이 없습니다. 구원의 믿음이란 '그리스도' 를 알고, 믿고, 의지하는 것이기 때문입니다.

하나님께 대한 사랑으로 회개에 이르기를

아아, 고침을 받기 원합니다.
성령으로, 말씀으로 고침을 받기 원합니다.
사슴이 시냇물을 찾기에 갈급하듯이 내 영혼은 죄로부터 돌아서 성령과 말씀에 갈급합니다.
자비와 인내가 한이 없으신 하나님을 찬양합니다.
이제 나는 그리스도의 보혈의 공로만을 의지하여 간절한 회개의 기도를 올려야겠습니다.
죄인에게 다시 한 번 회개의 기회를 주신 하나님을 찬양하며
지난날의 수많은 죄악들을 뉘우치는 바입니다.
교만과 욕심이란 참으로 악의 뿌리입니다!
하나님께 대해 무관심하게 만들었던 교만과 욕심을 마음 깊이 미워합니다.
주님, 헛된 생각들을 모두 버릴 수 있도록 도와주소서(딤전1:4~7).
하나님의 말씀보다 나의 생각을 더 신뢰했던 것을 회개합니다.
지극히 작은 피조물 중 하나인 이 죄인을 불쌍히 여기소서.
제 인생의 주인의 자리를 이제 온전히 하나님께 내어 드립니다.

오호라 나는 곤고한 사람이로다.
내가 원하는 바 선을 행하지 아니하고 원치 않는 악한 일들을 했도다.
너무나 그런 삶에 익숙하여 깨닫지 못하였도다.
그것이 얼마나 위태위태한 삶이었는지.
하지만 주님의 은혜로 다시 회개의 기회를 얻었으니 나는 회개하리라.
불의하게 취한 재물을 도로 돌려주리라.
두 벌 있는 옷 중 한 벌을 옷 없는 자에게 주리라.
내가 맡은 일을 남에게 떠넘기지 않으리라.
남을 헐뜯지 않으리라. 만족하고 감사하리라.
말씀으로 돌아가리라.
진리의 말씀이 요구하는 삶을 살리라.

재판관 : 이상 살펴보았듯 하나님께 대한 말을 한다고 모두 하나님께 속한 것은 아닙니다. 심지어 가장 종교적인 옷을 입고 근엄한 얼굴 표정으로 "나의 주님"이라고 외친다 해도 그것은 아무 증거가 되지 않습니다. 주님은 우리의 입술보다 동기와 삶의 내용 더 큰 관심을 두십니다. 행위는 믿음을 반영합니다. 행위가 믿음에서 나오는 것이라는 말입니다. 그러니 나쁜 행위를 하면서 자기가 좋은 믿음을 가지고 있다고 안심하는 그리스도인들이여, 아직도 안심하고 계십니까? 위조지폐에 아무런 가치가 없고 오히려 법률에 근거하여 처벌을 받듯이 위조 신앙도 아무런 가치가 없고 말씀에 근거하여 처벌을 받을 것이라는 걸 모르겠습니까? 그러니 어서 눈으로 보고, 귀로 들어 고침을 받으시기 바랍니다. 회개치 않는 고집스런 이스라엘 백성(마13:15, 15:8)과 우리가 같지 않기를 바랍니다.

22 그 날에 많은 사람이 나더러 이르되 주여 주여 우리가 주의 이름으로 선지자 노릇하며 주의 이름으로 귀신을 쫓아내며 주의 이름으로 많은 권능을 행치 아니하였나이까 하리니 23 그 때에 내가 저희에게 밝히 말하되 내가 너희를 **도무지 알지 못하니** 불법을 행하는 자들아 내게서 떠나가라 하리라

도무지 알지 못하니 _ 왜 예수님께서 이런 말씀을 하셨을까요? '많은 사람' 이 주님의 이름으로 선지자 노릇을 했고 귀신을 쫓아내며 주님의 이름으로 많은 권능을 행했습니다. 그런데 어떻게 주님은 그들에게 "나는 너희를 도무지 알지 못한다. 불법을 행하는 자들아 내게서 떠나라"고 하실 수 있는 것일까요? 먼저 그들이 악한 마음으로 그리스도를 이용하였기 때문입니다. 이것은 기독교 이단의 특징입니다. 하나님의 이름을 빙자한다고(심지어 빙자하여 큰 능력을 행하고 사회적 성공을 이룬다 해도) 하나님께서 인정하시는 것이 아니라 하나님의 뜻대로 행하는 자라야 하나님께서 인정하실 것입니다. 그러니 말씀을 떠나서 세속적 성공을 이룬 이들을 부러워해서는 안됩니다.

그러나 그리스도에 대한 살아 있는 믿음을 고백하는 우리들은 다를 것입니다. 아버지께서는 사랑하시는 자녀들을 존귀하게 환영해주실 것입니다(눅15:22). 그래서 "도무지 알지 못한다"라고 말씀하시는 하나님을 우리는 도무지 생각할 수 없습니다. 그런데 여기서 신앙의 유익을 위해 어떤 한 가지를 생각해보고자 합니다. 그것은 '관계'에 관한 것입니다.

관계에는 단체와 단체의 관계가 있습니다. 단체와 개인의 관계가 있습니다. 그리고 개인과 개인의 관계가 있습니다. 하나님께서 우리들에게 원하시는 것들은 위의 세 가지 관계 모두에서 발견될 수 있습니다. 먼저 단체와 단체의 관계로는, 교회와 교회의 관계입니다. 교파가 다르고 교회가 다르지만 그리스도를 전하는 것과 구체적으로 사랑을 드러내는 일에 한마음이 되는 것입니다. 그리고 단체와 개인은 그리스도의 몸 된 교회와 머리이신 그리스도와의 관계입니다. 또 교회와 성도와의 관계도 있습니다. 개인과 개인의 관계는 성도들간의 관계입니다. 또 성도 개인과 주님과의 관계도 있습니다.

이 모든 관계의 시작이자 지탱점은 개인 성도와 주님과의 관계입니다. 이것이 없이는 신앙생활을 할 수 없습니다. 이것이 없이 신앙생활을 하다가 상처받고 교회를 떠나는 사람들이 얼마나 많은지 모릅니다. 주 예수 그리스도께 연결되어 있지 않은 성도, 교회, 말씀, 봉사… 즉, 믿음을 통하여 그리스도께 연결되어 있지 않은 신앙은 사실 신앙이 아닙니다. 왜냐하면 기독교 신앙의 중심은 그리스도이기 때문입니다. 성경에서 말하는 모든 영적인 축복은 오직 그리스도께 연결된, 그리스도와 연합한, 그리스도 안에 있는 사람에게만 해당되는 것입니다(엡1:3). 그래서 우리가 신자라면 무슨 일을 하든지 그리스도께 연결되는 것이 중요합니다(골3:17).

우리가 그리스도께 연결되어 있는 한 우리는 하나님의 영광의 보좌 우편에 앉아계신 그리스도의 친절한 환영을 받을 것입니다. "내가 너를 도무지 모르겠다"가 아니라 "오 나의 사랑하는 형제여, 자매여, 어서 오게나. 환영한다네. 창세로부터 예비된 나라를 상속하게나(마25:34)"라는 말씀을 들을 것입니다. 그래서 우리는 소망을 갖고 살 수 있습니다. 우리는 믿음으로 말미암아 그리스도로부터 구원을 받은 존재들입니다. 즉, 그리스도는 우리와 심판주가 아닌 구세주로서 관계를 맺고 계신 분입니다. 이 부분에 대해서는 모든 믿는 자들에게 일체의 차별이 없습니다. 왜냐하면 그것이 전적으로 그리스도의 공로에 의지하고 있는 부분이기 때문입니다(롬3:22). 즉, 차별이 없는 구원의 사랑입니다.

하지만 일단 '구원의 관계'가 성립이 된 뒤에는 개인적인 친밀함을 이루어 나가는 새로운 관계가 시작되고, 그 관계에 있어서는 성령님을 의지하고자하는 우리의 결단과 노력도 중요한 부분을 차지하게 됩니다. 우리가 전에 죄 가운데 있었을 때에는 하나님께 관심이 없었고 그분께 나아가려고 하지도 않았습니다. 그러나 그리스도께서 우리를 찾아오셨습니다(요15:16). 그리스도로 인하여 의롭게 된 우리는 하나님을 섬길 수 있는 특권을 얻게 되었고(엡3:12) 하나님과의 개인적인 친밀함을 누릴 수 있게 되었습니다. 우리가 그리스도를 구주로 받아들였을 때 우리는 하늘로부터 내려오는 '모든 지혜와 총명'을 넘치도록 받게 되었습니다(엡1:7). 그래서 하나님을 사랑하는 것이 신자의 기본 의무이자 축복이라는 것을 알게 되었습니다. 사랑! 사랑은 관계입니다. 사도 요한은 요한복음과 요한일서를 통해 하나님과 신자와의 관계를 사랑의 관계로 확실히 밝혔습니다. 그렇습니다. 전에는 하나님으로부터 멀었었지만 그리스도의 십자가 피로 이제는 하나님과 가까운 구원받은 사람들인 우리는 하나님을 온 맘과 온 힘을 다해 사랑해야 합니다. 다시 말하면, 하나님과의 관계, 즉 개인적인 친밀함을 더 깊이 하는데 모든 정성을 기울여야 합니다.

하나님과 인간의 관계에서 인간의 의지와 노력이 차지하는 의미

인간의 노력만으로 하나님과의 관계가 더 가까워지고 혹은 멀어진다면 하나님과 인간의 관계에 대한 주도권이 인간에게 있다는 말이 되거나, 적어도 일정

부분은 인간이 스스로의 공로를 주장할 수 있게 됩니다. 그러나 그렇지 않습니다. 모든 계획과 주도권은 하나님께 있습니다(고전3:7).

"여호와께서 집을 세우지 아니하시면 세우는 자의 수고가 헛되며 여호와께서 성을 지키지 아니하시면 파수꾼의 깨어 있음이 헛되도다 시편 127편 1절"

구원도, 성화도 하나님께서 집을 세우시지 않으면, 하나님께서 성을 지키시지 않으면 이루어질 수 없는 것입니다. 그러나 하나님께서 집을 세우시기로 하셨다면, 성을 지켜주신다면 목수와 파수꾼은 자기의 몫을 다할 수 있습니다. 하나님께서는 집을 짓고 성을 지키는데 사람을 사용하십니다. '여호와의 구름이 걷히지 않으면 갈 수 없으나(출40:37) 구름이 걷히면 성막을 걷고 이동하는 것'은 인간이 하는 것입니다(출40:36). 하나님은 사람을 사용해서 일하십니다. 불신자든 신자든 모두 하나님의 위대한 섭리의 톱니바퀴를 따라 하나님의 뜻을 이루어가고 있습니다. 우리가 일하지만 사실은 하나님께서 일하시는 것입니다(고전3:7). 그래서 목수와 파수꾼은 자기가 일하는 것에 대해 교만한 마음을 가져서는 안 됩니다. 공로를 인정받으려 한다거나 의롭다 여김을 받을 수는 없습니다. 왜냐하면 그것은 그들이 마땅히 할 일이기 때문입니다(눅17:10). 해야 할 것을 하는 것 뿐입니다. 그러니 우리는 마음을 다하며 목숨을 다하며 힘을 다하며 뜻을 다하여 하나님께 충성해야 합니다(눅10:27). 그러나 동시에 그것은 어떤 공로를 얻게 하는 것이 아니라 마땅히 할 것이라는 생각이 있어야 합니다.

그런데 어떤 사람들은 하나님의 주도권을 핑계로 하나님의 명령을 지키지 않습니다. 그들은 말합니다.

"하나님께서 집을 세우시지 않으면 인간은 집을 세울 수 없다고? 그럼 우리가 뭣하러 굳이 집을 세우려 하겠는가? 하나님께서 집을 세우실 것이라면 결국 그분이 다 하실 것이고, 세우지 않기로 하셨다면 우리의 수고는 헛된 것이지 않은가!"

그러나 그는 '구름이 걷혔는데도 떠나지 않고 있는 사람❶' 입니다. 이것은 엄중한 책망을 가져오는 죄입니다. 사도 바울은 그렇게 하지 않았습니다. 그는

"하나님께서 다 하실 것이다"하며 가만히 있지 않았습니다. 오히려 모든 힘을 다해 일했습니다. 그러나 자기를 의지하지 않고 그리스도를 의지하여 일했습니다.

"우리는 이 그리스도를 전파합니다. 우리는 모든 사람을 그리스도 안에서 온전한 사람으로 세우려고 모든 사람에게 권하며, 지혜를 다하여 모든 사람을 가르칩니다. 나도 이 일을 위하여, 내 속에서 능력으로 활동하시는 그에게 힘을 얻어서 수고하고 있고, 애쓰고 있습니다. 표준새번역 골로새서 1장 28,29절"

모든 것은 하나님께 달렸습니다. 그 하나님은 우리에게 방향과 때를 알려주십니다. 또 힘과 지혜를 공급하십니다. 신자든 불신자든 하나님의 손을 벗어나지 못합니다. 실로 모든 것이 하나님의 소유입니다. 그런데 그분은 인간을 사용하십니다. 그분은 성막을 지으라고 명하실 뿐 아니라 짓는 법을 가르쳐주시고 짓는 능력도 주십니다. 그러니 그분께서 말씀하시는 모든 것에 순종하고 모든 충성을 다하십시오. 그리고 조용히 이렇게 말하십시오.

"나는 무익한 종입니다. 해야 할 일을 한 것 뿐입니다(눅17:10)."

개인적인 친밀함을 원하시는 하나님

한 남자가 어느 여인을 사랑하여 보통 이상의 특별한 관계를 바랄 때 남자는 상대방이 좋아하는 것과 그렇지 않은 것들을 눈치껏 재빨리 파악하여 상대방이 기뻐하는 행동들을 할 것입니다. 마찬가지로 우리가 하나님과 특별한 관계, 깊은 친밀함을 원한다면 하나님께서 기뻐하시고 미워하시는 것들이 무엇인지 성경을 통하여 파악한 뒤 오직 그분을 기쁘시게 해드리는 것들을 하려고 노력할 것입니다. 또, 그분이 기뻐하시지 않는 모든 요소들을 삶에서 제거할 것입니다.

그렇습니다. 성화, 개인적인 친밀함에는 차이가 있을 것입니다. 양의 문을 통

---

❶ 출애굽기 40장 후반부 참조

해 들어가며 나오며 꼴을 얻고 더 풍성히 얻을 때 목자와 더욱 친밀해질 것입니다(요10:9,10). 예수님도 천국에 '차이'가 존재함을 말씀하셨습니다(마5:19,18:4). 그러니 하나님과 더 깊은 관계를 이룰 수 있도록 힘써야 합니다. 구원의 은혜는 하나님께서 우리에게 주신 것이기에 차별이 없는 동일한 최상의 사랑입니다. 하지만 개인적인 친밀함은 하나님과 나의 관계, 하나님의 말씀에 대한 나의 순종, 하나님께 대한 나의 사랑의 신실성과 진실성으로 인하여 하나님과 신자 사이에서 계속해서 형성되고 있는, 서로가 공유하는 사랑의 기억과 순간이기 때문에 차이가 있을 것입니다.

열 명의 자녀를 둔 부모에게 열 명 모두 자녀라는 사실은 같지만 다 똑같은 존재로 바라보지는 않는 것과 같습니다. 그 관계는 부모와 자식이라는 점에서 같지만 개인적인 친밀함에 있어서는 부모와 자녀의 인격과 추억에 따라 차이가 있습니다. 이것은 시험성적처럼 한 가지 기준으로 평가되어 더 우월함을 나타낼 수 있는 차이가 아니라, 부모의 사랑이라는 동일한 향기로운 정원(garden)에 평소 함께 지내며 형성된 둘만의 관계라는 각기 다른 꽃이 피는 것입니다. 그러니 일대일관계의 모양은 저마다 다르지만 부모와 자식이란 관계는 동일합니다. 그리스도 안에 있는 우리는 이미 하나님의 칭의적 사랑을 받고 있습니다. 그러나 계속해서 성화적 사랑을 깊이 해야 합니다. 칭의적 사랑은 전적으로 하나님께서 주신 것이고 성화적 사랑은 하나님과 함께 계속해서 만들어나가야 하는 것입니다.

성화적 사랑은 칭의적 사랑이 전제되어야 합니다. 즉, 구원을 받은 자만이 성화적 사랑을 할 수 있습니다. 그리스도를 믿음으로 얻는 '칭의 없는 성화'는 세상 철학이나 세상 종교일 뿐 그리스도교가 아닙니다. 그러나 '성화 없는 칭의'는 하나님의 칭의가 아닌 인간의 자칭 칭의일 가능성이 매우 큽니다.

하나님과 나의 관계가 친밀해지는 것은 누가 대신 해줄 수 있는 일이 아닙니다. 부모님도, 배우자도, 친구도, 목사님도 대신 해줄 수 없습니다. 연인끼리의 사랑도 다른 누가 대신해 줄 수 없듯이 말입니다. 사람도, 물질도, 컴퓨터도 내가 해야 할 사랑을 대신 해 줄 수는 없습니다. 사랑에 편법은 없습니다. 하지만 지름길은 있습니다. 지극한 순종입니다. 그러니 하나님과의 '친밀한 관계'에 집중해야 합니다. 그러기 위해 멀리 가서 하나님을 찾지 않아도 됩니다. 멀리서 신앙 성숙을 위한 특별한 코스나 비결을 찾지 않으셔도 됩니다. 그분은 이미 우리 가까이 와 계십니다. 사도들이 했던 것과 같이 말씀과 기도, 교제, 예배로 하나님과 친밀해지는 방법을 따르십시오. 이토록 간단한 진리의 방법을 베푸신 아버지 하나님의 지혜와 친절을 찬양합니다.

4 같아요 그러나 달라요

| 마태복음 7:24-29 |

24 그러므로 누구든지 **나의 이 말**을 **듣고 행하는 자**는 그 집을 **반석 위에 지은**
지혜로운 사람 같으리니 25 비가 내리고 창수가 나고 바람이 불어 그 집에 부딪
히되 무너지지 아니하나니 이는 주초를 반석 위에 놓은 연고요 26 나의 이 말을
듣고 행치 아니하는 자는 그 집을 **모래 위에 지은 어리석은 사람** 같으리니 27 **비**
가 내리고 **창수**가 나고 **바람**이 불어 그 집에 부딪히매 무너져 그 무너짐이 심하
니라

나의 이 말 _ 하나님의 말씀은 듣고 지키면 축복이지만 듣기만 하면 오히려 실행치 않은 책임이 따릅니다(약4:17). 하나님의 말씀에 대해 지켜도 되고 지키지 않아도 되는 선택권을 가진 이는 아무도 없습니다. 창조주의 깊고 선한 뜻을 따르지 않는 것은 죄입니다. 그것은 거룩한 하나님의 반대에 서 있는 세상 주관자에게 순종하는 것이기 때문입니다. 그것은 하나님의 맹렬한 진노를 불러일으킵니다. 그럼 하나님의 뜻은 무엇입니까?

"내 아버지의 뜻은 아들(예수 그리스도)을 보고 믿는 자마다 영생을 얻는 이것이니 마지막 날에 내가 이를 다시 살리리라 요한복음 6장 40절"

24절에서 예수님께서 '나의 이 말'을 하신 이유는 오늘 이 세상을 심판하기

위해서가 아닙니다. 영생을 주기 위해서입니다. 그분의 말씀을 듣고 믿는 이를 구원의 길로 이끄시고 하나님께서 주시는 상을 얻게 하기 위해서입니다(요3:16). 예수님은 구원자로 오셨습니다. 하지만 '그분의 이 말'을 따르지 않는다면 훗날 심판자로 만나게 될 것입니다. 여러분 중 어느 누구도 '순종치 않으면 진정 심판자로 만나게 되는가' 하는 어리석은 호기심으로 자기의 인생과 영혼을 거는 멸망할 도박을 하는 이가 없기를 간절한 마음으로 하나님께 기도합니다.

듣고 행하는 자, 반석 위에 지은 지혜로운 사람, 듣고 행치 아니하는 자, 모래 위에 지은 어리석은 사람 _ 예수님은 두 사람을 등장시키셨습니다. 둘은 같습니다. 그러나 다릅니다. 둘 다 예수님의 말씀을 들었습니다. 그러나 한 사람은 행하는데 까지 나아갔고 다른 한 사람은 듣는데서 그쳤습니다. 둘 다 집을 지었습니다. 그러나 한 사람은 반석 위에 지었고 다른 한 사람은 모래 위에 지었습니다. 결과는 처절하게 달랐습니다.

비, 창수, 바람 _ 둘 다 사는데 큰 문제는 없었습니다. 겉으로는 서로 별다른 것이 없었습니다. 둘 다 하나님 나라에 관심이 있고 그렇기에 하나님의 말씀을 들으며 살았습니다. 다른 점이라면 하나는 반석 위에 집을 지었고 다른 하나는 모래 위에 지은 것뿐이었습니다.

모래 위에 집을 지은 이는 모래 위라는 것에 대해 그다지 불편함을 느끼지 않았습니다. 모래 위라는 것이 조금 불안하긴 했지만 그렇다고 다시 집을 짓는 것은 너무 고된 작업이었습니다. 처음부터 반석 위에 짓지 않은 것은 그것이 수고롭고 자기가 생각하는 것만큼 효율적이지 않았기 때문입니다. 더 빠르고 효과적으로 보이는 자기 생각을 따라 모래 위에 지은 것입니다. 어쨌든 사는데 별 문제는 없었습니다. 시련이 오기 전까지만 해도.

어느 날 강한 소나기가 내리기 시작했습니다. 모래 위에 집을 지은 사람은 점점 다급해졌습니다. 엎친 데 덮친 격으로 홍수가 났습니다. 그리고 돌풍이 일어 그의 집을 때려 와르르 무너지고 말았습니다. 그는 좌절했습니다. 절망했습니다. 집을 짓는데 들어간 모든 수고와 비용을 생각하니 너무 아까운 마음에 가슴을 쳤습니다. 집에 있던 모든 가구와 조리기구, 정성스레 모은 책들과 장식품들 등도 형체를 알아볼 수 없을 정도로 훼손되었습니다. 그는 심히 애통했습니다.

다음날 가까운 곳에 사는 그의 친구인 반석 위에 집을 지은 사람을 찾아갔습니다. 그런데 그의 친구의 집은 비와 홍수와 돌풍이 언제 있었냐는 듯 평소와 같은 모습으로 서있었습니다. 그는 이게 무슨 일인가 하며 얼른 집으로 들어가 친구를 만났습니다.

"이보게, 아… 자네의 집은 어떻게 이렇게 말짱한 것인가? 나는 이번 일로 집을 잃었는데…"

"나도 방금 소식을 들었어. 무슨 말을 해주어야 할지 모르겠네."

"앞으로 어떡해야 할지 모르겠어. 이제 내 인생은 어떻게 되는 것인지 모르겠어. 그리고 너무나 아까워. 그동안 집을 짓는데 들어간 시간과 노력 그리고 비용! 그뿐인가? 집에 있던 많은 재산들까지... 난 한 순간에 빈털터리로 전락하고 말았어. 이런 최악의 일이 일어나다니…"

"그런데 나는 이 일이 오히려 다행이라고 생각해."

"뭐라고? 지금 그게 무슨 소린가! 자네는 나 같은 상황이 아니라고 쉽게 말하는 것인가?"

"아니야. 생각해봐. 처음 우리가 집을 짓기 시작할 때 난 분명히 자네에게 함께 이 반석 위에다가 집을 짓자고 했지. 하지만 자네는 그건 시간도 오래 걸리고 비용도 많이 든다며 거절했어. 그 뒤로도 나는 몇 번 더 말했지만 자네는 듣기 싫어했었지. 기억나?"

"그래. 그랬었지."

"나는 걱정스러운 눈으로 자네가 집 짓는 것을 바라보았어. 자네는 자신감에 차 있었지. 그리고 내가 집을 반도 짓지 못했을 때 자네는 벌써 다 지었다며 의기양양해 했지. 하지만 자네가 지은 집은 처음부터 무너질 집이었어. 처음부터 잘못된 접근이었다고. 모래 위에 집을 짓는 사람이 도대체 어디 있는가? 비가 내리고 홍수가 나고 바람이 불어 자네의 집이 무너진 것은 언젠가 무너질 것이 무너진 것일 뿐일세. 그리고 더 늦지 않아 다행이고."

"대체 뭐가 더 늦지 않았다는 것인가? 나는 모든 것을 다 잃었는데."

"들어봐. 그래도 자네는 여전히 건강하잖아. 건강하면 다시 집을 지을 수 있지 않은가. 그것이 다행이라는 거야. 감사할 일이지. 모래 위에 지은 집은 언젠가는 무너진다는 것을 분명히 깨달았으니 이제는 반석 위에 집을 짓게나. 이것이 회개와 새 시작의 기회를 주시는 하나님의 은혜가 아니면 무엇이겠는가? 그리고 집을 다 지을 때까지는 내 집에서 머물게나."

다시 기회를 주시는 하나님의 은혜를 찬양합니다. 하지만 그렇다고 하나님의 인내를 시험하시겠습니까? 하나님을 속일 수 없다는 것을 아직도 모르십니까(갈6:7)? 하나님께서 기회의 가치를 아는 사람에게 기회를 주시지 않겠습니까. 그리고 그 기회를 살리는 방법은 '듣고 행하는 것' 입니다. 다시 기회를 받았으면서 다시 '듣고 행하지 않는 사람' 이 된다면? 부디 그런 생각은 하지도 말고 그런 어리석음의 주인공이 되는 사람이 없기를 바랍니다. 그는 비와 홍수와 바람에 집을 날리고도 다시 모래 위에 집을 짓는, 살 길을 가르쳐줘도 따르지 않는 참으로 미련한 사람입니다. 다시 그의 집이 무너져도 동정할 사람이 없을 것입니다.

28 예수께서 이 말씀을 마치시매 무리들이 그 **가르치심**에 놀라니 29 이는 그 가르치시는 것이 권세 있는 자와 같고 저희 서기관들과 같지 아니함일러라

가르치심 _ 2000년 전 권세있는 가르침으로 이스라엘 대중들을 크게 놀라게 하셨던 예수님의 가르치심을 오늘 우리가 만날 수 있는 것이 얼마나 큰 축복입니까. 우리가 가지고 있는 창세기부터 요한계시록까지의 책은 하나님의 계획과

그리스도의 가르치심이 담긴 우리 인생 제 1의 보물입니다. 자, 우리의 젊음과 전 인생을 성경에서 길을 발견하고 지혜와 능력을 얻는데 투자하는 것이 어떨까요? 그 편이 가장 위대한 인생을 사는 비결이 아니겠습니까? 하나님께서 우리에게 주시지 않은 것이 무엇입니까? 모든 것을 주셨습니다(고후12:9). 그분은 성경책을 주셨습니다.

예수님의 가르침과 서기관의 가르침

가장 큰 차이는 예수님은 하나님의 말씀(요14:24)을 전했고 서기관은 인간의 말씀을 전한 것입니다. 그 결과는 확연히 달랐습니다. 하나님의 말씀을 듣고 받아들인 사람들은 구원을 얻게 되었습니다. 하지만 서기관이 전한 인간의 지혜로운 말씀은 어느 사람을 종교적으로, 도덕적으로 만들었을지는 몰라도 구원을 얻게 하지는 못했습니다.

인간의 생각으로 화장(make-up)한 메시지는 영혼을 살리는 능력이 없습니다. 성도들이 교회를 떠나고 있다면 먼저 살펴보아야 할 것은 '서기관의 메시지를 전하고 있는가? 하나님의 말씀을 전하고 있는가?' 입니다. 세상이 교회를 떠나고 있다면 역시 같은 질문을 던져보아야 합니다. 만약 우리가 그리스도와 같은 능력 있는 위대한 삶을 살고자 한다면 우리가 서기관의 가르침 가운데 있는지 아니면 그리스도의 가르침 가운데 있는지 살펴보아야 합니다.

위대한 그리스도의 권세 있는 가르침이여! 오늘날 그리스도께서 돌보시는 각 교회와 성도들 한 사람 한 사람에게 찾아오시어 인간의 지혜를 몰아내고 하나님께 대한 지식으로 부요하게 하소서. 우리들의 생각과 마음에 자리를 편 인간적이고 세속적인 사사로운 지혜에 대해서는 십자가에서 그리스도와 함께 옛사람이 죽었던 것처럼 완전히 죽고, 하나님의 말씀과 그 말씀에 기록된 하나님의 요구에 대해서는 그리스도께서 영광스런 육체로 부활하셨던 것처럼 능력 가운데 살아나게 하소서. 그리스도의 복음에 대한 올바른 지식과 하나님을 사랑하여 순전한 영광을 드리고픈 깨끗한 동기가 믿는 우리 모두의 것이 되게 하시옵소서. 그래서 지금 이 시대와 앞으로 오는 모든 세대로 당신의 지혜와 은혜의 영광을 찬송하게 하소서.

이 땅에 진정한 부흥, 자신의 삶을 온전히 하나님의 뜻 아래 놓는 부흥의 역사가 일어나게 하소서. 그리고 그 위대한 일을 위해 하나님께서 붙들어 사용하시는 이가 한반도 이곳저곳에서 나타나 어두워진 우리의 눈을 밝히고, 둔해진 귀에 참지식과 분별력을 심어주게 하소서. 그리하여 복음으로 생명의 빛을 얻지 못한 메마른 황무지 같은 심령에 생기를 불어넣는 역사를 보여주시옵소서. 오, 주님. 그 일을 위해 깨끗한 마음을 가진 이들을 준비시키소서. 하나님의 영광스러운 일을 위해 정결케 하는 말씀으로 스스로를 준비시키는 이들이 더욱 늘어나게 하소서. 거룩하신 성령님이시여, 우리가 진정 부흥을 사모하고 준비하며 기다리나이다. 전능하신 성령님이시여, 이 땅에 온전한 복음의 빛을 더욱 밝게, 그리고 멀리까지, 비추어주소서.

5 나의 운전수는 누구인가

두 사람이 같은 모델의 자동차를 구입했습니다. 시간이 흐르고 둘은 자기 차를 이끌고 한 장소에서 만났습니다. 그런데 한 사람의 차는 여전히 새 차처럼 깨끗했고 다른 사람의 차는 먼지가 잔뜩 쌓여 아주 오래된 차 같았습니다. 같은 시간에 같은 차를 샀지만 운전자가 누구인가에 따라 그렇게 차이가 난 것입니다.

하나님은 우리를 천국으로 운전하여 가십니다. 때로 먼 길로 돌아가는 것 같아 우리는 입을 내밀며 '하나님, 왜 하필 이 길입니까?' 하고 묻지만 시간이 지나면 그 길이 가장 좋은 길이었다는 것을 깨닫게 됩니다. 또, 그분은 세차가 필요할 때 세차를 하십니다. 세상을 달리다보면 차에 때가 묻고 먼지가 쌓이기 마련이니 세차가 필요합니다. 세차는 회개입니다. 하나님께서 바라시는 회개를 하면 우리는 세차된 차처럼 깨끗하게 됩니다. 그럼 차도 그렇고, 보는 사람도, 하나님도 상쾌함을 느낍니다. 그분이 우리의 운전수라는 것은 우리가 그분의 뜻을 따라 움직인다는 것을 말합니다.

그러나 그리스도인인 우리가 내 차의 주인 행세를 하고 있다면 어떻겠습니까? 천국지도인 성경은 성령님께서 눈을 열어주시지 않으면 방향, 표시, 지명 등 지도를 제대로 읽을 수 없는 신비한 책입니다. 하지만 내가 나의 주인이라면 성령님께서 내 안에 거하시며 나를 인도하시기에 얼마나 불편하고 고생스러우시겠습니까. 성령님을 근심시키고 괴롭게 한다면 천국지도를 바르게 읽기가 매우 어려울 것입니다. 그럼 천국이 아니라 다른 방향으로 가는 결과를 낳게 됩니다.

사람의 최선은 최단거리로 가는 것입니다. 하지만 하나님의 승인 없이 그 길로 가면 얼마나 경사가 급하고 길이 미끄러운지 무척 위험하고 많은 것을 잃게 될 것입니다. 내가 나의 주인이라면 상황이 부담스럽지 않거나 자기의 체면이나 이익이 크게 손상당하지 않는 범위에서 적당히 세차할 것입니다. 자기를 부인해야 하는 회개는 부담스럽게만 보일 것입니다. 그러면 차도, 보는 사람도, 하나님도 뭔가 답답함을 느낍니다. 내가 나의 운전수라는 것은 내가 원하는 것에 따라 움직이는 삶입니다.

우리는 우리 차의 주인을 하나님으로 모셨습니까? 핸들과 가속 페달, 브레이크를 하나님께 드렸습니까? 너무 쉽게 "그렇다"라고 말하지 않기를 바랍니다. 대신 진지하게 곰곰이 돌이켜보는 것이 좋겠습니다. "그렇다"는 대답은 하나님이 우리의 주인이라는 뜻이고, 하나님이 주인이라면 우리는 하나님이 작동하는 데로 움직여야 합니다. 그렇지 않으면 기계 고장 차량으로 운전하지 못하고 정비 공장에 맡겨 수리해야 할 것입니다. 성공적인 수리란 핸들, 가속 페달, 브레이크 등 차의 모든 기능이 운전자가 원하는 데로 움직이는 것입니다. 하나님께서 말씀하신 것을 지켜 행하는 것은 고장 나지 않은 그리스도인의 모습입니다. 우리는 고장 난 차를 탈 수도 없고 타서도 안 된다는 것을 잘 알고 있습니다.

하나님께서 운전하시는 곳으로 달려야 합니다. 가속 페달을 밟으시면 힘껏 달리고, 브레이크를 밟으시면 순종하여 멈춥니다. 그분은 가장 모험적인 길로 인도하실 것입니다. 동시에 가장 확실한 안전함으로 인도하실 것입니다. 때로 심한 비바람을 만날 수도 있습니다. 하지만 미끄러지는 일은 없습니다. 하나님의 운전 솜씨가 워낙 뛰어나시기 때문입니다. 우리가 하나님의 운전에 순종한다면 비도, 바람도, 오르막길도 모두 합력하여 선을 이룰 것입니다.

그러니 우리 삶의 운전대를, 가속 페달을, 브레이크를 모두 하나님께 드리는 것이 좋습니다. 하나님의 말씀을 듣고 행하는 사람이 되어야 합니다. 말씀을 들으려면 교회에 가서 목사님의 설교를 듣고 주의 자녀들과 은혜를 나누어야 합니다. 또 개인적으로도 성경을 묵상하며 하나님의 지시를 듣고 기도로 하나님과 대화의 시간을 가져야 합니다. 그리고 이것으로 삶의 거룩한 습관을 이루어야 합니다.

예수님께서 산상수훈의 끝에서 몇 번이나 반복하여 말씀하신 것은 한 문장으로 압축될 수 있습니다. 그것은 불신자들에게는 상관없는 것이지만 신자들에게는 가장 중요한 질문입니다.

은혜로 구원 받은 죄인이여
그리스도와 연합한 성도여
성령께서 거하시는 성전이여
하나님의 말씀을 듣고 행할 것인가
아니면 오늘도 듣고 말 것인가

이 질문에 대한 대답은 입술이 아니라 삶으로만 가능합니다. 입술이 하나님의 뜻을 행하는 것을 대신하지 못하기 때문입니다. 하나님의 말씀을 듣는 모든 각 사람은 대답해야 할 것입니다. 이 질문이 신자에게 가장 중요한 것은 그가 천국을 소유한 진정한 그리스도인인지 아니면 그리스도인의 옷을 입은 위조 그리스도인인지를 구별하는 기준이 되기 때문입니다.

7부 그리스도인은 누구인가

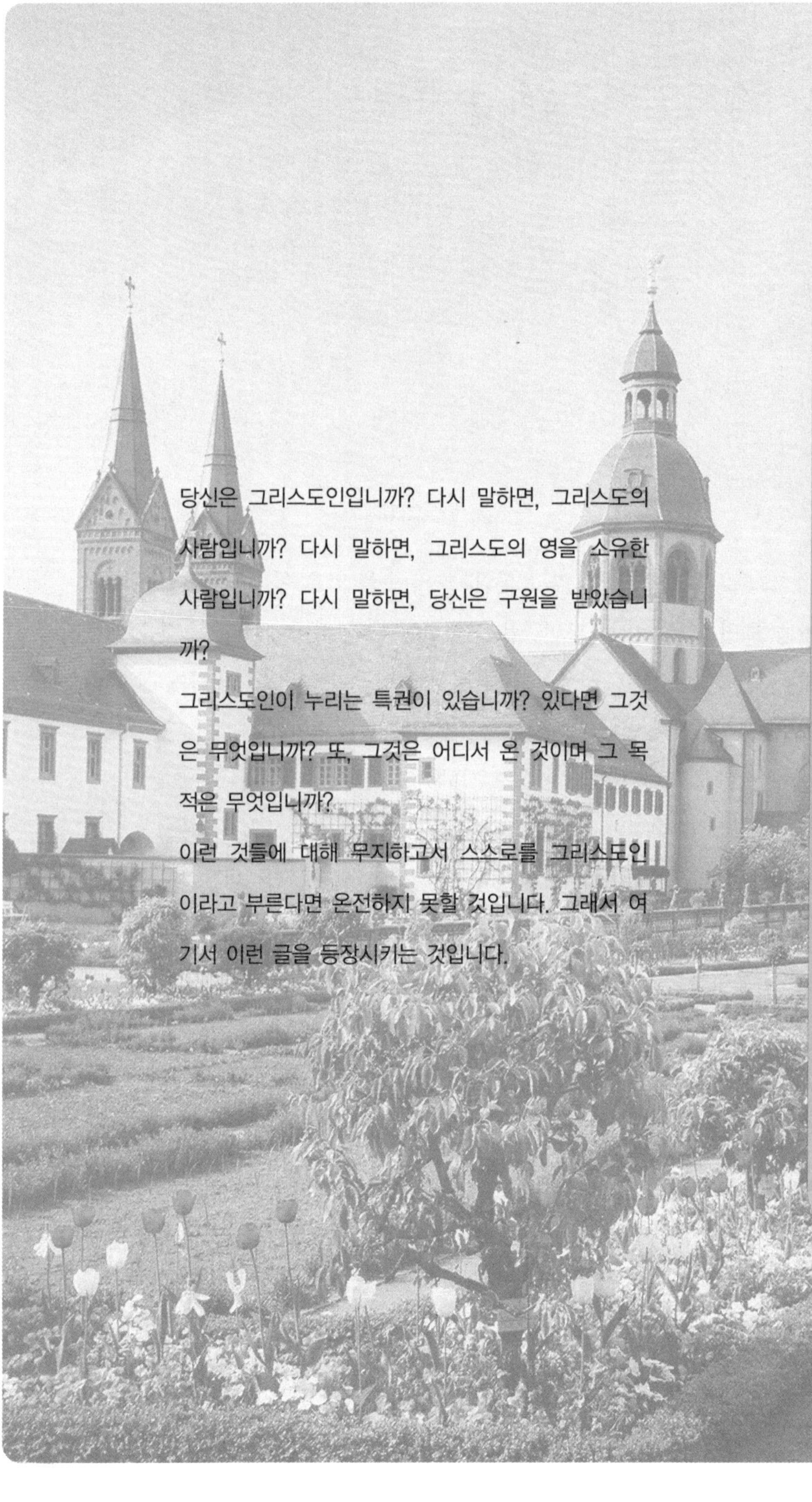

당신은 그리스도인입니까? 다시 말하면, 그리스도의 사람입니까? 다시 말하면, 그리스도의 영을 소유한 사람입니까? 다시 말하면, 당신은 구원을 받았습니까?

그리스도인이 누리는 특권이 있습니까? 있다면 그것은 무엇입니까? 또, 그것은 어디서 온 것이며 그 목적은 무엇입니까?

이런 것들에 대해 무지하고서 스스로를 그리스도인이라고 부른다면 온전하지 못할 것입니다. 그래서 여기서 이런 글을 등장시키는 것입니다.

1 그리스도인의 영적인 특권

빛과 소금, 미움 분노 그리고 살인, 양의 옷을 입은 이리, 법정에 선 주여 주여 편을 보면 어느 그리스도인들을 질책하는 대목이 나옵니다. 그것은 배울 만큼 배우고, 알만큼 알고, 경험할 만큼 경험한 이들이 그리스도인답게 살지 않는 것에 대한 안타까움입니다(히5:12~14). 결코 그리스도인에 대한 미움이 아닙니다. 제게는 감히 그럴 자격도 마음도 전혀 없습니다.

책은 후반부로 가면서 행위에 대한 측면을 강조하는 듯합니다. 그것은 사실입니다. 단 제가 걱정하는 것은 '행위' 에 대한 강조를 구닥다리 신앙이나 '은혜' 를 알지 못하는 열등한 신앙이라고 생각하는 사람입니다. 그들은 신앙의 행위를 강조하는 믿음은 잘못된 믿음이라고 단정 지어 버리는데 망설임이 없습니다. 그들은 항상 "구원은 믿음으로 얻는다"는 말만 하고 있습니다. 그러나 그들의 삶의 상자를 열어보면 그리스도께서 갖추라고 명령하신 내용물들이 들어있지 않습니다.

성경은 기록하기를, 구원은 죄인이었던 우리가 예수 그리스도를 믿음으로 하나님께서 베푸시는 것이라고 합니다. 또 그 구원은 한 사람의 행위와는 관계없이 전적으로 하나님의 기쁘신 뜻에 의해 은혜로 주어지는 것이라고 말합니다(엡

2:8,9,1:5). 죄인이 구원을 얻는 것은 하나님의 지극히 크신 자비와 은혜 때문입니다. 타락한 인간은 스스로를 구원할 힘이 없습니다. 구원을 받는 것은 나보다 더 큰 - 구원을 베풀 수 있을 만큼 위대한 누군가가 내게 그것을 주었기 때문입니다. 우리는 얼마나 큰 은혜를 입은 사람들인지 모릅니다.

감격적인 은혜의 구원을 받았다면, 멸망 아래 있던 이전과는 다르게 하나님의 사랑을 받는 전혀 다른 피조물로 재창조 되었다면, 구원받은 사람답게 살아가야 합니다. 물론 이것이 구원의 조건은 아닙니다. 하지만 이것은 구원의 증거가 될 수 있습니다.

여기서 제가 부각시키는 부분은 '구원을 받았다고 생각하는 사람이 전혀 구원받은 사람답게 살지 않는 것에 대한 성경의 증언은 무엇인가?' 입니다. 그래서 저는 우리의 신앙의 지침이 되는 성경에서 그 점에 대해 무엇이라 말씀하는지 찾아보고 고칠 것은 고치자는 뜻으로 글을 쓴 것입니다.

우리가 그리스도를 만나 구원을 얻었다는 증거는 구세주인 그리스도를 믿고, 주인으로 고백하며, 그분을 사랑하는 것입니다. 그럼 자연히 성경에서 말하는 주님의 요구에 순종하고픈 강한 욕구가 생깁니다. 또, 세상 어느 무리의 사람들보다 같은 아버지를 모시는 성도들의 유익을 구하고픈 마음이 생깁니다. 전에는 이런 것이 없었으나 성령님께서 우리를 찾아와 역사하심으로 생긴 것들입니다. 그리스도를 믿는 우리들은 주님의 공로로 하나님 앞에서 의롭게 되었고 하나님의 자녀로 받아들여졌습니다. 그리스도인들도 때로 죄로 인해 넘어질 수 있습니다. 그러나 그리스도를 의지하는 한 그것은 우리의 구원에 문제가 되지 않습니다. 하나님께서 우리를 구원하신 근거가 우리의 고결한 삶이 아니라 그리스도께서 우리를 위해 하신 일에 있기 때문입니다. 즉, 그리스도를 위하여, 그리스도 때문에, 하나님께서 우리를 죄 없이 여기시는 것입니다. 그래서 우리는 어떤 죄의 시련을 당하든 그리스도의 보혈이 묻은 회개라는 무기로 자신의 영혼을 지킬 수 있습니다.

왜 우리를? 왜 나를?

왜 하나님께서 행위로 보면 남보다 나을 것이 없고 어느 불신자와 전혀 다를 것 없이 살았던 우리를 구별하시고, 부르시어 죄를 없게 하시며 의로움의 옷을 입히시고, 나아가 자기의 자녀로 삼으시고, 천국의 기업을 나누어주시기로 하셨습니까? 우리가 잘한 일들이 무엇입니까? 지난날 우리는 죄로 인하여 영적으로 죽어 하나님께 관심도 없었고 하나님을 선택하고자 하는 마음도 없었습니다. 오히려 은연중 하나님을 반대하거나 교회나 하나님의 백성들을 비웃기도 했습니다. 하나님의 뜻은 우리와 아무런 상관이 없었습니다. 우리는 우리의 몸과 마음이 원하는 대로 행동했었습니다. 이것이 과거 우리의 모습입니다. 우리는 허물과 죄로 죽었었습니다(엡2:1). 이 세상 풍속을 따라 살고 불순종의 아들들 가운데서 역사하는 영에 사로잡혀 살았었습니다(엡2:2). 우리는 본질상 진노의 자녀였습니다(엡2:3). 그대로 죽었더라면 오늘 우리가 불신자들을 보며 안타까워하고 두려워하는 모든 이유들을 우리가 당했을 것입니다. 누가 자신은 그렇지 않았다고 말할 수 있겠습니까? 누가 자신은 예수 그리스도를 만나기 전이야말로 깨끗했고 순결했고 의로웠다고 말할 수 있습니까?

그럼 오늘 우리는 어떻습니까? 무엇이 바뀌었습니까? 우리는 예수 그리스도를 믿음으로 하늘의 모든 신령한 축복을 얻게 되었습니다(엡1:3). 우리는 예수 그리스도의 피로 구속 곧 죄사함을 받았습니다. 그리스도의 십자가에서 흘린 피가 우리의 허물을 씻었습니다. 그의 죽음은 우리의 옛 사람의 죽음으로 간주되었고 그의 부활은 우리의 새 사람의 부활로 선포되었습니다. 죄인이었던 우리는 더 이상 죄인이 아니게 되었습니다. 우리의 모든 허물을 예수님께서 담당하셨습니다. 그로 인해 죄를 용서받고 의의 옷을 입게 된 우리는 하나님의 자녀가 되었습니다.

이 세상에서 가장 중요한 관계는 부모와 자식의 관계, 남편과 아내의 관계입니다. 이런 관계는 성경에서 하나님과 우리의 관계 그리고 예수 그리스도와 교회의 관계를 설명하는데 사용되었습니다. 하나님께서 나의 아버지가 되신다는 것, 그것이 무슨 말인지 잠잠히 생각해보기를 바랍니다. 얼마나 풍성한 축복의 말인지 우리는 다 알 수가 없을 것입니다. 모든 것의 주인이신 그분이 나의 아버지라면 이제 나는 그분의 가계에 속하게 된 것을 의미합니다. 마태복음의 첫 장에는 예수 그리스도의 가계가 소개되고 있습니다. 우리는 읽을 때마다 예수 그리스도의 가계에 포함된 사람들을 부러워하고 칭찬합니다. 그러나 그리스도를 믿는 우리도 그 가계에 있다는 사실을 기억하기 바랍니다.

그리스도는 죽은 자 중에 첫 째로 부활하여 영광스런 옷을 입고 계시고 그리스도가 다시 오는 날 우리도 그와 같은 몸으로 변하게 될 것입니다(빌2:9). 그리고 맏아들 되신 그리스도께서는 친절한 음성으로 우리를 형제라고 불러주실 것입니다(롬8:29). 하나님께서 정하신 미래의 어느 때, 지구와 우주를 포함한 온 피조세계가 그리스도의 권세 아래 굴복할 그 때(엡1:10) 우리들은 하나님의 소유, 하나님의 기업으로서 그분의 친절한 환영을 받는 영광을 얻을 것입니다.

그뿐입니까? 우리는 이 세상보다 훨씬 좋은 세상을 소유한 사람들입니다. 천국은 얼마나 좋은지 이 세상이 생각도 나지 않을 것입니다(사65:17). 하나님께서 그 기쁘신 뜻을 따라 주기로 하신 사람 중에는 결코 천국을 잃을 사람이 없습니다. 이것은 모든 것을 그 기쁘신 뜻대로 행하시는(엡1:5) 하나님이 자신의 영광을 나타내기 위하여 주시기로 하셨기 때문입니다. 그런데 위에서 이야기한 모든 것에 비교하여 부족할 것이 없을 만큼 놀라운 사실이 또 있습니다.

죽은 자 가운데서 예수님을 다시 살리시고 하늘에 계신 하나님의 우편에 앉게 하신 하나님의 크신 능력이 우리 한 사람 한 사람을 회심시키기 위해(하나님께 되돌리기 위해) 사용되었다는 것을 아십니까? 사도 바울은 죽은 자를 살리시는 하나님의 크신 능력이 영적으로 죽었던 우리를 살리기 위해 사용되었는데, 그 능력은 바로 예수님을 죽은 자 가운데서 부활시키고 하늘로 올리신 그 능력이라고 했습니다.

"하나님께서 우리 믿는 사람에게 강한 힘으로 활동하시는 그 능력이 얼마나 큰지를, 여러분이 알게 되기를 바랍니다. 하나님께서는 이 능력을 그리스도 안에 역사하셔서, 그분을 죽은 사람 가운데서 살리시고, 하늘에서 자기의 오른쪽에 앉히셔서 표준새번역 에베소서 1장 19,20절"

이 사실을 알게 되면 우리 그리스도인은 자기가 감히 감당할 수도 없고 받을 수도 없는 것들을 받게 되었다고 생각이 들 것입니다. 그러면 다시 처음 질문으로 돌아가서, 왜? 어떻게 그런 일이 일어난 것입니까?

누구만큼이나 불경건하고 이기적이고 난폭하고 죄가 많던 우리가 영원하신 하나님의 백성으로 하늘에 속한 모든 신령한 축복을 누리고 있다니, 이것은 긍휼에 풍성하신 하나님이 우리를 사랑하셨고 그 사랑으로 인하여 허물로 죽었던 우리를 그리스도와 함께 살리심으로 인한 것입니다. 또 다시 살리셨을 뿐 아니라 우리를 그리스도와 함께 하늘에 앉히셨습니다(엡2:4~6).

그의 자비, 그의 은혜

우리는 마땅히 받아야 할 벌을 받지 않게 되었고 마땅히 받을 수 없는 축복을 받게 되었습니다. 하나님의 놀라운 자비와 은혜 때문입니다. 이것으로 인해 우리는 구원을 얻은 것입니다. 인간의 불완전한 행위는 완전하시고 공의로우신 하나님의 구원의 기준에 '전혀' 도달할 수 없습니다. 그래서 사도 바울은 하나님께서 우리에게 믿음을 선물로 주셨고 믿음을 통하여 그리스도의 구원을 얻은 것이라고 했습니다(엡2:8). 세상 누구만큼이나 죄를 사랑하고 선함이 없던 우리가 구원을 얻은 것은 하나님께서 하나님의 기쁘신 뜻대로 하신 일들이라고 했습니다(엡1:5). 아, 죄인을 부르시고 자녀로 삼으시는 하나님은 죄인들의 찬양을 받기에 지극히 합당하십니다. 그러니 우리 그리스도인들은 하나님을 찬양하고 그분의 말씀을 따르는 것이 마땅합니다. 우리 삶의 영원한 찬양의 주제가 하나님의 자비와 은혜가 되는데 조금도 부족함이 없습니다.

그럼 하나님의 부르심의 목적은 무엇일까요? 그것은 우리가 하나님을 닮아 거룩하고 흠이 없는 데까지 나아가는 것입니다. 또, 예수 그리스도를 통하여 우리를 자기의 자녀로 삼으시고 우리에게 베푸신 자비와 사랑과 은혜를 찬양하는 것입니다(엡1:4~6). 여기에 그리스도인으로 부르심을 받은 이유가 있습니다. 인격과 신앙 모두 거룩하고 흠이 없어 그리스도의 장성한 분량에까지 이르는 것, 그리고 베푸신 그 크신 자비와 은혜로 인하여 하나님께 영광을 돌리고 그를 찬양하는 것, 이것이 이유이자 목적입니다. 이런 이유와 목적은 단순히 아는 것에서 그쳐서는 안 됩니다. 머리로 알고, 마음으로 이해했다면 삶으로 고백해야 합니다. 친절한 교사이신 그리스도께서는 택하신 사도 바울을 통하여 이 사실을 가르쳐주셨습니다.

"우리는 그의 만드신 바라 그리스도 예수 안에서 선한 일을 위하여 지으심을 받은 자니 이 일은 하나님이 전에 예비하사 우리로 그 가운데서 행하게 하려 하심이니라 에베소서 2장 10절"

자, 이제 왜 이 책에서 어느 그리스도인들을 책망했는지 이유가 꽤 분명해졌습니다. 어느 그리스도인들은 입술로 열심히 하나님과 선한 일을 외치고 있습니다. 하지만 실제 삶은 상처와 분쟁과 다툼과 혈기와 욕심과 야망과 논쟁과 공허함과 그런 요소들의 끊이지 않음… 아아 과연 그는 진정으로 구원받은 사람입니까? 초신자도 아니고 때가 오래므로 마땅히 선생이 되어야 할 사람인데(히5:12) 선생은커녕 자기도 알지 못하는 말들, 성경에 쓰이지 않은 말들을 해댑니다. 하나님을 영화롭게 하지 않는 책들의 말을 빌립니다. 다른 신앙인들의 마음과 얼굴을 경직되게 만듭니다.

우리는 그리스도 예수 안에서 선한 일을 하고 있습니까? 하나님의 나라와 그의 영광을 위해 합당한 삶을 살고 있습니까? 적어도, 추구하려 노력하고는 있습니까? 그렇게 하지 못하고 있다면 그 모습에 괴로워라도 하고 있습니까? 회개를 아껴서는 안 될 것입니다. 세례 요한이 외쳤고 예수님도 외치셨습니다.

"회개하라! 천국이 가까왔느니라."

그리고 이전과는 다른 선한 열매들이 맺히기를 기대합니다.

2 네가 나를 사랑하느냐

우리가 자신을 그리스도인이라고 생각하고 믿으며 그것을 기뻐한다면 우리는 어떻게 살아야 할까요? 하나님을 기쁘시게 할 수 있는 것이 무엇일까 즐거이 고민하고 애쓰는 것? 아니면 구원은 믿음으로 얻기에 행위는 소용없다며 하나님을 사랑하는 어떤 표현의 행위도 하지 않는 것? 그것도 아니면 신학적 논쟁에만 몰두하여 경건과 능력의 노를 놓쳐버리는 것? 그런데 세상 어느 누가 사랑하는 사람을 위해 눈물과 땀과 피를 흘리지 않는단 말입니까? 하나님께서도 우리를 위하여 그리스도의 눈물과 땀과 보혈을 주시지 않았습니까. 이 사실을 기억하여 하나님의 영광을 위해 선한 일을 하는 것이 마땅한 구원받은 백성의 자세이자 새로운 피조물(고후5:17)이 된 증거입니다.

"너의 자녀 중에 우리가 아버지께 받은 계명대로 진리에 행하는 자를 내가 보니 심히 기쁘도다 요한이서 1장 4절"

자, 여기서 저는 '행함' 을 말하고 있습니다. 그것은 저로부터 나온 것이 아니라 성경으로부터 나온 것입니다. 그런데 아직도 '행함' 이란 말에 분개하는 사람이 있습니까? 그것은 지식적인 견해의 차이 때문입니까? 아니면 그리스도에 대한 충성이 없기 때문입니까? 저는 행위로의 구원이나 칭의(justification)를 말하고 있지 않습니다. 하지만 의롭게 되었기에, 구원을 받았기에, 하나님의 자비와 은혜를 체험했기에, 하나님께서 기뻐하실 행동을 '적당히'가 아닌 '확실히', '때때로'가 아닌 '무시로' 하며 살아야 한다는 것입니다. 그리스도께서 우리를 사망의 권세에서 해방시키시고 피 값을 지불하여 사심으로 우리의 새 주인이 되셨으니 그분을 위해 사는 것이 마땅하다는 것입니다. 구원 받은 그리스도인에게 성화는 선택이 아니라 필수입니다. 우리의 입술에는 "곤란합니다"가 아니라 "여호와의 모든 말씀을 우리가 준행하리이다(출24:7)"가 있어야 합니다. 그분은 지극히 크시고 높으시기 때문입니다. 영광과 찬양 받기에 합당하시기 때문입니다. 그분이 먼저 우리를 사랑하셨고 이제 우리도 그분을 사랑하기 때문입니다(요일4:10).

주님의 사랑을 찬양하기에 우리의 입술은 너무나 부족합니다. 그러니 우리가 드릴 수 있는 최상의 것, 바로 우리의 삶으로 그분을 찬양하는 것은 어떨까요. 하나님은 찬양받기에 합당하십니다. 그분은 자비가 많으시고 그분의 은혜는 측량할 수 없습니다. 우리는 좋으신 하나님과 풍성한 교제를 누리는 축복 가운데 살고 있습니다. 이 모든 것이 그리스도의 공로입니다. 하나님의 사랑을 받은 여러분이여, 그런 하나님께 어떤 좋은 것을 드리겠습니까?

"찬송하리로다 하나님 곧 우리 주 예수 그리스도의 아버지께서 그리스도 안에서 하늘에 속한 모든 신령한 복으로 우리에게 복 주시되 곧 창세 전에 그리스도 안에서 우리를 택하사 우리로 사랑 안에서 그 앞에 거룩하고 흠이 없게 하시려고 그 기쁘신 뜻대로 우리를 예정하사 예수 그리스도로 말미암아 자기의 아들들이 되게 하셨으니 이는 그가 사랑하시는 자 안에서 우리에게 거저 주시는 바 그의 은혜의 영광을 찬송하게 하려는 것이라 에베소서 1장 3~6절"

그 정도 사랑

사랑하는 사람에게 사랑한다 말하지 못한다면
손을 꼭 잡고 다정히 길을 걷지 못한다면
둘만의 은밀한 시간을 갖지 못한다면
나는 그 사랑을 믿지 않겠습니다.

전화기만 보면 그 사람이 생각나 가슴이 뛰고
떨어져 있으면 보고 싶어 가슴이 타고
만나면 헤어지기 싫어 가슴이 한숨짓지 않는다면
나는 그 사랑을 믿지 않겠습니다.

사랑이란 것이 그토록 쉽고 가벼운 것이라면
사랑마저 나의 이익을 위한 도구라면
사랑에 나를 버리는 부담과 어려움이 없다면
나는 차라리 사랑을 하지 않겠습니다.

그러나 사랑이란 참으로 크고 위대한 것입니다.
나의 고집과 계획, 경험과 지식, 신념보다도 크고 강합니다.
우리를 사랑하시는 예수님께서 우리에게 물으십니다.

"네가 나를 사랑하느냐?"

누구는 이렇게 되물을지도 모릅니다.
"당신은 지금 나의 모든 것을 달라고 하는 것입니까?"
그러나 사랑이 내 자신을 깨뜨리지 않고도 가능한 것이라면,
나를 포함한 모든 것을 태우는 질투의 열심이 없다면,
세상 누가 "주를 향한 믿음이 있다" 하겠습니까?
또, 누가 그 사랑을 "진실하다" 하겠습니까?

모든 것은 '주님을 사랑하기 때문에' 하기도, 멈추기도 합니다.
그러나 그렇지 않고,
사랑이 치열한 마음의 싸움이 없이,
입술 스스로만의 힘으로도 뱉을 수 있는 그런 것이라면…
그 정도 사랑은 하지도, 믿지도 않을 것입니다.

내가 너희에게 이르노니 이와 같이 죄인 하나가 회개하면 하늘에서는 회개할 것 없는 의인 아흔 아홉을 인하여 기뻐하는 것보다 더하리라 누가복음 15장 7절

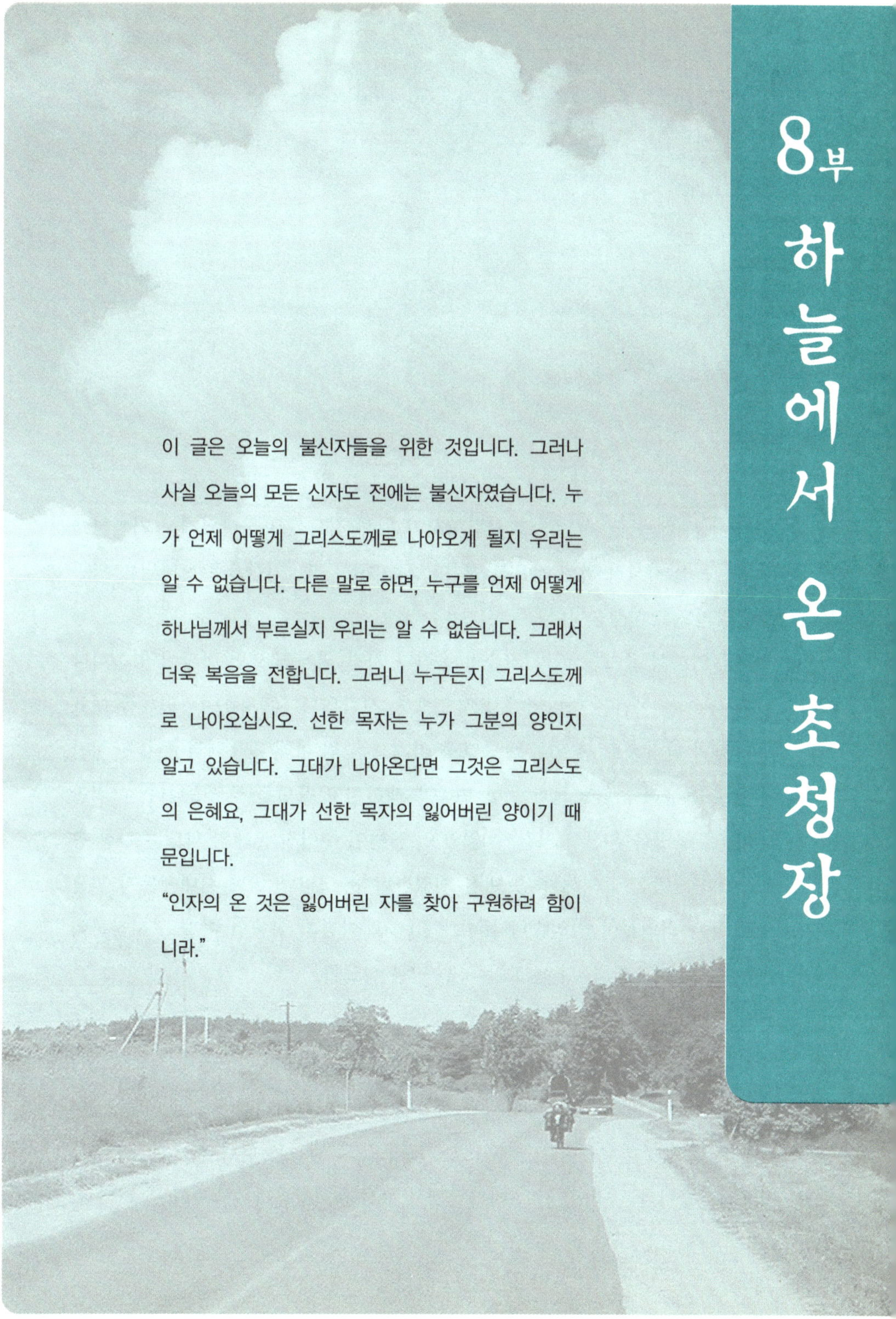

8부 하늘에서 온 초청장

이 글은 오늘의 불신자들을 위한 것입니다. 그러나 사실 오늘의 모든 신자도 전에는 불신자였습니다. 누가 언제 어떻게 그리스도께로 나아오게 될지 우리는 알 수 없습니다. 다른 말로 하면, 누구를 언제 어떻게 하나님께서 부르실지 우리는 알 수 없습니다. 그래서 더욱 복음을 전합니다. 그러니 누구든지 그리스도께로 나아오십시오. 선한 목자는 누가 그분의 양인지 알고 있습니다. 그대가 나아온다면 그것은 그리스도의 은혜요, 그대가 선한 목자의 잃어버린 양이기 때문입니다.

"인자의 온 것은 잃어버린 자를 찾아 구원하려 함이니라."

1 지금은 하나님을 만날 때

하나님께서는 인간을 사랑하시기 위해 지으셨고 하나님께서 기뻐하시는 일들을 맡기시기 위해 지으셨습니다(창세기2:15). 또, 인간으로 하나님의 영광을 찬양하도록 하셨습니다.

인류 역사의 족보를 따라 거슬러 올라가 가장 위에 닿으면 아담이 있습니다(누가복음3:38). 아담은 하나님께서 지으신 첫 사람입니다(창세기2:7). 인류를 대표한 아담의 타락으로 전 인류는 죽음을 가져오는 죄 아래 가두어졌습니다. 시간이 흐르고 흘러 하나님께서는 한 민족을 택하시고 율법을 주셨습니다. 하지만 사람들은 율법을 온전히 지킬 수 없었고, 율법이 주어진 본래의 의도는 가장 종교적이던 사람들에 의해 종종 변질 되었습니다. 그러나 어느 시대에든지 믿음으로 사는 의인들이 있었습니다(히브리서11:4). 아담의 아들인 아벨로 시작하여 에녹, 노아, 아브라함, 다윗, 모든 구원 받은 성도들.

하나님은 창조주이십니다. 그분은 인간을 가장 존귀한 피조물로 지으셨습니다(창세기1:27). 해와 달과 별과 비와 하늘(sky)과 땅뿐 아니라 동물과 식물도 인간을 위해 창조하셨습니다(창세기1:26). 그리고 그 인간은 하나님을 찬양하도록 창조하셨습니다. 우리 인간은 하나님께서 주시는 사랑을 받아들이고 누려야 합니다. 그 사랑의 영광을 찬양해야 합니다. 그분이 각자에게 맡기신 기뻐하시는 일을 발견하고 해야 합니다.

하나님은 한 치의 오차나 아주 작은 죄도 간과하시지 않는 공의로운 재판관이시지만 동시에 자기를 찾는 자에게 용서와 구원을 베푸시는 자비와 은혜의 하나님이십니다. 시시각각 변하는 세상과 이기심, 거짓, 탐욕, 정욕 등으로 진정한 평안과 만족을 느끼지 못하는 인간은 하나님이 필요합니다. 저는 지금 어떤 종교를 홍보하는 것이 아니라 자신의 죄의 대가를 스스로는 감당할 수 없는, 죽음과 심판으로 달려가는 이들에게 '피할 수 있는 길' 을 말씀드리려는 것입니다. 하나님은 경외해야 할 위대하신 분이십니다. 바로 그분이 사망의 그늘 아래 있는 당신을 부르십니다. 그분은 인간의 적이 아닙니다.

그분은 인간과 세상을 사랑하십니다(요한복음3:16). 인간과 세상은 쉬지 않고 악한 길로 치닫지만, 하나님은 인내가 한이 없으신 분입니다. 그분은 가장 자비하십니다. 그렇기에 당신을 인내하시며 심판을 늦추시는 것입니다. 그러나 그대가 하나님께 나아오는 일에는 더 늦추지 마십시오. 지금 나아오십시오. 무엇을 가지고 나아올 것은 아무것도 없습니다. 있는 모습 그대로 나아오면 됩니다. 하나님은 참 평안과 만족, 기쁨의 길로 그대를 부르고 계십니다. 실패한 사람이여, 죄 많은 사람이여, 부끄러운 사람이여, 모두 예수 그리스도께로 나아오십시오. 우리 주님은 죄인을 사랑하십니다. 죄인을 치료하십니다. 그리고 구원하십니다. 주님께서 말씀하셨습니다. 건강한 자에게는 의원이 쓸데없고 병든 자에게라야 쓸데가 있다고.

"내가 의인을 부르러 온 것이 아니요 죄인을 불러 회개시키러 왔노라 누가복음 5장 32절"

또, 주님께서 말씀하셨습니다. 잃어버렸던 당신을 찾을 때 하늘에서 천국의 향연이 벌어진다고.

"내가 너희에게 이르노니 이와 같이 죄인 하나가 회개하면 하늘에서는 회개할 것 없는 의인 아흔 아홉을 인하여 기뻐하는 것보다 더하리라 누가복음 15장 7절"

2 너는 내가 택한 나의 자녀라

인간의 인생에 가장 위대한 발견이 있습니다. 그것은 두 가지입니다. 그러나 한 가지입니다. 당신이 죄인이라는 사실이 첫 번째입니다. 그리고 예수님께서 당신의 죄를 위해 죽으셨다는 것이 두 번째입니다. 인간이 죄인이라는 진리는 모든 사람이 한 번 태어나 한 번은 꼭 죽는다는 사실처럼 보편적인 것입니다. 그러나 누구는 예수님의 죄 용서를 받고 누구는 그렇지 못한다는 것이 차이입니다. 당신의 양심이 '나는 결코 죄인이 아니다' 라는 생각에 의심이 없다면 누구도 당신을 설득할 수 없을 것입니다. 허나 감히 누가 하나님의 기준 앞에서 자기가 죄 없다고 할 수 있겠습니까(로마서3:23)?

죄와 사망의 문제를 해결하지 못한다면 우리는 '어차피 죽을 인생' 을 사는 것 뿐입니다. 타락하기 전에는 하나님의 형상대로 지음 받은 인간이 가장 존귀한 피조물이었습니다. 하지만 타락 후 모든 인류는 하나님께서 미워하시는 죄로 더럽혀졌습니다. 모든 사람이 하나님께 합당하지 못하게 되어 하나님으로부터 떨어져 영적으로 죽게 되었습니다. 하지만 사람을 사랑하신 하나님은 독생자 예수 그리스도를 인간의 몸으로 이 땅에 보내셨고 예수님은 인류의 죄를 지고 십자가에 달려 죽으셨습니다(요한복음1:29). 그는 인류와 온 피조 세계를 위한 영원한 속죄 제사를 완성하셨습니다. 그분을 믿는 사람은 그의 보혈로 인해 죄를 용서받고 끊어졌던 하나님과의 영적인 교제를 누릴 수 있게 됩니다.

예수님을 믿기 전과 믿은 뒤 직업이 바뀌는 것은 새사람이 된 증거가 아닙니다. 옷 입는 취향이 바뀌는 것도 증거가 아닙니다. 예수님을 믿기 전과 믿은 뒤의 가장 큰 변화! 전혀 다른 두 사람이 된 전적인 변화에 대한 증거! 그것은 이제 예수님을 구주로 고백한다는 사실입니다(고린도전서12:3).

여전히 여러분은 운동을 좋아하고, 개인 홈페이지를 예쁘게 꾸밉니다. 재즈와 클래식을 즐겨 듣고, 여행을 다닙니다. 회사에서 정력적으로 일하고 팀을 리드합니다. 단 이제는 예수님을 구세주로, 그리고 주인으로 믿고 여기며 산다는 것이 바뀌었을 뿐입니다. 하지만 이 한 가지 사실의 변화로 한 인간의 삶 전체가 새롭게 바뀝니다. 그것은 그가 하나님으로부터 사랑과 환영을 받는 그리스도인이라는 새로운 피조물이 되었기 때문입니다.

"그런즉 누구든지 그리스도 안에 있으면 새로운 피조물이라 이전 것은 지나갔으니 보라 새 것이 되었도다 고린도후서 5장 17절"

진리의 말씀 곧 구원의 복음을 듣고 예수님을 구세주로 영접한 그리스도인으로 사는 것은 결코 부담이 아닙니다. 그것은 죄의 짐을 완전히 덜어내는 자유로운 삶입니다. 세상을 지으신 이를 아버지라 부르게 되는 가장 영광스럽고 평안한 사람의 삶입니다.

여러분 중 아직 예수님이 주시는 죄의 용서와 새 삶의 감격 그리고 자유와 구원을 받지 못한 이가 있다면 이 순간 예수님께 나아오시기를 바랍니다. 선행으로는, 행위로는 구원을 얻을 수 없습니다. 인간의 의지나 바람으로도 얻을 수 없습니다. 그러나 오직 믿음으로 예수님께 나아오십시오. 그것이 필요한 전부입니다. 그 순간 당신은 예수님의 의로 모든 죄를 용서받고 예수님 안에서 새 삶을 시작하게 될 것입니다. 타락 이전이든, 이후든 언제나 그랬듯 가장 존귀한 피조물은 하나님 밖에 있는 사람이 아니라 하나님 안에 있는 사람입니다. 그런 사람들을 그리스도인이라고 부릅니다. 당신도 그리스도의 사람이 될 수 있습니다. '들어오라' 고 쓰인 구원의 문을 두드리십시오. 그리고 이렇게 말하십시오.

"예수님. 이 죄인을 받아 주시옵소서."

그럼 예수님께서 기다렸다는 듯 문을 열고 기쁨으로 당신을 안으로 맞아들일 것입니다. 그때 당신은 문 안쪽에 쓰인 이런 글귀를 발견할 것입니다.

"너는 내가 택한 나의 자녀라. 내가 너를 기뻐하노라."

9부 사람보다 크신 하나님

인격과 행실에 크게 흠 잡을 데가 없고 말씀에 대한 지식이 있으나, 하나님의 말씀보다 자기의 이성과 합리성을 더 의지하는 크리스천은 불신자가 아닌 같은 신자에게 악영향을 끼칩니다. 이성에 대해서는, 물론 성경은 이성적입니다. 하지만 이성의 틀에 갇히지는 않습니다. 진리 안에서 이성이 사용되나 이성이 진리의 말씀을 제한할 수는 없습니다. 왜냐하면 하나님은 사람보다 크시기 때문입니다(사55:8,9).

“여호와의 말씀에 내 생각은 너희 생각과 다르며 내 길은 너희 길과 달라서 하늘이 땅보다 높음같이 내 길은 너희 길보다 높으며 내 생각은 너희 생각보다 높으니라.”

1 하나님을 이성에 가두다

우리가 그리스도를 구주로 믿는 그리스도인이라면 성경을 하나님의 말씀으로 받아들이는 것에 망설임이 없습니다. 말씀을 통하여 그리스도를 알게 되었기 때문입니다. 우리는 그 성경을 진리로 믿습니다(요17:17). 우리는 지극히 작은 피조물이고 하나님은 온 우주의 주인이시라는 것도 압니다. 그런 분이 나를 구원하시고 자녀로 삼아주셨다니 얼마나 감격스럽고 좋은지 모릅니다. 그래서 그분께 대한 사랑을 가지고 삽니다. '나 같은 죄인'을 사랑하셨기 때문입니다. 하나님께 대한 사랑은 자연히 하나님께 대한 순종으로 이어집니다(요14:15). 양은 눈이 어둡고 고집이 세나 선한 목자의 지혜와 능력은 양을 안전하게 가장 좋은 목초지로 인도하는데 부족함이 없습니다. 양은 선한 목자의 음성을 알고 그를 사랑합니다. 우리는 진리를 알고 믿고 의지하여 자유를 누리고 주님과 동행하는 기쁨 가운데서 살아갑니다. 하나님은 우리의 아버지이시자, 보호자이시고, 가장 사랑하는 분이자 또 우리를 가장 사랑하시는 분이라는 것을 압니다. 그리스도께 지극히 귀한 향유를 부은 여인처럼 우리도 주님을 사랑하여 가장 정성스러운 마음과 시간과 물질을 드리기 원합니다. 우리는 천국에서도 하나님과 이런 기쁨과 감사의 동행을 계속할 것입니다. 그분의 사랑과 은혜를 영영히 찬송할 것입니다.

인류 역사의 어느 순간, '하나님을 이성에 가둔 믿음'이 지구 어느 대륙을 강타했습니다. 그 결과는 오늘날 교회가 텅 비게 되었다는 것입니다. 유럽에 가거든 미술관만 가지 말고 여러 현지 교회들을 방문해보십시오. 교회를 식당이나 나이트클럽으로 만든 메시지가 무엇인지 확인해 보십시오. 무엇이 문제였습니까? 진리의 하나님의 말씀인 성경이 진리가 아닌 '인간의 작품'이 되어버렸기 때문입니다. 왜 그렇게 되었습니까? 이성과 합리성에 기초하여 성경의 어느 부분은 인정하고 어느 부분은 잘라낸 것입니다. 혹시 교회의 성도 중에 스스로의 이성과 논리를 성경보다 더 앞세우는 사람이 있다면 이것을 알아야 합니다. 그런 태도가 다른 성도와 교회 전체에 큰 어려움을 짊어지운다는 것을.

하나님의 말씀이 진리(요17:17)가 아니라 인간의 이성이 진리가 된 성도와 교회가 한국에서도 늘어나고 있지는 않습니까? 미련하게 들리는 복음의 능력(롬1:16)은 자취를 감추고, 성령의 경건한 능력으로 살아가는 성도는 천연기념물이 되고 있는 것은 아닙니까? 이러다 한국에 "내가 이스라엘 가운데 칠천 명을 남기리니(왕상19:18)"하는 상황 - 이미 유럽에 닥친 그 상황이 오는 것은 두렵습니다. 교회의 성도라는 옷을 입은 우리가 세상을 닮아가고 있지는 않습니까?

이것은 매우 가슴 아픈 이야기이지만, 복음은 한국에 소수의 병력만을 남겨두고 대규모 서진을 감행할지도 모릅니다. 이제 우리(성도)는 배부르고 따뜻하고 부족함이 없기에 복음보다는, 하나님의 전도의 미련한 것보다는(고전1:21), 진리의 성경보다는 좀 더 합리적이고 받아들일 만한, 인간의 이성에 공평한 진리를 더 추구하고 있지는 않습니까? 먼저 성경의 반석 위에 신앙을 두기보다는 베스트셀러 기독교서적이나 인본주의적인 기독교와 복음에 신앙을 두고 있지는 않습니까? 혹 하나님의 말씀의 권위를 우리의 이해력보다 아래에 놓은 것은 아닙니까? 그렇다면 복음의 한국 철수에 대해 우리는 아무 말도 할 수 없을 것입니다. 복음은 언제나 진실하게 자기를 찾는 이들에게로 발걸음을 돌리기 때문입니다. 그렇습니다. 그리스도인이 성경을 사랑하지 않으면 성경이 그리스도인을 떠날 것입니다.

"나를 사랑하는 자들이 나의 사랑을 입으며 나를 간절히 찾는 자가 나를 만날 것이니라 잠언 8장 17절"

하나님의 나라는 말이 아니라 능력에 있다

지식과 지혜가 풍부한 어떤 그리스도인이 있습니다. 소위 믿음도 좋은 것 같습니다. 찬양도 잘 합니다. 기도도 훌륭합니다. 아는 것도 많고 말도 얼마나 잘하는지 모릅니다. 인격도 성숙해 보입니다. 교회에 꼭 필요한 일꾼으로서의 조건을 다 갖춘 것 같습니다. 하지만 이런 이유들로 그를 본받아도 좋다고 생각하기에는 아직 이릅니다.

그는 하나님의 말씀을 진리로 여깁니까? 그의 주장의 중심에는 하나님과 그분께 대한 사랑과 충성이 있습니까? 아니면 지적인 자랑이 있습니까? 그의 말을 들으면 하나님께 대한 사랑을 증폭시키는 은혜가 느껴집니까? 아니면 '다른 교훈'으로 하나님께 대한 의구심이 커집니까? 장황한 말을 하는 그의 의도는 온전히 하나님을 드러내고 찬양하는 것입니까? 그의 말에 그리스도의 단순한 복음이 있습니까? 그의 판단과 결심, 행동의 근거는 성경에 기인하고 있습니까? 은혜로운 찬양과 기도를 하는 그에게 교회와 다른 그리스도인들을 향한 물질, 시간, 에너지의 희생적 사랑이 있습니까? 그의 삶에 좋은 열매들이 맺히고 있습니까? 그는 골방에서 그리스도와 대면하면 그리스도인입니까? 많은 철학과 '~주의', '~론'을 이야기하는 그에게 사람과 삶을 변화시키는 경건한 하나님의 능력이 나타납니까?

"하나님의 나라는 말에 있지 아니하고 오직 능력에 있음이라 고린도전서 4장 20절"

2 지식의 근본은 하나님을 경외함

유대 종교 지도자들을 기억하십니까? 대제사장과 서기관, 장로들과 바리새인, 사두개인… 그들은 유대교의 상징이었습니다. 그들은 구약 성경과 하나님께 대한 해박한 지식이 있었습니다. 하지만 예수님께서 오셔서 은혜의 해를 선포하시고 구원의 천국 복음을 전파하실 때 예수님을 못마땅하게 여겼습니다. 예수님의 복음은 그들에게 거리끼는 말씀이었습니다. 그들은 복음을 불쾌하게 여겼습니다.

'예수 당신을 믿으면 구원을 받게 된다고? 우리 조상들의 유전이 잘못되었다고? 예수 당신이 하나님의 아들이라고? 예수 당신이 죄를 사한다고? 창녀와 세리도 구원을 받는다고? 심지어 이방인들도 이스라엘의 하나님으로부터 구원을 받는다고?'

그리스도의 말씀은 죄인들에게는 생명의 말씀이었지만 가장 종교적이던 사람들에게는 무례한 주장이었습니다. 그래서 그들은 논쟁을 벌이고 악한 동기로 질문을 던졌지만 진리의 말씀을 이길 수는 없었습니다. 차라리 그들에게 지식이 적었었더라면… 직업적이고 형식적인 신앙생활을 하지 않았었더라면… 그럼 그들은 예수님을 십자가에 못 박지 않았을 텐데….

여러분, 만일 어느 사람이 하나님의 말씀에 순종하지 못하고, 말씀이 자기의 생각이나 기대와 다르다고 불쾌히 여긴다면 하나님은 성도들의 사랑과 가르침으로 그를 바로잡으려 할 것입니다. 하나님은 인내와 자비가 풍부하시고 선을 베푸시며 인간이 헤아릴 수 없는 위대한 섭리를 펼치십니다. 그러나 인간의 고집으로 인하여 끝끝내 말씀에 순종하지 않는다면 결국 그는 말씀으로 심판을 받게 될 것입니다.

"또한 부딪치는 돌과 걸려 넘어지게 하는 바위가 되었다 하였느니라 그들이 말씀을 순종하지 아니하므로 넘어지나니 이는 그들을 이렇게 정하신 것이라 베드로전서 2장 8절"

베드로는 이 말씀 뒤에 계속 말합니다. "그러나 너희는 택하신 족속이요 왕 같은 제사장들이요 거룩한 나라요 그의 소유가 된 백성이니…" 여기서 택하신 족속의 증거가 '교회에 다니는 것' 이라고 생각하십니까? 아닙니다. 그것은 '그리스도 안에서 사는 믿음' 에 근거하는 것들입니다. 죄인이 죽지 않고 하나님의 백성이 된 것에 대한 감격과 감사, 또, 그런 감사로 인한 하나님께 대한 순종의 욕구와 모든 성도들에 대한 사랑(엡1:15), 내 안에 내가 죽고 그리스도가 사시기를 바라는 강렬한 바람, 이런 것들은 전에는 없었으나 그리스도를 믿고 생긴 것입니다. 이것은 구원받은 사람의 증거입니다. 한 인간의 전적인 변화의 증거입니다.

그리스도를 의지하지 않고 삶이 변화되지 않은 어느 사람이 교회에 다니고 기독교적인 생활을 한다고 구원받았다고 믿는 것은 참으로 용감한 '착각' 입니다. 그리스도의 말씀에 대한 지식이 있고 그가 실존한 인물이라고 동의를 하는 것도 구원의 믿음은 아닙니다. 남산 위에서 '나는 예수를 믿는다!' 고 외치는 것도 아닙니다. 신학토론으로 밤을 샐 수 있다고 구원의 믿음을 소유한 것도 아닙니다. 확고한 회심 – 자기의 죄를 철저히 깨달아 자기를 구원하실 유일한 분이 그리스도임을 고백하고 그분의 뜻대로 살기로 결심하는 순간이 있었습니까? 온 마음 다해 복음이 선포하는 그리스도께 모든 것을 맡기고 의지하고 있습니까?

구원의 믿음은 복음이 선포하는 그리스도를 알고, 그것이 진리라고 믿고, 진리로 드러난 그분께 자신을 내어맡기는 살아 움직이는 믿음입니다.

그리스도의 말씀을 불쾌히 여겨 결국 그리스도를 못 박는 저주받은 일을 저지른 유대 종교 지도자들을 경고로 삼아야 합니다. 그러니 지적인 고집을 멈추십시오. 감정적인 고집도 멈추십시오. 대신 말씀에 대한 순종의 믿음을 달라고 기도하십시오. 하나님께 대해 불쾌함을 품지 마십시오. 하나님의 말씀에 대해 불쾌함을 품지 마십시오. 하나님의 말씀을 전하는 사람에 대해 불쾌함을 품지 마십시오(요13:20). 그런 마음은 결국 당신에게 '부딪치는 돌과 걸려 넘어지게 하는 바위'가 될 것입니다. 지금 저는 불신자에게 말하는 것이 아닙니다. 하나님을 믿는다고 하는 그대에게 말하는 것입니다.

삶의 능력으로 보이십시오

하나님의 말씀보다 자기의 생각(합리성과 이성)을 더 사랑하는 이들의 누룩을 경계하십시오. 그들은 차라리 교회에 있습니다. 오히려 기독 모임에 있습니다. 가장 경건한 그리스도인의 옷을 입고 그리스도인이 있는 곳에 있습니다. 무익한 논쟁을 피하십시오. 대신 진리 안에 거하며 말씀을 따라 선한 삶, 능력 있는 삶을 사십시오. 논쟁으로 신앙을 뽐내려는 그들을 닮지 말고 진리가 주는 삶의 능력으로 보이십시오. 그리고 지식보다 사랑이 우월함을 기억하십시오. 하나님께서 인정하시는 것은 지식 자체가 아니라 사랑입니다. 사랑이 빠진 지식은 선한 일을 하지 못하기 때문입니다.

"또 누구든지 하나님을 사랑하면 이 사람은 하나님의 아시는 바 되었느니라 고린도전서 8장 3절"

당신에게 하나님과 그의 교회 그리고 그의 백성들을 향한 참된 사랑이 있습니까? 제사보다 순종을 기뻐하시는 하나님은 사랑의 마음과 선행 그리고 사랑에 근거한 지식을 기쁘게 받으십니다(약3:13). 하나님의 뜻은 우리가 진리 안에서 서로를 더욱 온전하게 사랑하며 하나님을 찬양하는 것입니다(요이1:4). 하나님을 사랑하는 우리는 이와 같은 하나님의 뜻을 따라, 성경으로 진리를 확인하며 능력 있는 삶에 초점을 맞추고 살아야 합니다. 또, 주를 사랑하는 우리는 하나님 앞에 어린아이와 같아야 합니다.

"이르시되 진실로 너희에게 이르노니 너희가 돌이켜 어린아이들과 같이 되지 아니하면 결단코 천국에 들어가지 못하리라 마태복음 18장 3절"

과연 하나님께서 찾으시는 이는 인간적으로 지혜로운 자, 능력이 있는 자, 문벌 좋은 자가 아닙니다(고전1:26). 사실 만유의 주 하나님께는 무엇도 필요한 것이나 부족한 것이 없습니다. 하지만 하나님! 당신은 당신의 말씀을 사랑하는 자, 당신께 순종하는 자를 애타게 찾으십니다(시147:10,11).

신앙은 이론이 다가 아닙니다. 말씀을 따라 성령의 인도하심 아래 사는 것입니다. 온 마음과 몸으로 주님과 동행해야 합니다. 능력의 통로인 말씀과 기도를 쉬지 말아야 합니다. 지속적으로 성령의 열매를 맺어야 합니다. 주께서 약속하신 하늘의 것을 바라보아야 합니다. 인간의 합리성이나 이론보다 하나님의 은혜 안에 거해야 합니다. 지식과 지혜의 근본은 다름 아닌 하나님을 경외하는 것입니다(잠1:7). 그리스도에 대한 사랑과 믿음 그리고 그분이 주신 성경의 진리를 순전히 지켜야 합니다(고전3:11). 두 가지 질문만이 남을 뿐입니다.

"그대는 그대가 죽을 수밖에 없는 죄인이었다는 사실을 기억하는가? 그리고 그대는 진실로 진실로 하나님을 경외하고 사랑하는가?"

죄인의 노래

자비하신 주님
이 죄인은 내세울 것 없는 죄인입니다.
쓸모없는 죄인을 구원하신 주님
그 크신 은혜 다 알 길이 없습니다.
대체 어찌된 일인지 이 죄인은 알지 못합니다.
죄가 더한 곳에 은혜가 더했다는 말씀에 어리둥절해집니다.
형용할 수 없는 놀라움과 기쁨에 어리둥절해집니다.
그러니 감히 무슨 말을 더 하겠습니까?
입을 가리고 무릎을 꿇을 따름입니다.
주님은 나의 구원, 나의 주인이시라고
삶 전체로 고백할 따름입니다.
나의 구원이 되신 하나님이시여,
이 죄인이 주를 사랑하나이다.

21세기 초의 한국기독교

그러므로 누구든지 이런 것에서 자기를 깨끗하게 하면 귀히 쓰는 그릇이 되어
거룩하고 주인의 쓰심에 합당하며 모든 선한 일에 준비함이 되리라 디모데후서 2장 21절

10부 키를 놓치고 길을 잃다

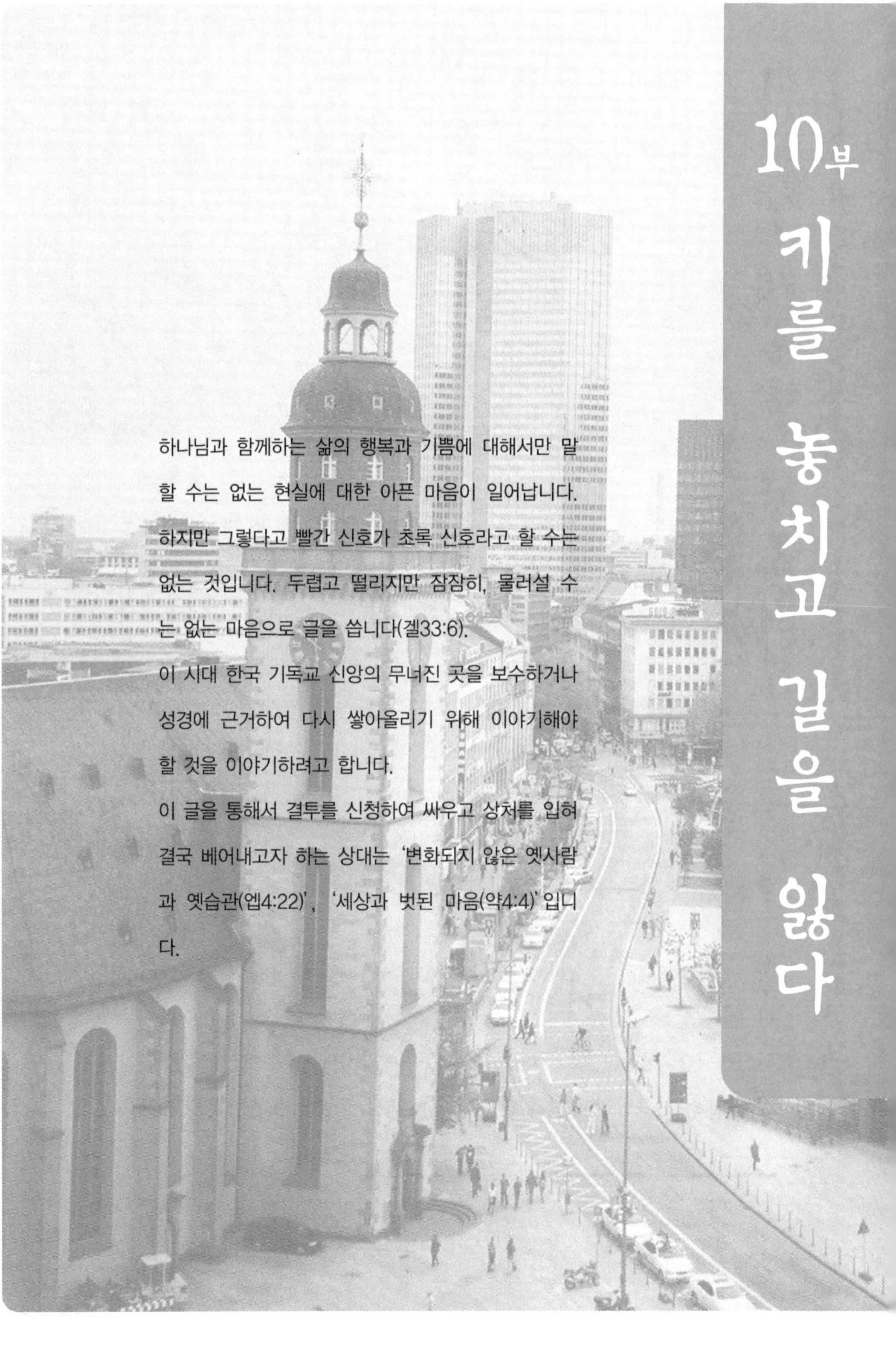

하나님과 함께하는 삶의 행복과 기쁨에 대해서만 말할 수는 없는 현실에 대한 아픈 마음이 일어납니다. 하지만 그렇다고 빨간 신호가 초록 신호라고 할 수는 없는 것입니다. 두렵고 떨리지만 잠잠히, 물러설 수는 없는 마음으로 글을 씁니다(겔33:6).

이 시대 한국 기독교 신앙의 무너진 곳을 보수하거나 성경에 근거하여 다시 쌓아올리기 위해 이야기해야 할 것을 이야기하려고 합니다.

이 글을 통해서 결투를 신청하여 싸우고 상처를 입혀 결국 베어내고자 하는 상대는 '변화되지 않은 옛사람과 옛습관(엡4:22)', '세상과 벗된 마음(약4:4)' 입니다.

1 이 시대의 혼합 기독교

오늘 여러분의 신앙과 초대교회 성도들의 신앙을 비교하면 어떻습니까? 10부는 이 시대를 위태롭게 하는 신앙적 차원의 문제들을 언급함으로 독자의 마음에 위기의식을 일으키기 위해 쓰였습니다. 이런 고민과 진지함 없이 신앙의 발전을 기대하는 것은 '심지도 않고 거두려 하는 안일함' 입니다.

저는 2년간 육군 카투사[1]로 복무하며 다양한 미군과 카투사들을 만났습니다. 지금 군대에 대해서 이야기하려는 것은 아닙니다. 군인에 대해서 말하려는 것도 아닙니다. 신앙에 대해서 말하는 것입니다.

제가 만난 많은 이들이 하나님을 부인하지는 않았습니다. 그들은 신의 존재를 믿는다고 했고, 스스로를 크리스천이라고 했습니다. 또 방에는 성경책이 한 권씩은 갖추어져 있었습니다. 그런데 문제는 그들 – 스스로를 크리스천이라고 하는 그들의 생각이 심하게 세속적 사상과 가치관에 물들어 있었다는 것입니다. 서재에 꽂혀 있는 성경은 사실상 그들에게 어떤 중요한 영향을 주지 못하고 있었습니다. 왜냐하면 그들은 성경보다 연예잡지나 스포츠잡지 혹은 판타지 소설 등에 더 사로잡혀 있었기 때문입니다. 조금 고상한 친구는 유명한 세속 철학

[1] KATUSA : 미육군에 파견 근무하는 한국 군인

자의 가르침이나 매우 독특하여 제 마음에 드는 사상에 심취해 있었습니다. 또, 자기의 경험과 지식이나 생각들이 혼합된 상태로 하나님을 인식하는 경향이 짙었습니다. 하나님의 말씀에 뿌리내리지 않은 생각은 자연히 세상을 따르는 삶으로 인도했습니다. 그들의 신앙은 사실상 '자기철학 + 자기사랑' 이었습니다. 그들은 그것을 '기독교' 로 그리고 자신을 '크리스천' 으로 불렀습니다.

그런데 누가 이 이야기를 남의 이야기라고만 생각할 수 있겠습니까? 한국의 사정도 크게 다를 것이 없다고 생각합니다. 사회뿐 아니라 교회와 성도도 성경적 가치관을 조금씩 그러나 꾸준히 잃어가고 대신 세속적인 가르침(세상의 초등학문)과 가치가 생각과 마음의 중심을 차지하고 있습니다. 그래서 오늘날 하나님의 능력으로 사는 사람, 즉 주변을 거룩하게 바꾸고 경건의 능력으로 세상을 이기는 사람을 스스로를 크리스천이라고 하는 이들 중에서도 찾기가 어려워진 것입니다.

분명한 것은, 성경을 붙잡지 않으면 이 시대의 교묘하고 끊임없는 여러 모양의 유혹과 회의, 의심과 혼란 등의 공격을 이겨내지 못하리라는 것입니다. 자기 스스로와 주변의 신앙인들이 얼마나 하나님의 말씀을 의지하는지, 성경적 가치관을 삶의 중심에 두고 있는지, 그러기 위해 성경을 읽고 묵상하고 상고하는데 애를 쓰는지 자문해봅시다. 긍정적인 대답을 할 수 있는 이들이 얼마나 될지 모르겠습니다.

세상을 보십시오. '나' 를 즐겁게 해주고 만족시켜주는 것들이 얼마나 많습니까. 특별히 돈은 대부분의 것들을 가능케 합니다. 마치 '신' 처럼 말입니다. 문제는 자신을 크리스천이라고 하는 이들 중에서도 많은 수가 하나님의 말씀보다 세상의 가치관, 아니 세상의 '신' 을 더 섬기고 있는 것입니다. 이것은 스스로가 왜곡된 크리스천임을 보여주는 것입니다. 실제로 많은 이들이 이와 같은 상태에 있지 않습니까. 이 비상사태를 어떻게 해결해야 합니까? 분명 그리스도를 믿는다고는 합니다. 그러나 삶의 상자를 열면 그리스도가 발견되지 않습니다. 그럼 그들을 구원받은 백성이라 할 수 있겠습니까?

선민이라는 사실에 자부하던 이스라엘 민족에게 임했던 분열과 바벨론 포로의 역사를 기억하십니까? 한국에서 10명을 제외한 모든 성도가 하나님의 말씀에 세상 가르침과 자기철학을 섞어서 믿는다 해도 하나님은 그분의 기준과 말씀의 일점일획도 변형시키지 않으십니다. 그러니 '다수의 이야기' 를 믿지 말고 '하나님의 말씀' 을 믿어야 합니다. 말씀에 비추어 보면 위에서 말한 이들의 상태를 '구원받은 백성' 이라고 하기가 매우 곤란합니다. 영생을 얻기 위해서 우리가 추구해야 할 것은 '혼합 기독교' 가 아니라 '성경적 기독교' 입니다.

2 회개 없이 그리스도인 되기

여러분의 이성에 던지는 질문은 "회개함 없이 그리스도인이 될 수 있는가?"입니다. 여러분의 영혼에 던지는 질문은 "당신이 죄인이라는 사실을 아는가?"입니다. 이것은 중요합니다. 물론 자기가 죄인임을 철저히 깨닫지 못한 이들도 회개를 합니다. 그러나 자신의 어마어마한 죄들을 보지 못하고 하는 회개는 회개의 열매를 기대하기가 어렵습니다.

자기가 어떤 병을 가졌는지 알지 못한다면 의사를 제대로 찾아갈 수 없습니다. 자기의 병이 죽을 정도로 심각하다는 것을 깨닫지 못하고서는 의사와 치료를 그다지 필요로 하지 않을 것입니다. 여러분이 죄인이라는 것을 압니까? 병든 자라는 것을 압니까? 그 죄와 병이 너무나 깊어 죽음을 피할 수 없다는 것을 압니까? 스스로는 회복될 수 없는, 죽음으로 달려가는 환자임을 아는 사람만이 의원이신 예수님께 나아가 자기의 죄와 병을 고하고 고침을 부탁할 것입니다. 자기가 병에 걸렸다는 것을 모르는 사람이, 자기가 건강하다고 생각하는 사람이, 왜 병원에 가겠습니까. 어떻게 병원에 가겠습니까.

혹 자기의 병에 대해 잘 모르지만, 어떤 계기로 병원에 가서 의사를 만나게 되었다고 가정해보겠습니다. 그러나 과연 그 사람이 의사의 말에 마음과 목숨과 뜻을 다해 귀를 기울이고 이해할 수 없는 치료법이라도 순종할까요? 다른 어느 사람이 있습니다. 그는 평소에 자기가 무척 건강한 의인이라고 생각했습니다. 그런데 어느 날 성경을 통해서, 양심을 통해서, 주변 크리스천들의 이야기를 통해서 자기의 병이 얼마나 심각한 것인지 듣고 깨닫게 되었습니다. 그래서 당장에 병원에 가기로 마음을 먹었습니다. 치료비가 얼마나 될지 모르지만 재산을 다 팔아서라도 자기 생명을 구원하는데 사용하겠다는 일념이었습니다. '온 천하를 얻고도 자기 목숨을 잃으면 유익할 것이 없기 때문(막8:36)' 입니다. 그래서 그는 병원으로 달려갔고 간절히 의사를 의지했습니다. 자기 병의 심각성을 잘 모르는 사람과 뼈저리게 깨달은 사람의 차이는 바로 간절함과 갈급함에 있습니다. 살고자 하는 의지는 병의 치료와 건강의 회복에 매우 유익합니다.

그러니,

그대가 의원으로부터 고침을 받고자 한다면 자기의 파괴된 건강과 어서 치료를 받지 않으면 죽게 된다는 것을 깨닫는 것이 첫 번째입니다. 그때에야 의사에게 간절히 매달릴 수 있을 것입니다. 치료를 마치면 그대는 의사에게 감사할 것이고 남은 평생을 두고 그 의사의 목소리를 청종할 것입니다. 그의 말이라면 무엇이든 귀담아 듣고 순종하려 할 것입니다. 생명의 은인이기 때문입니다.

이제 그대의 삶은 전과는 다릅니다. 의사의 조언과 능력이 너무나 위대하여 그대의 삶에 좋은 열매들이 나타나기 시작합니다. 그대는 가장 순수하고 긍휼에 찬 마음으로 다른 아픈 사람들을 그 의사 앞으로 데려가기 위해 노력합니다. 전에 그대가 가졌던 병들을 가지고, 전에 그대가 그랬듯, 스스로를 건강한 의인이라고 믿으며 사는 사람들을 볼 때 그렇게 하지 않을 수 없을 것입니다.

그러나,

문제는 자기사랑과 세상의 초등학문은 전혀 다른 이야기를 하고 있다는 것입니다. 그들의 세력은 얼마나 막강한지 자기부인과 성경의 귀한말씀을 주장하면 성질이 급하고 더러운 노인네가 울컥하듯이 분을 냅니다. 그러나 진정하고 냉철한 이성으로 생각해봅시다. 자기의 건강과 지식과 지혜와 소유를 사랑하고 그것들로 행복을 삼는 사람이 무엇이 아쉬워 의사를 찾아가 무릎을 꿇고 "말씀

만 하옵소서. 내가 듣겠나이다"라고 하겠습니까.[1]

성경은 "너의 병을 보아라. 너 스스로는 고칠 수 없는 죽음에 이르는 병이다. 그러니 예수님을 찾아가라"고 합니다. 그러나 세상은 "너는 병이 없다. 너는 아름답고 건강하다. 다 잘 될 것이다"라고 합니다.

오늘날 일반적인 가치는 후자를 지지합니다. 전자는 광신도요, 다문화사회를 파괴하는 범죄자요, 심각한 혼란을 일으키는 문란죄인입니다. 그러나 어떤 것이 하나님이 보시기에 합당한지는 이미 여러분께서 판단하셨으리라 생각합니다. 자기철학은 "왜 안 돼? 뭐가 어때서?"라고 합니다. 자기사랑은 "나는 죄인이 아니야"라고 합니다. 자기긍정은 "내가 원하는 모든 것이 가능해"라고 합니다.

그러나 속지 마십시오. 그대가 병의 심각성을 알지 못하고 의사를 만난다면 의사의 말이 그대의 귀를 지나 마음까지 닿지 못할 수도 있습니다. 대신 그대는 그대가 좋아하고 관심 갖고 있는 것들을 더 의지하려 할 것입니다. 자기철학과 자기사랑과 자기긍정은 결코 그대에게 병의 심각성을 가르쳐주지 않을 것입니다. 오히려 건강하다고 이야기해줄 것입니다. 바꿔 말하면, 그대가 의원을 만나고자 하는 마음을 약하게 할 것입니다. 그리스도보다 다른 것을 의지하게 할 것입니다. 다시 말하면, 그대의 구원을 위태롭게 할 것입니다.

---

[1] 물론 여기서, 그 의사가 대단한 재력과 정치력을 가진 경우라면 다를 것입니다. 의사가 아닌 그의 소유 – 나를 더 행복하고 강하게 만들어 줄 수 있는 것들을 노리고 다가가 충분히 "말씀만 하옵소서. 내가 당신의 종입니다"라고 할 수도 있습니다.

3 베스트셀러 신앙 is not 베스트 신앙

이 글은 오늘날 베스트셀러 신앙의 형성에 대한 반작용으로 쓰인 것입니다. 먼저 여기서 말하는 베스트셀러란 '잘 팔리는 모든 기독교서적' 이 아니라 진리의 한쪽 면만을 너무 부각시켜 믿음과 지식이 연약한 성도에게 그것이 전부인양 믿게 만드는데 기여하는 책, 지나친 인기로 성도들의 시간과 관심을 성경으로부터 빼앗는데 기여하는 책, 성도들의 신앙적 추구를 '경건한 삶과 하나님께 영광' 으로부터 '세속적 번영과 특별한 체험' 으로 옮기는 책 등입니다.[1]

기독교 베스트셀러들 중 그것들이 얼마나 성경적, 사도적, 초대교회적인지 살펴보면 심각한 문제점이 발생되는 것들이 있습니다. 하지만 외제목사, 대형교회목사가 쓴 것이라고 여과 없이 무조건 환영받는 경우도 있습니다. 하나님을 사랑하는 이 책의 독자님들께 한 가지만 묻겠습니다.

"오늘 하루 여러분은 성경을 읽는 것에 대한 관심과 설렘, 시간 및 물질투자가 많았습니까? 아니면 기독교 베스트셀러에 대한 관심과 설렘, 시간 및 물질투자가 많았습니까?"

자신 있게 성경이라고 대답하시는 분은 이 글과 관련이 없습니다.

---

[1] 신비한 체험과 남들의 부러움을 살만한 간증, 성경적 근거가 없는 개인적인 기적, 세속적 축복을 강조하는 책 등이 베스트셀러 코너를 점령하기 더욱 쉽습니다.

베스트셀러 신앙이란 성경이 아닌 기독교 베스트셀러에 의존하는 신앙을 말합니다. 다시 말하면 그의 신앙의 바탕은 성경이 아니라 베스트셀러입니다. 성경은 완전히 제쳐둔 크리스천부터 가끔씩 성경도 읽지만 더 많은 시간과 관심을 베스트셀러에 쏟는 크리스천까지 이 범주에 들어갑니다.

"너희 믿음이 사람의 지혜에 있지 아니하고 다만 하나님의 능력에 있게 하려 하였노라 고린도전서 2장 5절"

아시나요 베스트셀러 신앙을

오늘 한국에는 베스트셀러 신앙이 인기입니다. 베스트셀러를 만드는 공식을 따라 잘 기획된 책에 여러분의 신앙을 둔다면, 오, 얻는 것은 적고 잃는 것은 큽니다. 그 공식은 대체로 이렇습니다.

1. 읽는 이에게 너무 부담스러운 표현은 자제하라. 사상에 있어서 관대하며 좁은 문을 최대한 넓혀 많은 이들이 출입할 수 있게 하라.
2. 읽는 이가 평안하게 잘 살고 있다는 인상을 주어라. 조금만 더 하면 더욱 잘 될 것임을 이야기하라. 특별히 현세적 축복을 부각하라.
3. 읽는 이의 문제점보다는 가능성을 부각시켜라. 그 문제점이 치명적이어 당장 고쳐야 한다면 더욱 말을 조심하라. 함부로 메스를 들이댔다가는 출판사로 항의전화가 쇄도할지 모른다.
4. 하지만 독자가 자기가 올바른 책을 붙잡고 있다는 인상을 주기 위해서 문제점도 약간 지적해주어라. 그러나 수위를 적당히 잘 조절하여라. 독자의 감정을 불쾌하게 하는 것은 자살행위다.
5. 편집, 표지, 마케팅을 잘 쓰면 어떤 책도 위대한 책이 된다. 누구든지 마케팅의 이름을 부르는 자는 베스트셀러의 가능성을 얻으리라(롬10:13).
6. 성경을 초월하는 스펙터클한 간증을 활용하라. 허영심이야말로 최고의 마케팅이다.

7. 이 모든 과정에 기도를 했으니까 하나님께서 기뻐하시리라. 그러니 베스트셀러를 향하여 밀어붙여라.

하지만 성경을 묵상함으로 형성되는 분별력이 없으면 너무 쉽게 베스트셀러 작가의 '팬', 아니, '편'이 됩니다. 여러분, 고난과 경건이 빠진 책들을 조심하십시오. 축복과 이적이 여러분을 풍요롭게 하는 것이 아니라 경건과 연단이 풍요롭게 합니다. 바울의 "무릇 그리스도 예수 안에서 경건하게 살고자 하는 자는 핍박을 받으리라(딤후3:12)"는 말씀을 기억하십시오. "무릇 그리스도 예수 안에서 경건하게 살고자 하는 자는 세상의 성공과 기적을 받으리라" 하는 사상들을 조심하십시오. 그리스도가 중심이 아닌 주변인이 된 사상들을 경계하십시오. 그것은 그리스도교가 아닙니다.

하나님께 열심이 있으나 성경 외의 것들 위에 신앙을 쌓아가는 어린 양들은 지식이 없어서 분별력이 없습니다(호4:6,잠19:2). 이것은 너무나 가슴 아픈 일입니다. 누가 그들에게 순수한 복음과 말씀을 가르쳤더라면 인간 중심의 신앙이 아니라 하나님 중심의 신앙, 나의 뜻에 하나님을 맞추는 신앙이 아니라 하나님의 뜻을 구하고 분별하는 신앙, 하나님의 능력으로 사는 신앙의 사람이 되었을 텐데….

그러나 양들은 "평강하다 평강하다(겔13:10)" 소리를 듣고 싶어합니다. 하나님께서 기뻐하지 않으실 요소들을 삶의 바구니에 얼만큼 담고 있어도 평강하다고 생각하고, 누군가 그렇게 이야기해주기를 바랍니다. 목사님이나 교수가 가지고 있는 종교적, 사회적 권위처럼 좋은 것은 없습니다. 그들이 책을 통해 양들에게 평안(긍정)을 약속해줄 때 양들은 큰 위로를 얻고 보답으로 그 책을 몇 권씩 사서 타인에게까지 선물하는 정성을 나타냅니다. 그리고 순식간에 그 책을 베스트셀러로 만들어줍니다.

그러나 거기, 하나님보다 자기를 더 사랑하고 있는 크리스천이여, 자기의 소원을 성취시키기 위해 하나님과 말씀을 시녀로 삼은 크리스천이여, 세속적 축복과 관련된 성구에만 눈이 번쩍이는 크리스천이여, 그런 신앙은 그리스도의 구원 신앙이 아닙니다. 세상과 하나님, 자기 자신과 하나님 사이에서 하나를 버려야 할 정도의 위태로운 상황이 오면 그대의 불신앙이 드러날 것입니다. 아직 환란이 오지 않은 때에는 참 신앙과 거짓 신앙이 잘 구별되지 않을 지도 모릅니다. 하지만 환란과 유혹의 때에는 확실하게 구분되어 드러날 것입니다.

"데마는 이 세상을 사랑하여 나를 버리고 데살로니가로 갔고 디모데후서 4장 10절"

오, 순진하고 분별력이 없는 수많은 어린 양들은 베스트셀러라면, 대형교회 목사라면, 미국목사라면 '더 믿을 수 있는 진리'라고 생각하는데 주저함이 없습니다. 가톨릭의 교황무오설[1]과 같은 베스트셀러무오설, 대형교회목사무오설 그리고 외제목사무오설이 기독교에도 생긴 것입니다. 우리 마음에 성경 대신 베스트셀러, 그리스도 대신 유명한 종교지도자! 오오, 하나님 용서하시옵소서.

하나님께서 말씀하시지 않았는데 사람들이 듣고 싶어 하는 말을 전하는 일이 있습니까(겔13:6)? 하나님께서 기뻐하시지 않는 것에 그대로 "괜찮다" 하고, 고쳐야 할 것에 "평안하다" 하는 일이 있습니까? 성경의 책망은 빠지고 축복만이 해답이라는 것처럼 외치는 일이 있습니까?

책망을 달게 듣지 않고 미워하는 당신은 예레미야를 배척할 것입니다. 대신 하나냐(렘28장)를 환영할 것입니다. 그러나 거기에는 하나님께서 주시는 구원의 도가 없습니다. 스스로의 죄를 알지 못하고 하나님의 용서를 필요로 하겠습니까? 철저한 회개 없이 구원이 있겠습니까? 자기를 부인하지 않고, 자기 십자가를 지지 않고, 그리스도를 따라 갈 수 있겠습니까(마16:24)? 땅의 것을 주목하고 사랑함이 하나님의 미워하시는 일이 아니란 말입니까(마6:24, 약4:4)? 하지만 "괜찮다. 할 수 있다. 가능하다. 평안하다"하는 이들을 보시옵소서.

[1] 1870년 바티칸에서 열린 회의에서 결의된 교리로 "교황이 그의 공적 직분에 의거하여, 신앙과 도덕에 관련된 문제로 전체 교회를 위한 최종 결정을 내리면, 이 결정은 그 자체로서 무오하고 불변하며, 사전에 교회의 동의나 사후의 승인을 받을 이유가 없다"는 내용입니다. – 브루스 셸리. 같은 책. p.460

멈추어라 베스트셀러 따라 삼만리

여러분, 기독교 베스트셀러에 신앙을 두지 마십시오. 그대의 신앙을 말씀의 반석 위에다가 쌓아 가십시오. 중요한 것은 베스트셀러와 대형교회를 선택하느냐 안 하느냐가 결코 결코 아닙니다. 그럼 무엇입니까?

중요한 것은 내가 마음에 할례를 받은 진정 구원의 믿음을 소유한 자인가 하는 것입니다(신10:16,롬2:29). 나는 진실로 거듭난 그리스도인인가(요3:3)? 느리더라도 꾸준히 옛사람을 벗고 새사람을 입고 있는가(엡4:22~24)? 성령의 욕구를 따르기 위하여 치열한 내적싸움을 하고 있는가(갈5:16)? 지속적인 성령의 충만함 가운데 있는가(엡5:18)? 주님께 드릴 삶의 좋은 열매를 맺고 있는가(눅13:9)? 성도들을 향하여 물질과 시간과 은사와 에너지를 기쁘게 감사함으로 사용하고 있는가(갈6:10)? 골방에서 하나님과 단둘이 깊은 시간을 보내는가(마6:6)? 내 판단과 행동의 근거는 성경 어디에서 찾을 수 있는가? 성경은 나의 삶과 신앙에 최고의, 그리고 '유일한' 권위인가? 혹 합리성이나 '형제애' 라는 미명 아래 진리를 타협하고 있지는 않은가? 성경의 일부는 받아들이고 일부는 거부하지 않는가? 세상의 초등학문이나 이성, 전통 혹은 체험을 성경과 같은 위치에 둠으로 진리의 검을 무디게 하고 있지는 않은가? 잘 포장된 베스트셀러나 성경을 열심히 묵상하고 연구하지 않는 설교자의 설교를 성경보다 우위에 두지는 않는가(성경을 읽고 공부하지 않는 이들은 쉽게 이 함정에 빠집니다)?

중요한 것은 이와 같은 것들입니다. 위와 같은 고민을 하는 이들은 베스트셀러와 대형교회를 찾아 떠돌아다니지 않습니다. 에녹과 같이 진리 안에서 하나님과 친밀하게 동행하고 있는데(창5:24) 왜 다른 것들이 부럽겠습니까. 여러분은 어떤 크리스천입니까? 성경과 성령 안에서 하나님과 동행하는 것에 가장 마음을 쓰는 크리스천입니까? 아니면 유명하고 인기 있는 기독교적인 것들이나 자기가 만드는 기독교에 더 마음을 쓰는 크리스천입니까? 여러분은 어떤 크리스천이 되기 원하십니까? 여러분의 물질과 시간은 여러분을 어떤 크리스천이라고 말해줍니까? 성경은 여러분을 어떤 크리스천이라고 말해줍니까?

4 파트타임 크리스천

이 글은 크리스천의 생활 중 특별히 교회 생활에 관련된 것입니다. 우리가 스스로를 그리스도인이라고 여기지만 얼마나 그리스도인답지 못한 삶을 살 때가 많은지 경각을 울리고, 내 기분과 생각과 신념이 만든 그리스도인이 아니라 성경과 성령이 만드시는 그리스도인이 되기 위해 고침을 받아야 할 것들에 대한 기록입니다. '거의 그리스도인(Almost christian)' 을 벗고 '진정한 그리스도인(Real christian)' 이 되기 위해 우리는 아래의 질문들을 통과해야 할 것입니다.

부디, '다 아는 이야기네?' 하면서 무심하게 넘어가는 일은 없기를 바랍니다. 왜냐하면 여러분의 생각이 아니라 삶이 여러분 스스로에게 '나는 전혀 모릅니다' 라고 이야기할 수도 있기 때문입니다. 그러니 어떤 것이 자기와 관련이 있다면 애통하는 마음으로 회개하여 고침을 받으시기를 바랍니다. 그러나 적어도 여러분이 사회적으로 어떤 사람이든지 간에, 온전함에 더욱 가까이 이르기 위해 고쳐야 할 부분이 무엇인지 깨닫는다면 저는 기쁘고 만족할 것입니다. 왜냐하면 바로 그때, 우리들이 찾아가 도움을 요청할 수 있고, 문제를 해결해주실 수 있는 유일한 분이 그리스도이심을 머리로만 아니라 마음 깊이 알게 될 것이기 때문입니다. 그러면 자연히 주님을 의지하며 감사와 찬양을 그분께 올려드리게 될 것입니다.

세상의 창조주 되시고 모든 만물 위에 계신 지극히 크신 하나님 앞에 서 있는, 신앙생활을 오래한(히5:12) 여러분. 교회에 오래 다녔다고 새신자에게 무관심하지는 않습니까? 새신자가 열심히 교회 생활을 하고자 하여 봉사를 하는 것을 불쾌히 여기는 마음이 있지는 않습니까? 왜냐하면 '내가 먼저 이 교회에 발을 들였기 때문에'? 그러면서 속으로 '왜 교회에 사람이 늘지 않느냐' 하지는 않습니까? 그러면서 새신자에게 "다음 주에도 꼭 나오세요"라고 합니까?

아니면 교회 봉사를 많이 한다고 자기 의를 쌓고 있지는 않습니까? 그렇다면 그대는 곧 초라해 질 것입니다. 그리스도의 의가 아니면 평안과 영광이 없기 때문입니다. 열심히 봉사하는 이들을 향해 손가락질하며 판단하는 구경꾼이 된 적은 없었습니까? "이건 이렇게 하고 저건 저렇게 하라"고 하지만 그대가 사실 아무것도 하지 않고 있다는 것을 모르는 사람은 없을 것입니다.

어느 성도가 그대의 말에 상처가 나서 울고 있는데 "왜 그렇게 받아들이느냐" 하는 매정함이 있지는 않습니까(마5:23,24)? 그러면서 진지하게 받아들이지 않고 계속 그런 매정함을 가지고 살지는 않습니까? 반대로 어느 성도가 불쾌하게 행동했다고 그에 대한 미움을 품는 죄를 짓고 있지는 않으십니까? 주여, 주님이 우리를 용서하시지 않으시면 우리는 살 수 없습니다. 그런데 우리가 서로를 용서하지 않아도 참으로 살 수가 없습니다.

말씀을 전하는 자를 외모로 판단하고 가벼이 여기는 것은 사람이 아니라 하나님을 가벼이 여기는 죄라는 사실을 아십니까(요13:20)? 하나님의 말씀 앞에서 구원받은 죄인이 마땅히 가져야 할 진지함은 없고 대신 경박함만 있지는 않습니까? 그러나 주여, 패역한 이스라엘처럼 하나님의 말씀을 듣기 싫어하고 귀에 간지러운 말씀을 좇는 마음이 있다면 누가 고칠 수 있겠습니까?

여러 가지 핑계로 주일에 교회에 가지 않고도 마음이 불편하지 않습니까? 주님께 대한 사랑과 믿음 없음을 그런 식으로 고백하지는 않았습니까? 일주일 중 6일은 불신자, 나머지 하루, 아니, 그 하루의 '몇 시간만' 신자로 살지는 않습니까? 그렇다면 우리는 스스로를 '시간제 크리스천(Part-time christian)' 이라고 불러야 거짓말하는 죄를 짓지 않게 될 것입니다.

하나님의 이름으로 성경공부나 찬양연습을 하러 모였는데 하나님을 갈구하는 마음 없이 일로써 대하는 종교 장사(비즈니스)를 하지는 않습니까? 하나님의 모임에서 하나님보다 사람이나 행사에 더 관심을 가질 때 모든 것을 태우는 하나님의 맹렬한 질투가 일어난다는 것을 모르십니까? 왜냐하면 하나님은 사랑이시기 때문입니다.

예수 믿으면 구원을 받는다는 말씀을 경외심 없이 받아들임으로 죄의 행위에 별 거리낌이 없지는 않습니까? 그것이 자기를 속이고 하나님의 은혜를 방패삼아 마음껏 죄를 짓는 죄 중의 죄라는 것을 모릅니까? 혹시 교회에 다니는 것으로 '하나님은 내 편' 이라고 생각하고 있습니까? 그래서 행동거지에 전혀 신경을 쓰지 않고 "누구든지 나의 마음에 반대되는 사람은 하나님의 마음에 반대되는 것이다"라고 말합니까? 그러나 하나님은 '심장을 살피며 폐부를 시험하고 각각 그 행위와 그 행실대로 보응(렘17:10)' 하십니다.

하나님의 인도와 능력보다 잘 짜인 프로그램과 효율성이 하나님의 일을 더 잘 해내리라는 기대를 갖고 그것들을 의뢰하지는 않습니까? 말씀 묵상과 골방 기도로 주님께 걸어가기보다는 프로그램이나 집회를 통해 주님께 단숨에 날아가려고만 하는 마음이 있지는 않습니까? 한탕주의가 신앙에도 적용이 되는 것입니까? 신앙을 한방에?

하나님의 일을 한다고 모였는데 먹고 마시고 웃고 떠드느라 주님께 무관심 혹은 형식적 관심을 드려 주님의 가슴에 큰 상처를 내드리고 있지는 않습니까? 아, 우리의 히히대는 소리에 주님의 음성이 들리지 않습니다. 우리의 시끄러운 웃음소리에 주님의 신음이 들리지 않습니다. 주님은 우리 마음속 관심의 문 밖에서 처량히 서 계십니다. 눈이 오나, 비가 오나, 주님은 우리의 마음 문을 두드리시나 우리가 듣지 못함은 우리의 분주한 즐거움과 웃는 소리 때문입니다. 손목과 발목에 박힌 못보다 더 아픈 것은 "사랑합니다"라고 고백하며 실제로는 무관심 하는 우리로부터 받는 마음의 상처입니다.

혹시 여러분은 모(母)교회를 '전도하기가 무서운 교회'로 만들어가고 있지는 않습니까? 새신자가 오면 누가 그에게 관심을 갖습니까? 누가 그를 돌봅니까? 새신자를 실족시켜 그가 영원히 믿음을 떠나게 하는데 일조하고 있지는 않습니까? 신자 양육보다 행사가 더 중요한 교회? 부흥(revival)보다는 외형적 성장(growth)을 좇는 교회?

부모가 목사, 장로, 신학교 교수, 선교사라고 스스로를 뛰어나게 여기는 숨은 마음이 있지는 않습니까? 간판 좋은 대학에 다닌다고 은밀하게 마음이 높아지지는 않았습니까? 그래서 남보다 스스로를 높게 보는 교만과 착각이 있는 것은 아닙니까(빌2:3)? 하지만 하나님은 편애가 없으십니다. 교만한 자를 물리치시고 겸손한 자에게 은혜를 베푸십니다. "누구든지 으뜸이 되고자 하는 자는 종이 되어라(마20:26)"라고 하십니다. 그러나 우리는 프라이드라는 우상을 만들어 그것을 즐거워하며 섬기고 있지는 않습니까? 오늘 하루 여러분은 하나님으로 인해 즐거워하는 시간이 많았습니까? 아니면 세상에서 얻은 것들이나 자기 자신을 보고 더 즐거워하였습니까? 세상 모든 사람이 섬기는 프라이드라는 우상이 하나님의 사람인 당신 안에도 서 있지는 않습니까?

베스트셀러, 대형교회목사, 외제목사라는 간판을 달고 있으면 누구는 '일단 환영', 누구는 '무조건 환영' 하는데 당신은 그중 하나가 아님이 확실합니까? 당신은 사람이 아닌 하나님만 경배하고, 사람의 지혜가 아닌 하나님의 말씀만 의지한다고 말하는데 부끄러움이 없는 것이 확실합니까? 성경을 거의 읽지 않으면서 분별력을 기르겠다는 생각을 갖고 있지는 않습니까? 그는 악기 연습은 하지 않고 훌륭한 연주가가 되기를 바라는 사람과 같습니다. 그런 사람은 연주도 못할뿐더러 심한 스트레스에 시달리고 주위 사람들도 괴롭게 만듭니다. 여러분 스스로를 성경을 사랑하고 상고하는 사람이라고 말할 수 있습니까? "그럴 수 없다"고 하는 그대의 신앙과 삶의 위태로움을 자각하고 있습니까?

세상의 자랑이 되는 간판을 추구하는 마음이 있습니까? 주께서 세상에 계실 때 어떤 간판을 가지셨습니까? '나사렛 목수 예수'였습니다. 나의 주여, 명문

대학에 보내주지 않으면 신앙을 버리겠다는 부모들을 경계하셔야 할 것입니다. 자식의 성공을 담보로 주를 믿었으니 환란 날에 주를 세 번 부인할지 누가 압니까? 네? 뭐라고요? 베드로도 그랬었다고요? 그래서 세 번까지는 주를 부인해도 괜찮다고요?

바쁜 스케줄을 핑계 삼아 말씀과 기도에 소홀한 삶을 합리화 하고 있지는 않습니까? 그런 행동으로 주께 대한 갈급함이 없음을 스스로 보여주고 있습니다. 주님이 없어도 살 수 있다는 믿음을 그렇게 표현하는 것입니다. 주여, 오늘도 우리는 너무 바빠 주께 드릴 시간이 없습니다. 그러면서 우리는 이렇게 말합니다. "나는 주님을 사랑해."

예수님보다 신앙 위인들에게 더 마음을 쓰고 관심을 가짐으로 예수님을 곤란하게 만들지는 않습니까? 난 바울파다, 난 아볼로파다, 난 베드로파다 하며 그리스도의 사람이 아닌 것처럼 행동하는 당파심이 있습니까(고전3:4)? 하나 묻겠습니다. 여러분은 당파의 전통의 노예입니까? 아니면 그리스도의 노예(엡3:1)입니까?

황금보다 비싼 시간이란 예물을 말씀과 기도, 교제, 봉사, 사명에의 헌신 등의 방법으로 하나님께 드리기보다는 해도 되고 안 해도 되는 덜 중요한 것들에 바치지는 않습니까? 그것이 하나님 나라의 확장에 선한 일이겠습니까? 그대의 시간이 그대의 소유가 아님을 알고 있습니까? 하나님의 것을 낭비하는 죄를 두려워하십시오.

이와 같은 질문에 부정적인 대답이라면 그리스도인이 세상 사람과 무엇이 다르다고 하겠습니까? 불신자와 무엇이 다르다고 하겠습니까? 어둠의 생활을 하면서 "나는 빛이다(마5:16)"라고 하면 대체 무엇이 진실입니까? 나쁜 열매를 맺으며 "나는 좋은 나무다(마7:18)"라고 하면 대체 무엇이 참 모습입니까?

주님을 사랑한다면 어떻게 그분을 기쁘시게 할 수 있을지 고민하고 행해야 하지 않겠습니까? 천국이 매일 가까이 다가오는데 경건의 경주를 달리고, 선한 일에 온 힘을 기울여야 하지 않겠습니까? 그렇지 않고 불만스러운 마음으로 아무것도 하지 않는 자의 결국에 대해 주께서 이렇게 말씀하셨습니다.

“그 주인이 대답하여 가로되 악하고 게으른 종아 나는 심지 않은 데서 거두고 헤치지 않은 데서 모으는 줄로 네가 알았느냐 마태복음 25장 26절”

마지막으로 그대는, 그대가 살인과 간음, 거짓말과 우상숭배, 교만과 탐욕 등으로 전혀 구원에 합당하지 못하고, 대신 하나님의 거룩한 진노의 심판과 멸망에 합당한 사람이었다는 것을 잊지 않고 기억합니까? 마음 깊숙이? 그래서 그런 최악의 죄인을 구원하신 그리스도 예수께 가장 애통하고 낮은 마음으로 나아가 가장 높고 귀한 감사를 드리고 있습니까?

주님, 당신의 나라와 이름의 영광을 위하여 귀히 쓰는 그릇들을 세워주소서. 주님의 좋은 군사로 고난에 참예하는 자, 약하지만 하나님의 법을 따라 수고하는 자, 하나님의 말씀을 지극히 사모하는 자(잠8:17), 모든 정신이 하나님께로 맞춰진 자, 자기 의와 불의를 떠나는 자들을 세워주십시오. 조금만 보수하면 될 기둥은 그렇게 보수해 주시고, 완전히 부수고 새롭게 지어야 할 기둥은 그에 맞게 해 주십시오.

“그러므로 누구든지 이런 것에서 자기를 깨끗하게 하면 귀히 쓰는 그릇이 되어 거룩하고 주인의 쓰심에 합당하며 모든 선한 일에 준비함이 되리라 또한 너는 청년의 정욕을 피하고 주를 깨끗한 마음으로 부르는 자들과 함께 의와 믿음과 사랑과 화평을 따르라 디모데후서 2장 21,22절”

5 하나님과 자기애(愛)의 기로에서

자기의 안위와 축복을 신앙의 목적으로 삼는 사태에 대한 반작용으로 이 글은 쓰였습니다. 평안과 축복은 그리스도 안에서 하나님께서 넘치도록 주시는 것입니다. 하지만 그것이 전부인양 말하는 것과 그것이 전부인양 말해주기를 바라는 마음이 이 시대, 이 땅에 지나치게 많다고 생각합니다. 대신 경건의 능력과 고난의 인내, 헌신의 작정 등에 대해서는 소홀해지고 있다고 생각합니다. 그리스도의 권위를 부여받았던 사도들은 결코 그렇게 가르치지 않았습니다.

기독교에 대한 성도들의 일반적인 이미지가 신명기 28장 15절 이후의 기록을 지워버린 '듣기 좋은 기독교'가 되어가는 것은 아닌지 크게 우려됩니다. 그래서 덥지도 차지도 않은 신앙에게 강한 결단을 요구하려고 합니다.

'하나님이냐? 나 자신이냐? 그것이 문제로다!'

그러나 여러분이 하나님의 뜻을 따라 성령의 능력으로 사는 것에 최우선순위를 두지 않는 사람이라면 굳이 이 이야기에 괴로워할 필요는 없습니다. 이 이야기는 모든 것을 하나님께 드리고자 하는 사람들의 유익을 위한 이야기이기 때문입니다.

내 안에 우상이 있다

마음 속 성전의 거룩한 곳에 세워놓은 가증한 우상을 깨뜨리십시오. 마땅히 하나님께 드려야 할 자리에 나를 사랑하는 마음이 있습니다. 거룩한 지성소에 하나님의 언약궤가 없습니다. 대신 욕심과 교만이라는 두 악한 그룹들 아래 '나' 라는 우상이 서 있습니다. 아, 인간에게 가장 원초적이고 매력적인 우상은 바로 '나' 였습니다. 그러나 사실 그 우상은 아무 권능이 없습니다. 쓸모없고 힘도 없는 것입니다. 그럼에도 그 우상은 참 하나님의 자리를 탐하고 있습니다. 그래서 "하나님을 위해서"라고 말하며 몰래 가증한 그 우상을 마음속 거룩한 자리에 가져다 놓는 일을 우리가 빈번히 저지르는 것입니다. 우리는 하나님을 섬기지만 때때로 그 우상도 섬기고 있습니다.

"잠깐만요, 당신은 어째서 내가 그런 우상을 섬기고 있다는 것입니까?"

그대여, 그대 마음과 생각 속에는 하나님과 하나님의 나라에 관한 것이 많습니까? 아니면 무엇을 먹고 마실지에 대한 고민과 걱정이 더 큽니까? 하나님과 동행하는 시간과, 하나님을 생각함 없이 그대가 원하는 일을 하거나 그대에게 이익이 되는 일을 하는 시간 중 어느 것이 많습니까? 어느 것이 더 좋은 시간과 정성스러운 마음을 차지합니까? 그대의 관심과 땀은 하나님과 하나님의 나라에 더 많이 투자됩니까? 아니면 '나' 의 잘됨과 '나' 의 즐거움 – 가령 말씀과 기도를 제쳐놓고 보는 텔레비전이나 인터넷, 주님보다 더 보고 싶고 듣고 싶은 연예인, 교회보다 더 가슴 뛰는 취미와 여가, 세상의 경력 등에 더 많이 사용됩니까? 그대는 계획을 세우고 결단을 내릴 때 온전히 하나님께 결정권을 드리려고 합니까? 아니면 '나' 에게 줍니까? 그러나, 속으로는 이미 '나' 에게 준 다음에 '하나님' 께 "무엇을 원하시나이까? 순종하겠나이다"고 물으며 그대의 결정과 하나님의 결정이 같기를 바라고, 혹 다르다면 그대의 결정을 따른다는 편이 더 정확하지는 않습니까(렘42장참조)?

더 이야기해야 합니까? 이래도 우리가 '나' 라는 우상과 전혀 관계가 없다는 것입니까? 지금이라도 죄를 깨달아 철저한 회개와 회개에 합당한 열매로 이어지지 않고 살 길이 있다고 생각하는 이 누구입니까?

나를 우상으로 만들어 마음의 지성소에 세웠다면 마음을 찢고 그 우상을 꺼내어 찍어버립시다. 너무나 오랜 시간 그 우상은 우리 마음의 지성소를 더럽혔습니다. 그 우상을 든든하게 지키는 욕심과 교만은 강력한 보호막을 펼칩니다. 나의 욕심과 교만은 웬만해서는 나의 눈으로 분간할 수 없습니다. 하지만 나의 눈은 타인의 욕심과 교만을 보는 것에는 무척 밝습니다. 그래서 나의 눈은 결국 '자기 의'라는 또 다른 우상을 가져오게 합니다. 또, 자아실현과 성공, 행복을 삶의 궁극적 목적이라고 말하는 세상은 자기에게 충성하는 자에게 외모(삼상16:7)라는 프라이드의 우상을 만들어줍니다. 자기 의와 자긍심, 자기애의 우상을 마음의 지성소에 둔 크리스천이여! 하나님의 거룩한 진노와 심판이 이스라엘에 임하기 전에 어서 가증한 멸망의 우상들을 찍어 내버리십시오. 보십시오. 적들이 우리 주변을 가득 둘러싸고 있습니다. 그러나 우리는 아직도 우상을 집에 숨겨놓고 집 밖으로 나와 "나는 그런 것을 모른다"라고 하고 있습니다. 그러나 은밀히 숨겨둔 그것을 어서 끄집어내 타는 불 속으로 던져버리십시오. 결코 추호의 애착도 갖지 마십시오. 뒤돌아 불타는 소돔 성에 있는 사랑하는 우상들을 바라봄으로 소금기둥이 된 롯의 처를 기억하십시오(창19:26). 우리는 비극의 본이 되어서는 안 됩니다. 우리의 입술은 어려움 없이 "나라와 권세와 영광이 아버지께 영원히 있사옵나이다. 아멘"이라고 하지만, 우리의 삶은 얼마나 자주 큰 목소리로 "축복과 성공과 인기가 나에게 영원히 있사옵나이다. 아멘"이라고 합니까.

결코 죽지 않으리라 했던 뱀의 말(창3:4)이 당시에는 진리 같았으나 결국 아담은 죽었듯(창5:5) 사단은 우리에게 문제가 없고 평안하다고 말합니다. 하지만 '나'를 사랑하는 신앙을 버리고 '그리스도'를 기쁘시게 하는 성숙한 신앙(엡5:10)을 향해 전진하는데 온 힘을 집중해야 합니다. '나'를 사랑하는 신앙은 사실 '하나님'을 부담스러워하는 신앙과 동의어입니다. 왜 아직도 거듭나지 않은 옛사람처럼 세상과 자신을 사랑하는 것입니까? 그리스도께서 죽었던 우리를 살리신 영원한 주인이실 진데 왜 내가 나의 주인인 것처럼 행동하게 놔두는 것입니까?

Back to Basics

하나님을 사랑하는 여러분, 우리 낮은 곳으로, 단순한 곳으로, 기본으로 돌아갑시다. 말씀 읽기, 묵상, 연구, 골방에서의 기도, 하나님이 중심이 되는 교제, 죄와 피 흘리기까지의 싸움, 자기의 의 부인과 그리스도의 의 의지, 하나님보다 사랑하고 의지하는 것들에 대한 자발적 찢어버림, 교회와 성도를 위해 밀알이 되는 헌신, 한마디라도 조심하는 친절, 무엇이든 불평하지 않는 성실, 나보다 남을 낫게 여기는 겸손, 중심으로부터 우러나오는 관심, 교회와 성도를 위한 시간과 물질과 은사의 희생, 내게 잘못을 범한 사람을 잘못하지 않은 사람으로 여기는 용서….

행여 성령님보다 프로그램이 나를 변화시켜주기를 기대했다면, 거룩한 모임에서 하나님보다 사람에게 관심을 두고 있었다면, 하나님보다 행사나 일 자체에 관심을 두고 있었다면, 분주함과 효율성의 노예가 되어 하나님보다 앞서 나갔다면, 하나님의 나라보다 나의 성공과 성취에 더 목이 말랐다면, 가장 좋은 마음과 시간은 '내가 좋아하는 것' 에 주고 주님께는 2등급 마음과 시간을 드렸다면, 교회 봉사를 많이 한다고 자기 신앙을 더 우월하게 여기는 마음이 있었다면, 혹은 봉사를 충성스레 하고 있는 이들을 팔짱끼고 구경하며 판단했다면, 하나님으로 만족하지 못하고 세상에서 무엇을 얻어 자신을 풍요롭게 하려고 했다면, 자기 생각과 고집스런 마음으로 말씀 전하는 자를 못 마땅하게 여겼다면, 하나님의 일에 열심이 있으나 성경을 외면하고 자기의 생각과 고집으로 추구했다면… 아무것도 가지지 않았지만 부모의 지고한 사랑과 보호를 받는 약하고 초라한 벌거벗은 어린아이처럼 하나님 앞에 우리가 아무것도 아님을, 오히려 어리석고 눈이 어두운 죄인임을 고백하고 잠잠히 그분의 선한 사랑과 보호의 손길만을 바랍시다(시37:7). 하나님께서 우리로 '근심한 후에 기쁨을 얻게 할 것(렘31:13)' 입니다. 왜냐하면 그분의 생각은 '재앙이 아니라 평안이고 장래에 소망을 주는 것(렘29:11)' 이기 때문입니다.

여러분, 어느 인간이 이 땅에서 죽지 않겠습니까? 우리 생의 마지막 날, 하나님께서 부르시는 그날이 하루가 가면 하루 가까이 오고 있는데 왜 두 번 생각하는 것입니까? 하루의 가장 좋은 시간을 하나님께 드립시다. 가장 좋은 마음을 하나님께 드립시다. 하나님께 묻지 않았던 계획들을 재고하고, 하나님의 나라를 먼저 구하며, 모든 것을 그분께서 책임지심을 믿읍시다. 하나님은 애통하는 마음을 사랑하십니다. 거기에 하나님께서 들어오셔서 일하시기 좋은 자리가 있기 때문입니다. 그러나 하나님을 앞서서 사람이나 행사로 가득 찬 분주한 마음, 자기 의와 자기 사랑으로 막이 쳐진 마음에는 하나님께서 들어오실 틈이 없습니다. 그럼 하나님으로부터 오는 우리의 내적 평안은 금방 깨어지고 맙니다.

자신에게 관심과 애정을 집중하느라 하나님께로 가야할 시간과 마음이 하나님께로 가지 못하고 있다면 자신을 미워하고 하나님을 사랑하는 길을 택하십시오. 우리의 생각과 마음과 말과 행동은 오직 '하나님의 말씀이 명하시기 때문에', '하나님께 영광을 돌리기 위해서' 라는 이유로만 움직이기도 하고 멈추기도 해야 합니다. '내게 즐거움이나 유익이 되기 때문' 이 아닙니다. 이것은 로봇이 되라는 말이 아닙니다. 다시 말씀드리지만 하나님의 말씀이 지시하기 때문에, 하나님을 사랑하기 때문에, 하나님께 감사드리기 때문에, 하나님께 영광을 올려드리기 위해 기꺼이 자발적으로 우리 자신을 포함한 우리의 모든 것을 하나님께 예물로 드리자는 것입니다.

"주를 기쁘시게 할 것이 무엇인가 시험하여 보라 에베소서 5장 10절"

하늘을 바라보십시오. 하나님께서 우리에게 약속하신 승리와 무한히 부요한 영광, 그 천국 기업을 보십시오. 그러면 우리는 할 수 있을 것입니다. 천국에서 뿐 아니라 이 땅에서도 모든 것을 하나님께 드리는 그 일을. 기억하십시오. "모두 축복을 구할 때 나는 하나님만 바랍니다"라는 고백은 입술로는 누구나 할 수 있습니다. 하지만 그 고백은 오직 삶으로만 증명이 될 수 있는 것입니다(렘3:5). 그러니 차라리 입술로 잠잠케 하고 삶으로, 열매로 이야기하는 편이 좋습니다.

죄인에게 오래 참으시고 긍휼과 자비를 베푸시는 하나님께 무한한 감사를 드립니다. 죄인을 위해 죽으시고 의롭게 하신 주 예수 그리스도를 찬양합니다. 죄인을 하나님의 성전으로 만드시고 천국으로 인도해 가시는 성령님을 사모합니다. 우리는 지극히 위대하신 삼위일체 하나님께 마땅한 영광과 감사를 드려야 합니다.

"여호와의 이름에 합당한 영광을 돌리며 거룩한 옷을 입고 여호와께 경배할찌어다 시편 29편 2절"

6 21세기 그리스도인의 승리하는 법

신앙인으로 살아간다는 것은 두 가지 측면에서 생각할 수 있습니다. 먼저는 개인적 신앙의 측면에서, 그 다음은 사회적 거룩의 측면에서입니다. 우리는 먼저 하나님과 친밀함을 누려야 합니다. 이것이 갖춰지면 '소금과 빛' 으로 세상을 거룩하게 밝혀야 합니다. 그런데 21세기 사회로 나아가려면 이성, 합리성, 지식(정보), 감성, 상대주의, 개인주의, 물질주의 등의 허들(hurdle)을 신중하게 뛰어넘어야 합니다.

교회사를 보면 기독교는 수많은 질문을 받았고 그때마다 오늘날 뼈대가 되는 기본교리들을 확립하게 되었습니다. 대중들의 궁금증을 해결하기 위해 사용된 중요한 무기 중 하나는 이성이었습니다. 이것은 오늘날에도 동일합니다. 이성은 잘 쓰면 아군, 잘못 쓰면 적군이 됩니다. 그러나 그것은 '하인' 으로서 성경에 봉사하는 것이라는 점도 분명히 해야겠습니다.

시시각각 변하는 이 시대, 그 어느 때보다 변화의 속도가 빠른 이 시대에 그리스도인이 '격리된 은둔자', '지상 대명령의 실패자(마28:19)', '능력없는 허수아비' 가 되지 않기 위해서는 당면한 시대를 파악하여 뱀처럼 지혜롭고 비둘기같이 순결한 기독교적 방안을 제시할 수 있어야 합니다. 그렇지 않으면 오늘의 불신자는 그대로 영원히 불신자로 머물게 될지도 모릅니다.

오늘날은 불신자뿐 아니라 신자도 개인주의와 상대주의의 거대한 그늘 아래서 살고 있습니다. 그래서 '기준이 되는 진리', '유일한 진리'는 배척당하기 쉽습니다. 합리적이고, 이성적이지 않으면 '당신네들만의 진리'입니다. 자기 마음에 들지 않으면 '당신네들 만의 진리'입니다. "예수 천국 불신 지옥"이라고 하면 "누구 맘대로?"하며 불쾌한 표정을 짓는 것이 오늘날입니다. 어른의 말이라고 무조건 순종하는 시대는 진작 끝났습니다. 신자 중에서도 성경 말씀이라고 자기를 쳐서 순종시키는 이들이 줄어들고 있습니다. '절대기준'은 없고 '내가 기준'의 시대입니다.

고도로 지식화, 정보화 된 사회인 21세기 한국을 사는 신자들은 이런 분위기에 어떻게 대응해야 할까요? 이것은 방대한 토의 및 연구 주제가 될 수 있지만 여기서는 두 가지 간단한 방안을 살펴보기로 하겠습니다. 그것은 먼저 그리스도인다움을 회복하고, 그 다음 세상의 빛과 소금이 되는 것입니다.

필수적 분리 그러나 필연적 투입

'그리스도 신앙에의 열심'은 필연적으로 '세상과 다를 것'을 요구합니다. 그래서 바울 사도는 "무릇 그리스도 예수 안에서 경건하게 살고자 하는 자는 핍박을 받으리라(딤후3:12)"고 했습니다. 그러나 이것이 세상으로부터 격리되라는 뜻은 아닙니다. 성도는, 교회는, 세상으로부터 구별 된 자들로서 빛과 소금으로 세상에 재투입되는 존재들입니다. 그러니 성도는 '다를 수밖에' 없고 세상이 아닌 그리스도의 가르침을 고집하기에 미움을 살 때가 없을 수 없는 것입니다. 그렇습니다. 그리스도인의 세상과의 분리는 필수적입니다. 그러나 그리스도인의 세상 투입은 예수님의 지상 대명령을 위해 필연적입니다.

먼저 그리스도인이 세상과 다르지 않으면 어떻게 그리스도의 사랑을 보여줄 수 있겠습니까? 세상을 닮은 마음으로는 '아버지의 뜻이 하늘에 이루어진 것 같이 땅에서도 이루어지는 것(마6:10)'이 불가능합니다. 개인주의와 상대주의를 이기는 길은 이성보다 위에 있는 믿음을 가지고, 성경의 진리를 확고히 의지하는 '확실한 그리스도인' 이 되는 것입니다. 성경과 믿음에 대하여 '어정쩡한 그리스도인' 은 21세기의 다양한 사상과 유행, 변화의 파도를 뛰어넘지 못하고 오히려 휩쓸리며 많은 어려움을 겪게 될 것입니다(혹은 교회에 많은 어려움을 안겨줄 것입니다). 여기서 말하는 '확실한 그리스도인' 은 '중세의 십자군' 이 아니라 '초대 교회의 순교자' 적인 신앙인을 말합니다. 그들에게는 결코 신앙과 삶이 동떨어진 것이 아니었습니다. 그들에게 '하나님의 말씀' 인 성경보다 중요한 것은 없었습니다. 물리적인 핍박보다 이단의 공격은 더 큰 위협이었습니다. 그때마다 사도들의 서신을 절대적 기준으로 삼고 믿음의 싸움을 했습니다. 그들은 세상의 흐름이 아닌 하나님의 뜻대로, 즉 성경의 기록을 따라 살다가 목숨을 잃기도 했습니다. 하지만 세상은 그들을 이기지 못했습니다. 그들이 세상을 닮기보다는 세상이 그들을 보고 배우는 것과 그들로부터 영향을 받는 일이 더욱 많았습니다. 그들은 세상과 분리된 존재들이었으나 동시에 세상을 변화시키는 존재들이었습니다. 사람의 계산, 이성과 합리성으로는 다 설명할 수 없는 일입니다. '성령의 일하심' 이 이런 것입니다.

지피지기

21세기의 우리는 어떻게 세상과는 다르면서 동시에 세상을 변화시킬 수 있을까요? 그런데 그전에 먼저, 이런 질문제기가 2008년에 꼭 필요한 것일까요? 한국에서 기독교가 사회적으로 받는 불신이나 비방을 생각한다면 그렇다고 할 수 있습니다.

많은 전문가들이 날카로운 지적을 하지만 저는(혹은 저도) '그리스도인의 그리스도인다움' 이 회복되어야 함을 첫 번째로 이야기하고 싶습니다. 그리고 그리스도인다움을 회복하기 위해 가장 첫 번째가 되어야 하는 것은 하나님의 성품을 배우는 것입니다. 이것은 베스트셀러나 세속적인 가르침이 주는 것이 아니라 말씀과 성령이 주는 것입니다.

하나님의 성품과 요구들에 대한 지식이 생기면 자연스레 그리스도인은 소금다운 맛(마5:13), 빛다운 행실(마5:16), 하나님과의 깊은 내적인 관계(마6:6), 교회에서 뿐 아니라 세상에서도 하나님을 먼저 구하는 마음(마6:33), 타인을 위한 기꺼운 희생(마7:12), 말씀을 실천하는 삶(마7:24), 성경 묵상과 연구에 힘쓰는 삶(마4:4), 세상이 이해할 수 없는 자기 부인의 삶(마16:24), 회개에 합당한 열매를 맺는 이전과는 분명히 다른 삶(마3:8), 세상과 타협하지 않고 하나님을 선택하는 삶(마10:34) 등을 추구하게 됩니다. 이와 같은 상태에 있는 사람은 한 마디로 '성령이 충만한 사람' 이라고 정의할 수 있을 것입니다. 성령 충만은 그리스도인을 그리스도인으로 만듭니다. 다시 말하면 그리스도인이 그리스도인의 삶을 살게 만듭니다.

그럼 이제 어떻게 그리스도의 복음과 사랑을 가지고 세상으로 들어가 변화시킬 수 있을지 생각해볼 차례입니다. 자기다움이 갖춰졌다면 다음은 상대방을 알아야 합니다. 위에서 이야기했듯 오늘의 한국은 개인주의와 상대주의가 행위와 사고의 옳고 그름에 대한 잣대가 되었습니다. 지식이 없이는 배가 고픈 사람 외에는 누구도 설득할 수 없습니다. 물질주의적 가치관이 일반적인 가치관으로 자리매김했습니다. 두 셋이 모이면 자기의 이익을 좇아 파벌을 형성합니다.

이 시대의 경향과 대안을 간략히 정리하면;

1. 각 개인은 자기만의 소견과 기준과 철학을 가지고 있습니다. 이때 자기와 다른 생각을 품은 자와 대화할 수 있는 통로는 '이성' 과 '논리성' 입니다. 그런데 신을 믿지 않는 사람이 과학을 신으로 삼기도 합니다. 그것도 아니라면 자기 자신을 신으로 모시고 있습니다. '절대기준' 을 인정하지 않는 시대에 그리스도인이 '성경' 이라는 기준을 잃어버린다면 삼손이 스스로 자신의 머리카락을 자르는 것과 같습니다.

2. 자기만의 좋아하는 것과 싫어하는 것이 있고 그것을 존중받고 싶어 하는 욕구가 강합니다. "예수 천국 불신 지옥"식의 전도가 기독교를 더욱 혐오하게 만드는 결과를 낳을 수도 있습니다. 비기독교인들과 대화해보면 이것이 오늘날 교회에 나오기 싫게 만드는 가장 큰 이유 중 하나임을 알 수 있습니다. 설교에 훈련되지 않고, 성숙한 인격을 인정받지 못한 이들이 지혜 없이 열정만 갖고, 기독교를 편협하고 꽉 막힌 곳으로 선전한다면 얻는 것보다 잃는 것이 훨씬 클 것입니다. 전철역이나 전철 안에서 복음을 전하는 사람들을 보면 많은 경우가 복음이 아닌 기복신앙을 전하고 있음을 알 수 있습니다. 또, 복음을 전한다 해도 '청중과의 공감대 형성(고전9:22)' 이란 측면에는 전혀 관심이 없는 경우도 있습니다. 빽빽 소리 지르며 '내 말' 을 하고 난 뒤 누가 작은 소리로 무슨 말을 하면 "안 듣겠다"는 식입니다. 복음의 타협이나, 편협이나 그리스도께서 기뻐하시지 않음에는 다를 것이 없습니다.

3. 물질주의적 가치관에 사로잡힌 이들에게 그리스도인은 물질보다 신앙과 사랑이 먼저 됨을 보여줄 때 그들을 감화시킬 수 있을 것입니다. 초대교회시대, 야수에게 의연히 순교당하는 이들의 모습이 어느 이교도들을 개종시키는 역사를 일으켰듯이 물질의 희생을 두려워하지 않는 삶을 보여주어야 합니다.

세상 어디에나 많은 숫자를 기록하는 가난하고 소외되고 배고프고 고침 받지 못한 이들에 대해 물질과 마음을 사용해야 합니다. 정부나 다른 기관들이 돌보지 못하고 있는 이들에게 교회의 적극적인 손길이 닿아야 합니다. 이것은 교육, 생계, 의료, 주거 등 인간다운 생활에 필요한 모든 부분을 포함합니다.[1]

4. 파벌로 나뉘고 또 나뉘는 한국. 이것은 그리스도인에게 건전한 시각과 넓은 시야를 가진 한 분야의 전문가들을 요구합니다. 두 개로 나뉜 그룹이 화해하

---

[1] 교회의 첫 번째 목적이 사회복지는 아닙니다. 첫 번째 목적은 하나님께 영광을 돌리는 것입니다. 예배를 통해 하나님께 영광을 돌립니다. 또 선한 행실로도 하나님께 영광을 돌립니다. 그래서 신자와 함께 예배할 뿐 아니라 불신자도 돌보고 아끼는 것이 하나님께 영광을 돌리는 길입니다. 성도와 교회는 세상과 분명히 '다르지만', 그 다름은 '등을 돌림' 이 아니라 '손을 뻗음' 입니다. 그러기 위해서 성도들은 성실하게 일하고 자기의 재산 축적을 우선순위에 두지 않으며 오히려 자기의 소유로 어떻게 더 구제할 수 있을지 생각해야 합니다. 이와 같은 성도로 교회가 가득차면 세상 사람들이 교회를 보며 "천국이 정말 있다면 바로 저곳이다"라고 할 것입니다.

거나 적어도 서로의 주장에 대해 감정적이 아닌 이성적 판단이 오갈 수 있게 하려면 두 그룹의 입장을 이해하는 전문가가 필요합니다. 고용주조합에도 신실한 신앙과 존경 받는 인격, 높은 지식과 실력의 그리스도인이 필요하고 노동조합에도 그러합니다. 여당에도 그러한 이가 필요하고 야당에도 그러합니다. 어느 국가 정책에 대한 찬성 측에도 그러하고, 반대 측에도 그러합니다. 즉 의견을 달리하는 무리들 가운데 신실하고 능력 있는 그리스도인 지도자가 있어야 합니다. 분리와 이익 옹호는 현대 사회의 한 모습이지만 성숙한 그리스도인은 신앙과 인격, 전문성을 바탕으로 그룹을 최선의 길로 인도합니다.

5. 독특하고 새로운 것이 인기를 끄는 창의성의 시대에 신선하고 다양한 방법으로 복음과 그리스도의 가르침, 하나님의 나라가 전파되는 길을 모색해야 합니다. 이것은 젊은 그리스도인에게 그리 어렵지 않을 것입니다. 물론 그들의 넘치는 아이디어와 창의성은 성경적 검증을 필요로 합니다. 교회의 재정적 그리고 신학적 지원으로 젊은이들의 창의성이 하나님 안에서 발휘될 때 '그 시대와 호흡하는 역사' 가 가능할 것입니다. 성경과 존경할만한 신앙 위인들의 모범은 지혜와 영감의 원천이 됩니다.

예수님 이후 2000년 기독교 역사가 있었습니다. 그리고 오늘, 우리는 어떤 상황 가운데 있습니까? 우리의 선택은 무엇입니까? 과거로부터 무엇을 참고하여 지혜로운 선택을 내릴 수 있을까요? 저는 특별히 18세기 영국의 신앙 개혁과 부흥에서 오늘 우리에게 시사하고 있는 많은 것들을 발견할 수 있다고 생각합니다. 냉랭한 이성과 신앙 자체에 대한 불신과 회의, 신자들의 신앙 감격의 상실과 무관심, 습관적인 종교생활, 생계의 벽에 막힌 신앙, 신앙에게 시간을 내어주지 않는 오락, 사회도덕의 타락과 죄에 대한 불감증….

오늘 한국에서 발견할 수 있는 것들이 그 당시에도 이미 있었습니다. 단, 그때는 인터넷과 휴대폰, 텔레비전과 일간지, 최첨단 가전제품 등이 없었다는 것이 차이입니다. 이 시대를 사는 그리스도인 각 개인이, 그리고 교회가 한국을 향해, 세계를 향해 감당해야 할 일들이 분명 있습니다. 예수님께서 이기신 싸움을 싸우고 있는 우리는 역사를 통해, 신문을 통해, 전공서적을 통해 그리고 성경을 통해 시대를 향한 하나님의 뜻을 분별하고 하나님 나라의 확장에 선하게 참여할 수 있을 것입니다.

역사를 공부함으로 과거로부터 배워 같은 실수를 반복하지 않고, 신문으로 오늘날의 문제와 아픔에 대해 알며, 동시에 전공서적을 통해 시대에 기여할 수 있는 전문성을 갖추는 것이 필요합니다. 그리고 성경으로 시대를 평가하고 해답을 제시해야 합니다.

세상의 파도는 높고 거셉니다.
거대한 위력의 문제들이 도전하고 있습니다.
때론 아무도 없는 곳에 홀로 버려진 것 같습니다.
하나님께서 살아계심을, 함께하심을 알지만
두려운 마음을 감추기에 바쁠 때가 있습니다.
그러나 우리에게 아무 도움도 없는 것은 아닙니다.
역사책과 신문, 전공서적은
하나님 나라를 적대하는데 쓰일 수도 있지만
하나님 나라를 위하여 쓰일 수도 있습니다.
그러니 그것들을 선용해야 합니다.
역사를 진행하시는 하나님께서 주신 도움의 도구들입니다.
물론 이것이 전부는 아닙니다.
하나님은 성경의 표현대로라면, 가장 강력한 무기를 주셨습니다.
이것은 세상에서는 발견할 수 없는,
질적으로, 근본적으로 다른 무기입니다.
그것은 바로...

세상이 이기지 못하는 두 가지

세상은 다루지 못합니다. 하나님께서 차별을 하시는 것은 아닙니다. 오히려 하나님은 예수 그리스도의 공로를 모든 사람이 누리기를 원하십니다(요3:16). 이 말을 하는 것은, 세상이 결코 이기지 못하는 두 가지가 바로 예수 그리스도를 중심으로 하기 때문입니다. 그것은 무엇입니까? 너무 간단하다고 놀랄지도 모릅니다. 바로 말씀과 기도입니다. 그리스도인이 다른 무기들을 손에 쥐면 서툴어 위력을 제대로 내지 못합니다. 하지만 말씀과 기도는 모든 불합리하고, 불리하며, 불경건한 상황에서도 승리를 가져다주는 것입니다. 하나님이 온 우주의 왕이라는 사실을 아십니까? 그리고 그분이 우리의 아버지가 된다는 사실도(요1:12)? 그렇다면 어둡고 혼란스러운 이 두려운 시대에서라도 능히 아버지의 뜻을 따라 살 수 있는 길을 마련해주셨을 것입니다. 자기 자녀가 시대의 패배자가 되는 것을 원치 않으시기 때문입니다. 그래서 위대하신 하나님은 그의 자녀들에게 말씀과 기도를 주신 것입니다. 그러니 사용하십시오. 인터넷보다 더 사용하십시오. 신용카드보다 더 사용하십시오. 그대가 의지하고 사용하는 그 무엇보다 더 사용하십시오. 훗날 하나님의 심판대에서 “왜 말씀과 기도를 사용하지 않았느냐” 하는 부끄러운 책망을 당해서는 안 될 것입니다. 시대마다 상황과 문제의 옷은 바뀌지만, 바뀌지 않는 그리스도인의 승리의 비결, 그것은 말씀과 기도입니다.

7 오늘날 성경은 청년들에게 무엇인가

오늘날 성경은 청년들에게 어떤 의미를 지니고 있습니까? 20, 30대의 사람들에게는 학업과 아르바이트, 직장 등이 가장 중요한 이슈입니다. 그들에게 성경은 어떤 영향을 미칩니까? 1주일 중 하루의 몇 시간, 아니, 한 시간짜리 예배를 위한 성경? 유행 서적에 90%의 시간과 관심을 주고 시간이 남으면 보는 성경? 여유로울 때는 읽지만 삶이 바빠지면 손도 대지 않는 성경? 견딜 수 없을 만큼 힘들 때에만 한 번씩 보는 성경?

그러나 하나님의 말씀인 성경은 그렇게 값싼 것이 아닙니다. 수많은 기독청년들이여, 과연 그대는 하나님의 말씀이 나의 생명보다 중요하다고 고백할 수 있습니까? 물론 그대가 매일 아침마다 "하나님을 사랑합니다"라고 고백한다는 것을 압니다. 그런데 하나님을 사랑한다는 것은 무슨 뜻입니까? 그대는 하나님을 압니까? 안다면 어떻게 알게 되었습니까? 그것은 성경을 통해서입니다. 하나님이 어떤 성품을 지닌 분이신지는 내 상상에 기록되어 있는 것이 아니라 성경에 기록되어 있습니다. 그렇지 않으면 우리는 그리스도교를 믿는 것이 아니라 자기종교를 믿는 것입니다. 성경의 중요성에 대해서 계속 강조하는 것은 아이러니하게도, 교회와 기독교 서적이 넘치는 오늘날 우리들의 신앙에 말씀이 상실되어 가고 있기 때문입니다.

현실의 벽에 막힌 하나님의 말씀?

주일에는 교회에서 하루 종일 봉사하고 하나님께서 자기에게 맡기신 사명이 무엇일까 고민하며 살아가는 어느 사랑스러운 기독청년. 하나님의 말씀이 명하시는 것이라면 순종하려고 노력하며 아름다운 신앙인격을 만들어 가고 있습니다. 주변 사람들도 그를 사랑하고 그도 주변 사람들을 사랑했습니다. 하나님도 그를 사랑하고 그도 하나님을 사랑했습니다. 그는 가능한한 새벽기도에도 참석하고 수요일 저녁 및 금요 철야예배의 반주봉사도 했습니다. 그는 교회에 꼭 필요한 일꾼이자 사랑받는 지체였습니다.

그러던 어느 날부터였습니다. 대학에 다니는 그에게 학교는 점점 버거운 것이 되어갔습니다. 쏟아지는 과제와 시험뿐 아니라 맥주 파티에 참석하지 않겠다고 하여 받는 따가운 눈초리, 주일에는 팀 과제 모임을 잡을 수 없다고 반대하여 왕따가 되는 것, 금요일 저녁 최신 영화를 보러가자고 하는 친구들에게 교회에 간다고 해서 생긴 보이지 않는 벽, 취업 준비를 하는 수련생으로서 겪는 차별과 스트레스, 전공과 상관없이 취업을 위해 토익을 준비해야 하는 급박함, 더 이상 새벽기도를 할 수 없을 정도로 늦게 잘 수밖에 없는 상황, 지하철에서 성경을 읽으려 해도 쏟아지는 피곤과 졸음, 어려운 집안 상황과 부족한 용돈, 아르바이트로 지치는 심신, 하나님을 찾을 시간과 마음, 에너지의 상실!

그에게 하나님의 말씀은 어떤 의미를 지닙니까? 신앙은 그에게 모든 상황을 이기는 힘을 주는 것입니까? 인간의 눈에 절망인 곳에 하나님의 섭리에 대한 확신과 위로를 주는 것입니까? 아니면 오히려 그를 더 피곤하게 만들고 있는 것입니까? 1주일 중 6일이 아니라 7일을 학업이나 생계에 쓴다면 조금 더 여유가 있을지도 모를 일 아닙니까?

그의 분주함이 만들어내는 심신의 피로와 스트레스는 그의 신앙생활에 큰 영향을 미칩니다. 분주한 삶으로 그의 마음이 분주해집니다. 그럼 하나님의 말씀을 깊이 묵상할 시간적, 내적 여유가 없어집니다. 하나님의 말씀이 마음을 채우지 않으면 자연히 다른 것들이 마음을 채우게 됩니다. 그럼 조금씩 신앙인의 마음이 세상사람의 마음과 다를 것이 없어집니다. 주일마다 봉사하고 예배를 드리지만 마음의 건조를 막기에는 역부족입니다. 이것이 지속되면 냉랭해집니다. 그럼 예배와 봉사가 전처럼 꿀맛이 아니라 쓰고 힘든 것이됩니다. 은혜가 사라집니다. 감격이 없어집니다. 기쁨이 줄어듭니다. 대신 인간적인 모습이 점점 드러납니다. 그래서 말씀이 아닌 사람으로부터 영향을 받기 시작합니다. 다른 말로 하면 하늘이 아닌 땅에, 하나님이 아닌 인간에게 눈을 맞추게 된다는 것입니다. 그 결과는 참혹합니다. 그는 아주 힘들게 교회에 붙어있거나, (하나님과 친밀함을 경험한 적이 없었던 이들이라면)교회를 떠날 수도 있습니다. 어느 경우든, 지쳐서 쓰러질 가능성이 매우 큽니다. 점점 신앙에 대해 회의적인 마음이 자라납니다. 주변에서 신앙의 전진을 외치는 어느 성도가 오히려 밉게 보입니다. 무언가 변화를 꿈꾸지만 대부분의 다른 사람들도 그렇게 지쳐있습니다. 아니, 사실은, 말씀을 상실한 채로 있습니다. 그래서 지친 것입니다. 그러나 누구는 이렇게 말할 수도 있습니다.

"나는 매일 아침 큐티를 합니다. 1주일에 예배도 다섯 번은 드리는 내가 왜 말씀을 상실했다는 것입니까?"

혹 습관적이거나 형식적이지는 않았습니까? 시간에 쫓겨 마음이 분주하지는 않았습니까? 한 장을 읽더라도 정성스런 마음으로 묵상하고 있습니까? 한 절을 읽더라도 거기서 하나님의 음성을 듣고 자기 삶을 고치고자 하는 마음이 있습니까? 하나님의 말씀이 대저 능치 못하심이 없음을 확신하며 읽습니까(눅1:37)?

하나님의 말씀에 시간과 마음, 물질의 대가를 치러야 합니다. 1주일에 5만원 더 버는 것에 연연하지 말고 하루에 어느 시간은 하나님께만 드리십시오. 차라리 용돈과 인기를 손해 볼지언정 신앙으로는 조금도 손해를 당하지 마십시오. 신앙 외에 다른 무엇을 조금, 아니, 상당히 손해 본다고 해도 생명에는 문제가 없습니다. "내게는 하나님과 대면하는 시간이 최우선이다"라는 믿음과 사랑을 구체적인 행동으로 고백하십시오. 말씀으로 풍성해질 수 있도록 기도하며 성경을 묵상하십시오. 이것은 지속적이어야 합니다. 말씀이 내면을 채우게 될 때 기도의 필요성과 거룩, 경건, 사랑에 대한 열심이 솟아날 것입니다. 이것은 삶의 변화를 가져옵니다. 성령의 경건한 능력이 주변으로 퍼지게 됩니다. 그럼 주변 사람들도 영향을 받고, 선한 일을 위한 기초가 될 것입니다. 결국, 오늘날 우리에게 가장 필요한 것은 대형집회가 아니라 골방에서 각자 개인적으로 말씀을 통하여 하나님과 대면하는 시간과 장소를 회복하는 것입니다.

물론 누구나 바쁩니다. 학업과 생계라는 큰 거인이 우리를 가로막고 있습니다. 또, 이런 이야기는 '누구나 아는 뻔한 이야기'일 수도 있습니다. 그러나 먼저 하나님의 나라와 의를 구하라는 주님의 말씀을 기억하십시오. 하나님과의 친밀함이 회복될 때, 전에 그대를 두렵게 했던 수많은 세상 걱정들이 얼마나 무의미했는지를 깨닫게 될 것입니다. 나아가 그대는 하나님의 나라를 위해 무엇을 할 수 있을지 고민할 것입니다. 그대는 사명중심의 그리스도인(Mission-centered christian)으로 성장할 것입니다. 그대는 사명에 사로잡힌 삶을 살게 되고 하나님의 일꾼으로 하나님의 나라를 위하여 쓰임 받을 것입니다. 그러니 하나님의 말씀은 사실 모든 신자의 오늘과 내일에 가장 크게 직결되는 것입니다.

말씀 건축의 시급성

그러나, 이렇게 성경의 중요성을 깨닫는다고 해도, 여전히 성경은 지루한 책이라고 생각될지 모릅니다. 왜 읽어야 하는지는 알겠지만 읽어도 읽는 것이 아닌 것 같은 생각이 들 수도 있습니다. 그러나 기독청년들에게 성경이 이토록 무미건조하고 눈에 들어오지 않는 책으로 남겨진다면 한국기독교뿐 아니라 한국사회의 미래는 참으로 암담할 것입니다. 6.25 전쟁으로 한반도가 폐허가 되었던 역사를 기억하십니까? 영적 전쟁의 패배도 그에 못지않게 한반도를 불행하게 할 것입니다. 오늘의 성도들, 특별히 미래를 이끌어나갈 청년들이, 성경이 하나님의 살아 있는 능력의 말씀임을 체험하고 확신하지 못한다면 성경을 외면하고 사는 사회, 성경을 외면하고 사는 크리스천의 시대가 올 것입니다. 그럼 복음은 한국을 떠나 '마음이 가난한 자들'을 찾아갈 것입니다. 자기(복음)를 환영하는 땅으로 옮겨 가 그곳에서 복음의 유익을 풍성히 누리게 할 것입니다. 우리나라는 그 매서운 시험의 한 가운데에 서 있습니다. 어느 사람은 한국에서 복음이 두들겨 맞고, 상처입고, 갈기갈기 찢겨진 뒤, 결정적인 냉대와 무관심으로 인해 장사되는 날이 절대로 오지 않으리라고 생각할지도 모릅니다. 이것은 어리석음의 소치입니다. 대문을 열고 잠을 자며, "도둑이 오지 않을 거야"라고 하는 것입니다. 군대를 해산하며, "전쟁은 없을 거야"라고 하는 것입니다. 그러니 성경을 홀대하며, "복음은 한국을 떠나지 않아"라고 생각할 수 없습니다. 홀대하면 떠날 것입니다. 제가 하고자 하는 말은, 우리 마음의 관심과 사랑이 조금도 성경을 홀대해서는 안 된다는 것입니다.

봉사와 선교, 교제와 행사도 좋습니다. 그런데 가장 기본이 되는, 우리 교회 청년들에게는 누가 하나님의 말씀을 가르칠 것입니까?[1] 수없이 다양하고 재미있는 세상 문화들로부터 누가 우리를 구해내 말씀에 이르게 할 것입니까? 누가 우리에게 말씀의 위대함과 진실함을 확신시켜줄 것입니까? 하나님께서 그런 일꾼을 기다리시지 않겠습니까? 그리고 그런 이들을 통하여 일하지 않으시겠습니까?

가장 큰 책임을 맡고 계신 목회자 분들의 대답은 무엇입니까? 청년들의 관심을 세상이 아닌 말씀에 두게 하기 위해서 어떤 방법을 마련하고 계십니까? 우리에게 말씀을 가르치는데 가장 큰 시간과 정성을 쏟아 주십시오. 인본적인 가르침 말고 하늘의 지식과 지혜를 전해 주십시오. 말씀의 가치를 깨달을 수 있도록 도와주십시오. 복음 그대로의 복음을 전해주십시오. 그렇지 않으면 한국의 미래에서 복음이 소외되는 것을 보게 될 것입니다. 경건의 모양은 있으나 경건의

[1] 1주에 한 번 파트타임으로 설교를 잠깐 듣는다고 말씀의 가치를 깨달을 수 있는 것은 아닙니다. 반대로 1주일에 열 번 설교를 들어도 복음을 왜곡하는 설교, 그리스도와 성경을 떠난 설교는 오히려 '성도와 교회의 세속화 및 타락'에 가속을 붙이는 것입니다. 아무것이나 믿지 말고, 아무것이나 듣지 마십시오.

능력은 상실한 '무늬만 그리스도인'이 이 땅을 가득 메우는 것을 목도하게 될 것입니다. 용서하고 들어주십시오. 복음의 변질과 훼손을 멈추지 않는다면 미래의 어느 날, 120년 역사의 한국 교회는 껍데기만 남기고 실체와 능력이라는 알맹이는 수면 아래로 가라앉게 될 것입니다. 하나님은 누구를 먼저 질책하시겠습니까. 무엇보다 청년들의 생각과 마음에 하나님의 나라에 대한 소망과 말씀을 건축하는 것이 시급하다는 것은, 진실로 진실로, 현실을 알지 못하는 무지몽매한 어느 청년의, 하나님께서 원하시지 않는 생각입니까.

청년 자신의 대답은 무엇입니까? 말씀 상실에 대한 책임이 스스로에게도 있습니다. 하나님께서 주신 은혜의 신앙을 제대로 돌보지 않은 것이 그 책임입니다. 바쁜 삶을 핑계하며 말씀 상실을 합리화하는 것은 결국 자기 자신뿐 아니라 모든 성도들에게 큰 피해를 끼치는 일입니다. 문제는 회피나 합리화가 아니라 우선순위의 재정립과 삶의 변화입니다. 언제까지 제자리만 맴돌 수는 없습니다. 하나님은 인내가 한이 없으시나 게으름과 위선, 무관심을 못본 것으로 하실 수 없는 공의로우신 분이기도 합니다. 아버지 되신 하나님은 사랑하는 자녀의 연약함을 부드럽게 어루만지시나, 사랑하는 자녀의 성장을 위해 따끔한 회초리를 사용하실 수 있습니다. 주인 되신 하나님은 종(servant)의 부족한 능력을 이해하시지만, 종의 게으름과 거짓말에는 그에 합당한 처벌을 내리실 수 있습니다.

"그럼 어떻게 해야 합니까? 성경이 멀게만 느껴지는 나는 어떻게 하란 말입니까?"

사실 특별한 대답은 없습니다. 간단한 대답이 있을 따름입니다. 하나님의 말씀에 관심을 가지십시오. 말씀에 대한 관심의 끈을 놓아버리지 마십시오. 이것을 위해 두 가지 큰 틀을 제안합니다.

첫 번째는 개인적인 방법입니다. '시간을 정해서' 조용한 분위기에서 말씀을 묵상하기, 천천히 이해하려고 노력하면서 읽기, 관주성경 사용해보기, 어려우면 성경사전이나 주석을 참고하기, 경건서적 읽기(교회사, 신앙위인전기, 설교집, 성경강해서 등), 성경 세미나 참석하기 등입니다. 가장 좋은 것(결국 도달해야 할 것)은 성경 자체에 대한 풍성함과 삶의 변화와 능력이라고 생각합니다. 가능하다면 규칙적인 생활을 권합니다. 일찍 자고 새벽에 일어나 말씀으로 하루를 시작해 보는 것이 좋다는 것은 모두 머리로는 알지만 실제로 그렇게 사는 청년은 드뭅니다. 하루에 한 시간은 차분히 앉아서, 아무 방해도 받지 않고 성경을 읽겠다고 다짐하십시오. "다 안다"는 대답보다는 "그렇게 하겠다"는 대답을 하나님께서 더 기뻐하실 것입니다.

두 번째로는 공동체적인 방법입니다. 교회에서 하는 소그룹 성경공부 모임, 예배와 예배 후 교제에 참석, 경건서적 독서모임 등입니다. 신앙은 고립된 상태로 자라는 것이 아니기에, 또 함께 성장할 때 기쁨이 더욱 크기에, 말씀 안에서 함께 자라가야 합니다. 성경을 통한 신앙성숙은 결국 형제자매를 향한 사랑으로 이어집니다. 나아가 세계의 모든 성도를 향한 사랑으로 그리고 불신자들을 향한 긍휼로 이어집니다. 이것이 부흥 아니겠습니까? '비결' 은 없습니다. '말씀과 기도' 만이 있습니다.

그러니 많은 문제들에 대한 해결 및 지속적인 성장과 은혜의 충만을 위해 우리가 해야 할 것은 말씀 상실의 사태로부터 돌이켜 하나님의 말씀이 원동력이 되는 삶을 사는 것입니다. 성경은 '하나님의 감동으로 된 것으로 교훈과 책망과 바르게 함과 의로 교육하기에 유익하니 이는 하나님의 사람으로 온전케 하며 모든 선한 일을 행하기에 온전케(딤후3:16,17)' 합니다. 그러니 성경을 사랑하고 성경에서 힘을 얻으십시오. 삶의 거친 풍파와 분주함이 하나님의 말씀에 대한 신뢰와 믿음을 뛰어넘지 못하도록 마음을 단단히 먹으십시오. "죽으면 죽으리이다(에4:16)"라고 다짐해야 할 때도 있을지 모릅니다. 하지만 가장 위협적인 죽음이라도 천국의 소망보다는 훨씬 작습니다. 그러니 천국을 소유한 그리스도인 여러분이 두려워할 것이 무엇입니까? 학업과 생계이겠습니까? 사람과 세상이겠습니까? 우리가 두려워할 것은 오직 하나님 외에는 없습니다.

잃을 것이 없는 그리스도인

오, 잃을 것이 없는 그리스도인이여
우리의 소망은 세상에 있지 않고
오직 하나님께 있다네.
오, 잃을 것이 없는 그리스도인의 행복이여
우리의 영원한 기업되신 하나님을
전 인생으로 찬양하라.
오, 세상에서 잃을 것이 없는 천국백성이여
무엇을 두려워하는가?
무엇을 망설이는가?
어서 가라. 여호와의 산으로.
가서 그분을 경배하라.
세상에서의 천일보다 그곳에서의 하루가 더 나으니
어서 가라.

8 하나님께서 찾으시는 그 사람

하나님께서 찾으시는 그 사람, 하나님께서 쓰시는 그 사람은 어떤 사람일까요? 찬양팀원이라고 쓰시는 것은 아닙니다. 교회학교 교사라고 쓰시는 것도 아닙니다. 방언을 받았다고 쓰시는 것도 아닙니다. 뛰면서 찬양을 한다고 쓰시는 것도 아닙니다. 성경을 일 년에 삼독 한다고 쓰시는 것도 아닙니다. 모태신앙이라고 쓰시는 것도 아닙니다. 신학교에 입학한다고 쓰시는 것도 아닙니다.

"당신의 말은 모순됩니다. 그들 중 누구는 이미 쓰임 받고 있지 않습니까?"

그렇습니다. 그들은 쓰임 받고 있습니다. 사실 그들뿐 아니라 어떤 의미에서는 악인도, 불신자도 쓰임 받고 있습니다.

"여호와께서 온갖 것을 그 쓰임에 적당하게 지으셨나니 악인도 악한 날에 적당하게 하셨느니라 잠언 16장 4절"

여기서 제가 말하는 것은 '선한 일에 쓰임 받는 것' 을 말합니다. 성경을 보면 특별한 사역에는 특별한 인물들이 사용된 것을 알 수 있습니다. 여기서 '특별한 인물' 이란 '타고난 인물', '노력 없이 이룬 인물' 이 아니라 '스스로를 구별하고, 준비한 인물' 입니다.

노아는 사회도덕이 타락할 대로 타락한 시대에 세상으로부터 자신을 구별하고, 하나님의 말씀을 따라 방주를 준비했습니다. 사무엘은 어머니 한나의 서원으로 실로에 있는 성소의 엘리 제사장 밑에서 성막 봉사를 하였습니다. 세례 요한은 '아이가 자라며 심령이 강하여지며 이스라엘에게 나타나는 날까지 빈 들에(눅1:80)' 머물며 예수 그리스도를 예비할 준비를 하였습니다. 우리는 '아무 곳에나 아무렇게'가 아닌 신앙의 위인들처럼 '선한 곳에 아름답게' 사용되기를 바랍니다. 저는 이런 측면에서의 쓰임 받음을 위한 구별과 준비를 말하고 있는 것입니다.

쓰임 받음

하나님께 쓰임 받는다는 것은 그 자체로 은혜입니다. 하나님께서 먼저 세우시지 않으시면 집 짓는 사람의 수고가 소용없습니다. 하나님께서 성을 지켜주시지 않으면 지키는 자의 부지런함과 깨어있음이 소용없습니다(시127:1). 하나님께서 우리를 쓰시기로 하셨다는 것이 얼마나 큰 그분의 은혜의 작용인지 모릅니다.

우리의 연약함과 부족함이 큼에도 하나님의 긍휼과 인내로 말미암아 쓰임 받는 것은 하나님 그분의 선하심 때문입니다. 결코 우리에게 '쓰임 받아야 할 만한 자격이나 메리트'가 있어서가 아닙니다. 모든 것을 합력하여 선을 이루시는 하나님 때문에 우리는 쓰임 받게 됩니다. 그러니 자기가 어떤 상태에 있던지 교만하거나 자긍해서는 안 됩니다. 그런 마음은 순식간에 그를 가장 아래로 떨어뜨릴 수 있기 때문입니다(잠16:18).

'은혜'를 이야기할 때 우리가 거의 항상 떠올리는 것은 우리의 구원이 하나님의 은혜 덕분이라는 사실입니다. 이것은 영원히 찬양할 주제입니다.

예수 그리스도의 은혜로 우리는 하나님과 화평을 누리게 되었습니다. 이 구원의 은혜는 모든 하나님을 믿는 자에게 일체 차별이 없는 은혜입니다(롬3:22).

그런데 때로 우리는 구원을 받았으니 더 이상 할 것이 없다고 생각하는 경우가 있습니다. 은혜를 누리는 것은 매우 기쁜 일이지만 그것이 우리에게 '게으름과 안주하는 삶'을 보장해 주는 것은 결코 아닙니다.

하나님께서 우리를 사용하시는 은혜는 구원의 은혜와는 다른 점이 있습니다. 그것은 '어떤 일에 어떻게 쓰임을 받느냐'에 대한 것입니다. 여러분 모두의 공통점은 '하나님께 쓰임 받기를 원한다는 사실'일 것입니다. 저는 분명히 그렇게 되리라 믿습니다. 그런데 여러분 모두가 쓰임 받을 것이라는 것만큼이나 확신하는 것은, 결코 모두 같은 곳에 쓰임 받지는 않을 것이라는 사실입니다.

그렇습니다. 모두 같은 곳에 쓰임 받는 것은 아닙니다. 또, 하나님은 모두에게, 아무에게나 "너는 내 마음에 합한 그 사람이다"라고 하시지 않습니다. 성경과 역사를 보면, 그것은 소수에게 돌아가는 영광이라는 편이 더 사실과 가까울 것입니다. 노아, 아브라함, 모세, 여호수아, 사무엘, 다윗, 다니엘, 에스라, 느헤미야…

제가 자꾸 차이가 있다고 말하니까 어떤 분은 자기의 은사를 개발하고 사용하지 않는 게으름을 방어하기 위해 이런 성구를 방패로 삼을지도 모릅니다.

"하나님께서 세상의 미련한 것들을 택하사 지혜 있는 자들을 부끄럽게 하려 하시고 세상의 약한 것들을 택하사 강한 것들을 부끄럽게 하려 하시며 고린도전서 1장 27절"

좋습니다. 이 구절에 대해 더 생각해보겠습니다.

이스라엘 민족은 이집트 아래에서 노예 생활을 하였습니다. 모세는 이집트 문화에 길들여진 이스라엘 민족을 이끌고 출애굽 했습니다. 거친 광야에서 수백만 명의 백성들은 모세에게 불평하였지만 하나님께 기도하는 것은 모세와 아론 극소수였습니다. 그러나 하나님은 모세를 크게 사용하셨습니다.

다니엘은 조국의 패망을 지켜보며 이국 땅 바벨론에서 지내야 했습니다. 하지만 그곳은 우상 숭배가 만연했고, 황제 숭배를 강요하는 땅이었습니다. 다니엘과 세 친구(단1:6)는 여호와 신앙을 지키기 위해 홀로 서야 했습니다. 그들 주변에는 대적들이 언제나 그들의 잘못을 찾아내려 눈을 크게 뜨고 있었습니다. 그러나 하나님은 다니엘을 크게 사용하셨습니다.

소년 다윗과 블레셋의 유명한 장수 골리앗은 어떻습니까? 수적, 정치적 절대 우위를 차지했던 바리새인과 서기관, 사두개인 앞에서 율법의 진정한 의미를 밝히신 예수님은? 유대인들과 이교도들의 핍박 속에서 복음을 전한 사도 바울은? 이런 사람들을 '약한 자, 하지만 하나님께서 사용하시어 강한 자를 부끄럽게 한 자' 라고 할 수 있습니다. 부디, 배움과 인격 도야에 게으르고 무관심한 어느 교인이 '나는 능력이 없고 약해. 그래서 하나님께서 쓰실 거야' 라고 생각하는 일이 없기를 바랍니다. 그것은 자기 기만의 죄입니다.

성경에서 보았듯이 하나님께 쓰임 받았던 사람은 하나님을 진정으로 사랑하고, 깊은 친교를 누릴 뿐 아니라 부지런히 배우고 연마한 사람이었습니다. 모세는 이집트의 왕실 교육을 받았습니다. 사무엘은 어려서부터 제사장 교육을 받았습니다. 다윗은 들판에서 하나님의 말씀을 묵상하며 영성이 충만했습니다. 다니엘은 여호와의 율법만이 아니라 바벨론의 모든 학문에도 정통했습니다(단1:4). 예수님은 율법에 대해 얼마나 뛰어났는지 열두 살에 성전의 선생들과 대화를 할 정도였습니다(눅2:46). 사도 바울은 누구보다 철저하게 율법 교육을 받은 유대인이었습니다. 그들은 모두 하나님의 선한 일에 쓰임 받았고, 대부분 신앙과 목숨의 위협을 받았습니다. 그러나 어떤 상황에서도 하나님을 의지한 사람들이었고, 성실함과 충성스러움이 특징일 뿐 아니라 '배움' 을 사랑하였습니다.

"나는 하나님께 쓰임 받고 싶습니다. 그런데 세상에서 즐거움도 누리고 싶습니다."

물론 그런 사람도 쓰실 것입니다. 또, 시간과 젊음을 낭비하는 사람도 쓰실 것입니다. 단, 그런 삶의 모습에 합당한 곳에 쓰실 것입니다. 왜 스스로 자기의 미래를 초라한 곳으로 만들어갑니까? 왜 자신을 천히 쓰이는 그릇으로 만드는 것입니까? 여러분의 생각은 스스로를 아주 높게 여길지 몰라도, 자신의 행동으로 인한 미래는 아주 초라한 모습일 수 있습니다.

"큰 집에는 금과 은의 그릇이 있을 뿐 아니요 나무와 질그릇도 있어 귀히 쓰는 것도 있고 천히 쓰는 것도 있나니 디모데후서 2장 20절"

여러분은 스스로를 준비하는 사람, 준비된 사람이라고 할 수 있습니까? 어떤 이는 자기 신앙에 완전히 도취되어 믿음의 진보를 이루지 못하고 있습니다. 심지어 신앙의 발전이라는 단어가 생소할 만큼 영적인 삶에 무관심합니다. 영적인 세계를 도외시하며 먹고 사는 것에 더 관심을 쏟는 사람에 대해서 성경은 '하나님의 나라를 누리지 못하는 사람'이라고 합니다. 하나님의 나라는 '먹는 것과 마시는 것이 아니요 오직 성령 안에서 의와 평강과 희락(롬14:17)'이기 때문입니다. 어쩌면, 먹고 사는 문제가 더 중요하다고 여기는 그 마음 때문에 하나님께서 그를 사용하시기가 곤란할 지도 모릅니다. 하나님은 자신의 주권과 의지, 계획 안에서 우리에게 의지와 자유를 허락하셨습니다. 그런데 그 사람은 하나님을 신뢰하고 의뢰하는데 그의 의지와 자유를 쓰지 않으니 모든 결과는 그 스스로의 선택이자 책임입니다.

하나님은 육적인 사람 에서는 미워하고 영적인 사람 야곱은 택하셨습니다. 여러분의 눈은 어디에 있습니까? 이 땅에서 무엇을 먹을까 마실까 입을까 하는 것에? 아니면 하나님의 나라와 그의 의에? 전자의 경우라면 스스로를 준비된 사람이라고 할 수 없습니다.

하나님께 쓰임 받은 이들의 특징을 규정짓는 가장 적절한 말은 그들의 매일이 '말씀과 기도'로 채워졌다는 사실일 것입니다. 말씀과 기도의 능력을 날마다 공급받지 못하는 사람이 위대한 일에 쓰임 받으리라고는 생각할 수 없습니다. 하나님은 인격을 다듬지 않는 사람을, 사려 없는 말과 행동을 하는 사람을, 부지런히 하나님에 대해 알려고 노력하지 않는 사람을, 하나님을 생각할 틈도 없이 분주히 사는 사람을, 성경으로 성경을 폐하고, 성경의 일부분만 골라 믿는 사람을, 아니면 열심이 있으나 지식을 소홀히 하는 사람을(잠19:2), 지식은 있으나 사랑이 없는 사람을 결코 사용하실 의무나 책임이 없으십니다. 그러니 우리 속의 게으름과 악함이 이야기하는 "오늘 이대로 살아도 위대한 역사에 쓰임 받으리라"고 믿는 교만하고 무지한 착각의 옷을 벗어 던지는 것이 올바르게 판단하고 행동할 수 있는 전제조건이 될 것입니다. 우리가 현재 어떤 외모 – 사회적 신분, 교회 직위, 학력, 경력, 출신, 배경 등을 가지고 있든 말입니다.

주께서 허락하신 '하루'라는 시간을 낭비함 없이 사용하는 것도 쓰임 받는 사람의 기본입니다. 주께서 맡기신 작은 일에 충성하고, 범사에 그리스도에게까지 자라는 일을 조금도 게을리 해서는 안 됩니다. 특별히 젊은 날에는 더욱 배워야 합니다. 또 즐거워하기보다는 애통하는 것이 좋습니다. 긍정의 힘보다는 애통의 힘이 좋습니다. 자기보다 더 성숙한 이들을 만나는 것이 좋습니다. 그대가 좋아하는 것만 보고 들으려고 하지 마십시오. 사랑스러운 사람만 사랑하지 마십시오. 발전이 없습니다. 어색하고, 어렵고, 딱딱한 것을 미워하지 마십시오. 성장이 없습니다. 2초간 지속되는 쾌락과 같은 칭찬보다 차라리 책망과 조언을 사랑하십시오. 행복하십시오. 그러나 항상 행복하지는 마십시오. 행복은 종종 자기점검을 몰아내기 때문입니다. 영적인 성장을 위한 에너지를 조금도 다른 것과 타협하여 낭비하지 마십시오. 그대의 모든 시간과 에너지와 물질 그리고 은사는 하나님께서 제공하신 것입니다. 결산하는 날, 우리는 어떻게 그것들을 사용하였는지 하나님께 직고하게 될 것입니다.

경건 훈련소

군대도 특정 임무에 따라 그에 맞는 군인을 길러냅니다. 임무의 승패는 전쟁의 승패와 연결되기 때문입니다. 예를 들어, 특전사의 임무는 다른 군인이 아니라 특전사가 맡습니다. 미군과 연계된 작전에는 카투사가 투입됩니다. 또, 훈련소를 거치지 않고 자대 배치를 받는 군인은 없습니다.

마찬가지입니다. 경건의 훈련이 되지 않은 이들을 특별한 임무에 투입할 수 없습니다. 감당할 수 있을 만큼의 일에만 투입이 될 것입니다. 그럼 경건의 훈련이란 무엇입니까?

1. 성경을 매일 읽고 묵상하는가? 매일 기도하는가? 군인은 매일 구보로 체력 단련을 합니다.
2. 그리스도의 성품을 닮기 위해 자신을 절제하고 채찍질하는가? 군인은 민간인의 옷을 벗고 군인을 옷 입기 위해 자신을 절제하고 채찍질합니다(엡 4:22~24).
3. 하나님의 말씀의 깊은 뜻을 계속해서 연구하고 알고자 하는가? 먹고 마시는 것보다 마리아처럼 '좋은 편(눅10:42)'을 택하며 사는가?
4. 하나님께서 내게 맡기신 사명이 무엇일까 고민하는가? 그리고 그 일을 '계속' 기도하며 준비해 나가는가?
5. 새벽을 깨우는가? 새벽을 활용하는가?[1] 하루라는 제한된 시간을 아껴서 사용하는가(엡5:16)?

위와 같은 방법으로 우리는 스스로를 훈련할 수 있습니다. 물론 이것은 제가 생각하는 좋은 방법입니다. 사람마다 조금씩 차이가 있을 수 있겠지만 말씀과 기도, 인격 도야, 지속적인 배움과 성장, 시간 활용, 사명감 등은 하나님께 쓰임 받기를 원하는 사람에게 조금도 소홀히 해서는 안 되는 부분일 것입니다. 귀하게 쓰임 받은 사람들의 하루와 생애를 살펴보면 위와 같은 것들이 항상 발견되기 때문입니다. 그들의 시작은 미약했을지라도 나중은 심히 창대했습니다. 그것은 그들의 하루하루가 '그럴 만했기' 때문입니다. 그들은 약했을지라도 하나

[1] 이것이 하나님께 쓰임 받는 절대 조건은 아니겠지만, 너무나 많은 신앙의 위인들은 새벽을 활용했습니다. 존 웨슬리는 9시 30분에 취침하여 새벽 4시에 기상해 두 시간 기도하였습니다. 조지 위트필드는 밤 10시경에 취침하여 4시에 기상하였습니다. 그의 삶은 말씀 묵상과 기도 자체였다고 합니다. 조지 뮐러도 4시에 기상하여 말씀과 기도로 몇 시간을 하나님께 드렸습니다. 1907년 대부흥을 앞두고 평양 장대현교회의 길선주 목사님은 최초의 새벽기도회를 시작하였습니다. '하나님께 위대하게 쓰임 받은 새벽을 활용하지 않은 사람'을 저는 아직 들어본 적이 없습니다.

님은 풍성한 하루하루를 살게 하셨고, 그런 시간이 쌓이고 쌓여 그들은 '그럴 만한' 위인이 된 것입니다. 그러니 하나님께서 찾으시는 그 사람은 냄비처럼 금방 뜨거워지고 금방 식는 사람이 아닙니다. 단거리 달리기를 하듯 전속력으로 뛰다가 곧 지쳐 멈춰서 헐떡거리는 사람이 아닙니다. 그는 '그럴 만한' 경건의 하루를 꾸준히 걸어가는 사람입니다. 그러다보면 '그럴 만한' 곳에 언젠가 – 하나님의 때에 도착하게 됩니다.

하나님께 귀하게 쓰임 받기 원하시는 여러분, 그 마음이 진실한지 아니면 그저 종교적인 발언인지는 여러분의 하루하루를 통해서 분명하게 판단되어 집니다. 쓰임 받기 원한다며 왜 말씀과 기도를 소홀히 하는 것입니까? 쓰임 받기 원한다며 왜 시간을 최대한 유익하게 활용하지 않습니까? 쓰임 받기 원한다며 왜 사명을 느끼는 일에 더 충성하려 하지 않습니까? 쓰임 받기 원한다며 왜 배우는 일에 무관심한 것입니까? 쓰임 받기 원한다며 왜 어린아이 같은 인격에 대해 안심하는 것입니까? 쓰임 받기 원한다며 왜 하나님 제일주의를 고수하지 않는 것입니까?

하나님은 공의로우십니다. 누구는 "내 인생은 왜 이 정도밖에 되지 않는가?"라고 할지 모르지만 사실 책임은 자신에게 있습니다. 하나님을 원망하지 마십시오. 왜 아무 잘못이 없는 분을 두고 소송을 걸려고 합니까. 각자 자신의 게으름과 착각, 고집과 악함을 탓해야 합니다. 여러분은 하나님께서 보시기에 어떤 마음과 자세로 하루를 살고 있습니까? 그것은 '쓰임 받기 원하는 사람에게 합당한 하루'입니까? 하나님께서는 가장 공평한 미래와 판결을 주실 것입니다. 그리고 우리는 불평할 수 없을 것입니다.

"큰 집에는 금과 은의 그릇이 있을 뿐 아니라 나무와 질그릇도 있어 귀히 쓰는 것도 있고 천히 쓰는 것도 있나니 누구든지 이런 것에서 자기를 깨끗하게 하면 귀히 쓰는 그릇이 되어 거룩하고 주인의 쓰심에 합당하며 모든 선한 일에 예비함이 되리라 디모데후서 2장 20,21절"

9 젊은 신앙인을 위한 메모

• 교회에 나오는 젊은이들이 많다는 것은 좋은 소식입니다. 기독청년들이 하나님의 말씀 안에서 힘을 합친다면 한국은 더욱 거룩하게 변할 것입니다. 하나님의 나라에 대한 사랑과 열정, 하나님을 아는 지식, 사명에의 확신과 헌신, 남다른 인격을 지닌 기독청년들이 계속 늘어날 때 한국과 이 땅의 복음에 대한 미래는 밝습니다. 그들이 열심히 공부하고 전공을 연마하는 것은 모두 하나님 나라의 확장과 관련을 갖습니다. 신앙과 삶은 동떨어진 것이 아니라 하나입니다.

• 허수아비처럼 살아가는 젊은 크리스천도 많지만, 또 많은 수가 열성적으로 하나님의 일에 헌신하고자 하는 모습도 좋은 일입니다. 열성은 지식의 인도를 받아야 합니다(잠19:2). 자기에게 있는 것(바꾸어 말하면 하나님께서 심어 주신 것)으로 하나님께 영광을 돌리기 위해 부단히 노력하는 청년들이 계속 늘어나야 합니다.

• 기독교 신앙서적은 잘 골라 읽어야 합니다. 선택하기 전에 사전조사를 하는 것도 좋습니다. 모든 21세기 베스트셀러가 유익이 없다는 것은 아니나, 같은 시간과 정성이라면 훨씬 더 많은 유익을 가져다 줄 수 있는 책들이 얼마나 많은지

모릅니다. 왜 그대의 황금과 같은 시간을 구리나 납 같은 책과 바꾸는 것입니까?

• 신앙의 성숙을 위해 성경, 기도, 교제, 예배보다 프로그램이나 세미나, 특별집회를 더 기대하지 않는 것이 좋습니다. 교회와 골방에서 우리의 신앙은 충분히 강건해집니다. 왜 멀리서만 하나님과 동행할 수 있는 것처럼 생각하게 되었습니까. 이런 행사들도 분명 유익한 점이 있지만 신앙에 지속적인 생명력을 공급할 수는 없습니다. 사람이 여행만 하며 평생을 살 수는 없습니다.

• 신나는 찬양도 좋지만 동시에 애통하며 하나님을 갈구하는 마음과 전능하신 왕을 경외하는 마음을 길러야 합니다. 때로 하나님을 찬양하는 것인지 우리끼리 신난 것인지 자문해 보아야 합니다. 너무 흥분하지 마십시오. 흥분하려면 말씀 안에서만 흥분하십시오.

• 방언이나 특별한 체험으로 자기의 신앙을 안심하지 말고 '나는 전과 얼마나 다른 사람이 되었는가?'를 늘 점검하십시오. 삶의 변화야 말로 기적입니다. 하나님을 알아가는 지식과 경험, 하나님께 순종하는 즐거움, 교회와 성도를 섬기는 기쁨, 사명에의 헌신… 이런 것을 소유한 사람이 행복한, 성령의 사람입니다.

• 말씀과 성령을 통하여 깨달은, 잘라내야 할 삶의 모든 부분들을 잘라내야 합니다. 그런데 '어떻게 행동할 것인가?' 이전에 '무엇을 믿을 것인가'가 필요합니다. 성경은 믿어야 할 것과 행동해야 하는 방법 모두를 가르쳐 줄 것입니다.

• 성령의 질책으로 자신이 얼마나 죄인인지 깨달을 수 있도록 기도해야 합니다. 이것은 은혜의 시작입니다. 다른 무엇을 알기 전에 알아야 할 것은 내가 죽

을 수밖에 없는 죄인이라는 것입니다.

• 말과 행동을 조심해야 합니다. 이것이 안 되면 빛과 소금의 역할은 닿지 못할 이상일 것입니다. 우리는 작고 연약하지만 그리스도에 대한 사랑으로 그리스도를 닮아가야 합니다. 우리의 뜨거운 찬양과 기도를 공허하게 혹은 가증스럽게 만드는 것은 타인을 아프게 하는 말과 행동을 서슴치 않는 것입니다.

• 말씀이 충만하고 기록된 교훈 안에서 말씀을 그대로 전하는 두려움 모르는 설교자가 더욱 넘쳐나기를 기도해야 합니다. 18세기 조지 위트필드와 존 웨슬리를 위시한 설교자들이 영국을 '뒤흔들어(행24:5)' 놓았듯이 오늘 한국에도 프로그램이나 전략이 아닌 하나님의 말씀의 능력을 무엇보다 의지하는 설교자들이 더욱 등장하기를 기도해야 합니다.

• 성경을 올바르고 재미있게 가르칠 수 있는 성경교사가 필요합니다. 평신도도 성경에 대한 튼튼한 지식기반이 필요합니다. 그렇지 않으면 세상 가르침이 하나님을 아는 지식을 대신하여 머리에 둥지를 틀 것입니다. 특히 젊은 날에는 더욱 하나님을 아는 지식에 부요해져야 합니다.

• 세속적 부와 권력, 명예를 멀리하여 하나님의 말씀을 전하는 것에, 하나님의 뜻대로 사는 것에 부끄럼이 없는 지도자가 필요합니다. 하나님의 영광을 위해 세상에 무엇이 필요하다 느낀다면 그대가 그 일을 감당하는 것은 어떻습니까? 젊은 그대가 하지 못할 것이 무엇입니까?

• 자기의 맡은 일에 충실한 뿐더러 말씀의 원리와 원칙에 따라 사는 젊은이, 자기를 부인하고 남을 섬기는(기꺼이 자기의 시간과 물질과 은사를 교회와 성도 그리고 세상을 위해 사용하는) 신실하고 경건한 성도가 많아져야 합니다. 하나님을 믿는 사

람은 뭔가 다르다는 것을 보여주는 젊은이가 필요합니다. 즉, 삶이 변화된 성도, 하나님의 능력으로 사는 성도가 필요합니다.

• 성경과 경건한 서적들을 묵상하는데 열심이 있는 젊은이들이 늘어나야 합니다. 사람을 의지하지 않고 하나님만을 의지하기 위해서는 모든 성도가 먼저 성경에 열심을 그다음 유익한 경건서적들에 열심을 내야합니다. 독서하지 않는 성도는 발전을 기대할 수 없습니다.

• 발전이 없으면 정체입니다. 그것은 사실상 퇴보입니다. 한 사람의 신앙의 퇴보는 교회 내 다른 성도에게까지 해를 끼칩니다. 다시 말하면, 영적으로, 지적으로, 인격적으로 성장하기를 거부하거나, 적어도 무관심한 나의 마음과 태도가 교회 전체의 발전과 성숙을 가로막는다는 것입니다.

• 신앙과 인격을 따로 떼어서 생각해서는 안됩니다. 대부분이 불신자였던 회사에서 만난 '유달리 불평불만이 많던 사람'. 나중에 알아보니 크리스천이었습니다. 한마디로 하면 그는 '나쁜 크리스천' 입니다. 이제 젊은 우리 세대에는 인격과 신앙을 분리하는 '나쁜 크리스천' 을 줄여 나가야 합니다(엡4:22~24).

신구약 중간사

침묵 속의 준비

개요

구약의 마지막 장을 넘기는 순간 신약이 시작됩니다. 선지자 말라기의 기록이 끝나면 마태의 예수님 전기가 펼쳐집니다. 그런데 시간적으로는 두 책 사이에 400년 이상의 공간이 있습니다. 마태복음의 첫 장을 보면 구약의 익숙한 이름들이 등장합니다. 아브라함과 다윗, 이스라엘의 가장 자랑스러운 두 위인. 그리고 성경 전체의 주인공인 예수 그리스도.

예수님이 활동하는 무대, 그 상황을 보면 서쪽 땅에 새로운 세력이 등장했는데 바로 로마입니다. 그 경계는 북 아프리카를 포함한 지중해를 둘러싼 지역이었고 유럽까지 뻗었습니다. 또 어떻게 된 일인지 권좌에는 유대인이 아닌 질투심 많고 잔인한 이두매(에돔) 출신의 헤롯이 앉아 있습니다. 사라진 바사(페르시아), 새로 등장한 로마 그리고 헤롯 왕.

앗수르에 의해 멸망한 북 이스라엘(멸망 – B.C. 722)과 바벨론에 의해 멸망한 남 유다(멸망 – B.C. 586)를 기억하십니까? 그들은 포로 신세가 되어 제국 여기저기로 끌려갔습니다. 이것은 하나님의 백성들이 하나님을 거부하고, 이방신을 섬기며, 하나님 앞에 악을 행하여 생긴 결과입니다. 하나님은 선지자를 보내고 또 보내었으나 마음이 완악하여 들어도 듣지 못하는 백성들은 하나님의 품을 끝끝내 거부했습니다.

B.C. 538년 바사에 의해 멸망한 바벨론의 유대인 포로들이 예루살렘을 향해 최초로 귀환하게 됩니다. B.C. 516년에는 황폐해진 땅에 유대인의 삶과 종교의 중심인 예루살렘 성전이 다시 세워집니다. 유대의 총독이 된 느헤미야는 파괴되었던 예루살렘의 성벽을 중축했습니다. B.C. 444년의 일입니다. 여기까지 역사의 시간표만 보면 뭔가 다 잘 되어가는 것 같습니다. 구약의 마지막 책인 말라기는 포로 귀한 후 성전이 다시 세워진 때로부터 약 85년 뒤인 B.C. 430년경의 이스라엘 민족의 사회적, 종교적 상태를 보여줍니다. 그런데 상황은 우리의 기대와는 사뭇 다릅니다.

귀환한 이스라엘 백성들은 어느새 예배에 대한 감격을 잃었습니다. 성전이 다시 세워진 뒤 간절함은 사라지고 예배는 형식적으로 변질되었습니다. 제사장들은 노골적으로 제사를 귀찮게 여겼습니다. 타성에 젖어들었습니다. 율법을 지키는 것도, 회개하는 것도 소용이 없다고 생각했습니다. 교만한 사람이 복이 있고 악한 사람이 성공한다고 하였습니다. 결국 하나님을 원망하고 의심하고 또 부담스럽게 여기기 시작했습니다. 백성이나 제사장이나 마음에 하나님이 없기는 마찬가지였습니다. 그래서 이방인과도 거리낌없이 통혼했습니다.

하나님은 "나는 너희를 사랑했다"고 했습니다. 하지만 이스라엘은 하나님께서 "어떻게 우리를 사랑하셨느냐"고 되물었습니다. 아들은 아버지를, 종은 주인을 공경하는 것이 마땅한 일인데 그들은 하나님을 아버지로, 주인으로 공경하지 않았습니다. 오히려 그들은 "우리가 언제 그랬느냐"고 되물었습니다. 포로의 몸을 자유의 몸으로 놓아주시고 성전을 완성하게 하신 하나님이 받은 것은 감사와 찬양이 아닌 부담과 외면뿐이었습니다.

결국 하나님은 주의 앞길을 예비하는 사자와 언약의 사자를 보낼 것을 말씀하십니다. 그 목적은 은을 연단하여 깨끗케 하는 자같이 죄로 더러워진 백성들의 옷을 하얗게 하고 모세의 때, 다윗의 때와 같이 백성들의 마음 중심을 하나님께로 돌리는 것입니다. 그 뒤에는 여호와 하나님의 심판이 있을 것입니다. 하나님의 사자는 사람들의 마음에 회개를 가져오고 사랑을 회복할 것입니다. 하지만 그렇지 않은 사람에게는 저주가 내릴 것입니다. 여기까지 말라기의 이야기입니다. 그리고 성경책 한 장을 넘기면 신약시대, 마태복음이 시작됩니다. 그 한 장으로 4세기 이상의 시간이 지난 것입니다.

마태복음의 상황은 4세기 전 말라기의 때와는 딴판입니다. 로마의 영향력 아래서 유대인들은 자기의 땅과 성전을 가지고 안전하게 거하고 있습니다. 전처럼 예루살렘 성전에서만 예배를 드리는 것이 아니라 전국에 흩어진 회당(synagogue)에서도 예배를 드립니다. 그들은 종교의 자유 – 여호와 신앙을 누리고 있습니다. 제사장은 여전히 종교, 정치적 지도력을 발휘하였으나 바리새인과 사두개인, 서기관도 지도자 대열에 합류했습니다. 산헤드린(Sanhedrin)은 이런 무리들로 구성된 유대인 최고의 의회기관입니다.[1] 그들은 사법권뿐 아니라 유대 율법에 따른 재판권도 가지고 있습니다. 사형은 내릴 수 없지만 이외의 것은 모두 재판할 수 있었습니다. 또 유대인들은 병역의 의무도 면제되었습니다. 하지만 이런 조건 속에서도 사람들은 하나님이 약속한 메시아 – 언약의 사자와 그의 앞길을 예비할 주의 사자를 갈망했습니다.

말라기와 마태복음 사이를 신구약 중간시대라고 부르겠습니다. 이 시대의 특징은 선지자가 나오지 않았다는 점입니다. 침묵의 기간 동안 유대인들은 하나님께서 숨은 것은 아닌가 하고 생각했을지도 모릅니다. 그러던 어느 날, 유대의 작은 고을 베들레헴에서 예수님이 태어납니다. 멀리서 동방박사들이 '왕으로 나신 이' 를 찾아와 경배합니다. 예수님의 외침을 통하여 하나님의 음성이 다시 그 땅에 울려 퍼지게 됩니다.

하나님은 침묵의 기간을 통하여 예수님을 보내시기 위한 적절한 때와 장소

---

[1] 「NLT Life Application Study Bible」 Tyndale House Publishers. p.1525. 2004

그리고 분위기를 준비하셨습니다. 유대인과 이방인의 구원을 위하여! 그럼 이제 신구약 중간시대로 여행을 떠나겠습니다. 시간을 따라 바사 시대 - 헬라 시대 - 하스몬 왕조 시대 - 로마 시대로 정리하겠습니다.

1. 바사(페르시아) 시대 - B.C. 539~336

고레스(Cyrus)가 페르시아의 왕이 된 첫해의 일입니다. 여호와께서 이사야를 통하여 하신 말씀을 이루시려고(사44:28) 고레스의 마음을 움직이셨습니다. 그래서 고레스가 온 땅에 사신을 보내어 명령을 내렸습니다. 고레스가 명령한 내용은 아래와 같습니다.

"페르시아 왕 고레스가 말한다. 하늘의 하나님이신 여호와께서 이 세상 온 나라를 나에게 주셨다. 그리고 나를 세우셔서, 유다 땅 예루살렘에 성전을 짓게 하셨다. 이제 너희 모든 하나님의 백성은 예루살렘으로 돌아가거라. 너희 하나님께서 너희와 함께 계시기를 바란다. 너희는 예루살렘에 계신 이스라엘의 하나님을 위해 성전을 지어라. 나머지 사람들은 예루살렘으로 돌아가고자 하는 사람들을 도와주도록 하여라. 그들에게 은과 금과 갖가지 물건과 가축을 주고, 예루살렘에 지을 하나님의 성전을 위해 예물도 주도록 하여라 쉬운성경 에스라 1장 1~4절"

B.C. 538년, 구약성경 에스라 1장에 기록된 것처럼 페르시아의 초대 왕 고레스는 이스라엘 민족을 사로잡힘에서 놓아 이스라엘 땅으로 돌아갈 것과 성전을 재건할 것을 명령합니다. 이것이 1차 귀환입니다. 고레스는 B.C. 539년, 근동지방의 패권자였던 바벨론을 멸망시켰습니다. 그리고 제국에 속한 다양한 민족들의 종교나 관습에 관대한 자세를 취하였습니다. 자신을 백성의 해방자로 자처할 정도였습니다. 유대인들도 전폭적인 후원을 등에 업고 예루살렘으로 돌아갈 수 있었습니다.

1차 귀환 이후 스룹바벨, 여호수아, 학개, 스가랴 등의 지도와 격려 아래

B.C. 516년 예루살렘 성전이 완공되었습니다. B.C. 586년 바벨론에 의한 예루살렘 멸망 이후 70년 만의 일이었습니다. 그 크기와 위용이 솔로몬이 지었던 성전에는 못 미쳤지만 다시금 귀환한 백성들의 신앙의 중심이 되었습니다. 아직 귀환하지 못한 디아스포라 유대인들도 그 소식에 큰 용기를 얻었을 것입니다.

바벨론 제국에 포로로 잡혀가 있는 동안에도 유대인들은 하나님을 예배하는 삶을 잊지 않았습니다. 하지만 포로된 지역에는 성전이 없었습니다. 그래서 각기 흩어진 곳에다 회당을 세우고 하나님을 예배하기 시작했습니다. 바벨론이 페르시아에 무너진 뒤에도 회당에 모여 드리는 예배는 사라지지 않았습니다. 회당에서는 예배뿐 아니라 자녀 교육, 재판 등도 이루어졌습니다. 이 회당은 예루살렘에 성전이 재건된 뒤에도 계속 영향력을 발휘했습니다. 회당은 유대인들이 모이는 곳마다 세워졌기에 훗날 예수님도, 사도 바울도 어느 지역이든 회당으로 가면 사람들을 만날 수 있었습니다. 제사장들은 여전히 성전에 모여 제사를 드렸지만 회당은 율법을 가르치고 배우는 곳이 되었습니다. 회당의 율법사들은 율법의 수호자요 해석가로 대중들에게 큰 영향력을 발휘했습니다. 하나님과 관련된 일이 있을 경우 사람들은 성전의 제사장보다 회당의 율법사들을 찾았습니다.

페르시아 시대에는 3차에 걸친 귀환이 이루어졌고 성전이 재건되었으며(B.C.516) 성곽도 다시 세워졌습니다(B.C.444). 구약의 다니엘, 에스라, 학개, 스가랴, 에스더, 느헤미야, 말라기 등이 이 시대 사람들입니다.

2. 헬라(그리스) 시대 – B.C. 336~165

페르시아가 쇠퇴의 길을 가는 동안 마게도냐(마케도니아)에서 알렉산더 대왕(재위 B.C. 336~323)이 태어납니다. 플라톤의 제자였던 아리스토텔레스로부터 헬라 문화를 배운 그는 서쪽으로는 유럽의 마게도냐와 북 아프리카의 애굽(이집트), 동쪽으로는 인도의 서쪽 국경 펀잡 주에 이르는 유례없는 대제국을 건설했습니다. 그가 가는 곳마다 헬라 문화와 오리엔트 문화가 융합된 헬레니즘이 형성되었습니다. 헬레니즘으로 인하여 제국 내에서 헬라어가 널리 통용되었습니다. 그런 배경 아래 당시 최대의 도시이자 고대 최초의 도서관이 있던 애굽의 알렉산드리아에서 구약 성경이 헬라어로 번역되었습니다. 헬라 제국 내의 모든 사람들이 헬라어로 쓰인 구약 성경을 읽을 수 있게 된 것입니다. 헬라 문화의 영향력은 로마 시대까지 계속되었습니다. 예수님이 활동하신 때도 마찬가지였습니다. 헬레니즘은 철학, 종교, 언어, 신화 등 많은 부분에 영향을 끼쳤습니다.

광대한 제국을 이루었던 알렉산더 대왕은 B.C. 323년 33세 젊은 나이로 생을 마감합니다. 그의 열정적인 동진! 그러나 과로성 열병으로 그는 급서했습니다. 제국은 그의 부장들에 의해서 나뉘어 통치되었습니다. 애굽과 남부 시리아는 프톨레마이오스가, 시리아 일부와 페르시아는 셀레우코스가 차지했습니다. 소국이지만 지리적 요지였던 유대 땅에 대한 주도권 쟁탈전이 두 왕조 사이에서 끊이지 않았습니다. 먼저 차지한 것은 프톨레마이오스입니다.

2-1. 프톨레마이오스 왕조(B.C. 304~30. 유대통치 B.C. 274~200)

B.C. 323년 알렉산더 대왕의 죽음 뒤에 시리아 대부분의 지역과 페니키아는 애굽의 총독인 프톨레마이오스의 차지가 되었습니다. 그는 알렉산드리아를 수도로 하고 프톨레마이오스 왕조를 열었습니다. 그가 죽은 뒤 프톨레마이오스 왕조는 로마의 옥타비아누스에게 패한 마지막 통치자 클레오파트라의 때까지 약 300년간 애굽을 다스리고 후로는 로마의 속국이 됩니다.

프톨레마이오스의 지배 아래 유대국은 이전과 거의 같은 상태를 유지했습니다. 페르시아와 알렉산더 대왕의 시대처럼 종교에 대해 간섭을 받지 않았고 백성들에 대하여는 유대의 지도자들이 힘과 권위를 계속 발휘했습니다.

단, 페르시아시대와 다른 점은 헬레니즘입니다. 프톨레마이오스 왕조는 왕국 내에 헬라문화를 전파하고자 하였고 헬라어를 권장하였습니다. 유대인들은 본토에 있든 타국에 있든 헬라어를 배워야 했습니다. 유대인들은 여전히 하나님을 섬겼지만 헬라문화의 영향을 전혀 받지 않을 수는 없었습니다. 그러나 유대의 지배 계층 외 일반인들은 여전히 아람어[1]를 일상 언어로 사용하며 그들의 독특한 전통 문화를 견지할 수 있었습니다.[2]

학문적인 관심이 많았던 프톨레마이오스 2세(B.C. 285~246)는 히브리어 경전(구약성경)을 헬라어로 번역할 것을 요청했습니다. 그 시대에 이러한 번역작업이 시도된 것은 하나님의 섭리였습니다. 이것을 70인역(LXX. Septuagint)이라고 합니다. 신약시대로 와서 보면 하나님을 경외하는 이방인들이 종종 등장합니다(행10:22). 헬라어 성경은 도처의 이방인들에게 하나님과 그분의 사역 그리고 세상에 오실 메시아에 대해 알렸습니다. 이것은 훗날 예수님의 오심을 위한 준비였으며, 로마 복음화의 기틀이었고, 나아가 이방인 구원 사역의 구체적인 역사적 시작이었습니다. 신약의 저자들은 헬라어로 각 책을 기록하였고 그리스도에 의해 성취된 구약의 예언들을 인용할 때에도 70인역을 사용했습니다.[3]

2-2. 셀레우코스 왕조(B.C. 312~64. 유대통치 B.C. 200~142)

유대 땅을 놓고 애굽의 프톨레마이오스 왕조와 치열하게 다툰 셀레우코스 왕조는 북시리아, 바벨론 지역을 정복하여 차지한 셀레우코스에 의해 시작되었습니다.

B.C. 222년 안티오커스 3세가 왕으로 등극하고 B.C. 201년 유대에 대한 시리아 대 애굽의 주도권 쟁탈전이 다시 벌어졌습니다. 애굽의 통치를 받던 유대인들은 전세가 시리아 쪽으로 기우는 것을 보고 안티오커스 3세를 도와 유대에서 애굽의 군대를 몰아냈습니다. 이에 안티오커스 3세는 유대인들에게 여호와 신앙과 율법을 승인하여 주었습니다.[4]

---

[1] 기원전 8세기 이후 근동 지방의 국제 통상 및 외교 용어로 사용됨
[2] 김희성. 「신약의 배경사」 대한기독교서회. p.77. 2006
[3] 노우호. 「신구약 중간사」 하나출판사. p.151, 152. 1995
[4] 노우호. 같은 책. p.128

그러나 그것도 잠시. B.C. 190년 지중해의 신흥세력으로 떠오른 로마와의 전쟁에서 패한 뒤부터 셀레우코스 왕조는 패국의 길을 걷게 됩니다. 안티오코스 3세가 남긴 것은 소아시아의 상실과 엄청난 전쟁 배상금뿐이었습니다. 과도한 전쟁 부채는 자연스럽게 그의 뒤를 이어야 할 셀레우코스 4세와 안티오코스 4세에게로 넘어갔습니다. 그들은 부채를 감당하기 위해 애굽을 침략하고 세금을 올리기로 했습니다. 하지만 로마의 간섭으로 애굽 침략도 성공하지 못했습니다. 때를 맞춰 대제사장이 되는 야망을 가지고 있던 제사장 가문의 유대인 야손(Jason)은 안티오코스 4세에게 거금을 주고 대제사장직을 샀습니다. 그런데 그 조건은 돈뿐이 아니라 헬라문화의 유포도 포함되어 있었습니다.[5]

유대 최초의 대제사장인 아론 이후로 대제사장은 언제나 한 명이었습니다. 그러나 다윗의 때에는 아비아달과 사독, 두 명의 대제사장이 있었습니다. 다윗의 노년에 그의 아들인 아도니아에 의한 왕자의 난이 일어났고 이때 아비아달은 아도니아를, 사독은 솔로몬을 지지합니다. 다윗이 솔로몬을 후계자로 지목하자 아비아달은 파면당하고 사독이 유일한 대제사장으로 남게 됩니다. 이후로는 사독의 후손만이 대제사장직을 차지할 수 있었습니다. 페르시아와 헬라의 지배를 받을 때도 이 약속은 지켜졌습니다. 하지만 사독 가문이 아님에도 대제사장이 되기 원했던 야손의 야망과 욕심으로 인하여 이 전통은 깨어졌습니다. 그가 욕심을 낸 것은 바벨론 포로기 이후 대제사장직이 종교 뿐 아니라 민족의 통치자로서의 자격과 권위도 부여했기 때문입니다. 사독 가문은 힘을 잃고 대제사장직은 매관매직되었습니다. 주후 70년 예루살렘의 멸망과 73년 유대국의 완전멸망 때까지 이런 행태가 탐욕스런 야망을 가진 몇몇 사람들에 의해 계속되었습니다. 하지만 여전히 유대인들 중에서는 사독 가문의 후손만이 대제사장이 될 수 있다고 생각하는 사람들이 많았습니다.

---

[5] 전민수. 「신약의 역사」 영창서원. p.13. 2003

B.C. 175년, 역사상 가장 잔인한 폭군 중 하나로 기록된 안티오커스 4세 에피파네스가 왕좌에 올랐습니다. 에피파네스란 신의 현현 - God Manifested이란 뜻으로 그는 자신을 신처럼 생각했습니다. 그는 유대인들에게 헬라문화와 이방인의 관습을 강요했습니다. 예루살렘을 헬레니즘의 도시로 만들기 위해 성전에 제우스 신상을 세웠습니다(단12:11). 유대인들은 율법을 따라 여호와 하나님께 희생을 드리지 못했고 안식일과 절기도 지키지 못했습니다. 대신 부정한 짐승으로 취급된 돼지(신14:8)의 피로 희생 제사가 드려졌고, 율법에서 금한 돼지고기를 먹도록 강요당했습니다. 할례는 불법으로 취급되었습니다. 율법의 사본을 모두 파기하고, 명한 것을 하지 않거나 어기면 사형에 처했습니다. 성소는 광야와 같이 황폐하게 되었고 축제일은 통곡의 날이 되었습니다. 안식일은 웃음거리가 되었습니다.[1] 유대인들은 저주받은 듯한 괴로운 현실 속에서 구약의 선지자들이 이야기한 메시아, 말라기가 이야기한 주의 사자와 그 뒤에 올 하나님에 대한 갈망이 더욱 커져 갔습니다. 많은 경건한 유대인들은 율법에 어긋나는 복종을 거부하고 기꺼이 고난과 죽음을 감수하였습니다.

그러면서 두 가지 대조적인 메시아 사상이 출현했습니다. 하나는 고통스러운 현실을 무시하고 오직 천국과 내세만을 강조하는 초월적 메시아 사상이었고, 다른 하나는 이방 국가들을 쓸어버리고 이스라엘을 회복하는 혁명적, 정치적 메시아 사상이었습니다. 두 사상은 대조되는 면이 많지만 신적 권능의 당당한 승리자로서의 메시아를 그린 점은 동일했습니다. 메시아는 하나님의 기름부음을 받은 자로 이스라엘의 치욕을 제거하고, 이방인을 몰아낸 뒤 영광스런 나라를 세울 존재였습니다. 누구도 백성의 죄를 위하여 스스로 수치와 죽음을 감당하는 고난당하는 메시아를 생각하지 못했습니다.[2]

유대인 무리 중에 안티오코스의 환심을 사기위해 그의 요구들에 응하는 이들도 있었습니다. 하지만 강력히 저항하는 무리도 있었습니다. 저항하는 무리 중

[1] 노우호. 같은 책. p.156 이하
[2] 김희성. 같은 책. p.187

하시딤이란 무리들은 헬라화 되는 유대사회를 가슴 아프게 여기며 핍박 속에서 도 하나님께 대한 경건과 충절을 지키려 노력한 사람들이었습니다.[3]

3. 유대 독립전쟁 - B.C. 165, 하스몬 왕조 - B.C. 140~63

안티오코스의 이러한 정책은 유대인들의 격렬한 저항을 불러일으켰습니다. 예루살렘 북쪽으로 30km 떨어진 마을 '모딘(Modin)'에는 하스몬 가문의 가장인 마타디아스라는 늙은 제사장과 다섯 아들들이 살고 있었습니다. 그는 이방인 제사를 거부하고 이교 제사를 강요하는 왕의 사신을 죽였습니다. 그리고 거리로 나가 하나님의 율법을 지키고자 하는 사람들을 불러 모았습니다. 그 뒤 모든 재산을 뒤로하고, 자기 아들들과 정의와 율법을 따라 살고자 하는 유대인들과 함께 산으로 들어가 험준한 산악지형을 이용한 게릴라식 소규모 저항을 시작했습니다. 이것은 점차 독립전쟁으로까지 발전합니다. 얼마 후 그가 죽고 그의 아들들이 지휘권을 넘겨받습니다.[4]

그러나 당시 유대인들이 외친 독립은 멀고도 험한 것이었습니다. 전쟁은 쉬는 날이 없었습니다. 셋째 아들인 유다 마카비우스(Judas Maccabaeus)가 지휘권을 이어받아 저항운동을 이어갔습니다. 유프라테스 강 건너편 땅의 정복에 신경을 곤두세우던 안티오커스 4세는 유대인들에게 화평을 제의합니다. 그렇게 해서 주전 164년에 하나님의 성전에서 제우스 신상(멸망의 가증한 것 - 단11:31)이 철거되고, 유대국은 여호와 신앙을 회복하였습니다.[5] 강화조약이 체결되자 알키무스가 대제사장으로 취임하였습니다. 그러나 그는 2년 만에 죽고 대제사장의 자리는 7년간 공석으로 남게 됩니다. 유다 마카비우스로부터 독립 운동의 지휘권을 넘겨받은 요나단은 시리아의 동의를 얻어 공석이던 대제사장의 직위를

---

[3] 노우호. 같은 책. p.153
[4] 노우호. 같은 책. p.158 이하
[5] 전민수. 같은 책. p.15

넘겨받습니다. 그렇게 그는 유대국의 사령관이자 대제사장이 되었습니다. 그러나 사독의 대제사장 가문도 아니었고 전쟁 중에 더럽혀진 인물이 이스라엘의 대제사장이 되었기 때문에 한때 봉기에 가담했던 경건한 유대인들(하시딤)은 이러한 사건에 깊은 충격을 받게 됩니다.[1]

B.C. 143년, 요나단의 뒤를 이어 시몬이 유대의 지도자로 나섭니다. 그는 시리아의 수비대를 유대 땅에서 몰아내어 잃어버린 주권을 회복하는 일을 해냈습니다. 결국 종교의 자유뿐 아니라 정치적인 독립까지 이룬 것입니다. 국민의 지지를 받던 그는 민중회의를 통하여 그의 가문이 대제사장직을 세습하도록 임명받았습니다. 유대의 최고 통치자겸 대제사장이 된 것입니다. 그렇게 하스몬 왕조가 세워졌습니다.[2] 그로부터 약 80년 뒤인 B.C. 63년 로마에게 무너지기 전까지는 유대인들의 독립 왕국 하스몬 왕조가 유대 땅을 다스립니다.

마타디아스와 그의 아들 유다, 요나단 그리고 시몬으로 이어지는 통치는 유대인들의 지지를 얻었지만 이후로는 하향 선을 그립니다. 신앙의 자유를 위해 투쟁하던 시대가 지나가면서 권력의 쟁탈을 위한 투쟁의 시대가 시작되었기 때문입니다. 헬라화된 사두개파와 하시딤의 전통을 이어받은 바리새파의 대립은 이때부터 본격적으로 시작됩니다.

3-1. 이후의 왕들

• 요한 히루카누스 1세 John Hyrcanus Ⅰ – 시몬의 아들인 요한 히루카누스는 뛰어난 정략가였습니다. 그는 유대의 남쪽에 있는 이두매[3]를 정복하고 그 주민들이 강제로 할례를 받게 했습니다. 그래서 후일에 이두매에 살던 안티파터의 후손들은 할례를 받았기 때문에 자신들이 유대인이 되었다고 주장할 수 있었습니다. 안티파터의 후손인 헤롯 가문이 유대인 행세를 하면서 유대인의

[1] 김희성 같은 책. p.24
[2] 같은 곳
[3] 이두매 Idumaea – 히브리어인 에돔의 헬라어 표기인 이두매는 에서의 후손들이 세일 산에서 내려와 정착한 지역

왕의 자리를 차지하는데 좋은 명분을 제공한 것입니다.[4] 요한 히루카누스는 이두매뿐 아니라 사마리아 그리고 갈릴리 지경까지 국토를 확장하였습니다.

• 아리스토불루스 1세 Aristobulus Ⅰ – 훗날 예수님의 대부분의 제자들[5]이 자라난 갈릴리 지역은 아리스토불루스에 의해 점령되었습니다. 그는 지역 주민들에게 강제로 할례를 받고 유대교를 받아들이게 했습니다. 이것은 후에 갈릴리가 로마에 적대적인 열심당 운동의 중심지가 될 수 있었던 배경입니다.[6] 그는 잔악한 전제군주였고 1년을 통치하고 죽었습니다.

• 알렉산더 얀네우스 Alexander Janneaus – B.C. 103년 왕으로 등극한 요나단은 헬라식 이름인 알렉산더 얀네우스로 개명합니다. 그는 바리새인들을 배척한 헬라주의자이자 사두개파였습니다. 유대인의 절기에 그가 대제사장직을 수행하려 하자 이를 비난하는 유대인들이 있었는데 그는 6,000명을 집단 학살했습니다. 그 피해자는 대부분 바리새인들이었습니다.[7] 바리새인들은 계속되는 박해를 견디다 못해 시리아에 원병을 요청합니다. 시리아 군을 보고 알렉산더 얀네우스는 산으로 도망했습니다. 그런데 바리새인들 사이에서 내분이 일어납니다. '시리아의 힘을 빌려 자국의 정권을 무너뜨린 뒤는 어떨 것인가?' 하는 질문에 그들은 긍정적인 답을 할 수 없었습니다. 얀네우스에게 당하는 것도 괴롭지만 시리아가 목자 없는 이스라엘을 다시 점령하는 것은 더욱 끔찍했습니다. 그래서 그들은 얀네우스를 도와 시리아 군을 격퇴시켰습니다. 승리를 기념하는 잔치가 벌어졌는데 얀네우스는 시리아를 끌어들인 바리새인 지도자 중 800명을 십자가에 못 박았습니다.[8] B.C. 76년, 파괴주의자였던 그가 죽고 그의

[4] 노우호. 같은 책. p.220, 221
[5] 가룟 유다와 알패오의 아들 야고보를 제외한 10명은 갈릴리 출신입니다.
[6] 김희성. 같은 책. p.36
[7] 「NLT Life Application Study Bible」. p.1527
[8] 노우호. 같은 책. p.223

아내 알렉산드라 살로메가 통치를 시작했습니다.

헤롯 가문과 관련하여 기억할만한 것은 헤롯 왕의 할아버지가 되는 헤롯 안티파터 1세가 알렉산더 얀네우스에 의해 이두매를 다스리도록 등용된 것입니다.

• **알렉산드라 살로메 Alexandra Salome** – 알렉산더 얀네우스의 아내 알렉산드라 살로메는 B.C. 76년 알렉산더 사후에 여황으로 등극합니다. 그녀는 바리새인을 곁에 두고 정치를 해나갔습니다. 그래서 바리새인도 유대 최고 의결 기관인 산헤드린으로 가는 길이 열리게 되었습니다.[1] 알렉산드라 살로메는 여자라서 대세자장직을 맡을 수 없었기에 장남인 히루카누스 2세에게 맡기고 그의 동생 아리스토불루스 2세에게는 군대를 맡깁니다. 그녀를 통해 실권을 잡은 민중의 지도자 바리새인들은 얀네우스가 저질렀던 만행에 대한 보복을 계획했습니다. 이에 사두개인들은 아리스토불루스에게로 모여들었고 바리새인들은 장자인 히르카누스를 옹립했습니다.[2]

• **히루카누스 2세와 아리스토불루스 2세** – B.C. 67년 알렉산드라가 죽자 큰 아들인 히루카누스 2세가 먼저 왕위에 오릅니다. 그러자 아리스토불루스 2세는 형인 히루카누스 2세를 격파하고 왕위와 대제사장을 차지합니다(B.C.66~63).

아리스토불루스 2세는 히르카누스 2세에게 영원한 우정을 맹세하여 평화를 이루려 했으나 사두개파 사람들로부터 신변의 위협을 느낀 히르카누스는 사해 남쪽 나바테아(오늘날 요르단의 페트라 부근)의 아레타스 왕에게로 망명을 떠납니다. 알렉산더 얀네우스에 의해 이두매 지역의 총독으로 있던 이두매 사람 안티파터(Antipater) 1세의 아들 안티파터 2세는 가까운 지역으로 망명한 히르카누스에게 접근합니다. 유대 땅에 야심 있는 사람에게는 더 없이 좋은 명분을 얻을 수 있는 기회였습니다. 모사꾼 안티파터 2세는 아레타스 왕의 협조를 얻어 히르

---

[1] 김희성. 같은 책. p.40
[2] 노우호. 같은 책. p.225

카누스 2세를 앞세우고 예루살렘으로 진격합니다.[3] 안티파터 2세는 후에 유대인의 왕이 된 이방인 헤롯 왕의 아버지입니다.

• 안티파터 2세 Antipater II – 예루살렘을 포위한지 3개월이 지나도 싸움은 끝나지 않았습니다. 그 사이 이 계승권 싸움을 관심 있게 보던 로마는 폼페이우스를 예루살렘으로 보냅니다. B.C. 63년 로마는 먼저 시리아의 셀레우코스 왕조를 무너뜨리고 같은 해 안티파터의 도움으로 예루살렘을 점령합니다. 이제 유대인들의 독립은 앞으로 20세기까지 없을 것입니다. 안티파터는 폼페이우스 장군에게 협력한 뒤 로마 제국과 깊은 관계를 맺게 됩니다.[4]

폼페이우스에 의해 히르카누스 2세는 대제사장으로, 안티파터는 유대의 서리 총독으로 임명됩니다. 하지만 B.C. 48년, 폼페이우스가 카이사르(Julius Caesar B.C. 100~44)에 의해 제거되자 히르카누스 2세와 이두매 총독이었던 안티파터는 재빨리 권력의 승자인 카이사르 쪽으로 가담합니다. 로마군이 애굽의 알렉산드리아 성을 점령하려 할 때 안티파터는 유대의 군대를 이끌고 출정하여 점령을 돕습니다. 이 모습에 감동한 카이사르는 계속해서 히르카누스 2세를 대제사장이자 로마의 대공으로 삼고, 안티파터를 유대지방의 총독으로 삼습니다. 때는 B.C. 47년입니다. 로마에 협력한 외국인에게 시민권을 수여하는 정책에 의해 안티파터는 세습되는 로마 시민권도 얻게 되었습니다. 로마에 대한 안티파터의 충성으로 인하여 유대인들은 세금 삭감, 군 면제, 성전과 회당에서의 종교의 자유 보장 등의 특권을 누리게 됩니다.[5] 카이사르의 후계자인 옥타비아누스(가이사 아구스도 – 눅 2:1)도 이 같은 정책을 유지합니다.

카이사르가 정적에 의해 암살당한 B.C. 44년의 다음해인 B.C. 43년, 안티파터도 암살당하는 일이 있었습니다. 카이사르의 뒤를 잇는 로마의 집정관 안토

[3] 노우호. 같은 책. p.226
[4] 전민수. 같은 책. p.24
[5] 전민수. 같은 책. p.25

니우스는 안티파터의 두 아들인 파사엘과 헤롯을 각각 유대와 갈릴리의 총독으로 임명했습니다. 그러나 B.C. 40년 예상치 못한 파르티아인(Parthia)의 이스라엘 땅 점령으로 상황은 급변합니다. 파르티아는 하스몬가인 아리스토불루스의 아들 안티고누스를 옹호하여 그를 유대 땅의 왕 겸 대제사장으로 내세웠습니다. 히르카누스 2세는 조카인 안티고누스에 의해 귀가 잘려 대제사장의 직위를 수행할 수 없는 불구자가 되었고, 파사엘은 파르티아인에게 잡혀 죽었으며, 헤롯은 재빨리 로마로 피신했습니다.[1]

4. 헤롯 왕조 - B.C. 37~A.D. 70

• 헤롯 Herod (출생~사망 : B.C. 73~4) - 로마로 망명한 헤롯은 안토니우스와 옥타비아누스의 신뢰를 쌓아갔습니다. 마침내 헤롯은 로마 원로원의 공식적인 결정으로 유대인의 왕에 임명되었습니다. 그는 로마를 힘입어 유대국으로 진격, 파르티안인들을 몰아내는데 성공합니다. 그리고 B.C. 37년 안티고누스를 물리치고 왕위를 차지합니다.[2] 이로써 하스몬가는 완전히 몰락하게 되고 헤롯 왕조가 시작됩니다.

헤롯의 할아버지가 되는 안티파터 1세는 하스몬 왕조의 알렉산더 얀네우스에 의해 이두매 지방의 총독으로 임명되었던 사람입니다. 그는 이삭의 후손인 유대인이 아니라 에서의 후손인 이두매인입니다. 살펴보았듯 그의 아들인 안티파터 2세는 하스몬 왕가의 히르카누스에게 접근해 정치적 야망을 키워나가다가 B.C. 63년 폼페이우스가 유다를 정복할 때 그와 합세해 예루살렘을 점령하는데 일조한 사람입니다.

결과적으로 안티파터 2세가 앞세우던 히르카누스 2세는 왕이 아니라 대제사장으로 유다를 다스리게 되고, 안티파터 2세는 실질적 통치를 행사하는 유대지

---

[1] 김희성. 같은 책. p.46, 47
[2] 김희성. 같은 책. p.48

역의 총독이 되었습니다. 그런데 파르티아인들이 예루살렘으로 쳐들어와서 하스몬 왕가의 안티고누스를 대제사장 겸 왕으로 앉혔습니다. 안티파터 2세는 죽고 히르카누스 2세도 불구자가 되었습니다. 헤롯은 로마로 피신할 수밖에 없었습니다. 그리고 로마에서 권세자인 안토니우스의 총애를 받으며 지내다가 유대인의 왕 이란 칭호를 받아 예루살렘으로 돌아온 것입니다. 유다 땅은 하스몬 왕조의 안티고누스가 왕과 대제사장으로 있었으나 로마의 정치적, 군사적 힘 앞에 하스몬 왕조는 바람 앞에 등불이었습니다. 헤롯은 B.C. 37년 하스몬 왕조를 끝내고 유대인의 왕으로 등극합니다. 하스몬 왕조의 마지막 왕 안티고누스는 안토니우스에 의해 처형됩니다. 로마에서 돌아온 헤롯은 전처를 버리고 하스몬 왕조의 후예인 유대인 마리암네와 결혼식을 올립니다. 유대인의 환심을 얻기 위해서였습니다.[3]

헤롯이 유대를 다스리는 동안 땅은 평화로웠고 또 번영하였습니다. 그는 헬라식의 도시와 건축물을 지었습니다. B.C. 20년에는 예루살렘 성전의 재건을 시작했습니다. 9년 반 만에 성전의 본채가 완성되고 A.D. 63년에는 예루살렘 성전 전체가 완공되었습니다.[4] 국토도 더욱 확장되어 다윗 왕국의 때와 비견될 정도였습니다. 로마 제국의 평화 아래 전쟁 없는 나날들을 보냈으며 경제적, 종교적 자유를 누렸습니다. 백성들의 불만은 그리 크지 않았습니다. 그는 어느 정도의 존경을 받기도 했습니다. 헤롯 왕조와 로마법을 지지하는 유대인들이 헤롯당을 지어 활동했습니다.[5]

하지만 그는 백성들로부터 사랑을 받지는 못했습니다. 유대인이 아닌 외국인이자 합법적인 왕도 아니었습니다. 그는 이두매 출신으로 하스몬 왕조처럼 대제사장이 될 수 없기에 대제사장의 지위를 격하시키는 정책을 썼습니다. 대제

---

[3] 전민수. 같은 책. p.85
[4] 김희성. 같은 책. p.50
[5] 김희성. 같은 책. p.52

사장직의 세습제도와 종신제도를 폐지했습니다. 자신이 대제사장을 임명했습니다. 재임 기간도 자기 마음대로 정했습니다. 그래서 대제사장과 성전을 중심으로 뭉친 사두개파의 세력을 철저히 약화시켰습니다.❶ 그가 미워하고 두려워한 것은 유대인들이 하나님을 섬기는 것이 아니라 자기에게 위협이 될 만한 종교적, 정치적인 세력이 나타나는 것이었습니다.

통치 말년에 그는 왕위 계승 문제로 골머리를 앓습니다. 왕자들 가운데 3명을 살해하고 하스몬 왕조와 관계된 주요 인물 45명을 처형했습니다. 유대인 여자 마리암네와 그녀에게서 태어난 아들도 처형하고 하스몬 왕조의 피가 섞인 사람들을 모조리 찾아내 처형했습니다.❷ 동방에서 온 박사들로부터 유대인의 왕으로 나신 이가 어디 있느냐는 소리를 듣고는 대제사장과 서기관에게 메시아가 태어날 곳을 물은 뒤 그곳(베들레헴)에 사는 2살 아래의 아기를 모두 살해했습니다. 아기 예수님의 부모 마리아와 요셉은 주의 사자의 지시대로 헤롯의 이런 광적인 기질을 피해 애굽으로 가야 했었습니다. B.C. 4년 유대의 여리고에서 피로 물들었던 그의 생애가 마감됩니다.

4-1. 헤롯의 아들들

헤롯의 유언에 따라 나라는 세 명의 아들, 즉 아켈라오(마2:22), 헤롯 안티파스, 헤롯 빌립 2세에게 분할되었습니다. 헤롯이 죽자 유대인들은 다시 유대인의 왕국을 꿈꾸었습니다. 독립과 자유를 갈망하는 사람들에 의해 예루살렘과 여기저기에서 봉기가 일어났는데 갈릴리에서 두드러졌습니다. 시리아에 있는 로마 총독은 유대 땅으로 진격하여 소요를 진압했습니다. 그 뒤로는 헤롯의 아들들과 로마 총독들이 이스라엘을 통치하게 됩니다.

• 헤롯 아켈라오 Herod Archelaus (출생~사망 : B.C. 22~A.D. 18) – 유대

---

❶ 같은 곳
❷ 노우호, 같은 책, p.250

와 사마리아, 이두매를 영지로 얻습니다. 그는 이스라엘 땅의 절반을 받았고 나머지 두 형제는 4분의 1씩을 받았습니다. 하지만 그는 잔인하고 무능한 자로 평가되어 A.D. 6년 폐위됩니다. 그 후 유대와 사마리아 그리고 이두매는 로마의 총독이 직접 다스리는 유대총독 관구가 됩니다. 그래서 헤롯 아그립바 1세가 다시 유대를 다스리게 되는 A.D. 41년까지 7명의 총독들이 유대 지역을 맡아 다스리게 됩니다.[3]

• 헤롯 안티파스(안비다) Herod Antipas (B.C. 21~A.D. 39) – 갈릴리와 요단강 동부 베레아를 얻어서 A.D. 39년까지 통치합니다. 그는 세례 요한도 만나고 예수님도 만났던 인물입니다. 나바테아의 공주와 결혼하였음에도 그의 배다른 동생 헤롯 빌립 1세의 아내 헤로디아를 아내로 삼은 일로 세례 요한에게 책망을 받았습니다. 그리고 요한을 참수했습니다(마14:3). 그가 헤로디아를 처음 만난 곳은 로마였고 그는 그녀를 유대로 데려왔습니다.[4]

훗날 그는 예루살렘에서 빌라도가 보낸 예수님을 만나게 됩니다. 그리고 어떤 기적을 행하지 않을까 보려고 했으나 예수님께서 아무 대답도 않자 군병들과 함께 예수님을 업신여기며 희롱한 뒤에 도로 빌라도에게 보냈습니다. 그는 빌라도와 원수처럼 지냈으나 이날에 서로 친구가 되었습니다(눅23:12).

안티파스의 아내인 헤로디아는 로마 황제의 신임을 받아 A.D. 37년 빌립 2세의 땅을 얻은 친오빠 아그립바 1세를 공공연하게 비난하도록 안티파스를 꾀었습니다. 하지만 오히려 칼리굴라 황제의 반감을 사서 안티파스와 헤로디아는 갈리아로 추방당합니다.[5] 어린 딸 살로메를 꾀어 세례 요한을 참수시키고, 남편을 꾀어 친오빠인 아그립바 1세에게 비난을 가하게 했던 여인 헤로디아와 여자를 잘못 만나 망한 육적인 사람 헤롯 안티파스는 39년 이 세상에서 사라집니다.

---

[3] 김희성. 같은 책. p.55
[4] 김희성. 같은 책. p.59
[5] 브리태니커 백과사전. Encyclopedia Britannica. "Herodias" 2004

• **헤롯 빌립 2세 Herod Philip Ⅱ** (B.C. 20~A.D. 34) – 헤로디아의 첫 남편인 헤롯 빌립 1세와는 다른 인물로 갈릴리 호수 동북에 위치한 이두래와 드라고닛 지방을 얻은 분봉왕 빌립입니다. 세 왕 중 가장 평화로운 통치를 했습니다. 그는 가이사랴 빌립보라는 도시를 건립했습니다. 헤로디아와 빌립 1세 사이에서 난 살로메(헤로디아의 딸 – 막6:22)와 결혼했습니다.[1] A.D. 34년 후사 없이 죽은 뒤 그의 땅은 시리아 총독의 관할로 넘어갑니다.

• **헤롯 아그립바 1세 Herod Agrippa Ⅰ** (B.C. 10~A.D. 44) – 그는 교육과 안전을 이유로 로마에서 성장하였습니다. 그곳에서 그는 티베리우스 황제의 후계자인 칼리굴라와 친구가 되었습니다. A.D. 37년에 칼리굴라가 로마 황제로 등극할 때 칼리굴라는 헤롯 아그립바 1세를 분봉왕 빌립이 다스리던 땅의 왕으로 삼습니다. 헤롯 안티파스가 추방당한 뒤에는 안티파스의 영지였던 갈릴리와 베레아 지방도 얻게 됩니다. 41년에는 유대와 사마리아, 이두매에 대한 통치권과 왕의 명칭을 얻습니다. 이방인이지만 그는 유대 땅의 왕권을 다시 회복하였습니다.[2] 그는 유대인들의 환심을 사기 위해 기독교인들을 박해했습니다. 사도 야고보를 죽였고 유대인들이 이것을 보고 기뻐하자 베드로도 잡아서 옥에 가두었습니다(행12:1부터). 하지만 44년, 백성들로부터 신적인 경배를 받고 교만한 마음을 품어 하나님의 사자로부터 죽임을 당합니다(행12:23)

• **헤롯 아그립바 2세** (A.D. 27~93) – 그는 로마의 왕궁에서 자랐습니다. 그의 아버지인 아그립바 1세가 갑작스레 죽은 A.D. 44년 그의 나이는 17살이었습니다. 로마 황제 클라우디우스(글라우디오 – 행18:2)는 유대를 로마 행정에 종속시키고 다시 총독을 파견하여 다스리기로 했습니다.[3] 하나님 앞에서 겸손하지 않

---

[1] 같은 사전. "Herod Philip"
[2] 김희성. 같은 책. p.60
[3] 노우호. 같은 책. p.256

았던 헤롯 아그립바 1세로 인하여 회복되었던 유대 왕권은 삼일천하(A.D. 41~44) 였습니다.

아그립바 2세는 갈릴리와 요단 동쪽 베레아 지역을 다스리게 되었습니다. 그는 바울의 변론을 듣기도 했습니다(행26장). 그러나 바울에게 "네가 적은 말로 나를 권하여 그리스도인이 되게 하려 하는도다(행26:28)"라고 했고, 초라한 죄수 바울은 이런 위대한 대답을 했습니다.

"바울이 이르되 말이 적으나 많으나 당신뿐만 아니라 오늘 내 말을 듣는 모든 사람도 다 이렇게 결박된 것 외에는 나와 같이 되기를 하나님께 원하나이다 하니라 사도행전 26장 29절"

로마 총독의 통치에 대한 적개심은 선동적인 민족주의자 열심당원들의 행동에 힘을 실어주었습니다. 유대 마지막 총독인 게시우스 플로루스가 통치하던 66년 급기야 유대전쟁이 발발합니다. 플로루스가 성전금고에서 17달란트를 강탈한 것이 도화선이 되었습니다.[4] 열심당의 초기의 승리로 폭동은 전국적으로 퍼져나갔습니다. 로마의 황제 네로는 뛰어난 용장 베스파시안을 유대로 보냅니다. 6만의 군사를 거느린 베스파시안과 그의 아들 디도는 먼저 67년 갈릴리를 점령했습니다. 69년 베스파시안이 황제로 추대되어 로마로 돌아가자 그의 아들인 디도 장군에 의해 70년에 예루살렘 성전과 도시 전체가 파괴되었습니다. 돌 하나도 돌 위에 남지 않고 모두(마24:2). 73년에는 모든 폭동이 완전히 그칩니다. [5] 그 후로 아브라함이 정착하였던 젖과 꿀이 흐르는 땅 가나안, 모세와 이스라엘 백성들이 40년간 갈망했고, 다윗과 솔로몬이 통치했으며, 성육신하신 예수님이 태어나셨던 거룩한 예루살렘 성전이 있는 유대 땅은 로마, 동로마(비잔틴) 제국, 회교도, 이집트, 셀주크투르크, 오스만투르크, 영국 등에 의해 1948년까지 약 1900년간 타민족의 지배를 받고 그러는 동안 유대인들은 세계 각지로 흩

[4] 김희성. 같은 책. p.65
[5] 전민수. 같은 책. p.709

어졌습니다.

로마에 의해 유대 땅을 손에 쥔 헤롯 가문. 그러나 결국 로마에 의해 거룩한 성전이 무너졌습니다. 예루살렘 성벽도 파괴되었습니다. 성전을 중심으로 뭉친 사두개인들은 설 자리를 잃었습니다. 반란의 주동자인 열심당은 숙청되었습니다. 그러나 바리새파는 로마 제국 전역에 퍼진 회당을 중심으로 살아남아 오늘에까지 이어지고 있습니다.[1]

5. 로마 시대 – B.C. 63~A.D. 135

헤롯 왕조와 로마 총독이 유대를 다스리는 동안 유대인들에게는 사형을 제외한 어느 정도의 자치권과 종교의 자유가 주어졌습니다. 죽음으로 핍박과 맞서며 여호와 신앙을 고수했던 셀레우코스 왕조의 안티오커스 4세 때와 비교하면 훨씬 나은 환경이었습니다. 하지만 이것이 만족할 수 있는 현실은 결코 아니었습니다. 유대인들은 경전에 쓰인 약속된 메시아에 대한 구절을 읽을 때마다 가슴이 두근거렸습니다. 가장 강한 세상 제국의 보호 아래 있는 것은 결코 위안이 아니었습니다. 다윗 왕 때처럼 이스라엘이 다시 하나님의 오른 손 아래 강한 나라가 되는 것을 기대했습니다. 그들은 메시아를 대망했습니다. 그런데 그들이 기대한 것은 역전의 용사였습니다. 누구에게도 패배하지 않는 그런….

하지만 예수님은 "인자의 온 것은 섬김을 받으려 함이 아니라 도리어 섬기려 하고 자기 목숨을 많은 사람의 대속물로 주려 함이니라(막10:45)"라고 하셨습니다. 정치 및 종교적 주도권을 다투는 바리새인과 사두개인은 서로 친하지 않은 그룹이 분명하지만 한 가지에는 힘을 합치기로 했습니다 – 바로 예수님을 죽이는 일에. 그들은 의회에서 예수님을 정죄했고 민중을 선동했습니다. 예수님에게 누명을 씌워 로마에 고발, 십자가에 못 박게 했습니다. 결국 그들의 뜻이 이

[1] 노우호, 같은 책, p.239

루어졌습니다. 하지만 하나님의 뜻이야말로 이루어졌습니다. 예수 그리스도는 인류의 죄의 값을 모두 치렀고, 부활하시어 사망의 권세를 끊으셨습니다. 누구든지 '그분의 십자가에 달려 죽으심과 죽음에서 부활하심을 믿음으로' 죄의 용서와 하나님의 자녀가 되는 은혜의 길이 열리게 되었습니다. 이것은 오늘날에도 여전합니다.

신구약 중간시대를 돌아보면 하나님께서 당신의 아들을 보내기 위한 정치적, 문화적, 종교적, 사회적 준비를 마련했음을 알 수 있습니다. 로마의 잘 닦인 도로는 예수님의 복음이 퍼져나가는데 큰 역할을 했습니다. 당시 국제적으로 널리 통용된 헬라어 덕분에 많은 사람이 헬라어 구약성경을 읽고 이해할 수 있었습니다.[2] 어느 지역이나 회당이 있어 복음을 전할 장소가 마련되었습니다(마 4:23). 메시아를 대망하게 하심으로 백성들의 마음까지 준비하셨습니다.

자, 그럼 이제 시간을 2000년 전으로 돌려 마태와 함께 여행을 시작해볼까요? 우리가 할 일은 먼저 기도로 주님께 여정을 맡기는 것과 감격스러운 마음으로 마태복음을 펼치는 것뿐입니다.

---

[2] 「NLT Life Application Study Bible」. p.1528

마치는 글

예수님을 따라간 무식한 어부

오늘날 세상의 어떤 새로운 이론이나 물질주의, 개인주의 등으로 예수님의 입지가 좁아질 수도 있습니다. 그러나 왜 그것을 그리스도를 위해서 해로 여기지 않겠습니까(빌3:8). 그것에는 다양한 이론이나 이성, 경험과 소유뿐 아니라 자기애와 자기 의도 포함됩니다. 신앙인으로서 예수님보다 더 사랑하는 것을 가질 수 없습니다. 바보가 되고, 벙어리가 될지언정 아니면 문둥병자처럼 세상과 인간들로부터 격리될지언정 주님과의 순수한 사랑의 관계에 한 점의 때도 입힐 수는 없습니다. 서기관과 바리새인이 아무리 아는 것이 많고 대중의 인정을 받는다 하더라도 예수를 부끄러워하거나 좋지 않게 여긴다면 차라리 무식하지만 주님을 따라간 어부가 되겠습니다. 차라리 손가락질 받는 세리가 되겠습니다. 그리고 주님께서 "나를 따르라"하실 것을 기다리겠습니다. 부자청년처럼 물질과 명예로 예수님을 따르지 못할 것이라면 차라리 성전 문에서 구걸하는 앉은뱅이가 되어 은과 금 대신 그리스도를 얻겠습니다. 선행의 공로가 주는 자기 의로 예수님께 대하여 갈급하지 않을 것이라면 차라리 간음하다 현장에서 잡혀온 부끄러운 여인이 되겠습니다.

조금이라도 내 안에서 예수 그리스도가 작아지게 만드는 것이라면, 그것이 얼마나 매력적이고 보암직하며 탐스럽던지간에(창3:6), 예수님께 적대적인 산헤드린 공회와 서기관의 가르침을 좋아하는 회당을 떠나 심령이 가난한 사람들과 함께 하나님을 몸과 마음과 머리와 행동으로 사랑하는 데에만 모든 힘을 쏟을 것입니다.

우리 안에 우리를 구원하신 주님께 대한 깊은 사랑과 감사, 충성이 얼마나 있습니까? 우리에게 예수는 종교생활이나 신학을 위한 도구 정도입니까? 아닙니다. 그분은 오늘도 살아계신 분으로 우리의 구원자이십니다. 세상을 살며 아무리 지식과 경험, 소유가 늘어나도 예수님을 향한 마음은 멈춤 없이 깊어지고 뜨거워져야 합니다. 그러나 세상 지식과 명예, 세속적 번영과 인기 등 그 어떤 것을 위해서든 말씀과 그리스도를 손해 본다면 그보다 어리석은 거래는 없습니다. 세상이 어떻게 변하든, 어떤 시련이 닥치든(빌4:12), 예수님께 드리는 마음의 지극히 작은 부분이라도 떼어서 세상에게 줄 수는 없습니다(갈6:14). 모든 새로운 지식과 배움은 예수 그리스도를 더 사랑하고 충성하기 위해서만 행해져야 합니다. 여러분께서 이런 마음을 좋게 여기신다면 함께 이렇게 외치는 것이 어떨까요. 모든 감사와 영광을 좋으신 하나님께 올려드립니다.

나는 앞으로 남은 모든 나날들 가운데
하나님을 위해 모든 힘을 쏟을 것을 약속합니다.
나를 통하여 하나님의 꿈과 뜻이 이루어지도록
모든 것을 기쁨으로 헌신할 것을 약속합니다.

1. 반가운 소식

5월 20일 꿈같은 제대를 맛보자마자 출판비용 마련을 위해 취업의 길에 올랐습니다. 동시에 원고를 마무리하기 위해 온 힘을 쏟았습니다. 그러던 어느 날, 국민일보 미션플라자에서 눈에 띄는 기사를 발견했습니다. 한국의 신학자들 140명이 모여 "성경으로 돌아가자"는 선언을 한 것입니다.

"신학교육, 성경 중심으로 방향 수정"

신학자 140명이 한국 기독교의 위기가 신학과 신학교육에서 비롯됐다는 점을 회개하고 성경을 통한 방향 수정을 선언했다. ... '성경을 통한 재정향(再定向 · Reorientation): 한국 신학자 140인 서울 선언'을 발표했다. 신학자들은 선언문에서 "성경의 부분적 읽기로 성경의 상대화를 가져온 점과 성경 중심의 신학교육을 하지 못했던 것을 반성한다"며 "신학자들부터 신학교육의 현장에서 성경을 통한 재정향의 삶을 실천할 것을 천명한다"고 밝혔다.

...

"예수 그리스도는 태초부터 하나님과 함께 계신 말씀이며 말씀이 육신이 되어 우리 가운데 거하셨던 분"이라며 "정경적 복음서들이 모두 일치해 십자가와 고난의 길을 통해서만 부활과 영광의 길이 가능하다는 것을 재확인한다"고 예수의 유일성과 성경의 정경성을 분명히 했다.

...

"신학의 길은 성경을 통한 예수 그리스도의 복음으로 재정향하게 하시는 성령의 인도하심"

...

이번 서울 선언은 신학자들이 성경의 권위 퇴색과 상대화된 근본 원인을 자신들의 파당적 신학 논쟁과 성경을 제대로 가르치지 못한 데서 찾아 세계 신학계에 고백했다는 점에서 주목된다.

…

신학자 서울 선언 공동 대표인 감리교신학대학교 박종천 교수와 한시미션 조병우 박사는 "성경을 통한 재정향이란 성경에서 벗어난 목회와 신학의 오류에 대해 유일하신 구세주 예수를 바라보면서 지속적인 회개와 방향 수정을 하는 것"이라며 "신학자 서울 선언 한국교회는 물론 세계교회가 성경으로 거듭나고 갱신되어야 함을 재확인하는 기회"라고 밝혔다.

– 2008년 6월 3일자 국민일보 25면 신상목 기자 –

이 사건은 하나님의 나라와 그분의 말씀을 사랑하는 모든 그리스도인들에게 반가운 소식이 되었을 것입니다. 제게도 그러했습니다. 이 책을 통해 '성경의 재발견과 그리스도의 중심성'에 대해 이야기하고자 했기에 저는 더욱 용기를 얻었습니다. 또 성경을 중심으로 삼자는 것은 각자 자기의 목소리로 인해 분열된 한국교회가 한 마음이 될 수 있는 전제가 생긴 것이었습니다. 물론 여기에 참여하지 않은 교파와 학자들 중에서도 성경의 중요성을 재조명해야 한다고 말씀하시는 분들이 많이 계실 줄로 압니다.

서울 선언뿐 아니라 그것을 전후로 좋은 소식들이 더 있었습니다. 눈에 띄는 기사들을 옮겨봅니다.

"복음주의 신학자 자기반성해야 부흥"

김의환 전 총신대 총장은 9일 오후 횃불트리니티신학대학원대학교에서 열린 제 51차 한국복음주의신학회 정기 논문발표회에서 "새로운 교회 부흥과 성장으로의 패러다임 전환을 위해서는 한국 교회 대다수를 차지하는 복음주의 지도자들의 뼈아픈 자기반성이 선행돼야 한다"고 주장했다.

…

그는 "성경을 외면한 교회는 하나님도 외면하신다"고 경고하고, "종교개혁자들의 첫 번째 개혁원리대로 성경의 절대권위를 복음주의 신학자들이 먼저 회복해야 한다"고 강조했다.

…

왜곡된 축복개념이 일반화되어 순수 복음을 변질시키고 있을 뿐만 아니라 건전한 교회 발전마저 가로막고 있다는 것이다.

…

김 전 총장은 한국의 복음주의 신학운동은 저술이나 신학자들의 참여 면에서 명실공히 한국 교회의 본류일 뿐만 아니라 아시아 교회의 복음주의 신학을 주도하고 있다고 주장했다. 한국 교회의 90% 이상을 복음주의로 규정한 그는 물량주의와 대교회주의, 권위주의적 자만심과 성직자들의 도덕적 타락 등 한국 복음주의 실태를 지적하며 "이 같은 상황을 겸허하고 솔직하게 인정하고 과감하게 회개할 때만이 한국 복음주의 미래는 밝을 것"이라고 진단했다.

– 2008년 5월 13일자 국민일보 28면 김성원 기자 –

"감신대 대변화 – 자유 · 진보 전당에서 복음주의로 회귀중"

2004년 10월12일. 제11대 감신대 총장에 오른 김외식 박사는 이렇게 취임사를 마무리 했다. "학생들이 졸업할 때 영혼구원과 사회 구원에 불타는 심령을 가지고 교문을 나서게 하겠습니다. 성경 한 권만 들고도 이 사회가 필요로 하는 곳이라면 어디든 파고들 수 있는 적극적인 인물들을 양성하겠습니다."

영성 회복을 강조한 김 총장의 일성은 수십년간 이어온 감신대의 자유주의적 학풍을 성경중심의 복음주의로 바꾸는 신호탄이었다.

…

140인 신학자 선언의 공동대표를 맡은 감신대 박종천 교수는 감신대의 변화를 이렇게 설명했다. "감신대는 원래부터 복음주의였습니다. 그런데 진보를 추구하다 보니 마치 복음주의가 아닌 것처럼 오해를 받아왔습니다. 포스트모던 시대의 진보는 바로 성경으로 돌아가는 것입니다. ..."

– 2008년 6월 14일자 국민일보 21면 김성원 기자 –

다양한 신앙 배경을 지닌 우리들이 주 안에서 하나 되는 것은 '개인의 소견'이 아닌 '기록된 말씀'을 따라 서로 한마음이 될 때에 가능할 것입니다. 배타적이지는 않되 본질적인 진리의 선을 수호하며, 포용적이되 본질적인 진리의 타협은 경계해야 할 것입니다. 그것은 '성경이 충분하고 유일한 권위'가 될 때에 가능할 것입니다. 아래는 서울 선언 전문입니다.

성경을 통(通)한 재정향(ReOrientation): 한국 신학자 140인 서울 선언 (2008)

I. 한국 교회와 그리스도인들을 향한 호소

한국 교회 140인의 신학자들이 2008년 6월 2일 서울에 모였다. 이 모임에는 한 주님, 한 성경을 믿는 여러 교단에 소속된 신학자들이 참여하였다. 그동안 세상의 소금과 빛으로서의 역할에 미진했음을 통감하면서, 책임 있는 그리스도인으로서의 사명을 재확인하고, 동시에 예수 그리스도만이 민족과 사회의 희망임을 재각성하기 위해 이 자리에 모였다.

우리 신학자들은 각자가 소속된 교회의 전통에 충실하면서도, 오늘날 한국 교회와 세계 교회가 당면하고 있는 위기에 대처하는 유일하고 적합한 방안을 "성경"에서 찾는다. 상대주의 및 다원주의와 맥을 같이 하는 포스트모더니즘의 흐름 속에서 성경의 권위가 지구촌 곳곳에서 실추되어 가고 있음을 우려하면서, 점증해 가는 세속주의와 무신론의 도전 앞에서 성경의 권위를 확인하고, 성경을 통(通)한 재정향(ReOrientation)에 주력할 것을 다짐한다. 더불어 사회로부터 지탄받는 교회의 사유화 및 기복주의 신앙과 교회의 분열이 성경의 참뜻으로부터 멀어진 것에서 비롯되었음을 인식하고, 성경 앞에 올바로 서서 진정한 복음의 의미를 바로 새길 것을 결의한다. 이에 신학자 140인은 한국 교회의 목회자들과 성도들에게 성경의 진리 위에 확고히 서서, 하나님이 우리에게 주신 시대적 사명을 이루기 위해 기도하는 마음으로 헌신해 주실 것을 간곡히 호소한다.

II. 한국 신학자 140인 서울 선언

예수 그리스도의 십자가와 부활에 기초한 기독교는 지난 2000여 년 동안 신구약 성경을 기독교 신앙의 유일한 정경으로 믿어왔다. 그리고 서구 기독교로부터 복음을 전해 받은 한국 기독교는 지난 120여 년 동안 성경을 살아계신 하나님의 유일무이한 말씀으로 받아들이며 그 권위를 인정해 왔다. 그러나 하나님의 말씀인 성경을 읽고 이해하며, 해석하고 적용하는 방법론적 접근에 있어서는 여전히 미흡하고 불완전한 부분들이 발견되고 있었다.

무엇보다도 우리는 그동안 성경을 전체가 아닌 부분으로 읽어왔다. 서구 기독교가 서구의 지식연구방법이라 할 수 있는 분석적, 해체적, 단절적 방식으로 성경을 접근해왔고, 동양의 기독교 신학자들 역시 그러한 서구의 방식을 긍정적으로 수용하는 것을 정도(正道)로 삼는 경향이 짙었다. 그러나 이 같은 부분적 성경 읽기는 시대적 상황과 현실 이데올로기에 따라, 성경의 읽기 범위와 이해의 방향을 임의로 결정하게 함으로써, 성경이 시대적 상황 해석에 도구화되는 폐단을 낳았다. 물론 성경을 해석하는 정황으로서의 인류 문화의 다양성은 인정되어야 하며, 하나님께서는 각각의 사회 안에 면밀히 개입하심을 통해 세계를 경영하신다. 그러나 가변적일 수밖에 없는 현실 상황이나 특정 문화 속에 성경은 갇힐 수 없다. 신구약 성경 66권 전체는 모두 하나님의 말씀이요, 상대적이고 가변적인 모든 것들을 측량하고 판단하며 바로 세우는 절대불변의 기준이자, 무한히 샘솟는 생명과 진리의 보고(寶庫)이기 때문이다.

이제 우리는 성경에 근거한 삶을 살기로 꿈꾸는 그리스도인이자 성경의 진리를 따르는 신학자로서, 우리가 처한 상황을 정직하게 인식하고 창조적 해결점을 찾아가야 할 시대적 요청에 직면해 있다. 개인의 신앙과 개 교회는 물론, 기독교를 받치는 기둥으로서의 신학까지 성경을 통해 재정향해야 하는 것이다.

성경을 통(通)한 재정향(ReOrientation)은 성경에서 벗어난 목회와 신학의 오류

(hamartia: ἁμαρτία)에 대하여, 유일하신 구세주 예수 그리스도를 바라보면서 지속적인 회개의 방향수정(metanoia: μετανοῖα)을 해 나가는 것이다. 교회 행정의 불투명성과 개교회의 양극화 및 성장이라는 목적에 편중되어 있는 목회가 성경이 지시하는 복음의 진정성으로부터 멀어져 있음을 시인하고, 성경을 상대적인 요소에 종속시켜 온 지금까지의 과오에서 돌이켜야 한다. 더 나아가 성경의 본래적인 뜻을 찾아내며, 다른 그 무엇이 아닌 성경을 바탕으로 모든 기독교 신앙과 신학의 근간을 다지는 것이 우리 신학자들의 사명임을 재확인한다.

이에 한국 신학자 140인은 기독교의 정경인 성경을 통해 한국과 세계 교회의 신학이 재정향 되어야 함을 아래와 같이 밝히며 우리의 신학적 입장을 천명한다.

"이 닦아 둔 것 외에 능히 다른 터를 닦아 둘 자가 없으니 이 터는 곧 예수 그리스도라(고전3:11)"

1. 먼저 우리 한국의 신학자들은 성경의 부분적 읽기와 그에 따른 성경의 상대화라는 결정적인 과오를 반성하는 가운데, 성경을 진실하게 전하지 못하고 실천하지 못한 것을 회개한다. 우리는 성경 중심의 신학교육을 하지 못했으며, 사회에서 예언자적 역할을 소홀히 했던 것을 반성한다.

2. 신학의 첫째 목적은 매 시대마다 성경을 통해 예수 그리스도의 진리를 재발견하고, 바르게 재해석하도록 하는 것이다. 우리 시대의 교회의 위기는 예수 그리스도에 대한 신앙고백이 흔들리는 것과 교회의 정경으로서 성경의 권위가 무너지는 것에서 분명히 드러난다. 예수 그리스도는 태초부터 하나님과 함께 계신 말씀이시며, 말씀이 육신이 되어 우리 가운데 거하셨던 분이다. 그러므로 우리는 역사적으로 예수를 앞서 있었던 이스라엘의 예언자들, 그리스의 철학자들, 동양의 성인들이 "내 뒤에 오시는 이가 나보다 앞선 것은 나보다 먼저 계심이니라"(요1:15)는 세례자 요한의 증언을 능가할 수 없음을 확언한다.

3. 성경적 기독교는 복음이 십자가에 달리시고 죽으셨다가 부활하신 예수 그리스도에 기초한다고 고백한다(고전15:3~4). 18세기 이후 성경에 대한 역사비평이 시작된 이래로 예수 그리스도를 부인하는 신학자들은 성경적 기독교의 대속의 교리를 거부하고 십자가의 걸림돌을 회피하려 한다. 예수 그리스도 외에 신학의 다른 터를 닦으려는 자들은 역

사적 예수를 십자가와 부활의 그리스도와 분리하려 한다. 그러나 예수 그리스도의 십자가는 그의 영을 받은 성경적 그리스도인들로 하여금 죄로 죽었던 상태에서 용서받고 다시 살게 하는 능력이 된다. 또한 그리스도의 부활은 그의 하나님 나라 선포, 가르침, 삶과 죽음이 옳았다는 것에 대한 하나님의 입증과 변호이다. 이에 우리는 십자가의 걸림돌을 제거한 영지주의 문서들과 달리 정경적 복음서들이 모두 일치하여 십자가와 고난의 길을 통해서만 부활과 영광의 길이 가능함을 증언한다고 믿는다.

4. 우리는 신구약 성경 66권 전체를 하나님의 말씀으로 균형 있게 인식하며, 성경의 본래적 의미를 헤아려가고자 하는 노력이, 시대 상황을 뛰어넘는 하나님의 진리를 깨닫게 한다고 믿는다. 우리는 이를 위한 최선의 대안으로 성경을 부분이 아닌 전체로 보고 그 성경의 본래적 의미를 헤아리는 성경읽기 방법을 제시한다. 성경의 본래적 의미에 올바로 다가가기 위해서는 성경에 대한 바른 이해를 추구해 온 통시적(通時; diachronic) 성경읽기 방법과 공시적(共時; synchronic) 성경읽기 방법이 성경이 하나님의 말씀임을 더 깊이 드러나게 하려는 선상에서 아우러져야 한다. 또한 성경을 해석함에 있어 서양의 분석적 해석과 동양의 직관적 해석의 장점을 함께 살려서 성경을 정경적이며 동시에 심정적으로 해석해야 한다. 이처럼 독창적이고 주체적인 성경읽기 방식을 배양하여 세계 교회에 선한 영향력을 끼쳐야 할 사명이 바로 우리 한국 신학자들에게 있다. 이에 우리는 성경 전체를 그 흐름에 따라 통(通)으로 봄으로써 성경적 기독교의 기반을 바로 세우고자 한다.

5. 성경적 기독교는 성경을 통한 재정향에 의해 교회의 본질 회복과 근본적인 방향전환을 시도한다. 예수는 하나님 말씀을 가르치셨고, 선포하셨을 뿐 아니라, 말씀대로 사시고 실천하셨다. 예수는 하나님의 나라와 그 의를 위해 죽기까지 복종하셨다. 그러므로 성경적 교회는 예수를 그리스도로 믿고 고백하는 것으로 만족하지 않고, 예수 그리스도의 가르침을 실천하는 삶을 추구해야 한다. 성전을 숙정하신 예수처럼(요2:13~22), 주님의 몸 된 교회의 죄악과 불의에 맞서 싸우며, 교회의 참된 회개와 개혁을 위해 헌신해야 한다. 이에 우리는 이 시대의 교회와 사회 그리고 역사 한가운데서 예수를 믿고 예수의 말씀을 따라 살고(마7:21) 고난당하고 죽음으로써 부활의 영광에 참여할 것을 결의한다(롬6:5).

6. 성경적 기독교는 성경을 통한 재정향에 의해 신학의 근본적인 방향전환을 시도한다. 신학은 십자가 없는 부활, 고난이 없는 영광, 사랑이 없는 믿음, 따름이 없는 값싼 은혜를 좇는 교회로 하여금 성경을 통해 재정향하도록 도전해야 한다(약2:14,24). 신학은 알파와 오메가 되시는 예수 그리스도를 증언하는 성경으로 되돌아가야 한다. 신학이 새로워지려면 옛 것이지만 가장 새 것이기도 한 성경으로 돌아가야 하며, 그것은 그 성경이 증언하는 예수 그리스도에게로 돌아가는 것이다. 그 예수 그리스도가 보내신 보혜사 성령은 신학자들로 하여금 신학과 신학교육을 성경을 통해 재정향하도록 부르신다. 우리는 우리 신학의 길을 성경을 통한 예수 그리스도의 복음으로 재정향하게 하시는 성령의 인도하심을 따른다.

7. 성경적 기독교는 성경을 통한 재정향에 의해 지구촌 사회의 근본적인 방향전환을 시도한다. 오늘날 과학기술 및 교통과 통신의 발달로 인해 가속화되는 세계화(globalization)는, 우리에게 기회가 되기도 하고 위협이 되기도 한다. 이러한 세계화의 소용돌이 속에서, 우리 삶의 방식과 정치경제적 구조는 성경 말씀에 따라 재정향될 필요가 있다. 특히 하나님이 부정되는 사회에서 비롯되는 생명경시주의, 물질만능주의, 권력지향주의, 파당주의와 사회의 각종 부정부패 및 환경 파괴와 생태계 오염 등에 단호히 맞서 하나님의 나라와 의를 추구하고 성취해야 한다. 성경이 증언하는 삼위일체 하나님의 위대한 구원은 새 하늘과 새 땅을 이루시는 하나님의 새로운 창조에 있다(계21:1). 우리는 이 땅의 모든 사람들과 생명에게 성결과 행복을 가져오기를 바라시는 하나님의 새로운 창조 사역에 적극 동참하고자 한다.

우리 한국 교회 140인의 신학자들은 이상의 선언을 통해 한국 교회와 신학 그리고 신학교육이 성경을 통해 재정향되어야 함을 천명한다. 우리는 이 신학자 선언에 동의하는 모든 신학자들, 목회자들, 평신도 지도자들이 그들의 신학교육, 목회, 그리고 선교의 현장에서 성경을 통한 재정향의 삶을 실천할 것을 정중히 제안한다. 성경에서 말씀하시는 하나님의 거룩한 뜻이 오늘 우리 기독자의 삶을 통해 세상에서 구체적으로 증언되며 실천되기를 간절히 소망하며 기도한다. 우리는 향후 하나님의 인도하심을 따라 세계 교회와 더불어 성경을 통한 재정향 운동을 지속해 갈 것이다.

2008년 6월 2일

한국 신학자 140인

2. 개인적 소식

내가 무엇인데 감히 하나님께 대한 글을 쓴다는 것인가

사람들의 반응보다 더 무서운 것은 이것이다.

하나님 보시기에 이 글은 어떠할까

사람들의 평가보다 더 고민하는 것은 이것이다.

하나님은 거룩하시며 그 이름만으로도 두렵고 떨리는, 경외받기에 합당하신 분입니다. 그분은 만왕의 왕이시며, 공의롭고 변하는 법이 없으신 분입니다. 하나님께 대단하게 보일 수 있는 것은 이 땅에 전혀 없으며, 하나님께서 인정하실 만한 업적을 가진 인물도 아무도 없습니다. 모든 영광과 명예는 하나님의 것입니다. 하나님께서 세상을 지으셨고, 유지하고 계시며, 새 하늘과 새 땅을 준비하셨기 때문입니다. 그러나 그분은 자비하시고 용서를 베푸십니다. 그분의 선하심과 은혜로 죄인들이 구원의 길로 나아오게 되었으니, 영영히 그분을 찬양합니다.

제대하고 2주 뒤 출판 비용을 마련하기 위해 경비회사에서 일을 시작했습니다. 틈틈이 글을 수정할 수 있는 일을 구하다보니 그 일을 하게 되었습니다. 동시에 밤낮으로 원고를 들고 씨름하다보니 어느새 책의 출산이 눈앞의 현실로 다가왔습니다.

이 책에서 우려를 나타내고 때로는 비판하고 있는 '그'는 우리의 한 모습입니다. 그리스도를 닮은 성숙함으로 나아가지 못하는 옛사람입니다. 저는 그리스도인 - 하나님께서 택하시고 자녀로 삼으신 이들에 대해 분노한다거나 미워할 마음이나 소원, 관심은 전혀 없습니다.

"남의 하인을 판단하는 너는 누구뇨 그 섰는 것이나 넘어지는 것이 제 주인에게 있으매 저가 세움을 받으리니 이는 저를 세우시는 권능이 주께 있음이니라 로마서 14장 4절"

그러나 이 구절이 본성을 따라서 사는 삶을 허락해주는 것은 결코 아닙니다. 하나님은 우리에게 성경을 통해 믿어야 할 것 외에 어떻게 살아가야 하는지에 대해서도 알려주셨습니다. 그런데 우리가 하나님의 말씀이 제시하는 삶으로부터 멀리 벗어나 있다면 그것에 대해 모른 체해서는 안 됩니다. 경고를 보고도 못 본체 하는 것은 하나님께서 원하시는 것이 아닙니다(겔33:6). 그래서 작고 연약하지만 입을 연 것입니다. 따가운 말을 하는 것은 제 가슴도 아프게 하나, 어린아이 같은 신앙에 있기를 고집함으로 우리를 위해 피 흘리신 구주 예수님의 마음에 상처를 내는 것은 더욱 가슴 아픈 일입니다. 저는 아무 내세울 것이 없는 죄인이지만 주인 되신 주님의 이름이 부끄러움이나 모욕을 당하는 것을 모른 체 할 수는 없습니다.

제가 쓴 책이 많은 미숙함을 가지고 있음을 고백합니다. 최선을 다했지만 아직 어리기 때문에 여러 가지로 부족한 점이 많은 것이 당연할 것입니다. 저의 무지함에 대해서는 선한 분들의 조언과 권면을 기대합니다. '입이 선한 자가 남의 학식을 더하게 하기 때문(잠16:21)' 입니다.

책을 제작하며 조금 아쉬웠던 것은, 책에 몰입하다 보니 타인과 보내는 시간이 적었던 것입니다. 사람들을 '만나' 시간을 보내기보다는 '이 책을 보게 될 사람' 을 위하여 원고에 시간을 쏟았습니다. 개인적인 연구로 여러 지식들을 얻게 되었지만 더 많이 '사람들 속에' 있지 못함으로 '인격도야' 에 시간과 에너지가 더 투자되지 못한 것은 앞으로의 개인적 과제입니다. 지식은 혼자의 힘으로 상당히 얻을 수 있지만, 인격의 성숙은 더욱 공동체 가운데서 일어나기 때문입니다. 하나님 안에서 형제자매와 연결되지 않으면 ✝가 나오지 않습니다. 하나님만 있으면 ㅣ이고, 형제자매만 있으면 ㅡ입니다. 먼저 ㅣ, 그다음 ㅡ. 그럼 ✝가 나옵니다(마22:37~40).

책을 수정하며 수백만 자를 읽었습니다(처음부터 끝까지 이 책을 읽으면 약 39만자를 읽는 것입니다). 이제는 성경 한 구절을 몇 시간동안 묵상하는 즐거움을 기대합니다.

글을 쓰며(처음 시작은 07년 4월이고 출판은 08년 7월입니다) 개인적으로 많은 것을 배울 수 있었습니다. 하나님과 그분의 말씀에 대해 큰 사모함과 관심을 주신 하나님께 감사드립니다. 또 책을 쓰기 위해 참고했던 주석과 성경사전, 강해서, 관련서적 등을 통하여 작은 식견을 얻은 것도 수확입니다.

독자님들께도 '글쓰기'를 권하는 바입니다. 인터넷 정보검색이나 블로그(Blog), 카페(Cafe)와는 비교할 수 없는 집중력과 그로 인한 깊이를 가져다 줄 것입니다. 검색창을 방망이(키보드)로 뚝딱하고 치면 정보들이 우수수 떨어지지만, 하나님의 은혜는 그렇지 않습니다. 잠잠하게 기다리는 마음으로 성령님께서 말씀을 조명해주시기를 바라는 의지함이 없이 그냥 주어지지 않습니다. 말씀을 깨닫는 것은 인터넷 정보검색으로 되는 것이 아닙니다. 말씀의 은혜는 자동판매기처럼 내키는대로 누르면 나오는 것이 아닙니다. 신비주의적인 자아도취, 자기최면 그리고 자기만족도 하나님이 주시는 은혜와 다릅니다. 여기서 골방의 중요성은 다시 부각됩니다. 골방에서 기도하며 말씀을 묵상하고 깨달음을 글로 표현해보는 것은 여러 가지로 큰 유익을 가져다줄 것입니다.

마지막으로 앞으로의 개인적인 계획에 대해서 쓰자면, 출판 비용을 모두 마련할 때까지 일하는 것, 기회가 허락되면 신앙인들을 만나 영적으로 유익한 시간을 갖는 것, 하나님께서 확신을 주시면 이전에 써놓았던 기독교소설을 출판하는 것, 더 나이를 드시기 전에 부모님을 모시고 추억의 여행(21세기의 효도는 부모님과 추억을 함께 하는 것입니다)을 떠나는 것, 하나님의 부르심에 대한 확신이 서면 신학교에 진학하는 것, 서지 않으면 다른 어떤 마음(소원 – 빌2:13)을 주시는지 기다리는 것입니다. 모든 계획은 하나님의 기쁘신 뜻 안에서 하나님의 때에 이루어지기를 바랍니다.

"사람의 마음에는 많은 계획이 있어도 오직 여호와의 뜻이 완전히 서리라 잠언 19장 21절"

합당하지 못한 죄인을 지금까지 인도해주신 하나님의 선하심과 은혜를 찬양합니다. 죄를 사랑하고 죄의 위험성을 깨닫지 못하던 이를 사망의 길에서 건지시고 생명으로 인도하신 하나님께서 앞으로도 (어떤 두려움과 의심이 나를 공격하여도)선한 그분의 길로 인도해주실 것을 굳게 믿고 의지할 것입니다.

인간의 생각을 초월하시는 하나님의 지혜와 인간의 생각이 닿지 못할 그분의 자비를 언제나 기억하고 의지하며 나아갈 때, 실로 실패도 실패가 아니고 죽음도 죽음이 아닐 것입니다. 하나님께서 보여주실 가장 멋진 인생을 기대하며, 기쁨과 소망 그리고 하나님을 경외함으로 가득한 삶이기를 기도합니다.

이 책으로 예수 그리스도의 크신 선하심과 위대하심에 대해서 조금이나마 이야기하려했습니다. 그분은 사형수에게 자유와 새 삶을 주셨는데 사형수는 그 감격을 혼자만 가지고 있을 수는 없었습니다. 그러나 그 사형수는 책 한 권으로는 주님에 대해 매우 조금 밖에 말할 수 없음을 실감했습니다. 사도 요한의 "예수의 행하신 일이 많으니 낱낱이 기록된다면 이 세상이라도 이 책들을 두기에는 부족할 것이다(요21:25)"는 말씀이 참임을 깨달았습니다. 그래서 평생을 두고 주님을 찬양하기로 했습니다. 물론 그것도 예수님의 크신 사랑과 위대하심에 대해 조금밖에는 말할 수 없을 것입니다. 하지만 다 말할 수 없다고 아예 말하지 않는 것보다는 말할 수 있는 한은 말하는 편이 좋을 것입니다. 주님을 위해서라면 말입니다. 그분을 반대하는 사람들의 열심과 끈기가 그분을 사랑하는 사람들의 사랑과 인내를 이길 수 없다는 것을 지상에서도 확인하기 원합니다. 신실한 그리스도의 사람, '한 책 – 성경' 의 사람이 되고, 그리스도의 편, 진리의 편에 서는 것, 이것이 전부입니다. 잠깐 두려울 때도 있겠지만, 변질되거나 포기해서는 안 됩니다. 끝까지 믿음을 지켜야 합니다. 예수 그리스도, 그분 안에는 이 땅과 하늘의 '지식과 지혜의 모든 보화들(골2:3)' 이 있습니다.

참고자료

성경

「톰슨II주석성경」 기독지혜사. 2003
「쉬운성경」 아가페출판사. 2005
「개역한글판 성경」 대한성서공회. 1989
「표준새번역 성경」 대한성서공회. 2001
「개역개정판 성경」 대한성서공회. 2005
「The Holy Bible - New International Version」 Zondervan. 2002
「Life Application Study Bible - New Living Translation」 Tyndale House Publishers. 2004

성경 외

노우호 저. 「신구약 중간사」 하나출판사. 1995
전민수 저. 「신약의 역사」 영창서원. 2003
김희성 저. 「신약의 배경사」 대한기독교서회. 2006
한상인 저. 「신약 고고학과 배경사」 대한기독교서회. 2002
브루스 셸리 저. 박희석 역.「현대인을 위한 교회사」 크리스챤다이제스트. 1993
제이 씨 라일 저. 송용자 역. 「18세기 영국의 영적 거성들」 지평서원. 2005
스튜워트 올리오트 저. 번역실 역. 「에베소서」 목회자료사. 1995
요한 크리소스톰 저. 송영의 역. 「에베소서 강해」 지평서원. 1997
가스펠서브 기획편집. 「라이프 성경사전」 생명의 말씀사. 2006
「브리태니커 백과사전 Encyclopedia Britannica Ultimate Reference 2004 DVD」 Encyclopedia Britannica. 2004
「표준국어대사전」 두산동아.